शैक्षणिक लेखन

शैक्षणिक लेखन

प्रबंधन के छात्रों और शोधकर्ताओं के लिए मार्गदर्शिका

माथुकुट्टि एम. मोनिप्पल्लि

बद्रीनारायण शंकर पवार

SAGE | bhasha

Los Angeles | London | New Delhi
Singapore | Washington DC | Melbourne

Originally Published in 2010 in English by
SAGE Publications India Pvt Ltd as *Academic Writing: A Guide for Management Students and Researchers*

This edition published in 2018 by

SAGE | bhasha

SAGE Publications India Pvt Ltd
B1/I-1 Mohan Cooperative Industrial Area
Mathura Road, New Delhi 110 044, India
www.sagepub.in

SAGE Publications Inc
2455 Teller Road
Thousand Oaks, California 91320, USA

SAGE Publications Ltd
1 Oliver's Yard, 55 City Road
London EC1Y 1SP, United Kingdom

SAGE Publications Asia-Pacific Pte Ltd
3 Church Street
#10-04 Samsung Hub
Singapore 049483

Published by Vivek Mehra for SAGE Publications India Pvt Ltd, typeset in 12/14 pt Kokila by Diligent Typesetter India Pvt Ltd, Delhi and printed at Repro India, Ltd., Mumbai.

ISBN: 978-93-528-0375-0 (PB)

Translator: Usha Bande (Content Respondus)
SAGE Team: Syed Husain Naqvi, Vinayak Dubey

समर्पण

मैं यह पुस्तक इंडियन इंस्टिट्यूट ऑफ मैनेजमेंट अहमदाबाद के मेरे भूतपूर्व छात्रों को समर्पित करता हूँ। मैंने उनसे इतना सीखा है जितना कि वे सोच भी नहीं सकते।

माथुकुट्टि एम. मोनिप्पल्लि

मैं इस कार्य को, माफी के साथ और माफी के लिए प्रार्थना के साथ, उन सभी लोगों को समर्पित करता हूँ जिन्होंने मेरे लिए दुःख उठाए, और कृतज्ञता के साथ, उन सभी के प्रति तहेदिल से आभारी हूँ जिन्होंने मुझे पोषित किया, सिखाया और मेरी मदद की। विशेष रूप से, मैं यह पुस्तक परोक्ष सहयोग के लिए अनजाने लोगों, मेरे शिक्षकों, मेरे भाइयों और बहनों के परिवार, मेरे दिवंगत पिता और माँ को समर्पित करता हूँ।

बद्रीनारायण शंकर पवार

विषय-सूची

तालिकाओं की सूची

आकृतियों की सूची

प्रस्तावना

शैक्षणिक लेखन का लक्ष्य एमबीए के छात्र, एमफिल और पीएचडी के विद्वान, और प्रबंधन तथा व्यवहारजन्य विज्ञानों के युवा शिक्षक हैं। वास्तव में यह पुस्तक लिखने का विचार मैनेजमेंट के क्षेत्र में हमारे स्नातक और डॉक्टरेट छात्रों और संकाय विकास कार्यक्रमों के सहभागियों से आया था—उनके शोध पत्रों और अन्य लिखित असाइनमेंट्स से। इन छात्रों में से कुछ देश में सर्वश्रेष्ठ में हैं, शायद दुनिया में भी। लेकिन उनका लेखन अक्सर उन्हें नीचा दिखाते हैं।

लेखन शोध की प्रक्रिया का एक अभिन्न अंग है। वह शैक्षणिक क्षेत्र में सफलता की सुविधा भी देता है। स्मार्ट और जानकार होना पर्याप्त नहीं है; हमें लेखन के जरिए हमारे ज्ञान और अंतर्दृष्टि को प्रदर्शित करना है, चाहे हम छात्र हैं या विद्वान। अन्यथा हम जंगली फूलों की तरह होंगे—शायद सबसे अच्छी सुगंध के साथ पृथ्वी पर सबसे सुंदर, लेकिन अनदेखे, विस्मृत, जिनकी खुशबू का कभी आनंद नहीं लिया गया। यह उतना ही बुरा है जितना अस्तित्वहीन होना। इस कहावत, "प्रसिद्ध हो अथवा नष्ट हो" में बहुत सच्चाई है। फिर भी प्रसिद्ध होने के लिए आवश्यक होने वाले इस महत्वपूर्ण कौशल को स्कूलों और कॉलेजों में सिखाया नहीं जाता। जब लेखनसिखाने के प्रयास किए जाते हैं, तब ज्ञान को उन तरीकों से प्रस्तुत करने के बजाय, जिनसे वाक्यों को पढ़ना और समझना आसान हो, ध्यान को इन वाक्यों के व्याकरण की दृष्टि से सही होने पर केंद्रित किया जाता रहा है।

लेखन गायन की तरह ही होता है। जैसे कुछ लोग सहज रूप से ही अच्छा गाते हैं, वैसे ही कुछ लोग बिना किसी विशेष प्रशिक्षण के अच्छा लिखते हैं। अकादमिक व्यक्तियों में कुछ आसानी से रचनात्मक लेखन और पत्रकारिता संबंधी लेखन को शैक्षणिक लेखन में बदल लेते हैं। लेकिन कई लोग नहीं करते हैं, और परिणामस्वरूप, उन्हें उससे कम सफलता मिलती है, जितनी उन्हें मिलनी चाहिए। हमारा लक्ष्य है स्नातक छात्रों और शोधकर्ताओं को उनके लेखन को परिष्कृत करने में मदद करना है, विशेष रूप से प्रबंधन एवं व्यव्हारजन्य विज्ञानों में, ताकि वह अपने अभ्यासों में अच्छा कर सकें, राष्ट्रीय और अंतर्राष्ट्रीय जर्नल्स में प्रकाशित कर सकें, और खुद को समाज के लिए अधिक उपयोगी बना सकें।

न तो वैज्ञानिक ज्ञान और न ही उसकी लिखित अभिव्यक्तियाँ सभी विषयों में एक समान होती हैं। एक ही विषय के भीतर भी, अग्रणी जर्नल्स किसे स्वीकार्य मानते हैं और प्रोफ़ेसर्स छात्रों द्वारा प्रस्तुत असाइनमेंट्स में किसे स्वीकार्य मानेंगे, के बीच कठिनता का स्तर अलग-अलग हो सकता है। *शैक्षणिक लेखन* स्नातक छात्रों को बेहतर असाइनमेंट्स, थीसिस और प्रबंध लिखने में मदद करेगा; वह विद्वानों को प्रतिष्ठित जर्नल्स में प्रकाशन के लिए अवधारणात्मक एवं अनुभवजन्य पत्र लिखने

में मदद करेगा। हमारा उद्देश्य इन सभी लेखकों को प्रबंधन और व्यव्हारजन्य विज्ञानों में शैक्षणिक लेखन के बारे में पाठकों की व्यापक उम्मीदों से अवगत कराना है। फिर अपने पाठकों की विशिष्ट उम्मीदों का पता लगाना और तदनुसार अपने लेखन को ढालना उन पर निर्भर है।

हालाँकि शैक्षणिक लेखन हमारे स्कूलों और कॉलेजों में औपचारिक रूप से सिखाया नहीं जाता है, फिर भी शोध विधि और प्रक्रिया का दस्तावेजीकरण तथा शोध के परिणाम इन दोनों पर काफी साहित्य मौजूद है। यह वास्तव में हमारे लिए दोनों में से किसी के भी बारे में मूल रूप से कुछ कहना असंभव बनाता है। *शैक्षणिक लेखन* को कई विद्वानों और लेखकों के कार्यों से लाभ मिला है, जिनके योगदानों में से कुछ का हम औपचारिक रूप से पुस्तक के प्रधान भाग में स्वीकार करते हैं। हमने परिशिष्ट-2 में संसाधनों की सूची दी है। हमने हमारे शिक्षकों और सहकर्मियों से भी अनौपचारिक रूप से बहुत कुछ सीखा है, जिन्होंने हमें हमारे अपने डॉक्टरेट और पोस्ट-डॉक्टरेट शोध के माध्यम से मदद की थी। हम उनके आभारी हैं। जबकि *शैक्षणिक लेखन* प्रकाशित और अप्रकाशित सलाह के प्रति हमारे ऋण को स्पष्ट रूप से दर्शाता है, वहीं उसका निर्माण हमारे अनुभवों, अवलोकनों और अलग-अलग डिग्रियों में हमारे विचारों पर भी किया गया है।

यह पुस्तक शोध और वैज्ञानिक ज्ञान प्राप्ति की व्यापक प्रक्रिया में शैक्षणिक लेखन के स्थान का वर्णन करती है, लेखन के अन्य प्रकारों से शैक्षणिक लेखन को अलग करती है, शैक्षणिक पत्रों और रिपोर्ट तैयार करने की प्रक्रिया का वर्णन करती है, और अपने शैक्षणिक लेखन में दूसरों के कार्य के उपयोग को उचित रूप से स्वीकार करने के लिए दिशानिर्देश प्रदान करती है। जो बात इस पुस्तक को उन्हीं विषयों पर मौजूद दूसरी पुस्तकों से अलग करती है, वह है स्नातक छात्रों के शैक्षणिक लेखन के प्रामाणिक नमूनों का व्यापक उपयोग और शोध (ज्ञान निर्माण प्रक्रिया) और विज्ञान के एक भाग के रूप में शैक्षणिक लेखन की विशेषताओं का वर्णन। छात्र के नमूने अच्छे और साथ ही साथ दोषपूर्ण लेखन को स्पष्ट करते हैं। हमने नमूनों को सिवाय उन स्थानों को छोड़कर कही भी संपादित नही किया है, जहाँ हमें लगता है कि उद्धृत लेखन में कुछ छोटी गलतियां छोड़ देने पर पाठक भ्रमित हो सकता है और इससे पाठक को कोई लाभ नहीं होगा। हमने जहाँ कहीं भी नमूनों को संपादित किया है, वहाँ हमने उसे इंगित किया है। इस पुस्तक में अवधारणात्मक और अनुभवजन्य पत्रों के विभिन्न घटकों के कुछ काल्पनिक उदाहरण भी शामिल हैं।

शैक्षणिक लेखन एक संयुक्त प्रयास है। हमने साथ में ही सामग्री की संकल्पना की, एक दूसरे के अध्यायों की आलोचना की और उन्हें संशोधित किया। हम इस पुस्तक को संशोधित करना चाहते हैं, ताकि इसे शैक्षणिक समुदाय के लिए और अधिक उपयोगी बनाया जा सके। हम सुझावों के लिए आप—स्नातक छात्रों, शोधकर्ताओं, विद्वानों और शिक्षकों के आभारी होंगे, जो शैक्षणिक लेखन पढ़ाते हैं। हम आपके उत्तर की प्रतीक्षा में हैं।

माथुकुट्टि एम. मोनिप्पल्लि
बद्रीनारायण शंकर पवार

अभिस्वीकृतियाँ

इस पुस्तक का भाग III, *आईआईएमए साइटेशन स्टाइल गाइड* पर आधारित है, जिसे इन लेखकों ने कौस्तुभ नांदे और बबिता देउ के साथ विकसित किया था, दोनों उस समय भारतीय प्रबंध संस्थान, अहमदाबाद (आईआईएमए) में शैक्षणिक सहयोगियों के रूप में काम कर रहे थे। लेखक उनके और उस लेखन पर निर्माण की अनुमति के लिए इस संस्थान के आभारी हैं।

माथुकुट्टि एम. मोनिप्पल्लि आईआईएमए (2008–09) छात्रों को उनके लिखित कार्य से सार का उपयोग करने की अनुमति देने के लिए और शोध सहायता प्रदान करने के लिए प्रत्यक्ष जनार्दन और दिव्या भटनागर (आईआईएमए में शैक्षणिक सहयोगी) को धन्यवाद करना चाहेंगे।

वह अपने सहयोगी स्मीता मिश्रा और मुकुल वसावदा और उनके पूर्व छात्रों साउरी गुडलावलेटी, दिवाकर पुरी और पीयूष सिंघल (पोस्ट-ग्रेजुएट प्रोग्राम इन मैनेजमेंट फॉर एक्जीक्यूटिव क्लास ऑफ 2009) से प्राप्त सहायता का स्वीकार करना चाहते हैं। इन पाँच व्यक्तियों ने हमारे द्वारा लिखे गये अध्यायों के पहले प्रारूप के बारे में टिप्पणियाँ दी थीं। उनकी महत्वपूर्ण टिप्पणियों और सुझावों ने उन्हें कई दोषों को खत्म करने में मदद की।

इस पुस्तक पर किया गया माथुकुट्टि एम. मोनिप्पल्लि का अधिकांश काम आईआईएमए (2008–09) से उनकी अध्ययन छुट्टी के दौरान किया गया था। वह इस उम्दा सहूलियत के लिए संस्थान के आभारी हैं।

बद्रीनारायण शंकर पवार उन सभी लोगों, जिन्हें उनकी वजह से कष्ट सहना पड़ा और जिन्होंने (उदाहरण के लिए माता-पिता, भाई, शिक्षक, सहकर्मी, छात्र और आध्यात्मिक सलाहकार) अकादमिक समुदाय को यह सेवा प्रदान करने की स्थिति में पहुंचने में विभिन्न तरीकों से उनकी सहायता की, के प्रति कृतज्ञता व्यक्त करते हैं। वह भारतीय प्रबंधन संस्थान, कोझिकोड (आईआईएमके) के प्रति अपने ऋण का स्वीकार करते हैं, जहाँ इस पुस्तक का काम पूरा किया गया था। वह अपने छात्रों के प्रति आभारी हैं, जिनको उन्हें मार्गदर्शन और अंतर्दृष्टि प्रदान की थी, जिससे इस पुस्तक पर काम करने में मदद मिली थी। वह उन सभी के आभारी हैं जिन्होंने इस काम पर विचार करने और वास्तव में इस काम को पूरा करने में उनकी मदद की है। विशेष रूप से, विभिन्न व्यक्तियों से प्राप्त सौजन्य का कृतज्ञतापूर्वक स्वीकार किया गया है—डॉ केनेथ के. ईस्टमैन, डॉ वेन मीनहार्ट, डॉ थॉमस स्टोन, डॉ स्टीव बार, प्रोफेसर प्रदीप खांडवाला, प्रोफेसर विजया शेरी चंद, प्रोफेसर संजय बनर्जी, प्रोफेसर एस कृष्णमूर्ति और प्रोफेसर के. उन्नीकृष्णन नायर।

संत ज्ञानेश्वर वसतिगृह से बहुत पहले प्राप्त हुए समर्थन को कृतज्ञता से स्वीकार किया गया है। अपने भाइयों और बहन-दत्तात्रय और तुलसा, अशोक और इंदुलेखा, परशुराम और रजनी के परिवारों तथा उनकी माता और उनके दिवंगत पिता द्वारा प्रदान की गई सहायता, मदद, सहिष्णुता, स्वीकृति और दया कृतज्ञतापूर्वक स्वीकार किए जाते हैं। अंत में, उनकी मुश्किल परिस्थितियों के बावजूद भी अपने दिवंगत पिताजी और माँ के जीवन और जीवन में रहने वाले गुणों से प्राप्त मूल्यवान योगदान और प्रेरणाएँ कृतज्ञतापूर्वक स्वीकार की गई हैं।

दोनों लेखक आईआईएमए द्वारा प्रकाशित संदर्भित पत्रिका *विकल्प* द्वारा उदाहरणों के लिए उद्धरणों का उपयोग करने की अनुमति देने के आभारी हैं।

परिचय

शैक्षणिक पत्र लिखने का प्रयास कर रहे स्नातक छात्रों और नौसिखिए शोधकर्ता तीन क्षेत्रों में समस्याओं का सामना करते हैं: शोध अथवा ज्ञान उत्पत्ति की प्रक्रिया समझना, शोध की प्रक्रिया एवं परिणामों को शैक्षणिक समुदाय के साथ साझा करने के लिए यथोचित दस्तावेजीकरण करना, और अन्य व्यक्तियों के विचारों के उपयोग को उचित रूप से स्वीकार करना। *शैक्षणिक लेखन* इन तीनों को संबोधित करता है।

यह पुस्तक तीन भागों में है।

भाग I, "शोध प्रक्रिया और शैक्षणिक लेखन की भूमिका" (अध्याय 1 और 2), दर्शाता है कि शैक्षणिक लेखन एकीकृत रूप से वैज्ञानिक ज्ञान की उत्पत्ति से कैसे जुड़ा हुआ है (ज्ञान के अन्य स्वरूपों के विपरित) और शैक्षणिक पत्रों की संरचना अपनाई गई ज्ञान उत्पत्ति प्रक्रिया को कैसे दर्शाती है।

अध्याय 1 वैज्ञानिक ज्ञान का वर्णन करता है और उसे ज्ञान के अन्य स्वरूपों से अलग करता है; वह उस प्रक्रिया को भी दर्शाता है जो वैज्ञानिक ज्ञान उत्पन्न करती है। फिर वह सूचित करता है कि शैक्षणिक लेखन—शोध की प्रक्रिया और परिणाम का दस्तावेजीकरण—को विज्ञान और शोध की विशेषताओं से आने वाली कुछ आवश्यकताओं को पूरा करने की जरूरत है। शैक्षणिक लेखन के विभिन्न प्रकार होते हैं। उनमें संदर्भित जर्नल्स में प्रकाशित अवधारणात्मक एवं अनुभवजन्य शोध पत्रों, शोध पदवियों के लिए लिखे गए थीसिस और निबंधों, फिल्ड वर्क अथवा किसी विशिष्ट क्षेत्र में साहित्य की समीक्षा पर निर्मित छात्र रिपोर्ट्स का समावेश है। यह अध्याय वर्णन करता है कि शैक्षणिक लेखन विज्ञान और शोध की अनिवार्य विशेषताओं को कैसे प्रतिबिंबित करता है, जैसे निष्पक्षता, जन सत्यापन और मौजूदा ज्ञान का उपयोग; वह यह भी दर्शाता है कि शैक्षणिक लेखन की संरचना वैज्ञानिक शोध प्रक्रिया की संरचना को कैसे दर्शाती है। यह अध्याय शैक्षणिक शोध में बारबार इस्तेमाल किये जाने वाले 19 पारिभाषिक शब्दों की व्याख्या करता है। उदाहरणों में अवधारणात्मक शोध, अनुभवजन्य शोध, मापन, परिकल्पना, प्रस्तावों और सिद्धांत का समावेश है। हालाँकि, इस खंड में लेखन केवल शैक्षणिक जर्नल्स के पत्रों पर ध्यान केन्द्रित करता है।

अध्याय 2 शैक्षणिक शोध पत्रों के दो प्रमुख प्रकारों की संरचना का वर्णन करता है और उनकी सामग्री दर्शाता है, अर्थात, अवधारणात्मक शोध पत्र और अनुभवजन्य शोध पत्र। उदाहरण के लिए एक अवधारणात्मक पत्र आम तौर पर सार, परिचय, प्रस्तावों का विशेष विवरण अथवा एकीकृत सिद्धांत, चर्चा, समापन परिच्छेद और संदर्भों से बना होता है। एक अनुभवजन्य पत्र में सार, परिचय,

परिकल्पना, विधियाँ, परिणामों, चर्चा, समापन परिच्छेद और संदर्भों के होने की संभावना होती है। यह अध्याय शोध प्रक्रिया और/अथवा परिणामों के प्रमुख चरणों की रूपरेखा देता है जो इन पत्रों के विभिन्न प्रमुख हिस्सों के तहत शामिल किए गए हैं। अवधारणात्मक और अनुभवजन्य पत्रों के विविध हिस्सों की सामग्रियों को दर्शाने के लिए काल्पनिक उदाहरण प्रदान किए गए हैं। यह अध्याय शैक्षणिक पत्रों, थीसिस और निबंधों की व्यापक संरचना और सामग्रियों पर संक्षेप में टिप्पणी भी करता है, जो छात्र इन कार्यों और अवधारणात्मक पत्रों तथा अनुभवजन्य पत्रों के बीच की समानताओं और भेदों में से कुछ की रूपरेखा देते हुए पाठ्यक्रम आवश्यकताओं को पूर्ण करने के लिए लिखते हैं।

इस प्रकार, पहले दो अध्याय शैक्षणिक लेखन का संदर्भ, उसका उद्देश्य, आवश्यकताएँ जो परिपूर्ण होना जरूरी है, शैक्षणिक रिपोर्ट्स और पत्रों के विभिन्न प्रकार, और प्रमुख हिस्सों की संरचना एवं उनमें सामग्रियों जैसे पहलू समाहित करते हैं।

भाग II, "शैक्षणिक लेखन की संरचना" (अध्याय 3, 4 और 5), शैक्षणिक लेखन की केन्द्रीय विशेषताओं और उसके अंतनिर्हित प्रक्रियाओं पर ध्यान केन्द्रित करते हैं।

अध्याय 3 समझाता है कि लेखन बोलने के तुलना में कई मायनों में अलग और अधिक चुनौतीपूर्ण क्यों है। हमारे लेखन को बेहतर बनाने की ओर पहला कदम है यह पता लगाना कि दूरस्थ स्थित पाठक हमसे क्या अपेक्षा रखते हैं। यह अध्याय लेखकों द्वारा उत्पन्न समस्याओं को दर्शाता है जो अपने लेखन को अपने पाठकों के प्रति उन्मुख नहीं करते हैं। यह चर्चा शैक्षणिक लेखन को लेखन के अन्य स्वरूपों से अलग करती हैं, विशेष रूप से पत्रकारिता और रचनात्मक लेखन से। शैक्षणिक लेखन के सभी वर्गों के बीच जो बात सामान्य है वह यह है कि इन सभी में विचार केन्द्र में हैं। शैक्षणिक लेखन का सार एक दावा करना है अथवा एक थीसिस बताना है तथा उसे प्रमाण के साथ समर्थित करना है, जो अक्सर डेटा अथवा तार्किक प्रस्तावों से बना होता है। इन दावों का वहाँ प्रस्तुत प्रमाण के कारण स्वीकार अथवा अस्वीकार किया जाता है, न कि उन्हें कौन बनाता है उसके कारण। यह अध्याय वह शैली दर्शाता है जो शैक्षणिक लेखन के लिए उपयुक्त है। औपचारिकता के अलावा, शैक्षणिक लेखन निष्पक्षता, संभावना और स्पष्टता प्रदर्शित करता है। शैक्षणिक लेखन में शामिल व्यापक प्रक्रियाएँ हैं- कथन, वर्णन और स्पष्टीकरण। इन सभी के उदाहरण दिए गए हैं। यह अध्याय शैक्षणिक लेखन में व्याकरण की भूमिका और उपयोग का भी अन्वेषण करता है।

अध्याय 4 शैक्षणिक लेखन के निर्माण खंड अर्थात परिच्छेद की संरचना और आवश्यक गुणों पर ध्यान केन्द्रित करता है, क्योंकि वह लेखक को प्रबंध में महारत हासिल करने में मदद करता है। परिच्छेद पर ध्यान केंद्रित करने का लाभ यह है कि इसकी संरचना का पता लगाने के लिए इसे विच्छेदित करना और यह सत्यापित करना है कि इसमें अच्छे शैक्षणिक लेखन के गुण हैं या नही, जो अधिक प्रबंधनीय बन जाते हैं। एकरूपता और सामंजस्य, एक अच्छे परिच्छेद के इन दो आवश्यक गुणों को व्यापक रूप से समझाया और दर्शाया गया है। शैक्षणिक लेखन में अन्य अपेक्षित गुण जैसे संक्षिप्तता, तार्किक कठोरता और स्पष्टता के बारे में भी चर्चा की गई है और दृष्टांत देकर समझाया गया है। परिच्छेद के विकास के प्रमुख तरीकों पर आगामी अध्याय में कार्य किया गया है: परिभाषित

करना, दृष्टांतीकरण, तुलना करना और विषमता दिखाना, विश्लेषण करना, समझाना और वर्गीकृत करना। इस अध्याय का उद्देश्य पाठकों को अपने खुद के लेखन की ताकत और कमजोरियों को निर्धारित करने हेतु उसका विश्लेषण करने के लिए और कमजोरियों को खत्म करने में उनकी मदद करने के लिए तैयार करना है।

अध्याय 5 पाठक के लिए दस्तावेज बनाने और प्रस्तुत करने की प्रक्रिया और उप-प्रक्रियाओं का विस्तार से वर्णित करता है। अक्सर लेखन के परिणाम असंतोषजनक बन जाते हैं, क्योंकि लेखक उन उप-प्रक्रियाओं में से कुछ को अनजाने में या समय बचाने की झूठी आशा में छोड़ देते हैं। एक कहानी के रूप में शैक्षणिक दस्तावेज़ को चित्रित करने के बाद, अध्याय वह कहने के चरणों पर जाता है: कहानी की रूपरेखा बनाना, कहानी की शुरुआत, मध्य भाग और अंत तय करना। एक शैक्षणिक कहानी लगभग एक रचनात्मक कहानी की तरह होती है; भेद यह है कि एक रचनात्मक कहानी में, लेखक वहाँ से शुरू करता है जहाँ कहीं से भी वह कल्पना करता है, जबकि शैक्षणिक लेखन में लेखक विद्वानों के बीच चल रहे वार्तालाप में जुड़ता है। जैसे ही एक रूपरेखा बनाई जाती है और उसे विकसित किया जाता है, वैसे ही अगला कदम है उस कहानी को चमकाना। यह अध्याय एक शैक्षणिक लेखक को महत्वपूर्ण सवालों की एक सूची प्रदान करता है जो लेखक को अपने लेखन को चमकाने और संभावित पाठकों के लिए दस्तावेज को प्रदर्शनीय बनाने के लिए अपने आप से पूछने चाहिए। यह लेखन तब तक पूर्ण नहीं है जब तक लेखन को लेखक के खुद के द्वारा और उसके सहयोगियों द्वारा की गई आलोचना के आधार पर संशोधित नहीं किया जाता है। यह अध्याय इस बात पर व्यावहारिक सलाह के साथ पूरा होता है कि दस्तावेज को कैसे सुव्यवस्थित करना है और इसे इच्छित पाठकों, विशेष रूप से संपादकों और पत्रिकाओं के समीक्षकों के लिए कैसे आकर्षक बनाना है।

भाग III, "शैक्षणिक ऋण का स्वीकरण" (अध्याय 6), दूसरे विद्वानों के कार्यों के इस्तेमाल को सावधानीपूर्वक स्वीकार करने के लिए विद्वानों के सम्मेलन से संबंधित है, जो किसी व्यक्ति के शैक्षणिक कार्य में उपयोग किए गए ज्ञान के स्रोतों में से एक का गठन करते हैं। यह अध्याय हमें समझाता है कि हमें इन स्रोतों का हवाला क्यों देना चाहिए, ऐसा करने में विफल होना—साहित्यिक अथवा बौद्धिक चोरी करना कहलाता है, और स्रोतों की ईमानदार स्वीकृति शैक्षणिक रिपोर्ट्स और पत्रों में कैसे वृद्धि करती है। वह तीन प्रकार के ऋण दर्शाता है: मूल लेखन के साथ विचारों को उधार लेना जिसमें वे पैक किये हुए आते हैं, अन्य व्यक्तियों के विचारों का कथन करना और एक विचार के लिए आम तौर पर किसी का समर्थन लेना। वह एक उद्धरण की संरचना का भी विश्लेषण करता है—उन दोनों का, अर्थात, जिस तरीके से एक स्रोत को लेखन में उद्धृत किया गया है और जिस तरीके से उन्हें सन्दर्भों में पस्तुत किया गया है। यह अध्याय कुछ लोकप्रिय उद्धरण शैलियों का संक्षिप्त वर्णन भी करता है (उदाहरण के लिए एपीए, एमएलए, आईईई, हार्वर्ड) और फिर शैक्षणिक लेखन के लिए एपीए (अमेरिकन सायकोलॉजिकल एसोसिएशन) द्वारा प्राप्त एक शैली की प्रबंधन और व्यवहारजन्य विज्ञानों में सबसे उचित शैली के रूप में सिफारिश करता है। यह अध्याय प्रिंट श्रेणी और इलेक्ट्रॉनिक श्रेणी दोनों में उस तरीके के विस्तृत विवरण के साथ समाप्त होता है, जिस तरीके

का उद्धरण में सबसे अधिक बार सामना किया गया है। यहाँ अतिरिक्त संसाधनों का भी परिचय दिया गया है, जहां पाठकों को उद्धरण प्रदान करने के विभिन्न पहलुओं पर विस्तृत और आधिकारिक मार्गदर्शन मिल सकता है।

ये तीनों हिस्से परस्पर रूप से जुड़े हुए हैं। प्रत्येक अध्याय में अन्य अध्यायों के लिए संदर्भ मौजूद हैं, जिसमें निश्चित विचारों को आगे विकसित अथवा समर्थित किया गया है। हालाँकि, यदि पाठक ऐसा करना चाहता है तो यहाँ क्रम को नजरअंदाज करना और सीधे ही किसी हिस्से या अध्याय पर जाना संभव है।

इस पुस्तक में अपनाई गई लेखन शैली पर एक नोट

हम भाग 1 में मानक शैक्षणिक लेखन शैली अपनाते हैं। हालाँकि, बाकी के पुस्तक में हम अधिक आरामदेह, संवादी शैली का उपयोग करते हैं। यह दोनों शैलियों को प्रदर्शित करने और छात्रों तथा और शोधकर्ताओं को प्रभावित करने के लिए है कि किसी भी शैली में कुछ भी गलत नहीं है, जहाँ तक वह काम के लिए उपयुक्त है और पाठकों की वैध उम्मीदों को पूरा करती है।

हमने एक लिंग-तटस्थ शैली अपनाई है। हालाँकि, हम हमारी तटस्थता को स्थापित करने के लिए बेढंगी अभिव्यक्तियों को नहीं दिखाते हैं, जैसे करता या करती, करता/करती, *अथवा -विलक्षण एकवचन वे।* उसके बजाय, जब हम संज्ञाओं का संदर्भ लेते हैं तब हम यादृच्छिक रूप से स्त्रीलिंग *और पुल्लिंग* का उपयोग करते हैं, जैसे एक वर्ग का वर्णन करने के लिए *छात्र, विद्वान और पाठक*। दोनों लिंगों के सदस्यों को संदर्भित करते समय जब सुविधाजनक हो तब हम *छात्रों, विद्वानों* और *पाठकों* जैसे बहुवचन रूपों का भी उपयोग करते हैं।

छात्र असाइनमेंट्स से प्राप्त निष्कर्षों पर एक टिप्पणी

अध्याय 3, 4 और 5 में हम इंडियन इंस्टीट्यूट ऑफ मैनेजमेंट, अहमदाबाद में स्नातक छात्रों द्वारा प्रस्तुत लिखित कार्य से प्राप्त हुए कई निष्कर्षों का उपयोग करते हैं, जो अधिकतर 2008–09 के दौरान किये गये हैं। प्रत्येक निष्कर्ष के अंत में हम उस असाइनमेंट का शीर्षक, जिसमें से वह लिया गया है और प्रस्तुति का वर्ष देते हैं। हम अधिक विवरण देने में असमर्थ हैं, क्योंकि हमने उनसे इस शर्त पर उद्धरण देने की अनुमति प्राप्त की थी कि हम लेखकों के नाम प्रकट नहीं करेंगे। जैसा कि पहले से ही उल्लेख किया गया है, इन निष्कर्षों में से अधिकांश असंपादित प्रतीत होते हैं। जहाँ कुछ मामूली बदलाव किए गए हैं, वहाँ हम इसे इंगित करते हैं।

भाग I

शोध प्रक्रिया और
शैक्षणिक लेखन की भूमिका

1

शैक्षणिक लेखन और शोध की प्रक्रिया

अध्याय का विहंगावलोकन

यह अध्याय पहले यह दर्शाता है कि शैक्षणिक लेखन विज्ञान और शोध के एक हिस्से का गठन करता है। शैक्षणिक लेखन के व्यापक संदर्भ की रूपरेखा तैयार करने के लिए वह फिर विज्ञान और शोध का संक्षिप्त विवरण प्रदान करता है। यह विज्ञान की कुछ विशिष्ट विशेषताओं की रूपरेखा देता है। वह समग्र शोध प्रक्रिया और उसमें शामिल चरणों की रूपरेखा दर्शाता है। चूँकि शैक्षणिक लेखन का लक्ष्य शैक्षणिक शोध प्रक्रिया और परिणामों को दस्तावेज करना है, इसलिए यह अध्याय शैक्षणिक शोध के साथ जुड़े विविध पारिभाषिक शब्दों का एक संक्षिप्त विविरण प्रदान करता है, जिससे इस अध्याय और आगामी अध्यायों की सामग्रियों को समझने में, और उस तत्व की समझ को सुगम बनाने में मदद मिलती है, जिसे शैक्षणिक लेखन दस्तावेज करना चाहता है। वह बाद में विविध आवश्यकताओं की रूपरेखा प्रदान करता है जो शैक्षणिक लेखन द्वारा पूर्ण होना जरूरी है। ये आवश्यकताएँ विज्ञान और शोध की विशेषताओं में से आती हैं, जिसका शैक्षणिक लेखन एक हिस्सा है। उसके बाद वह शैक्षणिक लेखन कार्यों के विविध प्रकारों की संक्षिप्त में रूपरेखा तैयार करता है। अंत में, वह अच्छे शैक्षणिक लेखन के महत्व की रूपरेखा प्रदान करता है।

शोध और विज्ञान के एक हिस्से के रूप में शैक्षणिक लेखन

सामान्य लेखन के संभावित विभिन्न प्रयोजन हो सकते हैं, शैक्षणिक लेखन ज्ञान को लिखित रूप में दस्तावेज और प्रसार करना चाहता है। ज्ञान विभिन्न माध्यमों के द्वारा उत्पन्न किया जा सकता है जैसे अनुभव, अंतर्ज्ञान, परंपरा और विज्ञान (उदाहरण के तौर पर, Kerlinger, 1988)। वैसे तो विज्ञान ज्ञान उत्पन्न करने वाला एक माध्यम है, परंतु वह वैज्ञानिक रूप से उत्पन्न किये गये ज्ञान के

दस्तावेजीकरण का भी समावेश करता है। इस तरह, विज्ञान को ज्ञान उत्पत्ति के लिए एक विशिष्ट दृष्टिकोण एवं मौजूदा वैज्ञानिक ज्ञान के एकत्रिकरण या प्रणाली के रूप में देखा जा सकता है।

विज्ञान किस प्रकार का ज्ञान उत्पन्न करता है? एक दृष्टि के अनुसार विज्ञान ऐसा ज्ञान उत्पन्न करना चाहता है जो निष्पक्ष है, जो एक व्यक्तिगत शोधकर्ता के अभिप्रायों या प्राथमिकताओं से ऊपर है और जो योजनाबद्ध तरीके से प्राप्त डेटा पर आधारित है (Hempel, 1965, पृ. 11, Stone, 1978, पृ. 7 में उद्धृत)। इस दृष्टि में, ज्ञान उत्पन्न करने की प्रक्रिया की विभिन्न विशिष्ट विशेषताएँ हैं जो विज्ञान के एक हिस्से का गठन कर सकती हैं। ज्ञान उत्पन्न करने की इस प्रक्रिया को शोध के रूप में संदर्भित किया जाता है जो उन अभ्यासों को अपनाता है जिसमें विज्ञान की उपरोक्त दृष्टि में दर्शाई गई विशेषताएँ हैं। इस तरह, Stone (1978) कहते हैं कि शोध उन अभ्यासों के उपयोग से घटना की परीक्षा का समावेश करता है जो विज्ञान के कुछ मानदंडों का पालन करते हैं। यह दृष्टि सूचित करती है कि विज्ञान में समाविष्ट ज्ञान की कुछ विशेषताएँ होती हैं। वह यह भी सूचित करती है कि ऐसा ज्ञान एक ऐसी प्रक्रिया के माध्यम से उत्पन्न किया जाता है, जो विज्ञान के मानदंडों के अपने अनुपालन के कारण शोध का गठन करता है।

इस परिप्रेक्ष्य से, शैक्षणिक लेखन, वैज्ञानिक ज्ञान के दस्तावेजीकरण और संचार के एक माध्यम के रूप में, शोध प्रक्रिया और शोध परिणामों का दस्तावेजीकरण और संचार करता है। शोध प्रक्रिया का दस्तावेजीकरण वर्णित करता है कि शोध प्रक्रिया कैसे पूरी की गई थी और ज्ञान को कैसे उत्पन्न किया गया था, और शोध परिणामों का दस्तावेजीकरण उस ज्ञान का वर्णन करता है जो दस्तावेज की गई शोध प्रक्रिया के कार्यान्वयन के माध्यम से उत्पन्न किया गया था। यहाँ वर्णित कुछ उदाहरण शोध और विज्ञान में शैक्षणिक लेखन की उपरोक्त उल्लिखित भूमिका को उदाहरण देकर स्पष्ट कर सकते हैं।

एक जर्नल पेपर में शैक्षणिक लेखन का एक उदाहरण सोचें जो यह वर्णन करता है कि एक शोधकर्ता ने निश्चित निष्कर्षों पर पहुँचने के लिए कोई एक विशेष अध्ययन कैसे किया था। यहाँ, शोध अध्ययन में विभिन्न चरण शोध प्रक्रिया का निर्माण करते हैं और निष्कर्ष शोध प्रक्रिया के परिणाम का गठन करते हैं, अर्थात, कुछ अनुभवजन्य तथ्यों के रूप में ज्ञान। एक उदाहरण के तौर पर, मान लीजिए एक शोधकर्ता अध्ययन करता है कि एक संगठन के लिए कर्मचारियों की प्रतिबद्धता संगठन में उनके सकारात्मक व्यवहारों के प्रदर्शन को कैसे प्रभावित करती है। ऐसा पत्र पहले वह दस्तावेज करेगा कि वह शोध प्रश्न के लिए एक उत्तर चाहता है कि एक संगठन के लिए कर्मचारियों की प्रतिबद्धता और संगठन में कर्मचारियों के सकारात्मक व्यवहारों के प्रदर्शन के बीच कैसा संबंध है। फिर वह संबंधित मौजूदा वैज्ञानिक साहित्य की समीक्षा की रूपरेखा द्वारा इस शोध प्रश्न पर मौजूदा वैज्ञानिक ज्ञान को दस्तावेज करेगा। फिर वह निष्कर्ष निकालेगा कि मौजूदा वैज्ञानिक ज्ञान इस शोध प्रश्न का पर्याप्त रूप से उत्तर नहीं देता है और, इसलिए, इस शोध प्रश्न के बारे में मौजूदा वैज्ञानिक ज्ञान में एक अपर्याप्तता है। इन विवरणों के आधार पर, यह शोधपत्र एक निष्कर्ष दर्शाएगा कि मौजूदा ज्ञान में स्थित अंतराल को भरने के लिए इस शोध प्रश्न का अध्ययन किया जाना जरूरी है। फिर यह शोध पत्र संगठन के लिए कर्मचारियों की प्रतिबद्धता और संगठन में कर्मचारियों के सकारात्मक व्यवहारों के प्रदर्शन के बीच कैसा रिश्ता सुखद लगता है उसके बारे में कुछ भविष्यवाणी या अनुमान उत्पन्न करेगा। बाद में, यह

वर्णन करेगा कि इस अनुमान का परीक्षण कैसे किया गया था। यहाँ, वह वर्णन करेगा कि कुछ डेटा उत्पन्न करने के लिए और डेटा पर से एक संगठन के लिए कर्मचारियों की प्रतिबद्धता और संगठन में कर्मचारियों के सकारात्मक व्यवहारों के प्रदर्शन के बीच के रिश्ते की अनुभवत: मौजूदा प्रकृति का निष्कर्ष निकालने के लिए शोधकर्ता ने कौन-से कदम उठाये थे। यह निष्कर्ष, कि एक संगठन के लिए कर्मचारियों की प्रतिबद्धता और संगठन में कर्मचारियों के सकारात्मक व्यवहारों के प्रदर्शन के बीच वास्तव में एक रिश्ता है या नहीं, ज्ञान के अलावा, इस पहलू पर वैज्ञानिक ज्ञान की मौजूदा प्रणाली के लिए एक अनुभवजन्य तथ्य के रूप में गठन करता है।

जहाँ इस उदाहरण में वर्णित काल्पनिक शोध पत्र में शोधकर्ता द्वारा अपनाई गई शोध प्रक्रिया से संबंधित कुछ अन्य ज्ञान का दस्तावेजीकरण और शोध परिणामों को शामिल किया जा सकता है जो शोधकर्ता ने उत्पन्न किए थे, वहीं उपरोक्त विवरण यह दर्शाता है कि शैक्षणिक लेखन के एक उदाहरण के रूप में एक शैक्षणिक जर्नल में शोध पत्र विज्ञान से जुड़ी शोध प्रक्रिया और शोध परिणामों का समावेश करता है। विज्ञान को ज्ञान उत्पन्न करती एक प्रक्रिया और कुछ निश्चित तरीकों से उत्पन्न ज्ञान की एक प्रणाली के रूप में देखा जा सकता है। शैक्षणिक लेखन को विज्ञान के इन दोनों पहलुओं के दस्तावेजीकरण के रूप में देखा जा सकता है। पहला, उसे शोध प्रक्रिया के विभिन्न पहलुओं के दस्तावेजीकरण के रूप में देखा जा सकता है जो ज्ञान उत्पत्ति की एक प्रक्रिया के रूप में विज्ञान के एक हिस्से का गठन करता है। दूसरा, उसे शोध प्रक्रिया के परिणाम के दस्तावेजीकरण के रूप में भी देखा जा सकता है जो दस्तावेज किये गये वैज्ञानिक ज्ञान की मौजूदा प्रणाली में वृद्धि करता है जो विज्ञान में समाविष्ट है और जिसे दस्तावेज किये गये ज्ञान के संग्रह के रूप में देखा जाता है। इस उदाहरण में वर्णित शोध पत्र को एक अनुभवजन्य पत्र के रूप में संदर्भित किया जा सकता है और वह अनुभवजन्य शोध के रूप में संदर्भित शोध की एक श्रेणी का प्रतिनिधित्व करता है।

आईए एक टर्म पेपर अथवा कक्षा के असाइनमेंट का दूसरा उदाहरण देखें जो एक स्नातकोत्तर प्रबंधन छात्र पूर्ण कर सकता है। यह ऐसा असाइनमेंट हो सकता है जिसमें फिल्ड प्रोजेक्ट (जैसे, कोई ग्रीष्मकालीन परियोजना) शामिल है जिसे उस छात्र ने किया था। यहाँ, यह प्रोजेक्ट रिपोर्ट शैक्षणिक लेखन का उदाहरण होगा। यह प्रोजेक्ट रिपोर्ट इन बातों का वर्णन करेगा—वह शोध प्रश्न, यह शोध प्रश्न ज्ञान के किस अंतराल को संबोधित कर सकता है जब इस प्रश्न का उत्तर शोध द्वारा दिया गया है; छात्र ने डेटा कैसे एकत्र किया और कैसे विश्लेषित किया था; और शोध प्रश्न के लिए उस डेटा से उत्पन्न हुआ उत्तर क्या था। इस उदाहरण में, यह प्रोजेक्ट रिपोर्ट शोध की प्रक्रिया और परिणाम का भी वर्णन करता है जो शोध उस छात्र ने किया था। इस पत्र को अनुभवजन्य पत्र के तौर पर संदर्भित किया जा सकता है और वह अनुभवजन्य संशोधन के रूप में संदर्भित शोध की एक श्रेणी का प्रतिनिधित्व करता है।

दूसरा उदाहरण एक शोध प्रश्न को संबोधित करने के लिए किसी विशिष्ट क्षेत्र में साहित्य की समीक्षा पर आधारित एक जर्नल पेपर अथवा छात्र रिपोर्ट का हो सकता है। शोधकर्ता विविध संबंधित जर्नल पेपर्स की समीक्षा कर सकता है, जिसमें किसी घटना के बारे में मौजूदा ज्ञान लिखा हुआ होता है, और समीक्षा किए गए साहित्य के आधार पर, वह अध्ययन के तहत वास्तविकता

के पहलू के बारे में निश्चित निष्कर्ष पर पहुँच सकता है। उदाहरण के तौर पर, यदि किसी संगठन के लिए कर्मचारियों की प्रतिबद्धता और संगठन में कर्मचारियों के सकारात्मक व्यवहारों के बीच के संबंध का अध्ययन किया जा रहा है, तो मौजूदा जर्नल पेपर्स, पुस्तकें, आदि से साहित्य की समीक्षा के आधार पर, शोधकर्ता पहले इस निष्कर्ष पर पहुँच सकता है कि मौजूदा साहित्य पर्याप्त स्पष्टता से नहीं दर्शाता है कि किसी संगठन के लिए कर्मचारियों की प्रतिबद्धता और संगठन में कर्मचारियों के सकारात्मक व्यवहारों के बीच कोई संबंध है या नहीं। इस उदाहरण में, जर्नल पेपर मौजूदा ज्ञान का वर्णन करता है, और उसके आधार पर निष्कर्ष पर पहुँचता है, जो यदि कोई है तो वैज्ञानिक ज्ञान की मौजूदा अवस्था तथा उसमें स्थित अंतरों का वर्णन करता है। ऐसे पत्र को विशिष्ट प्रकार के अवधारणात्मक पत्र के रूप में संदर्भित किया जा सकता है—साहित्य की समीक्षा—और वह अवधारणात्मक शोध के रूप में संदर्भित शोध की एक श्रेणी का प्रतिनिधित्व करता है।

ऊपर दर्शाए गये उदाहरण शैक्षणिक लेखन के विशिष्ट रूप हैं, अर्थात, एक जर्नल में अनुभवजन्य पेपर, एक अनुभवजन्य शोध अध्ययन का वृतांत देती एक छात्र प्रोजेक्ट रिपोर्ट, और एक जर्नल में अवधारणात्मक पत्र। शैक्षणिक लेखन के विशिष्ट रूपों के यह उदाहरण विज्ञान, शोध और शैक्षणिक लेखन के बीच के संबंध को बाहर लाने में मदद कर सकते हैं। ऊपर-उल्लिखित उदाहरण दर्शाते हैं कि शैक्षणिक लेखन शोध की प्रक्रिया और परिणामों को कैसे दस्तावेज करता है, और वह ज्ञान उत्पन्न करने के रास्ते के रूप में विज्ञान के एक हिस्से का गठन कैसे करता है, और दस्तावेज किये हुए ज्ञान के रूप में विज्ञान का हिस्सा बनाता है। चूँकि यह परिप्रेक्ष्य सूचित करता है कि शैक्षणिक लेखन विज्ञान का एक हिस्सा है और शोध की प्रक्रिया एवं परिणामों को दस्तावेज के रूप में लिखना चाहता है, इसलिए शोध तथा विज्ञान के कुछ पहलुओं को समझना उचित लगता है, ताकि शैक्षणिक लेखन की प्रकृति, आवश्यकताएँ एवं उद्देश्य को अधिक पर्याप्तता से समझा जा सके। इस तरह, इस अध्याय के आगामी हिस्से व्यापक संदर्भ का वर्णन करने के सीमित उद्देश्य के साथ शोध एवं विज्ञान के कुछ पहलुओं की रूपरेखा देते हैं, जिस संदर्भ में शैक्षणिक लेखन घटित होता है।

विज्ञान

विज्ञान की उपरोक्त उल्लिखित परिभाषा सूचित करती है कि विज्ञान ज्ञान उत्पत्ति का एक विशिष्ट मार्ग है। ऊपर उल्लिखित विज्ञान का विचार विज्ञान के विचारों में से केवल एक है, क्योंकि अन्य विचार भी अस्तित्व में हैं जो सूचित करते हैं कि ज्ञान को कैसे उत्पन्न किया जा सकता है और विज्ञान क्या है। यहाँ उल्लिखित विचार सकारात्मक या तार्किक सकारात्मक विचार अथवा प्राकृतिक विज्ञान मॉडल अथवा मात्रात्मक शोध दृष्टिकोण को संदर्भित करता है (उदाहरण के तौर पर, Daft, 1983; Lee, 1991)। हालाँकि यह विज्ञान के विचारों में से केवल एक विचार है, फिर भी यह वह विचार है जिसका सामाजिक विज्ञान में और संगठनात्मक अध्ययनों में व्यापक रूप से उपयोग किया जाता है (Lee, 1991, पृ. 343)। इस विचार में, विज्ञान वह ज्ञान उत्पन्न करना चाहता है जो निष्पक्ष है (उदाहरण के

तौर पर, Hempel, 1965, जैसा Stone, 1978 के द्वारा उद्धृत किया गया है; Kerlinger, 1988)। विचारों और वरीयताओं के रूप में व्यक्तिगत आत्मीयता को संयमित करने की माँग की जा रही है। अनुभवजन्य तथ्य ज्ञान के आधार का गठन करते हैं। अनुभवजन्य तथ्यों को प्राप्त करने के लिए व्यवस्थित प्रयोग और अवलोकन का उपयोग किया जाता है। यह विचार, जो Hempel (1965, Stone, 1978 के द्वारा उद्धृत के रूप में) और Kerlinger (1988) में प्रतिबिंबित होता है, वह ज्ञान उत्पत्ति के लिए एक विशिष्ट दृष्टिकोण सूचित करता है, जो अनुभवजन्य तथ्य माँगता है जो निश्चित विधियों के द्वारा प्राप्त किए जाते हैं। यहाँ ज्ञान उत्पन्न करने के दूसरे भी तरीके हैं। जैसे, Kerlinger (1988, पृ. 6) ज्ञान उत्पत्ति की विविध विधियों के बारे में लिखते हैं, जिसमें अंतर्ज्ञान, अधिकार और विज्ञान की विधियाँ भी शामिल हैं। विज्ञान में ज्ञान उत्पत्ति के एक माध्यम के रूप में, कुछ विशिष्ट विशेषताएँ होती हैं। विज्ञान की विशिष्ट विशेषताओं में से कुछ को यहाँ उल्लिखित किया गया है।

विज्ञान की विविध विशेषताओं पर चर्चा करने की तैयारी के रूप में, विज्ञान से संबंधित कुछ पहलुओं पर विचार करना उपयोगी हो सकता है, जो ज्ञान उत्पन्न करना चाहता है। कौन सा विज्ञान ज्ञान उत्पन्न करना चाहता है उसकी वास्तविकता शोधकर्ता या मनुष्य के बाहर के विश्व में बसती है। उदाहरण के तौर पर, एक संगठन के लिए कर्मचारियों की प्रतिबद्धता की घटना की जाँच कर रहे एक शोधकर्ता के अंदर कर्मचारियों या संगठन के प्रति उनकी प्रतिबद्धता सचमुच बसी हुई नही होती है। शोधकर्ता के पास जो होता है या वह जो विकसित करता है, वह है संगठन के प्रति कर्मचारियों की प्रतिबद्धता की घटना के बारे में एक मान्यता। जाँची जा रही वास्तविकता हकीकत में वास्तविकता के बारे में एक मान्यता के रूप में शोधकर्ता का ज्ञान प्रस्तुत होता है। इस तरह, वास्तविकता के बारे में थोड़ा सा ज्ञान वास्तविकता के बारे में एक मान्यता होती है। हालाँकि, जैसे विज्ञान ज्ञान के आधार के रूप में अनुभवजन्य तथ्य माँगता है, इसलिए केवल वही मान्यताएँ एक वैज्ञानिक अर्थ के ज्ञान का गठन करती हैं जिसे अनुभवजन्य तथ्यों द्वारा समर्थन दिया जाता है अथवा जो अनुभवजन्य तथ्यों के साथ अनुरूप हैं। पुनः, जैसा कि पहले उल्लेख किया गया है, विज्ञान के लिए यह भी जरूरी है कि ज्ञान के आधार के रूप में इस्तेमाल किए गए अनुभवजन्य तथ्य एक विशिष्ट तरीके से प्राप्त किए जाए।

उपरोक्त चर्चा सूचित करती है कि विज्ञान में ज्ञान को वास्तवकिता के बारे में मान्यताओं के रूप में देखा जा सकता है, जो कुछ निश्चित प्रक्रियाओं द्वारा की गई जाँच के अनुसार वास्तविकता के अनुरूप हैं। यह मान्यताएँ, जो वास्तविकता के साथ अनुरूप हैं और, इसलिए, वास्तविकता या अनुभवजन्य विश्व के विवरण का गठन करती हैं, वे विज्ञान में अनुभवजन्य तथ्यों का वर्णन करते कथन बन जाती हैं। इस अर्थ में, जहाँ एक व्यक्ति के पास किसी घटना की वास्तविकता के बारे में अथवा सामान्य रूप से अनुभवजन्य विश्व के बारे में मान्यताएँ हैं, वहीं विज्ञान के एक हिस्से के रूप में ज्ञान वास्तविकता अथवा अनुभवजन्य विश्व के बारे में अनुभव से समर्थित निवेदनों का एक समूह होता है। इस दृष्टि से, ज्ञान मान्यताओं का एक समूह है जो अनुभवजन्य वास्तविकता के साथ अनुरूप हैं, अथवा निवेदनों का समूह है जो अनुभवजन्य वास्तविकता का वर्णन करती हैं। इसके आधार पर विज्ञान को अनुभव से वैध मान्यताओं के गठन के एक तरीके के रूप में देखा जा सकता है। इस परिप्रेक्ष्य से, विज्ञान मान्यताओं के गठन करने के विविध तरीकों में से एक बन जाता है।

मान्यताओं के गठन के अन्य तरीकों में शामिल हैं परंपरा, अधिकार, अनुभव और अंतर्ज्ञान। किसी व्यक्ति के पास ज्ञान उत्पन्न करते इन तरीकों में से आती वास्तविकता के बारे में विविध मान्यताएँ हो सकती हैं। उदाहरण के लिए, किसी व्यक्ति को यह मान्यता हो सकती है कि बुजुर्ग व्यक्तियों के आगे न झुकना हानिकारक है। उसकी यह मान्यता एक या दो अनुभवों के आधार पर गठित हुई हो सकती है कि जब वह किसी बुजुर्ग व्यक्ति के आगे झुका नहीं था और बाद में उसने हानिकारक परिणामों का सामना किया था। परिणामस्वरूप, उसने मान्यताओं के गठन के एक तरीके के रूप में अनुभव के द्वारा एक मान्यता का गठन कर लिया है। हो सकता है कि उस व्यक्ति ने ऐसी मान्यता समुदाय अथवा समाज की परंपरा के आधार पर भी गठित की हो, जिस समुदाय का वह एक हिस्सा रहा है। उसी प्रकार, हो सकता है कि किसी व्यक्ति को दूसरे व्यक्ति द्वारा कहा गया हो, जिसका वह सम्मान करता है कि बुजुर्ग व्यक्ति के सामने न झुकना हानिकारक है और, इसलिए, उस व्यक्ति ने दूसरे व्यक्ति को एक अधिकार के रूप में स्वीकार करके मान्यता बना ली हो सकती है कि बुजुर्ग व्यक्ति के सामने न झुकना हानिकारक होता है। यह इस बात को दर्शाता है कि मान्यताओं के गठन के कई विविध तरीके होते हैं, और विज्ञान उन तरीकों में से एक है। विज्ञान में, मान्यताओं के गठन के तरीकों में से एक के तौर पर, विविध दृष्टिकोणों के आधार पर यहाँ उल्लिखित कुछ विशिष्ट विशेषताएँ होती हैं (उदाहरण के लिए, Hessler, 1992; Kerlinger, 1988; Murdick & Cooper, 1982)।

पहला, विज्ञान यह तय करने के लिए अनुभवजन्य तथ्यों पर निर्भर रहता है कि कोई मान्यता ज्ञान का हिस्सा बन सकती है या नहीं (उदाहरण के लिए, Kerlinger, 1988)। विज्ञान के सकारात्मक दृष्टिकोण में, अवलोकनों या अनुभवजन्य तथ्यों को यह तय करने के लिए निर्णायक मानदंड माना जाता है कि ज्ञान किसका गठन करता है। उदाहरण के लिए, प्रत्यक्षवाद को चिह्नित करने में, Ritchie और Lewis (2004) लिखते हैं कि सैद्धांतिक विवादों के मामलों में अवलोकन एक मार्गदर्शक मानदंड है। अवलोकनों या अनुभवजन्य तथ्यों की यह भूमिका जर्नल्स में शोध पत्रों में प्रतिबिंबित होती है, जहाँ अवधारणात्मक पत्र में एक सैद्धांतिक मॉडल के विशेष विवरण को अनुमानों का विवरण माना जाता है। ऐसे अनुमानों को यह निर्धारित करने के लिए परखे जाने की जरूरत है कि अनुभवजन्य तथ्य या डेटा उन्हें समर्थन देते हैं या नहीं। अवधारणात्मक पत्र में से अनुमानों को अनुभवजन्य जाँच का समर्थन मिलने बाद ही वह अनुभवजन्य तथ्यों का वर्णन करते निवेदनों का एक हिस्सा बनते हैं और अनुभवजन्य विश्व के बारे में वैज्ञानिक ज्ञान के एक हिस्से के रूप में स्वीकृत होते हैं।

· दूसरा, विज्ञान वह ज्ञान माँगता है जो निष्पक्ष है और व्यक्तिगत अभिप्रायों तथा वरीयताओं से मुक्त है (उदाहरण के तौर पर, Hempel, 1965; Stone, 1978 द्वारा उद्धृत; Kerlinger, 1988)। तीसरा, विज्ञान संशयवाद को प्रोत्साहित करता है (उदाहरण के तौर पर, Murdick & Cooper, 1982), और मान्यताएँ प्रश्नों तथा जाँच के अधीन होती हैं। मान्यताओं को ज्ञान का गठन करते निवेदनों के रूप में केवल तब स्वीकारा जाता है जब उनकी जाँच अनुभवजन्य वास्तविकता के साथ उनकी अनुरूपता के द्वारा उनके लिए समर्थन को प्रकट करती है। चौथा, विज्ञान जन सत्यापन

के आदर्श के साथ सहमत होता है (उदाहरणार्थ, Hessler, 1992)। विज्ञान अथवा वैज्ञानिक जाँच की प्रक्रिया और परिणाम सत्यापन के लिए संबंधित समुदाय के लिए खुले होते हैं। यह शैक्षणिक जर्नल्स में प्रकाशित अनुभवजन्य शोध पत्रों में प्रतिबिंबित होता है, जहाँ पत्र में लेखन का एक पर्याप्त हिस्सा उन तरीकों का वर्णन करता है जिसका शोधकर्ता द्वारा माप, डेटा संग्रह और डेटा विश्लेषण जैसे विविध शोध चरणों को पूरा करने के लिए इस्तेमाल किया गया था।

पाँचवा, विज्ञान नया ज्ञान उत्पन्न करने के लिए मौजूदा ज्ञान का उपयोग करता है (उदाहरणार्थ, Murdick & Cooper, 1982)। ज्ञान की मौजूदा प्रणाली के आधार पर नए निहितार्थ तैयार किए जाते हैं। ये निहितार्थ अनुमानों का गठन करते हैं। यह जाँचने के लिए अध्ययन किए गए हैं कि ये अनुभवजन्य तथ्य इन अनुमानों को समर्थन देते हैं या नहीं। जिन अनुमानों को अनुभवजन्य तथ्यों से समर्थन मिलता है वे अनुभवजन्य तथ्यों के बारे में निवेदनों के रूप में रखे जाते हैं और ज्ञान की मौजूदा प्रणाली में योगदान करते हैं। इस तरह से, विज्ञान नया ज्ञान उत्पन्न करने के लिए मौजूदा ज्ञान का उपयोग करता है।

छठा, विज्ञान का लक्ष्य ज्ञान का संचय करना है (उदाहरणार्थ, Murdick & Cooper, 1982)। नए अनुभवजन्य तथ्यों अथवा अनुभवजन्य तथ्यों के निवेदनों को ज्ञान की मौजूदा प्रणाली के साथ एकीकृत किया जाता है। आम तौर पर एक अनुभवजन्य शोध पत्र का प्रारंभिक हिस्सा एक शोध प्रश्न का वर्णन करता है जो ज्ञान की मौजूदा प्रणाली में स्थित अंतराल को प्रतिबिंबित करता है, और पत्र का पिछला हिस्सा ज्ञान की मौजूदा प्रणाली के लिए पत्र के निष्कर्षों के निहितार्थों की रूपरेखा प्रदान करता है। इस अर्थ में, एक अनुभवजन्य शोध पत्र पहचानता है कि नये ज्ञान को ज्ञान की मौजूदा प्रणाली में जोड़ने की आवश्यकता है या नहीं और ज्ञान के संचय को सुगम बनाकर ज्ञान की मौजूदा प्रणाली में कुछ और ज्ञान जोड़ता है।

उपरोक्त विवरण से पता चलता है कि विज्ञान में ज्ञान उत्पन्न करने के एक तरीके के रूप में कुछ विशेषताएँ होती हैं। विज्ञान की ये विशेषताएँ शैक्षणिक शोध पत्रों में समाविष्ट शैक्षणिक लेखन में प्रकट होती हैं।

शोध

शोध विज्ञान-आधारित दृष्टिकोण को स्वीकारकर ज्ञान उत्पन्न करने की एक प्रक्रिया है। एक विज्ञान-आधारित शोध की विशिष्ट विशेषता यह है कि वह सिद्धांतों को विकसित, सत्यापित और परिष्कृत करना चाहता है। Dubin (1969) दर्शाते हैं कि शोध के उद्देश्यों में से एक यह आंकना है कि मौजूदा सिद्धांत अनुभवजन्य तथ्यों के साथ अनुरूप हैं या नही या अनुभवजन्य तथ्यों द्वारा समर्थित हैं या नहीं। Dubin (1969) यह भी लिखते हैं कि *शोध* में उन सिद्धांतों के स्थान पर नए सिद्धांतों का उल्लेख करना भी शामिल है जो सिद्धांत अनुभवजन्य तथ्यों को समायोजित करने के लिए अपर्याप्त पाए गए हैं। यह विचार सूचित करता है कि शोध में सिद्धांतों का सत्यापन और सुधार शामिल होता है। इस तरह, एक सिद्धांत शोध की केन्द्रीय विशेषता होता है। शोध प्रक्रिया में सिद्धांत के इस केन्द्रीयता

के साथ संबंधित, Kerlinger (1988) में किया गया वर्णन सूचित करता है कि एक सिद्धांत का विकास करना विज्ञान का प्रमुख उद्देश्य है।

शोध विज्ञान के मानदंडों के अनुपालन में ज्ञान उत्पन्न करने की एक विशिष्ट प्रक्रिया को अपनाता है। विज्ञान के साथ जुड़ी विविध मान्यताएँ और विशेषताएँ होती हैं, जो एक प्रक्रिया के रूप में शोध की विशेषताओं में प्रतिबिंबित होती हैं। उदाहरणार्थ, जैसा कि विविध स्रोतों के आधार पर पहले उल्लिखित किया गया है (उदाहरण के लिए, Hessler, 1992; Kerlinger, 1988; Murdick & Cooper, 1982), विज्ञान नया ज्ञान उत्पन्न करने की लिए मौजूदा ज्ञान के उपयोग को प्रोत्साहित करता है; विज्ञान अपने निवेदनों को संशयवाद और शंका के लिए खुले रखता है सिवाय उसके जो अनुभवजन्य तथ्यों द्वारा समर्थित हैं; और वह अनुभवजन्य तथ्यों को यह तय करने के मानदंड के रूप में मानता है कि एक मान्यता ज्ञान के एक हिस्से का गठन करती है या नहीं। ये विशेषताएँ शोध करने के प्राक्कल्पित-निगमनिक दृष्टिकोण में प्रकट होती हैं। इस प्राक्कल्पित-निगमनिक दृष्टिकोण में, निहितार्थों या प्रकल्पनाओं का मौजूदा ज्ञान अथवा मौजूदा अवलोकनों में से निगमन किया जाता है, लेकिन यह निहितार्थ अथवा प्रकल्पनाएँ मौजूदा ज्ञान के परे जाती हैं और, इसलिए, उनका आगामी अनुभवजन्य सत्यापन संभावित रूप से नये ज्ञान प्राप्त कर सकता है (उदाहरण के लिए, Baronov, 2004)। इस दृष्टिकोण में, शोध प्रक्रिया में मौजूदा ज्ञान पर आधारित अनुमानों या परिकल्पनाओं की उत्पत्ति और अनुमानों के सत्यापन का यह आंकने के लिए समावेश होता है कि अनुभवजन्य डेटा उनका समर्थन करता है या नहीं। शोध प्रक्रिया में आम तौर पर अनुमानों या परिकल्पनाओं की उत्पत्ति *सिद्धांत निर्माण* अभ्यास का रूप लेती है जबकि अनुमानों का सत्यापन *सिद्धांत परीक्षण* अभ्यास का रूप लेता है। इस परिप्रेक्ष्य से, शोध को दो हिस्सों से बनी एक प्रक्रिया के रूप में देखा जा सकता है, जो हैं- सिद्धांत निर्माण और सिद्धांत परीक्षण। सिद्धांत निर्माण वाले हिस्से को आम तौर पर शोध प्रक्रिया के अवधारणात्मक हिस्से के रूप में संदर्भित किया जाता है और सिद्धांत परीक्षण वाले हिस्से को अनुभवजन्य हिस्से के रूप में। अनुमानों की उत्पत्ति और उनके अनुभवजन्य सत्यापन से बनी समग्र शोध प्रक्रिया अवधारणात्मक शोध और अनुभवजन्य शोध ऐसे दोनों हिस्सों को समाविष्ट करती है। विशेष रूप से, शोध प्रक्रिया आकृति 1.1 में चित्रित विविध चरणों का समावेश करती है जिनमें से कुछ का नीचे संक्षिप्त विवरण दिया गया है।

क. प्रारंभिक चरणों से एक है जाँची जानेवाली वास्तविकता के पहलू का विवरण।

ख. आगामी चरण वास्तविकता के उस पहलू पर ज्ञान और शोध प्रश्न में स्थित अंतराल की पहचान करना है। इन दोनों पहले चरणों के लिए, शोध प्रक्रिया में दूसरे चरणों में से कुछ की तरह, आमतौर पर साहित्य समीक्षा आवश्यक होगी।

ग. आगमी चरण है जाँची जा रही वास्तविकता के पहलू के बारे में संभावनीय भविष्यवाणियाँ निर्दिष्ट करने के लिए मौजूदा ज्ञान में से अनुमानों अथवा परिकल्पनाओं की उत्पत्ति करना। यह चरण सिद्धांत निर्माण की प्रक्रिया का समावेश करता है। इस चरण का परिणाम अवधारणाओं के बीच संबंधों के बारे में कथनों का समूह होता है। ये अवधारणाएं जाँची जा रही वास्तविकता के विविध पहलुओं को संदर्भित करती हैं। उदाहरणार्थ, यह कथन कि किसी संगठन के प्रति कर्मचारियों की प्रतिबद्धता उस संगठन में स्थित कर्मचारियों के

आकृति 1.1 शोध प्रक्रिया का विहंगावलोकन

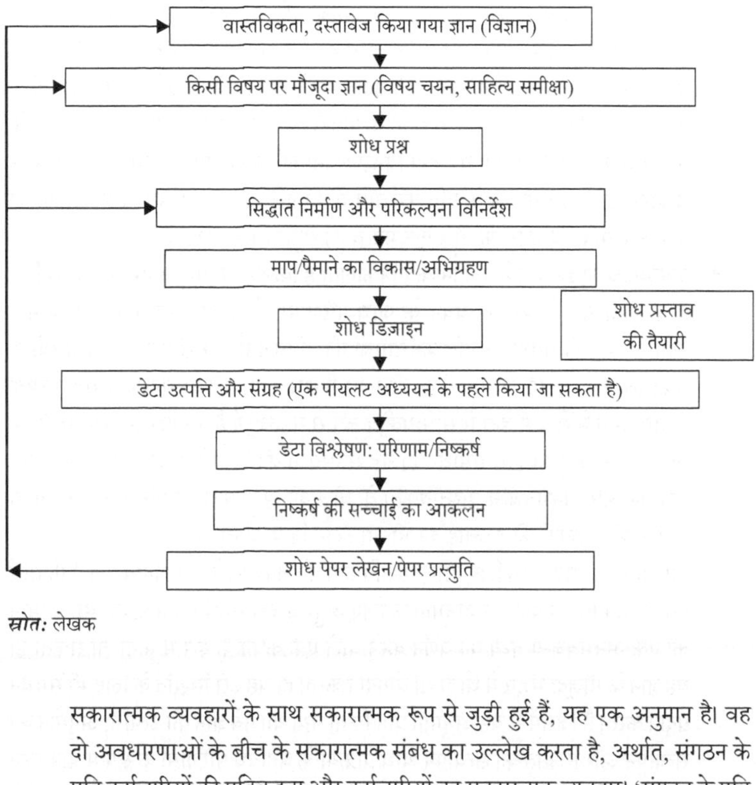

स्रोत: लेखक

सकारात्मक व्यवहारों के साथ सकारात्मक रूप से जुड़ी हुई हैं, यह एक अनुमान है। वह दो अवधारणाओं के बीच के सकारात्मक संबंध का उल्लेख करता है, अर्थात, संगठन के प्रति कर्मचारियों की प्रतिबद्धता और कर्मचारियों का सकारात्मक व्यवहार। 'संगठन के प्रति कर्मचारियों की प्रतिबद्धता' की अवधारणा कर्मचारियों के संगठनात्मक जीवन की जाँची जा रही वास्तविकता का एक निश्चित पहलू पेश करती है। उसी प्रकार, 'संगठन में कर्मचारियों के सकारात्मक व्यवहार' की अवधारणा कर्मचारियों के संगठनात्मक जीवन की जाँची जा रही वास्तविकता का निश्चित पहलू पेश करती है।

घ. पूर्ववर्ती चरणों के बाद का चरण सत्यापित होनेवाले अनुमानों में परिकल्पनाओं के मापों को प्राप्त करने के लिए मापनों की रूपरेखा अथवा स्वीकृति करना है।

च. अगला चरण डेटा संग्रह के लिए शोध रूपरेखा का विनिर्देश है। इसमें वह विनिर्देश शामिल है कि कौन-से डेटा का संग्रह किया जाएगा, डेटा का संग्रह किससे किया जाएगा, डेटा संग्रह के लिए कौन-सी प्रक्रियाओं का उपयोग किया जाएगा, डेटा का विश्लेषण कैसे किया जाएगा, इत्यादि।

छ. पूर्ववर्ती चरणों के बाद, अगला चरण यह आकलन करने के लिए आवश्यक डेटा के संग्रह के लिए शोध रूपरेखा चरणों का वास्तविक अमल किया जाना है कि अनुमान पर आधारित कथनों को अनुभवजन्य डेटा से समर्थन प्राप्त होता है या नहीं।

ज. अगला चरण डेटा में स्थित पैटर्न की जाँच करने के लिए डेटा का विश्लेषण करना है। उदाहरणार्थ, किसी संगठन के प्रति कर्मचारियों की प्रतिबद्धता और उस संगठन के कर्मचारियों के सकारात्मक व्यवहारों के बीच का एक सकारात्मक संबंध को निर्दिष्ट करने वाले अनुमान को सत्यापित करने वाले उदाहरण में, डेटा विश्लेषण प्रक्रिया कर्मचारियों के एक नमूने के लिए इन दो परिकल्पनाओं के मापनों के लिए प्राप्त किए गए मूल्यों के बीच के सहसंबंध का हिसाब करेगी। यह डेटा विश्लेषण निष्कर्ष निकालेगा कि कर्मचारियों के नमूने से प्राप्त डेटा में उस संगठन के प्रति कर्मचारियों की प्रतिबद्धता और संगठन में कर्मचारियों के सकारात्मक व्यवहारों के बीच एक महत्वपूर्ण सकारात्मक सहसंबंध है या नहीं।

झ. आगामी चरण इस बारे में एक निष्कर्ष निकालना है कि यह अनुमान अनुभव द्वारा समर्थित है या नहीं। यह निष्कर्ष अध्ययन के जाँच-परिणामों को प्रतिबिंबित करता है। वर्तमान उदाहरण में, यदि संगठन के प्रति कर्मचारियों की प्रतिबद्धता और संगठन में कर्मचारियों के सकारात्मक व्यवहारों के मापनों के बीच का हिसाब लगाया गया सहसंबंध सकारात्मक है और नमूने में से प्राप्त डेटा में सांख्यिकीय रूप से महत्वपूर्ण है, तो फिर निष्कर्ष यह है कि वह अनुमान अनुभव द्वारा समर्थित है। यह सहसंबंधों की विश्लेषित डेटा पैटर्न में समाविष्ट अनुमान और अनुभवजन्य वास्तविकता के बीच की अनुरूपता को प्रतिबिंबित करता है। कभी कभी, निष्कर्ष की सच्चाई का भी आकलन किया जाता है।

ट. अगला चरण सिद्धांत के लिए और वास्तविकता की जनकारी के लिए निष्कर्ष के निहितार्थ तय करना होता है। यदि उस अनुमान के लिए अनुभवजन्य समर्थन प्राप्त है, तो उस अनुमान को एक अनुभवजन्य तथ्य का वर्णन करने वाले एक कथन के रूप में माना जा सकता है। यह ज्ञान के मौजूदा भंडार में थोड़ा सा योगदान करता है। यह उस सिद्धांत के लिए भी समर्थन प्रदान करता है जिसमें से वह अनुमान प्राप्त किया गया था। नये ज्ञान की उत्पत्ति, अनुमान का सत्यापन और सिद्धांत का सत्यापन शोध प्रक्रिया के बहुविध परिणामों के रूप में प्राप्त किए जाते हैं। शोध प्रक्रिया के ये योगदान आकृति 1.1 में शीर्ष पर के बॉक्स में अनुवर्ती तीरों में प्रतिबिंबित होते हैं।

शैक्षणिक शोध में इस्तेमाल होने वाले विविध पारिभाषिक शब्दों का संक्षिप्त विवरण

आकृति 1.1 में समग्र शोध प्रक्रिया का चित्रण और ऊपर उल्लिखित संलग्न वर्णन विविध पारिभाषिक शब्दों का इस्तेमाल करते हैं, जैसे, *हाइपोशोध-प्रबंध—परिकल्पना, मेज़रमेंट—मापन और रिसर्च रूपरेखा—शोध रूपरेखा*। इस अध्याय और इस पुस्तक के आगामी हिस्से भी इन पारिभाषिक शब्दों का संदर्भ लेंगे, क्योंकि ये पारिभाषिक शब्द शोध के विविध पहलुओं का गठन करते हैं जिन्हें एक शोध पत्र के लिए शैक्षणिक लेखन के माध्यम से वर्णित करना जरूरी होता है।

इसके प्रकाश में, इन्हें और शोध प्रक्रिया के साथ जुड़े अन्य संबंधित पारिभाषिक शब्दों को नीचे संक्षिप्त में वर्णित किया गया है, ताकि इस अध्याय के आगामी हिस्से और पुस्तक के बाकी के हिस्से के पठन एवं समझ को अधिक आसान बनाया जा सके।

शोध (Research)

शोध एक प्रक्रिया है जिसमें किसी घटना अथवा वास्तविकता के एक पहलू की विज्ञान के कुछ निश्चित मानदंडो के पालन द्वारा जाँच की जाती है। तार्किक सकारात्मक दृष्टिकोण में, घटना की एक सुव्यवस्थित, निष्पक्ष और अनुभवजन्य (तथ्यों पर आधारित या डेटा-आधारित) जाँच की जाएगी। शोध प्रक्रिया में स्थित विविध चरण उस प्रक्रिया को सुव्यवस्थित, निष्पक्ष और अनुभवजन्य बनाने के लिए डिज़ाइन किए जाते हैं।

अवधारणात्मक शोध (Conceptual Research)

इस प्रकार का शोध नए डेटा के संग्रह और विश्लेषण के बिना तथा इस प्रकार के हाल ही में संग्रहित किए गए डेटा में पैटर्न्स की व्याख्या के बिना किसी विषय पर ज्ञान को आगे बढ़ाना चाहता है। वह आम तौर पर मौजूदा प्रकाशित साहित्य पर भरोसा करता है, और साहित्य पर आधारित होता है, जिसमें से कुछ स्वयं मौजूदा डेटा-आधारित अध्ययनों का वर्णन कर सकते हैं, वह मौजूदा ज्ञान को विविध तरीकों से आगे बढ़ा सकते हैं, जैसे मौजूदा साहित्य पर आधारित निष्कर्षों का सुझाव देना, मौजूदा साहित्य का संश्लेषण करना, अथवा मौजूदा साहित्य में स्थित अंतरालों को दर्शाना। इस तरह, आकृति 1.1 में चित्रित चरणों का केवल एक हिस्सा आम तौर पर इस प्रकार के शोध के साथ जुड़ा हुआ होगा।

अनुभवजन्य शोध (Empirical Research)

इस प्रकार का शोध एक शोध प्रश्न लेता है, शोध प्रश्न के विषय से संबंधित एक संभावित अनुमान करता है, और फिर जाँच करता है कि अनुभवजन्य डेटा में प्रतिबिंबित वास्तविकता उस अनुमान का समर्थन करती है या नहीं। यदि वह अनुमान अनुभवजन्य वास्तविकता में समर्थित है, तो फिर वह अनुमान कथन अनुभवजन्य तथ्य का एक कथन बन जाता है। इस तरह, अनुभवजन्य अध्ययन डेटा आधारित होते हैं और, डेटा के आधार पर वे अनुभवजन्य तथ्यों की उत्पत्ति कर सकते हैं। आकृति 1.1 में चित्रित अधिकतर चरण इस प्रकार के शोध के साथ जुड़े हुए होंगे।

ज्ञान (Knowledge)

जहाँ अध्ययन की जा रही वास्तविकता आम तौर पर शोधकर्ता के बाहर मौजूद होती है, वहीं वह अनुसंधनकर्ता के संज्ञान के अंदर प्रतिनिधित्व करने के लिए आती है, और बाद में ज्ञान की दस्तावेजी प्रणाली में मान्यता के एक कथन के रूप में आती है जो अनुभवजन्य वास्तविकता के साथ अनुरूप

होती है। इस तरह, ज्ञान के दस्तावेजी प्रणाली में, ज्ञान को निवेदनों के एक समूह के रूप में प्रस्तुत किया जाता है, जबकि एक शोधकर्ता या एक पाठक के दिमाग में वह वास्तविकता के एक पहलू के बारे में मान्यता के एक कथन का गठन करता है। शोध में, किसी विषय के बारे में मौजूदा ज्ञान उस विशिष्ट विषय पर संबंधित साहित्य में प्रकट होता है। यह साहित्य एक शोध पत्र अथवा एक पुस्तक सहित विविध स्वरूपों में हो सकता है। अध्ययन में जाँचे गए एक अनुमान के लिए अनुभवजन्य समर्थन अथवा डेटा-आधारित समर्थन के कारण उस अध्ययन द्वारा उत्पन्न नया ज्ञान, ज्ञान की मौजूदा भंडार में योगदान करता है। इस अर्थ में, एक अनुभवजन्य पत्र में शैक्षणिक लेखन थोड़े से ज्ञान का वर्णन करता है जिसे मौजूदा ज्ञान में जोड़े जाने की जरूरत है, और वह इसका भी वर्णन करता है कि वह थोड़ा सा ज्ञान कैसे उत्पन्न किया गया था।

सिद्धांत (Theory)

एक सिद्धांत वास्तविकता के एक सीमित हिस्से का सरलीकृत निरूपण है। वह आम तौर पर उसके द्वारा प्रस्तुत किए जा रहे वास्तविकता के हिस्से के बारे में व्यवस्थित रूप से अंतरसंबंधी निवेदनों के समूह का समावेश करता है। ये कथन विविध प्रकार के होते हैं, इनमें वे कथन शामिल होते हैं जो आधार के रूप में सहायता प्रदान करते हैं (मान्यताएँ, स्थापित नियम और अन्य), सिद्धांत द्वारा प्रस्तुत की जा रही वास्तविकता के विभिन्न पहलुओं को लेबल देने के लिए उपयोगी पारिभाषिक शब्दों (*अवधारणाओं* के रूप में संदर्भित) के लिए परिभाषाएँ स्पष्ट करते कथन, और वे कथन, जो वास्तविकता के बारे में अनुमानों का उल्लेख करते हैं (*प्रकथन* और *परिकल्पनाओं* के रूप में संदर्भित)। सिद्धांतों को निवेदनों के उपयोग से एक शाब्दिक रूप में भी वर्णित किया जा सकता है, अथवा उन्हें लेबल्स (*अवधारणाओं* के रूप में संदर्भित) के माध्यम से प्रस्तुत वास्तविकता के विविध पहलुओं के चित्रण, और संयोजनों (*प्रस्तावों* के रूप में संदर्भित) के माध्यम से दर्शाए गए विविध लेबल्स के बीच के संबंधों द्वारा सचित्र रूप में दस्तावेज भी किया जा सकता है। शोध प्रक्रिया में, अनुभवजन्य वास्तविकता के बारे में अतिरिक्त ज्ञान विकसित करने के लिए, पहले एक सिद्धांत के रूप में वास्तविकता का निरूपण विकसित किया जाता है। फिर, उस सिद्धांत से कुछ अनुमान या भविष्यवाणियाँ (*प्रकथन* और *परिकल्पना*ओं के रूप में संदर्भित) प्राप्त की जा सकती हैं, जो या तो सिद्धांत में समाविष्ट संबंधों के एक भाग के रूप में प्राप्त किए जाते या आगे तर्क द्वारा उस सिद्धांत में से निकाले जाते हैं, जिसके लिए अनुभवजन्य वास्तविकता में यह देखे जाने की संभावना है कि वह सिद्धांत अनुभवजन्य वास्तविकता की सही प्रस्तुति था या नहीं। शोध का यह हिस्सा जो वास्तविकता की प्रस्तुति विकसित करता है और आगामी अनुभवजन्य जाँच के लिए उसमें से अनुमानों को निकालता है वह अवधारणात्मक शोध के एक प्रकार को गठित करता है।

अवधारणाएं (Concepts)

शोध में अध्ययन की जा रही वास्तविकता के विविध पहलुओं को लेबल्स/पारिभाषिक शब्द दे कर और लेबल्स/पारिभाषिक शब्दों के लिए परिभाषाएँ प्रदान करके प्रस्तुत किया जाता है। ये दो पहलू,

अर्थात, लेबल और परिभाषा, संयुक्त रूप से एक अवधारणा या अवधारणा विनिर्देश बनाते हैं। इस तरह, एक अवधारणा एक पारिभाषिक शब्द या लेबल है जो एक सामान्यीकृत ढंग से वास्तविकता के एक पहलू को प्रस्तुत करती है। उदाहरणार्थ, *नेतृत्व* एक अवधारणा है और संगठनात्मक एवं सामाजिक जीवन की वास्तविकता का एक पहलू प्रस्तुत करता है। यह पारिभाषिक शब्द या लेबल नेतृत्व और संलग्न परिभाषा संयुक्त रूप से अवधारणा नेतृत्व का गठन करते हैं। किसी अवधारणा की परिभाषा आम तौर पर अन्य पारिभाषिक शब्दों का उपयोग कर के निर्दिष्ट की जाती है। उदाहरण के तौर पर, अवधारणा नेतृत्व को "दूसरों को प्रेरित करने की प्रक्रिया" के रूप में पारिभाषित किया जा सकता है। दूसरे उदाहरण के रूप में, एक संगठन के प्रति एक कर्मचारी की प्रतिबद्धता की वास्तविकता को शोध में अवधारणा *संगठनात्मक प्रतिबद्धता* के माध्यम से वर्णित किया जाता है, जिसमें वास्तविकता के इस पहलू के लिए अवधारणा विनिर्देश में लेबल संगठनात्मक प्रतिबद्धता और उसके लिए एक संलग्न परिभाषा शामिल हैं। उसी प्रकार, *वफादारी, ग्राहक वफादारी, ब्रांड छवि* और *अभिनव रणनीतिक अभिविन्यास जैसे* लेबल्स, जब उनकी संबंधित परिभाषाओं के साथ संयोजित किए जाते हैं तो वे अवधारणाओं का निर्माण करते हैं। इस तरह, शोध में, अध्ययन की जा रही वास्तविकता के विविध हिस्सों को अवधारणाओं के रूप में प्रस्तुत किया जाता है। फिर इन अवधारणाओं के बीच के संबंधों को निर्दिष्ट करके वास्तविकता के विविध पहलुओं के बीच के अंतरसंबंधों के अनुसार वास्तविकता का एकीकृत दृष्टिकोण प्रदान किया जाता है।

प्रकथन (Propositions)

प्रकथन वे कथन होते हैं जो अवधारणाओं के बीच के संबंधों को निर्दिष्ट करते हैं। उदाहरणार्थ, यह कथन कि सत्ता के लिए एक व्यक्ति की जरूरत किसी व्यक्ति के नेतृत्व के साथ सकारात्मक रूप से जुड़ी हुई है, एक ऐसा कथन है जो *सत्ता की जरूरत* और *नेतृत्व* की अवधारणाओं के बीच के संबंध का उल्लेख करता है। यह तथ्यात्मक कथन होने की बजाय एक अनुमान पर आधारित कथन है। अनुभवजन्य शोध को यह जाँच करने की जरूरत होगी कि यह अनुमान आधारित कथन वास्तव में वास्तविकता से प्राप्त किए गए डेटा द्वारा समर्थित है या नहीं। जब तक अनुभवजन्य शोध वास्तव में एक प्रकथन द्वारा प्रस्तुत अनुमान आधारित कथन के लिए समर्थन की उपस्थिति या अनुपस्थिति का निष्कर्ष नहीं देता है, तब तक वह अनुमान का एक कथन ही रहता है। जैसे ही अनुभवजन्य शोध प्रकथन में निर्दिष्ट उस अनुमान आधारित कथन को समर्थन देता है, वैसे ही वह एक अनुभवजन्य तथ्य प्रस्तुत करता है और अनुभवजन्य तथ्य का कथन बन जाता है।

चर (Variables)

वफ़ादारी, संगठनात्मक प्रतिबद्धता, ग्राहक वफ़ादारी, ब्रांड छवि, अभिनव सामरिक अभिविन्यास और अन्य जैसी अवधारणाएं भाववाचक होती हैं। चूँकि अवधारणाएं यह जाँचने के लिए एक प्रकथन के हिस्सों का गठन करती हैं, कि यह वास्तविकता हकीकत में प्रस्तावों के साथ अनुरूप है या नहीं, हमें अवधारणाओं द्वारा प्रस्तुत वास्तविकता के पहलुओं के बारे में डेटा एकत्र करने ही होते हैं।

उदाहरणार्थ, यह आकलन करना कि क्या "सत्ता के लिए जरूरत नेतृत्व के साथ सकारात्मक रूप से जुड़ी हुई है" यह प्रकथन वास्तव में वास्तविकता के साथ अनुरूप है या नहीं, हमें कुछ व्यक्तियों से उनकी सत्ता के जरूरत और उनके नेतृत्व पर डेटा एकत्र करना और यह देखना जरूरी है कि सत्ता की जरूरत और नेतृत्व के मापनों पर कुछ व्यक्तियों के पास से प्राप्त मूल्यों के बीच कोई सकारात्मक सहसंबंध है या नहीं। होने वाली इस अनुभवजन्य सत्यापन प्रक्रिया के लिए, पहले अवधारणाओं के साथ कुछ मापनयोग्य संकेतकों को जोड़ने की जरूरत होती है। एक अवधारणा के साथ संलग्न मापनयोग्य संकेतकों को चरों के रूप में संदर्भित किया जाता है।

उदाहरण के तौर पर, नेतृत्व अवधारणा का एक मापनयोग्य संकेतक वह सीमा हो सकता है जिस सीमा तक कोई व्यक्ति लक्ष्यों की प्राप्ति के लिए लक्ष्य निर्धारण करके तथा प्रक्रियाओं के वर्णन के अनुसार दूसरे व्यक्तियों के कार्य का निर्माण करता है। इस उदाहरण में, दूसरों के लिए लक्ष्य निर्धारण करने वाले व्यक्ति के व्यवहारों की संख्या उस व्यक्ति के नेतृत्व संबंधी व्यवहार का एक मापन गठित करता है, और इस अर्थ में, लक्ष्य-निर्धारण व्यवहारों की यह संख्या एक चर है जो नेतृत्व की अवधारणा को मापना चाहता है। उसी प्रकार, किसी कर्मचारी की संगठनात्मक प्रतिबद्धता की अवधारणा को उस कंपनी में किसी कर्मचारी द्वारा काम किए गए सालों के संख्या के चर के माध्यम से अथवा मौजूदा संगठन में बने रहने के लिए दूसरे संगठन में जाने के लिए वेतन वृद्धि की राशि को अस्वीकार करने के उस चर के माध्यम द्वारा मापा जा सकता है। इस तरह, चरों को मापनयोग्य संकेतकों के रूप में देखा जा सकता है जो अनुभवजन्य वास्तविकता में एक अवधारणा की अभिव्यक्ति की सीमा का आकलन करते हैं ताकि अवधारणाएं मापनयोग्य बने।

परिकल्पनाएँ (Hypotheses)

जो कथन चरों के बीच के संबंध उल्लिखित करते हैं वे परिकल्पनाएँ होते हैं। वह अनुमान के कथन होते हैं, जो यह दर्शाते हैं कि कौन-से संबंध अपेक्षित या संभावनीय हैं। जब यह अनुमान आधारित कथन अनुभव द्वारा सत्यापित होते हैं और अनुभवजन्य डेटा द्वारा समर्थित पाए जाते हैं केवल तभी, वे तथ्य के कथन बनते हैं; अन्यथा, वे अनुमान के कथन ही बने रहते हैं। एक परिकल्पना के इस विवरण और प्रकथन के लिए पहले प्रदान किए गए विवरण के बीच एक समानता होती है। यह समानता अस्तित्व में होती है, क्योंकि प्रकथन और परिकल्पना के बीच एक संबंध होता है। पहले यह वर्णित किया गया था कि अवधारणाओं के बीच संबंधों के अनुमान पर आधारित कथन प्रकथन कहलाते हैं। यह भी पहले वर्णित किया गया था कि चर अवधारणाओं के मापनयोग्य संकेतक होते हैं और, इस अर्थ में, अवधारणाएं और चरों के बीच एक अनुरूपता होती है। इसके प्रकाश में, जब एक प्रकथन में अवधारणाओं को इन अवधारणाओं के अनुरूप चरों के साथ बदला जाता है, तो फिर परिणामी कथन एक परिकल्पना हो जायेगा। उदाहरण के लिए, एक प्रकथन कि "कर्मचारियों की संगठनात्मक प्रतिबद्धता उस संगठन में से कर्मचारी वापसी के साथ नकारात्मक रूप से जुड़ी हुई होती है" एक परिकल्पना बन सकती है कि "एक संगठन में बिताए हुए वर्षों की संख्या कर्मचारी के अनुपस्थिति के दिनों की संख्या के साथ नकारात्मक रूप से जुड़ी हुई है"। परिकल्पना के इस कथन

में, कर्मचारियों की संगठनात्मक प्रतिबद्धता की अवधारणा को संगठन में बिताए गए वर्षों की चर संख्या के साथ बदला जाता है, और एक संगठन में से कर्मचारी वापसी की अवधारणा को कर्मचारी के अनुपस्थिति के दिनों की चर संख्या के साथ बदला जाता है। इस उदाहरण में, परिकल्पना का यह कथन प्रकथन में अनुरूप चरों के साथ अवधारणाओं को बदलकर प्रकथन के कथन से प्राप्त किया जाता है।

हालाँकि, अभ्यास में, एक प्रकथन और एक परिकल्पना के बीच का भेद अवधारणाओं तथा चरों के साथ संलग्न लेबल्स के उपयोग में दृढ़ता से प्रतिबिंबित नहीं होता है। यह आंशिक रूप से इसलिए है क्योंकि सामान्य रूप से उसी लेबल या पारिभाषिक शब्द का उपयोग अवधारणा एवं संकल्पना के साथ संलग्न चर को संदर्भित करने के लिए किया जाता है। उदाहरणार्थ, "संगठनात्मक प्रतिबद्धता" यह लेबल संगठनात्मक प्रतिबद्धता की संकल्पना को संदर्भित कर सकता है या वह संगठनात्मक प्रतिबद्धता को मापते स्केल पर कर्मचारियों के स्कोर्स को संदर्भित कर सकता है, जहाँ स्केल स्कोर एक चर है। इस तरह, आम तौर पर एक अनुभवजन्य पत्र में एक कथन, जैसे, "कर्मचारियों की संगठनात्मक प्रतिबद्धता संगठन में कर्मचारी वापसी के साथ नकारात्मक रूप से जुड़ी हुई है" में संगठनात्मक प्रतिबद्धता और वापसी व्यवहार जैसे पारिभाषिक शब्द अवधारणाओं के रूप में शामिल होते हैं, जिन्हें अनुभवजन्य पत्र के आगामी हिस्सों में वर्णित अनुरूप मापनों को स्वीकार कर अनुभवजन्य सत्यापन प्रक्रिया में मापा जाता है। आम तौर पर, एक अनुभवजन्य पत्र में निर्दिष्ट ऐसी अवधारणाएं मापनयोग्य होती हैं और उन्हें अनुभवजन्य पत्र में प्रतिवेदित अध्ययन में मापा जाता है, तथा उन्हें समाविष्ट करते निवेदनों को एक अनुभवजन्य पत्र में आम तौर पर एक "प्रकथन" के बजाय एक "परिकल्पना" के रूप में संदर्भित किया जाता है।

माप (Measures)

एक अवधारणा के साथ एक चर को जोड़ने के उद्देश्यों में से एक है अवधारणा को मापनयोग्य बनाना। उदाहरणार्थ, एक संगठन के प्रति कर्मचारियों की प्रतिबद्धता की अवधारणा प्रत्यक्ष रूप से मापनयोग्य नहीं होती और, इसलिए, एक कर्मचारी द्वारा एक संगठन में बिताए वर्षों की एक चर संख्या, जिसे मापा जा सकता है, इस अवधारणा के साथ जुड़ी हुई है और इस अवधारणा का एक मापनयोग्य संकेतक है। कुछ अवधारणाओं के लिए, ऐसे मापनयोग्य संकेतक आसानी से उपलब्ध हो सकते हैं। हालाँकि, अन्य मामलों में, दो कारणों से वास्तविकता में एक अवधारणा के गुणों की उपस्थिति को मापने के लिए विशेष माध्यम ढूँढ निकालना जरूरी हो सकता है। पहला, आसानी से उपलब्ध होने वाले संकेतक अवधारणा के पर्याप्त माप नहीं हो सकते हैं। उदाहरणार्थ, एक संगठन में बिताए वर्षों की संख्या का संकेतक एक संगठन के प्रति कर्मचारियों की प्रतिबद्धता की अवधारणा को पर्याप्त रूप से प्रतिबिंबित नहीं भी कर सकता क्योंकि वह अन्य पहलुओं को प्रकट कर सकता है, जैसे बेहतर संगठनों में रोजगार अवसरों की तलाश करने में कर्मचारी की निष्क्रियता का होना। दूसरा, हो सकता है कि कुछ अवधारणाओं के लिए उस अवधारणा के अनुरूप कोई संकेतक आसानी से उपलब्ध न हो। उदाहरणार्थ, काम में *अर्थ की भावना* की अवधारणा के लिए संकेतक या चर आसानी से

उपलब्ध नहीं हो सकता है, जिसके माध्यम से उसे मापा जा सके। ऐसे कारणों के लिए, आसानी से उपलब्ध संकेतक के उपयोग के बदले, अवधारणा को मापने के लिए एक विशेष साधन को बनाए जाने की जरूरत हो सकती है। ऐसे साधन को *माप* कहा जाता है।

आम तौर पर, प्रबंधन के व्यवहारपरक क्षेत्रों में, ऐसा माप एक स्केल के रूप में हो सकता है जिसके लिए स्केल के आइटम्स (निवेदनों) के एक समूह के लिए, प्रतिवादी को एक पूर्वनिर्धारित प्रतिक्रिया प्रारूप पर प्रतिक्रियाएँ प्रदान करना जरूरी होता है। एक प्रतिक्रिया प्रारूप के भीतर प्रत्येक प्रतिक्रिया के साथ दिया गया विशिष्ट स्कोर जुड़ा होता है। कुल स्केल स्कोर तक पहुँचने के लिए स्केल में व्यक्तिगत आइटम्स के लिए प्रतिवादी की प्रतिक्रियाओं के साथ जुड़े स्कोर्स को जोड़ा जाता है। यह स्कोर उस अवधारणा के अनुरूप चर पर कुल स्कोर प्रकट करता है जिसे माप/स्केल मापना चाहता है। ऐसे स्केल एक प्रक्रिया द्वारा विकसित किए जाते हैं जिसे *स्केल का विकास* कहते हैं। एक स्केल आम तौर पर स्केल आइटम्स अथवा निवेदनों के एक समूह का समावेश करता है जो कुछ उन पहलुओं का वर्णन करते हैं, जो मापी जा रही अवधारणा के साथ संबंधित होते हैं; उच्च महत्व से निम्न महत्व वाले प्रतिक्रिया विकल्पों के एक समूह के साथ प्रतिक्रिया प्रारूप (उदाहरण के तौर पर, *दृढ़तापूर्वक सहमत, सहमत, ना सहमत ना असहमत, असहमत* और *दृढ़तापूर्वक असहमत*, के स्कोर क्रमश: 5, 4, 3, 2 और 1 हैं); स्केल पर आइटम्स के लिए प्रतिक्रियाएँ देने के लिए प्रतिवादियों को सहायता करने के लिए दिशानिर्देश। ऐसे स्केल, जो एक अवधारणा का माप प्राप्त करने के साधन हैं, वे माप या मापन के रूप में संदर्भित किए जाते हैं। ऐसे स्केल को विकसित करने की प्रक्रिया को आम तौर पर *स्केल विकास* के रूप में संदर्भित किया जाता है, और कभी कभी उसे *मापन रूपरेखा* अथवा *संचालनीकरण* के रूप में भी संदर्भित किया जाता है।

शोध रूपरेखा (Research Design)

शोध रूपरेखा इस पारिभाषिक शब्द की दो व्याख्याएँ हो सकती हैं। पहली, उसे एक अध्ययन में जाँची जा रही परिकल्पना के लिए अनुभवजन्य समर्थन का आकलन करने के लिए अध्ययन किए जा रहे विविध पहलुओं पर डेटा संग्रह की योजना के रूप में संदर्भित किया जा सकता है। इस पारिभाषिक शब्द के उपयोग के इस अर्थ में, शोध रूपरेखा में किए जाने वाली जाँच (उदाहरण के लिए, आकस्मिक या वर्णनात्मक) की प्रकृति के विवरण, चरों का विवरण जिस पर डेटा संग्रहित किया जाएगा, प्रतिवादियों का विवरण जिनसे डेटा एकत्रित किया जाएगा (नमूना प्रोफाइल), इस्तेमाल की जानेवाली प्रक्रियाएँ (उदाहरण के लिए, साक्षात्कार अथवा स्व-विवरण प्रश्नावली), विविध चरों पर डेटा संग्रह का समय और प्राप्त किए जानेवाले अवलोकनों की संख्या का समावेश होगा। दूसरा, शोध रूपरेखा यह पारिभाषिक शब्द जाँची जा रही परिकल्पनाओं के लिए अनुभवजन्य समर्थन के आकलन के लिए डेटा एकत्र करने के लिए वास्तव में इस्तेमाल की जाती प्रक्रिया को भी संदर्भित करता है। शोध रूपरेखा इस पारिभाषिक शब्द की इन दो संभावित व्याख्याएँ सूचित करती हैं कि उसे डेटा संग्रह की एक योजना एवं डेटा संग्रह के लिए पालन की जाती वास्तविक प्रक्रिया के रूप में संदर्भित किया जा सकता है।

परिणाम/निष्कर्ष (Results/Findings)

शोध प्रक्रिया में, डेटा को मापनों के उपयोग द्वारा और शोध रूपरेखा में चरणों के अमल द्वारा प्राप्त किया जाता है। फिर डेटा में उपस्थित पैटर्न्स के आकलन के लिए ऐसे डेटा का विश्लेषण किया जाता है। यह डेटा विश्लेषण एक सांख्यिकीय स्वरूप में परिणाम दे सकता है। उदाहरण के लिए, एक प्रकथन की जाँच को देखें कि "कर्मचारियों की संगठनात्मक प्रतिबद्धता संगठन में से कर्मचारी की वापसी के साथ नकारात्मक रूप से जुड़ी हुई है।" यदि संगठनात्मक प्रतिबद्धता और कर्मचारी की वापसी की अवधारणाओं को मापने के लिए अनुकूल स्केल विकसित किए जाते हैं, तो ये अवधारणाएं, उनके संबंधित स्केल के उपयोग द्वारा, मापनयोग्य बन जाती हैं और, इसलिए, वह प्रकथन एक परीक्षण योग्य परिकल्पना बन जाता है।

इस परिकल्पना के परीक्षण के लिए, कर्मचारियों के एक नमूने में से उनकी "संगठनात्मक प्रतिबद्धता" और "संगठन में से वापसी" पर इन अवधारणाओं को मापने वाले स्केल के उपयोग द्वारा डेटा प्राप्त करना जरूरी है। फिर कर्मचारियों की यथोचित विशाल संख्या के लिए इन दो रचना के मापनों पर प्राप्त हुआ डेटा दो स्कोर प्रदान करेगा: नमूने में प्रत्येक कर्मचारी के लिए दो मापनों में से हर एक में से एक। डेटा विश्लेषण चरण में, जब समग्र नमूने में इन दो स्कोर्स के बीच के संबंध का आकलन सहसंबंध आकलन की सांख्यकीय प्रक्रिया के उपयोग द्वारा किया जाता है, तब इन स्कोर के बीच एक नकारात्मक सहसंबंध देखने को मिल सकता है। इस उदाहरण में, डेटा विश्लेषण के एक परिणाम के रूप में अध्ययन से प्राप्त परिणाम एक संगठन के प्रति कर्मचारियों की प्रतिबद्धता और संगठन में से कर्मचारियों की वापसी के बीच का एक नकारात्मक सहसंबंध होगा। इस परिणाम के आधार पर परिकल्पना परीक्षण का निष्कर्ष यह है कि यह परिकल्पना अनुभवजन्य डेटा पर आधारित अध्ययन परिणामों द्वारा समर्थित है। इस अर्थ में, अभ्यास के निष्कर्ष परिकल्पना परीक्षण पर निष्कर्षों के रूप में प्राप्त होते हैं, और वह सीमा दर्शाते हैं जिस सीमा तक अनुभवजन्य वास्तविकता, जैसे प्राप्त किए गए अनुभवजन्य डेटा के विश्लेषण के परिणामों में प्रकट होता है, उस वास्तविक के बारे में अनुमानों (प्रस्तावों और परिकल्पनाओं) के साथ अनुरूप है, अध्ययन में जिसे जाँचने का लक्ष्य था। आकृति 1.1 में एक तीर द्वारा दर्शाए गए अनुसार, डेटा विश्लेषण के परिणामों से एक परिणाम अध्ययन के विविध प्रारंभिक पहलुओं के साथ फिर से संबंधित होता है, जैसे शोध प्रश्न और परिकल्पना।

निष्कर्षों की सच्चाई

एक परिकल्पना के लिए अनुभवजन्य समर्थन की उपस्थिति या उनकी कमी पर निष्कर्षों के रूप में एक अध्ययन में से प्राप्त निष्कर्ष विविध चरणों के क्रियान्वयन का एक परिणाम होते हैं, जैसे मापन रूपरेखा, प्रतिवादियों का चयन, डेटा संग्रह प्रक्रिया का उपयोग और डेटा विश्लेषण के लिए सांख्यकीय प्रक्रियाओं का उपयोग। इन चरणों के क्रियान्वयन के साथ जुड़ी ताकतों और सीमाओं का अध्ययन परिकल्पना और अनुभवजन्य वास्तविकता के बीच की अनुरूपता के बारे में अध्ययन में से प्राप्त निष्कर्षों की गुणवत्ता को प्रभावीत करने की संभावना हो सकती हैं। इस प्रकार, अनुभवजन्य

शोध पत्रों में आम तौर पर एक शोध अध्ययन से प्राप्त निष्कर्षों की सच्चाई का एक वर्णन भी शामिल होगा। उदाहरणार्थ, एक शोध पत्र वर्णन कर सकता है कि अध्ययन निष्कर्ष प्रतिवादियों की अति विशिष्ट प्रकृति के कारण केवल अध्ययन नमूने के लिए कैसे लागू किए जा सकते हैं (उदाहरण के लिए, एक विशिष्ट व्यवसाय, उद्योग या प्रदेश में केवल कामगार), जिससे अध्ययन डेटा प्राप्त किया गया था। यह वर्णन एक पहलू पर निष्कर्षों की सच्चाई को प्रतिबिंबित करेगा, अर्थात सामान्यीकरण करने की क्षमता। इसी तरह, एक शोध पत्र यह वर्णन कर सकता है कि विशेष माप या विशेष डेटा संग्रह विधि के उपयोग में अध्ययन के निष्कर्षों की सच्चाई बढ़ाने या बिगाड़ने के निहितार्थ कैसे हो सकते हैं।

शोध अध्ययन निष्कर्षों के निहितार्थ

एक अध्ययन से प्राप्त निष्कर्ष कम से कम चार पहलुओं के लिए निहितार्थ सूचित कर सकते हैं, अर्थात, सिद्धांत के लिए निहितार्थ जिसमें से प्रकथन/परिकल्पनाएँ प्राप्त किये गये थे, जाँची जा रही घटना के बारे में मौजूदा ज्ञान के लिए निहितार्थ, अभ्यास के लिए निहितार्थ और भावी शोध के लिए निहितार्थ। परिकल्पनाओं के लिए अनुभवजन्य समर्थन की उपस्थिति दर्शाते अध्ययन निष्कर्षों में उस सिद्धांत के लिए निहितार्थ होते हैं, जिस सिद्धांत से वे परिकल्पनाएं प्राप्त की गई थीं, जिसमें वे एक घटना के बारे में वास्तविकता के उचित निरूपण के रूप में सिद्धांत के लिए समर्थन दर्शाते हैं।

पुनः, जब ये शोध परिकल्पनाएं अनुभवजन्य रूप से समर्थित होती हैं, तब अनुभवजन्य तथ्यों के कुछ अंश घटना के बारे में मौजूद ज्ञान में योगदान करते हैं। परिणामस्वरूप, अध्ययन निष्कर्षों में उस घटना के बारे में मौजूदा ज्ञान के लिए निहितार्थ होते हैं। इसके अलावा, जब अध्ययन निष्कर्ष किसी घटना के बारे में मौजूदा ज्ञान में योगदान हैं तब वे उन लोगों के लिए कुछ दिशानिर्देश भी प्रदान कर सकते हैं, जिन्हें वास्तविकता पर कार्य करने की जरूरत है। इन निहितार्थों को अभ्यास के लिए निहितार्थ के रूप में संदर्भित किया जाता है। आगे, किसी अध्ययन के निष्कर्ष वास्तविकता के मौजूदा ज्ञान को विविध तरीकों द्वारा अधिक संपूर्ण बना सकते हैं, जैसे वास्तविकता के विविध पहलुओं के लिए विवरण अथवा वास्तविकता के विविध पहलुओं बीच संयोजनों को जोड़कर। ऐसे नये ज्ञान के प्रकाश में, नए शोध प्रश्न उभर सकते हैं, जिसके लिए आगे शोध करना आवश्यक हो सकता है। भावी शोध के लिए खुली ऐसी संभावनाओं को अध्ययन के शोध निहितार्थ अथवा अध्ययन निष्कर्षों के रूप में संदर्भित किया जाता है।

शैक्षणिक लेखन में विज्ञान और शोध की विशेषताएँ

पूर्वोक्त चर्चा का एक संक्षिप्त सारांश विज्ञान और शोध के साथ शैक्षणिक लेखन के संबंध को समझने में मदद कर सकता है। जैसा कि पहले दर्शाया गया था, विज्ञान कुछ निश्चित प्रकारों का ज्ञान उत्पन्न करना चाहता है, और ज्ञान उत्पत्ति के लिए एक विज्ञान-आधारित दृष्टिकोण के रूप में शोध को विज्ञान के कुछ निश्चित मानदंडों का पालन करना जरूरी होता है। इसके कारण, विज्ञान और शोध के साथ कुछ विशिष्ट विशेषताएँ जुड़ी हुई हैं। शैक्षणिक लेखन शोध प्रक्रिया और उसके परिणाम को

उत्पन्न ज्ञान के रूप में दस्तावेज करता है, विज्ञान और शोध प्रक्रिया की पहले दर्शाई गई विशेषताएँ कुछ आवश्यकताओं में बदलती हैं जिसे शैक्षणिक लेखन को निम्नलिखित के अनुसार परिपूर्ण करने की जरूरत है।

शोध की विशेषताओं से आने वाले शैक्षणिक लेखन की प्रमुख आवश्यकता यह है कि ऊपर वर्णित समग्र शोध प्रक्रिया को दस्तावेज करने के लिए एक शैक्षणिक शोध पत्र की सामग्रियों का होना जरूरी है। परिणामस्वरूप, एक शैक्षणिक शोध पत्र की सामग्रियों के विभागों का क्रम थोड़ा बहुत आकृति 1.1 में चित्रित किये अनुसार समग्र शोध प्रक्रिया में शोध विधि के चरणों के क्रम के समान होता है। उदाहरणार्थ, एक अनुभवजन्य शोध पत्र साहित्य समीक्षा के साथ शुरू होगा, जिसके आधार पर शोध प्रश्न निर्दिष्ट किया जाता है। फिर शोध प्रश्न से संबन्धित एक या अधिक परिकल्पनाएँ स्पष्ट करने के लिए सिद्धांत निर्माण हिस्से की रूपरेखा तैयार की जाती है। अनुभवजन्य शोध पत्र के ये हिस्से शोध प्रक्रिया के अवधारणात्मक हिस्से को दस्तावेज करते हैं। इसके बाद, एक अलग खंड इन परिकल्पनाओं के सत्यापन के लिए स्वीकृत विधियों की रूपरेखा देता है। इस खंड में अवधारणाओं या परिकल्पनाओं में चरों पर डेटा प्राप्त करने के लिए इस्तेमाल किए गए मापनों का विवरण, प्रतिवादियों का नमूना जिनसे डेटा इकट्ठा किया गया है, इस्तेमाल की गई डेटा संग्रह प्रक्रियाएँ (उदाहरण के लिए, स्व-विवरण प्रश्नावली), और किया गया विश्लेषण शामिल होता है। इस हिस्से के बाद ऐसा हिस्सा आता है जो परिणामों की रूपरेखा देता है, जहाँ डेटा विश्लेषण के परिणाम को वर्णित किया जाता है। उसके बाद, डेटा विश्लेषण के परिणामों के आधार पर, अध्ययन परिकल्पनाओं के लिए समर्थन की उपस्थिति या अनुपस्थिति या समर्थन की सीमा के अनुसार अध्ययन निष्कर्षों का वर्णन किया जाता है। अंत में, शैक्षणिक शोध पत्र का अंतिम हिस्सा उस सिद्धांत के लिए अध्ययन निष्कर्षों के निहितार्थों का वर्णन करता है जिस सिद्धांत पर से जाँच के लिए, जाँच के तहत घटना के बारे में मौजूदा ज्ञान के लिए, और भावी शोध एवं अभ्यास के लिए परिकल्पनाएँ प्राप्त की गईं थीं।

एक आम अनुभवजन्य शोध पत्र की सामग्रियों की संक्षिप्त रूपरेखा का उपरोक्त वर्णन शोध प्रक्रिया चरणों के क्रम (आकृति 1.1) और अनुभवजन्य शोध पत्र की संरचना के बीच की अनुरूपता का वर्णन करता है। वहाँ यह अनुरूपता होती है क्योंकि शैक्षणिक लेखन शोध की प्रक्रिया और परिणामों को दस्तावेज करता है। आगे, विज्ञान और शोध प्रक्रिया के कुछ अन्य पहलू भी शैक्षणिक लेखन में प्रकट होते हैं, जैसा कि नीचे दर्शाया गया है, उस चर्चा के द्वारा कि कैसे विज्ञान की तीन विशेषताएँ शैक्षणिक लेखन में प्रकट होती हैं—निष्पक्षता (उदाहरणार्थ, Kerlinger, 1988) जन सत्यापनीयता (उदाहरणार्थ, Hessler, 1992) और नये ज्ञान की उत्पत्ति के लिए मौजूदा ज्ञान का उपयोग (उदाहरणार्थ, Murdick & Cooper, 1982)।

विज्ञान में जोर दिया गया निष्पक्षता का पहलू एक अनुभवजन्य शोध पत्र की भाषा में प्रतिबिंबित हो सकता है, जहाँ एक शोधकर्ता इस बात के बीच में भेद कर सकता है कि संभावित रूप से अनुभवजन्य डेटा में प्रतिबिंबित अनुसार वास्तविकता क्या है, और शोधकर्ता का खुद के विचार या अभिप्राय क्या है। परिणामस्वरूप, विशिष्ट वाक्यांशों का उपयोग जैसे 'डेटा दर्शाता है' या 'हमने निष्कर्ष निकाला था' के शैक्षणिक शोध पत्र में दो अलग अर्थ हो सकते हैं, और प्रत्येक वाक्यांश निष्पक्षता की विविध डिग्री सूचित करता है। विशिष्ट भाषा के उपयोग का यह पहलू अन्य व्यक्ति-निष्ठ पहलुओं से तथ्यों के पृथक्करण की अनुमति देता है, जैसे अभिप्राय और विचार। आगे, अनुमानों के

आकलन के लिए मानदंडों के रूप में डेटा पर भरोसे की दृष्टि से विज्ञान की विशेषता अभिव्यक्ति की भाषा में प्रकट होती है, जहाँ शोधकर्ता आम तौर पर एक अभिव्यक्ति जैसे "डेटा सूचित करता है या परिकल्पना के लिए समर्थन प्रदान करता है..." का उपयोग करता, जहाँ यह स्पष्ट रूप से हाईलाईट किया गया है कि यह डेटा निष्कर्ष का आधार है।

विज्ञान की जन सत्यापनीयता विशेषता अभ्यास में प्रतिबिंबित होती है जहाँ आम तौर पर शैक्षणिक शोध पत्र स्वीकृत शोध प्रक्रिया के विविध पहलुओं के वर्णन की रूपरेखा देते हैं। यह वर्णन शैक्षणिक शोध पत्रों के पाठकों को शोध अध्ययन में इस्तेमाल की गई विधियों की उपयुक्तता को देखने और सत्यापित करने में मदद कर सकता है। एक शोध पत्र में शोध विधियों का वर्णन शोध पत्र के पाठकों के लिए यह सत्यापित करने की संभावना भी प्रदान कर सकता है कि समान प्रकार के शोध विधि चरणों के अमल द्वारा समान प्रकार के परिणाम प्राप्त किए जा सकते हैं या नहीं।

विज्ञान की एक विशेषता के रूप में मौजूदा ज्ञान का उपयोग शोध पत्रों की विशेषता में प्रकट होता है, जहाँ मौजूदा साहित्य की समीक्षा की जाती है और एक विशिष्ट क्षेत्र में ज्ञान की मौजूदा अवस्था की रूपरेखा देने के लिए शोध पत्र के प्रारंभिक हिस्से में उसका सारांश दिया जाता है। संबंधित मौजूदा साहित्य का यह वर्णन करने के लिए शोध पत्र के आगामी हिस्सों में दस्तावेज भी किया जाता है कि साहित्य में मौजूदा ज्ञान शोध प्रश्न को कैसे उचित ठहराता है और परिकल्पना विनिर्देश को सुगम बनाता है।

उपरोक्त वर्णन से देखा जा सकता है कि एक शैक्षणिक शोध पत्र की सामग्रियाँ, संरचना और भाषा पहलुओं को विज्ञान और शोध की विशेषताओं से प्राप्त आवश्यकताओं द्वारा आकार दिया जाता है। इस तरह, शैक्षणिक लेखन को विज्ञान की कुछ समझ, शोध, शोध प्रक्रिया और शैक्षणिक लेखन के साथ इनके सम्बन्ध से फायदा हो सकता है। इस अध्याय के प्रारंभिक हिस्से ऐसी समझ की विकास को सुगम बना सकते हैं और, इस प्रकार से, शैक्षणिक लेखन को सुगम बना सकते हैं।

शैक्षणिक लेखन की विविध विशेषताओं को अधिक विस्तार से अध्याय 3 में वर्णित किया गया है। शैक्षणिक लेखन की लेखन के अन्य स्वरूपों के साथ तुलना को भी अध्याय 3 में प्रदान किया गया है।

शैक्षणिक लेखन के प्रकार

शैक्षणिक शोध पत्र

शैक्षणिक लेखन कार्य विविध प्रकार के हो सकते हैं, जिनमें से कुछ को यहाँ संक्षिप्त में वर्णित किया गया है। पहला, शैक्षणिक लेखन एक शोध पत्र का रूप ले सकता है जिसे संभवित प्रकाशन के लिए किसी शैक्षणिक जर्नल में पेश किया जा सकता है। सिद्धांत निर्माण और सिद्धांत परीक्षण से संबंधित दो हिस्सों में शोध के विभाजन के साथ संबंधित ऐसे शोध पत्र, व्यापक रूप से दो वर्गों में विभाजित किए जाते हैं, अवधारणात्मक शोध पत्र और अनुभवजन्य शोध पत्र। अभ्यास में, शोध शब्द को

अक्सर इन पत्रों के लिए इस्तेमाल होते लेबल्स में से निकाल दिया जाता है और उन्हें *अवधारणात्मक पत्र* और *अनुभवजन्य पत्र* के रूप में संदर्भित किया जाता है। शोध पत्रों के इन दो वर्गों में से प्रत्येक में संरचना और सामग्री का खुद का एक स्वरूप होता है।

अवधारणात्मक पत्र विविध प्रकार के शोध कार्यों का दस्तावेजीकरण समाविष्ट करते हैं। उदाहरण के लिए, एक अवधारणात्मक पत्र मौजूदा शोध कार्यों की समीक्षा या संश्लेषण जैसे स्वरूपों में मौजूदा शोध कार्यों की अवधारणात्मक रूप से प्रसंस्करण के परिणाम को दस्तावेज कर सकता है। अवधारणात्मक पत्रों में विशिष्ट परिकल्पनाओं का परीक्षण या अनुभवजन्य वास्तविकता पर प्रत्यक्ष और ताजा डेटा का संग्रह शामिल नहीं होता है। ऐसे अवधारणात्मक पत्र विविध स्वरूप ले सकते हैं। अवधारणात्मक पत्र का एक स्वरूप शोध गतिविधि का वर्णन कर सकता है, जो सिद्धांत निर्माण प्रक्रिया शुरू करती है, जिसका परिणाम एक सैद्धांतिक मॉडल अथवा प्रस्तावों तथा परिकल्पनाओं के रूप में पारिभाषित अनुमानों का एक समूह होता है। अवधारणात्मक पत्र का दूसरा स्वरूप एक विशिष्ट विषय पर ज्ञान की मौजूदा अवस्था और उस विषय पर ज्ञान विकास के आवश्यक क्षेत्रों की रूपरेखा देने के लिए उस विशिष्ट विषय पर मौजूदा साहित्य की केवल समीक्षा का दस्तावेज कर सकता है। अवधारणात्मक पत्र का एक और स्वरूप किसी विशिष्ट विषय पर मौजूदा साहित्य की समीक्षा और संश्लेषण का दस्तावेज कर सकता है। ऊपर वर्णित विविध स्वरूप केवल थोड़ी संभावनाएँ देते हैं और, अभ्यास में, अवधारणात्मक पत्र दूसरे विविध स्वरूप ले सकते हैं क्योंकि वह शोध प्रयासों के विविध प्रकारों को दस्तावेज करते हैं जिसमें अनुभवजन्य वास्तविकता के बारे में नए डेटा का संग्रह और विश्लेषण शामिल नहीं होता है।

अनुभवजन्य पत्र एक अध्ययन की प्रक्रिया और परिणाम को दस्तावेज करते हैं जिसका लक्ष्य यह आकलन करना होता है कि एक या अधिक परिकल्पनाओं के लिए अनुभवजन्य समर्थन प्राप्त है या नहीं। ये आम तौर पर एक या अधिक परिकल्पनाओं के विनिर्देश की ओर अग्रेसर संक्षिप्त सिद्धांत निर्माण का दस्तावेज करेंगे। फिर "विधियाँ" इस शीर्षक या कुछ समान शीर्षक वाले खंड के तहत कुछ लेखन होगा जहाँ अध्ययन में इस्तेमाल की गई शोध प्रक्रिया के विविध पहलुओं की रूपरेखा दी गई है। आम तौर पर इसमें निम्नलिखित बातों का विवरण शामिल होगा—प्रतिवादियों के नमूने, जिनसे डेटा इकट्ठा किया गया था, डेटा संग्रह प्रक्रिया की प्रकृति, परिकल्पनाओं में विविध अवधारणाओं/चरों को मापने के लिए इस्तेमाल किए गए स्केल, और किए गए डेटा विश्लेषण का विवरण। उसके बाद वाले खंड डेटा विश्लेषण के परिणाम, परिकल्पनाओं के लिए अनुभवजन्य समर्थन की देखी गई उपस्थिति या अनुपस्थिति के रूप में निष्कर्ष, तथा अध्ययन के निहितार्थों की चर्चा, तथा सिद्धांत, मौजूदा ज्ञान, भावी शोध एवं अभ्यास के लिए अध्ययन परिणाम को सूचित करेंगे।

शोध-प्रबंध (Thesis) रिपोर्ट और प्रबंध (Dissertations) रिपोर्ट

कुछ स्नातकोत्तर शैक्षणिक प्रोग्राम्स में छात्रों के लिए प्रोग्राम आवश्यकताओं के एक हिस्से के रूप में शोध परियोजनाओं पर कार्य करना जरूरी हो सकता है। ऐसे उद्देश्यों के लिए किए जाते शोध प्रोजेक्ट्स की प्रक्रिया और परिणामों को प्रोजेक्ट रिपोर्ट्स में दस्तावेज किया जाता है। *शोध-प्रबंध*

इस पारिभाषिक शब्द का उपयोग वर्तमान पुस्तक में ऐसे प्रोजेक्ट रिपोर्ट को संदर्भित करने के लिए किया गया है। उसी प्रकार, पीएचडी प्रोग्राम के छात्रों को उनके अध्ययन के हिस्से के रूप में शोध परियोजनाओं को पूर्ण करना जरूरी होता है। ऐसे शोध परियोजनाओं की प्रक्रियाओं और परिणामों को डॉक्टरल प्रबंध रिपोर्ट्स में दस्तावेज किया जाता है।

एक शोध-प्रबंध रिपोर्ट या प्रबंध रिपोर्ट आम तौर पर तीन पहलुओं का वर्णन करती है। पहला, वह विचाराधीन विषय पर की गई साहित्य समीक्षा के आधार पर शोध प्रश्न का वर्णन करता है। दूसरा, वह उस शोध प्रश्न को संबोधित करने के लिए अपनाई गई शोध प्रक्रिया का वर्णन करता है। तीसरा, वह इकट्ठा किए गए डेटा पर किए गए विश्लेषण, परिणामों, निष्कर्षों और सिद्धांत के लिए और विचाराधीन विषय पर मौजूदा ज्ञान के लिए निष्कर्षों के निहितार्थों का वर्णन करता है। शोध-प्रबंध रिपोर्ट और प्रबंध रिपोर्ट की इन सामग्रियों के प्रकाश में, इन शैक्षणिक दस्तावेजों को पहले वर्णित शैक्षणिक दस्तावेजीकरण के अनुभवजन्य पत्र के रूपांतर के तौर पर देखा जा सकता है। ये दो प्रकार के रिपोर्ट्स आम तौर पर परिकल्पना विनिर्देश की ओर ले जाने वाले अवधारणात्मक शोध भाग और अनुभवजन्य पत्र में समाविष्ट शोध अध्ययन की प्रक्रिया और परिणामों का वर्णन करने वाले अनुभवजन्य शोध वाले भाग का समावेश करेंगे।

हालाँकि, ऐसी संभावना है कि शोध-प्रबंध अथवा प्रबंध में आवरित विवरणों की मात्रा और वर्णन की लंबाई निम्न कारणों से शैक्षणिक जर्नल के लिए लिखे गए अनुभवजन्य शोध पत्र में आवरित विवरणों की मात्रा तथा वर्णन की लंबाई से काफी अधिक हो। पहला, एक शोध-प्रबंध या प्रबंध का उद्देश्य जाँचकर्ताओं के लिए इस बात के आकलन को सुगम बनाना है कि छात्र ने पर्याप्त शोध प्रशिक्षण प्राप्त किया है या नहीं तथा छात्र शोध करने में शोध प्रशिक्षण को लागू करने के लिए सक्षम है या नहीं। इसके विपरित, एक अनुभवजन्य शोध पत्र का उद्देश्य जर्नल के संपादक और समीक्षकों को यह प्रदर्शित करना है कि पत्र में जांचा गया शोध प्रश्न महत्वपूर्ण है, इस्तेमाल की गई शोध प्रक्रिया उचित है, और शोध परिणाम सार्थक है। दूसरा, एक शोध-प्रबंध रिपोर्ट या प्रबंध में, लेखक के उद्देश्य में प्रबंध या शोध-प्रबंध के विषय से संबंधित साहित्य की व्यापक प्रणाली की उसकी समझ को प्रदर्शित करना शामिल होता है। इसका परिणाम अत्यंत व्यापक साहित्य की समीक्षा में हो सकता है। इसके विपरित, एक अनुभवजन्य पत्र में फोकस संबंधित साहित्य की समीक्षा करने पर होगा क्योंकि वह शोध प्रश्न से संबन्धित है। तीसरा, कई जर्नल्स एक आम अनुभवजन्य पत्र की लंबाई पर एक सीमा निर्दिष्ट करते हैं जो उन्हें पेश किए जाने वाले हैं, जिसके लिए जरूरी है कि अनुभवजन्य पत्रों में वर्णन संक्षिप्त हो और पत्रों की लंबाई अपेक्षाकृत कम हो।

पाठ्यक्रम आवश्यकताओं के लिए छात्रों के शैक्षणिक पत्र

स्नातकोत्तर प्रोग्राम्स में कुछ पाठ्यक्रमों के लिए, शैक्षणिक पत्र लिखना आकलन के घटकों में से एक हो सकता है, जिसे एक छात्र द्वारा पाठ्यक्रम आवश्यकताओं को पूर्ण करने के लिए किया जाना जरूरी होता है। ऐसे शैक्षणिक पाठ्यक्रम पत्र के लिए छात्रों को किसी विशिष्ट क्षेत्र में साहित्य की समीक्षा करना और कोई सारांश और/अथवा निष्कर्षों पर पहुँचना जरूरी हो सकता है। यह पहले

वर्णित शैक्षणिक शोध पत्रों के अवधारणात्मक पत्र श्रेणी के समान होगा, हालाँकि एक जर्नल के लिए लिखे गए अवधारणात्मक शोध पत्र की तुलना में उसमें परिष्कार, कठोरता और व्यापकता का स्तर कम होने की संभावना होती है। कभी-कभी शैक्षणिक पाठ्यक्रम पत्रों के लिए छात्रों को एक अनुभवजन्य अध्ययन करना और एक रिपोर्ट के रूप में उसके निष्कर्षों का रिपोर्ट करना जरूरी होता है। यह पत्र ऊपर वर्णित अनुभवजन्य शोध पत्र श्रेणी के समान ही होंगे, हालाँकि एक जर्नल के लिए लिखे गए अनुभवजन्य शोध पत्र की तुलना में उसमें परिष्कार, कठोरता और व्यापकता का स्तर कम होने की संभावना होती है।

विविध शैक्षणिक कार्यों में अच्छे शैक्षणिक लेखन का महत्व

जैसा कि पहले दर्शाया गया है, शैक्षणिक लेखन शोध की प्रक्रिया और परिणाम को प्रकट करना चाहता है। शैक्षणिक लेखन द्वारा इस प्रकटीकरण के लिए पहले दर्शाए गए अनुसार, विज्ञान और शोध की मूलभूत विशेषताओं में से आने वाली कुछ आवश्यकताओं को पूर्ण करना जरूरी होता है। इसलिए, शैक्षणिक लेखन के लिए कुछ आवश्यकताएँ पूर्ण करना जरूरी होता है, जैसे शोध पत्र के महत्व को प्रकट करना, शोध प्रक्रिया को पर्याप्त रूप से वर्णित करना, शोध परिणाम को वर्णित करना, और शोध के निहितार्थ तथा शोध परिणाम का वर्णन करना। ऐसी विविध आवशयकताओं के कारण, जिसे शैक्षणिक लेखन को पूर्ण करना जरूरी है, शोध में स्वयं शैक्षणिक लेखन ही महत्वपूर्ण बन जाता है।

विविध शोधकर्ताओं के विचारों में शोध प्रक्रिया और परिणाम को दस्तावेज करने में अच्छे शैक्षणिक लेखन का महत्व प्रकट होता है। उदाहरण के लिए, Hinkin (1995) ने संगठनात्मक अध्ययनों के क्षेत्र में स्केल का विकास करने के अभ्यासों की समीक्षा की थी और दर्शाया था कि स्केल के विकास के कुछ पहलुओं के लिए शोध पत्रों में आवश्यक ज्ञान की रिपोर्टिंग करने में अपर्याप्तताएं थीं। इस तरह, एक उदाहरण में, Hinkin (1995, पृ. 971) लिखते हैं कि "शोधकर्ता जिस तरीके से आइटम उत्पत्ति प्रक्रिया का रिपोर्ट करते हैं वह मापनों के मूल से संबन्धित महत्वपूर्ण ज्ञान के लोप के कारण हो सकता है कि नुकसान करता हो, ... इस प्रक्रिया को संक्षेप में और स्पष्ट रूप से सूचित किया जाना चाहिए।" Mitchell (1985), एक पत्र का निष्कर्ष निकालते समय, जिसने संगठनों में सहसंबंध-आधारित शोध को मूल्यांकित किया था, लिखते हैं कि "अधिक गहन रिपोर्टिंग, अभिनव मापन, और पूर्व-शोध नियोजन की जरूरत होती है" (p. 205)। "अधिक गहन रिपोर्टिंग" यह पहलू शोध के एक हिस्से के रूप में शैक्षणिक लेखन से संबंधित होता प्रतीत होता है।

Jauch और Wall (1989, पृ. 162) ने अध्ययन किया था कि समीक्षक जर्नल्स के लिए प्रस्तुत शैक्षणिक शोध पत्रों की समीक्षा के कार्य को कैसे करते हैं। समीक्षा प्रक्रिया का आकलन करने में, उन्होंने समीक्षकों द्वारा दर्शाए गए आइटम्स शामिल किये थे, जैसे "अर्थ सूचित करने की समस्याएँ" और "एक हस्तलिपि पर बेहतर रूप से फोकस कैसे किया जाए"। शैक्षणिक शोध पत्रों की समीक्षा करते समय समीक्षक किस बात पर फोकस करते हैं वह दर्शाते हुए ये आइटम्स शैक्षणिक लेखन से

संबंधित पहलुओं को प्रतिबिंबित करते लगते हैं। Whetten (1989, पृ. 494) ने *Academy of Management Review* के संपादक के रूप में अपने अनुभव पर से प्रश्नों की सूची की रूपरेखा तैयार करने के लिए लिखा था जिन्हें समीक्षक अवधारणात्मक पत्रों के आकलन में पूछते हैं। इस सूची में ये प्रश्न शामिल होता है कि "क्या यह पत्र अच्छी तरह लिखा गया है?"। आगे, अच्छे शैक्षणिक लेखन का महत्व उस अभ्यास में भी प्रकट होता है कि कभी कभी एक शोध पत्र की सच्चाई के आकलन के लिए समीक्षकों को जर्नल्स द्वारा प्रदान किए गए चेकलिस्ट में पत्र के लेखन से संबन्धित रेटिंग डायमेंशन शामिल होता है और उसके लिए समीक्षकों को लेखन के विविध पहलुओं पर फोकस करना आवश्यक हो सकता है, जैसे रचना और स्पष्टता।

अच्छे शोध रिपोर्टिंग की अपेक्षाएँ ऊपर वर्णित विचारों में से कुछ में प्रतिबिंबित होती हैं। उपरोक्त वर्णन सूचित करता है कि अच्छा शैक्षणिक लेखन शोधकर्ता को उसकी शोध प्रक्रिया और परिणामों को अधिक पर्याप्तता से दर्शाने में और विज्ञान तथा शोध की आवश्यकताओं को पूर्ण करने में मदद कर सकता है।

अध्याय का सारांश

शैक्षणिक लेखन शोध प्रक्रिया का एक हिस्सा होता है। शैक्षणिक लेखन एक शोधकर्ता द्वारा किए गए शैक्षणिक शोध की प्रक्रिया और परिणाम को प्रकट करना चाहता है। ज्ञान उत्पत्ति के एक दृष्टिकोण के रूप में, शैक्षणिक शोध विज्ञान के कुछ मानदंडों का पालन करता है। विशिष्ट अर्थ के साथ पारिभाषिक शब्दों का एक समूह और चरणों का समूह शैक्षणिक शोध प्रक्रिया के साथ जुड़ा हुआ होता है। शैक्षणिक शोध के साथ जुड़े पारिभाषिक शब्द और चरण उस सार का गठन करते हैं जिसे शैक्षणिक लेखन दस्तावेज करना चाहता है। चूँकि शैक्षणिक लेखन का सार शोध प्रक्रिया और परिणाम होते हैं, और चूँकि शोध तथा विज्ञान में कुछ विशिष्ट विशेषताएँ होती हैं, इसलिए शैक्षणिक लेखन को कुछ आवश्यकताओं को पूर्ण करना जरूरी होता है। शैक्षणिक लेखन के कार्य विविध रूप ले सकते हैं, और साहित्य में विविध विचार अच्छे शैक्षणिक लेखन के महत्व को हाईलाईट करते हैं। इस अध्याय में उपरोक्त पहलुओं के दस्तावेजीकरण के साथ, अध्याय 2 विविध शैक्षणिक लेखन कार्यों का अधिक विस्तृत वर्णन प्रदान करता है। वह दो शैक्षणिक लेखन कार्यों की संरचना और सामग्री पहलुओं का भी वर्णन करता है, अर्थात, अवधारणात्मक शोध पत्र और अनुभवजन्य शोध पत्र।

2

एक शोध पत्र की संरचना और सामग्रियाँ

अध्याय का विहंगावलोकन

यह अध्याय शैक्षणिक शोध पत्रों के दो प्रमुख प्रकारों की संरचना और सामग्रियों का वर्णन करता है, अर्थात अवधारणात्मक शोध पत्र और अनुभवजन्य शोध पत्र। इन पत्रों की संरचना उनमें समाविष्ट प्रमुख हिस्सों को सूचीबद्ध करके वर्णित की गई है। इन दो प्रकार के पत्रों की सामग्री का वर्णन शोध प्रक्रिया और/अथवा परिणामों के प्रमुख विवरण की रूपरेखा देकर किया गया है जिसे इन पत्रों के विविध प्रमुख हिस्सों में शामिल किया गया है। इस अध्याय में, "शोध" इस शब्द का अवधारणात्मक शोध पत्रों और अनुभवजन्य शोध पत्रों को संदर्भित करने में लोप किया गया है, और उन्हें क्रमश: *अवधारणात्मक पत्रों* और *अनुभवजन्य पत्रों* के रूप में संदर्भित किया गया है। जैसा कि अध्याय 1 में उल्लेख किया गया है, एक प्रबंध (Dissertation)/शोध-प्रबंध (Thesis) रिपोर्ट की संरचना और सामग्री एक अवधारणात्मक पत्र और एक अनुभवजन्य पत्र दोनों के तत्वों का समावेश करते हैं और, इसलिए, एक प्रबंध/शोध प्रबंध की संरचना एवं सामग्रियों का पुनरावर्तन नहीं किया गया है। अभ्यासक्रम की आवश्यकताओं के लिए छात्रों के शैक्षणिक पत्रों की संरचना और सामग्रियों को इन पत्रों तथा अवधारणात्मक पत्रों और अनुभवजन्य पत्रों के बीच की कुछ समानताएँ और अंतर को दर्शाकर वर्णित किया गया है।

अवधारणात्मक पत्रों और अनुभवजन्य पत्रों की सामग्रियों की रूपरेखा देने में, विषय को वर्णित करने के लिए काल्पनिक उदाहरण प्रदान किए गए हैं जो इन पत्रों के विविध हिस्सों में समाविष्ट हो सकते हैं। इन काल्पनिक उदाहरणों में विषय की सामग्री, विविध कार्यों से संदर्भित प्रशंसा पत्रों समेत, किसी वास्तविक शोध अध्ययन या किसी वास्तविक शोध कार्य को संदर्भित नहीं करती हैं। इस तरह, इन काल्पनिक उदाहरणों में संदर्भित प्रशंसा पत्रों का विवरण किसी वास्तविक दस्तावेजों को संदर्भित नहीं करता है। यह प्रशंसा पत्र काल्पनिक हैं और उनका प्रयोग केवल अवधारणात्मक पत्रों और अनुभवजन्य पत्रों की संभावित सामग्रियों को स्पष्ट करने के लिए किया गया है। शोध

प्रक्रिया से जुड़े काफी कुछ पारिभाषिक शब्दों को अध्याय 1 में शोध प्रक्रिया के वर्णन के एक हिस्से स्वरूप वर्णित किया गया है। हालाँकि, कुछ अन्य तकनीकी शोध-संबंधित पारिभाषिक शब्दों का इस अध्याय मे किया प्रयोग गया है। इस अध्याय में इस्तेमाल किये गये ये अतिरिक्त शोधसंबंधित पारिभाषिक शब्द पुस्तक के अंत में परिशिष्ट 1 में प्रदान किए गए हैं। इसके प्रकाश में, जब कभी भी पाठक का इस पुस्तक में शोध-संबंधित तकनिकी पारिभाषिक शब्द का सामना होता है, तो वह अध्याय 1 अथवा परिशिष्ट 1 में प्रदान किए गए शोध-संबंधित पारिभाषिक शब्दों के वर्णन का परामर्श ले सकता है।

इस अध्याय में दर्शाए गए शैक्षणिक कार्यों में व्यक्तिगत घटकों की संरचना और सामग्रियों की समझ अध्याय 5 में वर्णित अच्छे शैक्षणिक लेखन करने की प्रक्रिया में विविध कदम सिद्ध करने में मदद करेगी। उदाहरण के लिए, अध्याय 5 पढ़ने के बाद, पाठक के ध्यान में यह बात आयेगी कि शैक्षणिक शोध पत्र के संदर्भ में उस अध्याय में सूचित किए अनुसार पत्र की रूपरेखा तैयार करने के कदम में एक अनुभवजन्य अथवा अवधारणात्मक पत्र के लिए इस अध्याय में दर्शाई गई संरचना के अनुसार उस शोध पत्र के सामग्रियों के आयोजन और विविध घटकों के क्रम का समावेश रहेगा। उसी प्रकार, अध्याय 5 में सूचित कदम को परिष्कृत करने के कार्यों में यह आकलन शामिल है कि क्या लिखे जा रहे पत्र में एक मान्य शैक्षणिक पत्र के सभी सामग्री घटकों को शामिल किया गया है या नहीं।

अवधारणात्मक पत्र

अवधारणात्मक पत्र एक शोध अध्ययन की प्रक्रिया और परिणाम का रिपोर्ट देते हैं जो नए अनुभवजन्य डेटा को इकट्ठा नहीं करता और उनका विश्लेषण भी नहीं करता। यह पत्र, हाल ही में एकत्र और विश्लेषित किए गए अनुभवजन्य डेटा का उपयोग करके परिकल्पना के एक समूह का परीक्षण नहीं करता है। यह पत्र नीचे दर्शाए गए अवधारणात्मक कार्य समेत विविध प्रकार के कार्यों का स्वीकार कर सकते हैं:

अ. प्रकथनों (या परिकल्पनाओं) के एक नए समूह को प्रस्तावित करना।
ब. सचित्र स्वरूप में एक नया सिद्धांत अथवा सिद्धांत के निरूपणयुक्त सैद्धांतिक मॉडल प्रस्तावित करना।
स. किसी विशेष विषय पर साहित्य की व्यापक समीक्षा और संक्षिप्तीकरण प्रदान करना।
द. किसी विशेष विषय पर साहित्य की व्यापक समीक्षा प्रदान करना और शोध समस्याओं की रूपरेखा देना जिसकी जाँच करने की आवश्यकता है।
ई. शोध की व्यापक समीक्षा प्रदान करना जिसे एक विशेष अवधि में किया गया है (उदाहरण के लिए, पिछले 5 या 10 साल) और भावी शोध के लिए दिशानिर्देशों की रूपरेखा देना।

जैसे कि ऊपर दर्शाए गए विविध स्वरूपों में से कोई भी स्वरूप जिसको एक अवधारणात्मक पत्र ले सकता है, प्रकथनों के नए समूह या सैद्धांतिक मॉडल प्रस्तावित करते पत्र शैक्षणिक जर्नल्स में देखने को मिलते अवधारणात्मक पत्रों का सबसे सामान्य स्वरूप है। इसलिए, अवधारणात्मक पत्र के केवल इस स्वरूप की संरचना एवं सामग्री के पहलुओं को इस अध्याय में अवधारणात्मक पत्र वर्ग के तहत समाविष्ट किए जाएँगे।

एक अवधारणात्मक पत्र की संरचना और सामग्रियाँ

आम तौर पर एक अवधारणात्मक पत्र में निम्नलिखित हिस्से समाविष्ट होते हैं:

अ. सार,
ब. परिचय,
स. एक सिद्धांत या प्रकथनों (प्रोपोजीशन्स) की विशेषताएँ,
द. विचार-विमर्श (डिस्कशन्स),
ई. समापन परिच्छेद और
फ. संदर्भ।

इन सभी हिस्सों के तहत आवरित सामग्रियों की प्रकृति की रूपरेखा नीचे दी गई है:

अ. सार

एक पत्र का सार उस पत्र में वर्णित शोध कार्य के उद्देश्य, प्रक्रिया और परिणाम का एक विहंगावलोकन प्रदान करता है। उसे पत्र के एक अलग हिस्से के रूप में प्रदान किया जाता है और वह पत्र के पाठ के बाकी हिस्सों से अलग दिया जाता है। एक मुद्रित शोध पत्र में, सार को पत्र के शीर्षक और लेखक के विवरण के तुरंत नीचे, और पत्र के प्रमुख हिस्से के पहले प्रदान किया जाता है। साथ ही, सार के अंत में प्रमुख पत्र के हिस्से की ओर ले जाने वाले कोई स्पष्ट संक्रमण कथन नहीं होते हैं जो सार के नीचे से शुरू होते हों। परिणामस्वरूप, सार पत्र के मुख्य लेखन से अलग किए गए लेखन का एक अकेला और अलग हिस्सा बनकर रह जाता है। आम तौर पर जर्नल्स के सार के लिए एक शब्द सीमा (उदाहरण के लिए, अधिकतम 100 शब्द) अथवा एक शब्द श्रेणी (उदाहरण के लिए, 100 से 250 शब्दों के बीच) निर्धारित की जाती है। सार के नीचे एक अलग पंक्ति में, पत्र के विषय से संबंधित कुछ 'महत्वपूर्ण शब्दों" को सूचीबद्ध किया जाना और "महत्वपूर्ण शब्द" नामक शीर्षक से पहचाना जाना जरूरी होता है।

इन विशेषताओं के प्रकाश में, एक सार लिखने में, लेखन में संक्षिप्त रहने के लिए वह मदद कर सकते हैं और फिर भी एक अध्ययन के उद्देश्य, प्रक्रिया और परिणाम को ऐसे तरीके से वर्णित करते हैं जो अध्ययन का एक अकेला और सार्थक वर्णन प्रदान करता है। चूँकि सार ऐसे अध्ययन प्रक्रिया और परिणामों जैसे पहलुओं का समावेश करता है, इसलिए शोध पत्र के अन्य हिस्सों के

संपूर्ण दस्तावेजीकरण के बाद सार लिखना उचित रहेगा। सार का एक काल्पनिक उदाहरण इसके अंतर्गत दिया गया है:

> यह पत्र संगठनों मे कर्मचारियों के मददगार व्यवहारों की घटना समझाने के लिए प्रकथन स्पष्ट करता है। वह पूर्ववृत्त—कर्मचारियों के कार्य मनोवृत्ति—के मददगार व्यवहारों के एक विशिष्ट वर्ग पर ध्यान केन्द्रित करता है। वह संभावित पूर्ववृत्त के तौर पर कर्मचारियों के कार्य-संबंधित सात दृष्टिकोणों को आवरित करता है। ये कार्य दृष्टिकोण हैं:गणनात्मक प्रतिबद्धता, भावात्मक प्रतिबद्धता, बने रहने के प्रति प्रतिबद्धता, नौकरी की भागीदारी, वेतन संतुष्टि, पर्यवेक्षण के साथ संतुष्टि और सहकर्मियों के साथ संतुष्टि। वह इन सभी कार्यसंबंधित दृष्टिकोणों और मददगार व्यवहारों के प्रत्येक दृष्टिकोण के बीच के संबन्ध वर्णित करते प्रकथनों का उल्लेख करता है। वह एक एकीकृत मॉडल निर्दिष्ट करता है जो कर्मचारी मददगार व्यवहारों पर कार्य दृष्टिकोणों के सकरात्मक प्रभावों की एक व्यापक पेशकश प्रदान करने के लिए सात प्रकथनों को सम्मिलित करता है। वह भावी शोध और अभ्यास के लिए इस एकीकृत मॉडल के निहितार्थों की भी रूपरेखा देता है।
>
> *महत्वपूर्ण शब्द*: प्रतिबद्धता, नौकरी में भागीदारी, नौकरी से संतुष्टि, मददगार व्यवहार।

ब. परिचय

किसी अवधारणात्मक पत्र के इस हिस्से में, पत्र के विषय को स्पष्ट किया जाता है। आगे, विषय के भीतर विशिष्ट शोध प्रश्न या मुद्दा जिस पर पत्र ध्यान केन्द्रित करता है वर्णित किया जाता है। उस विशिष्ट विषय पर मौजूदा शोध के प्रकाश में शोध प्रश्न के स्थान और महत्व को भी दस्तावेज किया जाता है। यह शोधपत्र शोध प्रश्न को संबोधित करने में विशेष रूप से क्या करता है यहाँ उसकी भी रूपरेखा दी जाती है। उदाहरण के लिए, एक अवधारणात्मक पत्र मौजूदा साहित्य के आधार पर नई अवधारणा परिभाषाएँ प्रस्तुत कर सकता है, विषय को व्यवस्थित तर्क लागू कर सकता है, और आधार एवं तर्क के उपयोग से प्रकथनों का उल्लेख कर सकता है। पत्र के आगामी हिस्सों में की जाती अवधारणात्मक शोध की इस प्रक्रिया का परिचय हिस्से में भी संक्षिप्त में वर्णन किया जाता है, जिसे *सैद्धांतिकरण* अथवा *सिद्धांत निर्माण* के रूप में भी संदर्भित किया जाता है।

इस तरह, एक अवधारणात्मक पत्र का परिचय हिस्सा पत्र के उद्देश्य को शोध प्रश्न की दृष्टि से दस्तावेज करेगा जिस प्रश्न पर यह ध्यान केन्द्रित करता है, शोध प्रश्न को संबोधित करने के महत्व और शोध पत्र को संबोधित करने के लिए पत्र के आगामी हिस्से में सैद्धांतिकरण के लिए अपनाई गई प्रक्रिया का दस्तावेज करेगा। निम्न दो परिच्छेदों में परिचय खंड में विषय का एक काल्पनिक उदाहरण प्रदान किया गया है:

> यह पत्र संगठनों में कर्मचारियों के मददगार व्यवहारों की जाँच करता है...शोधकर्ताओं (उदाहरण के लिए, Bavris, 1992; Critford, 1995) ने नोट किया है कि मददगार व्यवहार संगठनात्मक कार्य विधि के लिए महत्वपूर्ण होते हैं। जबकि मौजूदा शोध ने अधिकतर संगठनों में कर्मचारी मददगार व्यवहारों के परिणामों के अध्ययन पर ध्यान केन्द्रित किया है, शोधकर्ताओं (उदाहरण के लिए,

Celmist, 1997; McFelt, 1996) ने नोट किया है कि शोध को मददगार व्यवहार के पूर्ववृत्तों की जाँच करने की जरूरत है। यह पत्र पूर्ववृत्तों के एक वर्ग—कर्मचारी कार्य दृष्टिकोण—और कर्मचारियों के मददगार व्यवहारों के बीच के रिश्ते को स्पष्ट करके मददगार व्यवहारों पर मौजूदा शोध में इस अंतराल को संबोधित करता है। वह कर्मचारियों के सात कार्य-संबंधित दृष्टिकोण को आवरित करता है, जो हैं: गणनात्मक प्रतिबद्धता, भावात्मक प्रतिबद्धता, बने रहने के प्रति प्रतिबद्धता, नौकरी की भागीदारी, वेतन संतुष्टि, पर्यवेक्षण के साथ संतुष्टि और सहकर्मियों के साथ संतुष्टि। वह सात प्रकथनों को स्पष्ट करता है जहाँ प्रत्येक इन सात कार्य वर्क दृष्टिकोणों में से एक और संगठनों में कर्मचारी मददगार व्यवहारों के बीच का रिश्ता निर्दिष्ट करता है। वह एक एकीकृत मॉडल दर्शाता है जो इन सात प्रकथनों में निर्दिष्ट रिश्तों का समावेश करता है। इस पत्र का आयोजन निम्नानुसार किया गया है।

वह पहले कर्मचारियों के मददगार व्यवहारों पर मौजूदा शोध की एक समीक्षा प्रदान करता है। फिर वह कर्मचारियों के मददगार व्यवहारों के पूर्ववृत्तों पर आगे शोध की जरूरत का इशारा करता है। वह फिर कर्मचारियों के मददगार व्यवहारों की अवधारणा के मौजूदा विवरणों की समीक्षा करता है और कर्मचारियों के मददगार व्यवहारों का विशिष्ट विवरण अपनाता है। इसके बाद, वह कर्मचारियों के मददगार व्यवहारों के संभावित पूर्ववृत्तों के विविध वर्गों का वर्णन करता है और दर्शाता है कि कर्मचारियों के कार्य दृष्टिकोण इन पूर्ववृत्तों का एक महत्वपूर्ण वर्ग है जिसके कर्मचारियों के मददगार व्यवहारों के साथ रिश्ते को मौजूदा शोध में निर्दिष्ट नहीं किया गया है। फिर, साहित्य की मौजूदा प्रणाली से ग्रहण करके, वह सात कार्य दृष्टिकोण को कर्मचारियों के मददगार व्यवहारों के साथ उनके रिश्तों को निर्दिष्ट करके पहचानता है। इसके बाद, मौजूदा साहित्य से ग्रहण करके, वह इन सात दृष्टिकोण में से प्रत्येक और कर्मचारियों के मददगार व्यवहारों के बीच के रिश्ते निर्दिष्ट करने के लिए और इन सात प्रकथनों में प्रतिबिंबित रिश्तों का समावेश करते एक एकीकृत मॉडल को दर्शाने के लिए सिद्धांत के निर्माण का वर्णन करता है। अंत में, वह इस पत्र की सीमाएँ और भावी शोध एवं अभ्यास के लिए उसके निहितार्थों का वर्णन करता है।

स. एक सिद्धांत या प्रकथनों का विवरण

अवधारणात्मक पत्र का यह हिस्सा पत्र में पालन की गई मूल शोध प्रक्रिया—सिद्धांत निर्माण या सैद्धांतिकरण—का वर्णन करता है। आम तौर पर सिद्धांत निर्माण अनुमानों के स्वरूप में परिणामी निष्कर्ष सूचित करने के लिए मौजूदा साहित्य पर से आधारों की पहचान करते हुए और उन्हें तार्किक विचारों का कुछ स्वरूप लागू करते हुए समावेश करता है (उदाहरण के लिए, मान्यताएँ, सिद्धांत, और अन्य)। इन निष्कर्षों को प्रकथनों या परिकल्पना के रूप में संदर्भित किया जाता है। उदाहरण के लिए, एक काल्पनिक उदाहरण के तौर पर, अवधारणात्मक पत्र के इस हिस्से में एक परिच्छेद को निम्नानुसार पढ़ा जा सकता है:

> Lewis (2000) दर्शाता है कि कर्मचारी प्रतिबद्धता दो स्वरूप ले सकती है, जो हैं, प्रभावी प्रतिबद्धता और गणनात्मक प्रतिबद्धता। Trabling (2002) सूचित करता है कि एक कर्मचारी की गणनात्मक प्रतिबद्धता संगठन के प्रति उसके योगदानों में से उसके लिए संभव प्रतिफलों के लिए कर्मचारी की चिंता को प्रतिबिंबित करती है। शोध (उदाहरण के लिए, Hermis, 2004; Kelter, 2003) ने

कर्मचारियों की गणनात्मक प्रतिबद्धता और प्रतिफलों के लिए उनकी चिंता के बीच एक सकारात्मक रिश्ता पाया है। आगे, मौजूदा साहित्य (उदाहरण के लिए, Atwelsh, 2003; Cooper, 2000; Jackerty, 1985; Levenstein, 1977) प्रस्तावित करता है कि जब कर्मचारी अपने खुद के प्रतिफलों के बारे में चिंतित होते हैं तब उनके द्वारा संगठन में मददगार व्यवहार करने की संभावना नहीं होती है। Boortan (1993) ने प्रस्तावित किया था कि एक कर्मचारी अपने खुद के प्रतिफलों के लिए जितना अधिक चिंतित होता है, उतना अधिक वह उन गतिविधियों पर ध्यान केन्द्रित करेगा जिसे एक संगठन द्वारा पुरस्कृत किया जाता है। जो व्यवहार मददगार सहकर्मियों पर ध्यान केन्द्रित करते हैं उन्हें संगठनों में स्पष्ट रूप से पुरस्कृत नहीं किया जाता है (Tumpnil, 2003)। पूर्ववर्ती चर्चा प्रस्तावित करती है कि कर्मचारियों की गणनात्मक प्रतिबद्धता उनकी मददगार व्यवहारों के प्रदर्शन की संभावना को कम करेगी। इसके आधार पर, यह माना जाता है कि:

प्रकथन 1: कर्मचारियों की गणनात्मक प्रतिबद्धता का कर्मचारी मददगार व्यवहारों के साथ नकारात्मक रिश्ता होगा।

एक वास्तविक अवधारणात्मक पत्र में, एक प्रकथन के विवरण के साथ संलग्न वर्णन की सामग्री अलग होगी क्योंकि समीक्षा किए गए साहित्य की सीमा, समीक्षा किए गए साहित्य का प्रकार (अवधारणात्मक या अनुभवजन्य साहित्य), दस्तावेज की गई साहित्य समीक्षा की सीमा और सैद्धांतिकरण से संबंधित वर्णन की सीमा एक शोधकर्ता से दूसरे शोधकर्ता तक और एक विषय क्षेत्र से दूसरे विषय क्षेत्र तक भिन्न होगी। हालाँकि, आम तौर पर, एक प्रकथन के विवरण के साथ संलग्न विषय द्वारा ऐसा स्वरूप लिए जाने की संभावना है जो उपरोक्त वर्णन के समान है। अवधारणात्मक पत्र में, जो बहुविध प्रकथनों को निर्दिष्ट करता है, जैसे अधिकतर प्रकथन-निर्दिष्ट करने वाले पत्र आम तौर पर करते हैं, उपरोक्त काल्पनिक उदाहरण में वर्णित प्रकृति का अलग विषय प्रत्येक व्यक्तिगत प्रकथन के विवरण के साथ संलग्न होगा।

इस तरह, जो बहुविध प्रकथनों का समावेश करते एक सैद्धांतिक मॉडल को निर्दिष्ट करता है, ऐसे एक अवधारणात्मक पत्र में दिया गया विषय उपरोक्त उदाहरण में दिए विषय के समान सैद्धांतिक मॉडल में प्रत्येक प्रकथन के साथ संलग्न होगा। बहुविध प्रकथनों के साथ संलग्न ऐसे विषयों का संग्रह अवधारणात्मक पत्र के इस स्वरूप की मूल सामग्रियों का गठन करता है।

द. *विचार-विमर्श*

पत्र का यह हिस्सा विविध पहलुओं को शामिल कर सकता है। पहला, पत्र के इस हिस्से में, आम तौर पर व्यक्तिगत प्रकथनों के लिए किए गए सैद्धांतिकरण में से उभरते निष्कर्षों को निर्दिष्ट किया जाता है। कभी कभी, व्यक्तिगत प्रकथनों को एक समग्र सैद्धांतिक मॉडल में एकीकृत किया जा सकता है जो समग्र सैद्धांतिक मॉडल में विभिन्न संबंध दर्शाते बहुविध प्रकथनों को शामिल करता है। ऐसे मामलों में, परिणामी समग्र सैद्धांतिक मॉडल के विवरण का समावेश विचार-विमर्श वाले हिस्से में किया जा सकता है। उसके बाद, एक ऐसा खंड है जो शोध दिशाओं की रूपरेखा देता है, जिसका पत्र में दिए गये प्रकथनों के विवरण अथवा सैद्धांतिक मॉडल के आधार पर भावी शोध अन्वेषण कर सकता है,।

यह वर्णन दर्शा सकता है प्रकथनों में समाविष्ट अवधारणाओं को कैसे मापा जा सकता है। इसके लिए, वह दर्शा सकता है कि संकल्पनों को मापने के लिए मौजूदा साहित्य में मापदंड उपलब्ध हैं या किसी विशेष कठिनाई के बिना विकसित किए जा सकते हैं। फिर वह दस्तावेज करेगा कि प्रकथनों में समविष्ट रिश्तों के लिए सहायता की जाँच करने के लिए अनुभवजन्य शोध शुरू करके भावी शोध को कैसे लाभ हो सकता है। वह यह भी कह सकता है कि पत्र में उल्लिखित प्रकथनों और/अथवा सिद्धांत पर से निहितार्थों के रूप में उभरते हुए भावी शोध को अवधारणात्मक शोध करके कैसे लाभ हो सकता है। वह विशिष्ट शोध प्रश्न की ओर इशारा कर सकता है जिसे भावी अवधारणात्मक शोध जाँच सकता है।

इसके बाद, अभ्यास के परिणामों का वर्णन किया जाता है। यहाँ, पत्र इस बात का वर्णन प्रदान करता है कि एक विशिष्ट क्षेत्र में अभ्यास पत्र में विकसित किए गए सैद्धांतिक मॉडल से उत्पन्न अवधारणात्मक निविष्टियाँ से और अनुभवजन्य अध्ययनों में से निकली अनुभवजन्य जानकारी से कैसे लाभ हो सकता है, जो पत्र में निर्दिष्ट प्रकथनों के लिए अनुभवजन्य समर्थन का आकलन करेगी। शोध की सीमाओं का, यदि कोई है तो, इस हिस्से में शोध और अभ्यास निहितार्थों के वर्णन के पहले या बाद में विचारविमर्श किया जा सकता है। इस पत्र में इन विविध उप-अनुभागों की सामग्रियों के एक काल्पनिक उदाहरण को निम्नानुसार पढ़ा जा सकता है:

> इस पत्र ने कर्मचारियों के मददगार व्यवहारों और सात पूर्ववृत्तों में से प्रत्येक के बीच के रिश्तों का वर्णन करते हुए सात प्रकथन निर्दिष्ट किए हैं जहाँ यह सात पूर्ववृत्त हैं गणनात्मक प्रतिबद्धता, भावात्मक प्रतिबद्धता, बने रहने के प्रति प्रतिबद्धता, नौकरी की भागीदारी, वेतन संतुष्टि, पर्यवेक्षण के साथ संतुष्टि और सहकर्मियों के साथ संतुष्टि। यह सभी पूर्ववृत्त कर्मचारियों के कार्य-संबंधित दृष्टिकोणों को प्रतिबिंबित करते हैं। इस तरह, इस पत्र में निर्दिष्ट सात प्रकथनों में से उभरता समग्र सैद्धांतिक मॉडल संगठनों में कर्मचारियों के मददगार व्यवहारों पर कर्मचारियों के कार्य दृष्टिकोणों के प्रभावों की प्रकृति को दर्शाता है।
>
> ये सात प्रकथन कर्मचारियों के कार्य दृष्टिकोण और संगठनों में कर्मचारियों के मददगार व्यवहारों के बीच के रिश्तों के एक व्यापक समूह का निरूपण करते हैं। इन रिश्तों के विवरण के द्वारा, वह मौजूदा शोध में एक महत्वपूर्ण भेद को संबोधित करता है। इस पत्र में सात प्रकथनों का वर्णन भावी शोध के लिए कुछ निर्देश सूचित करता है। पहला, भावी शोध इस पत्र में निर्दिष्ट प्रकथनों के लिए अनुभवजन्य समर्थन की जाँच करने के लिए अनुभवजन्य अध्ययन कर सकता है। दूसरा, यह पत्र पूर्ववृत्तों के केवल एक वर्ग पर केंद्रित था—कर्मचारी कार्य दृष्टिकोण—और इन पूर्ववृत्तों तथा कर्मचारियों के मददगार व्यवहारों के बीच के रिश्तों के एक समूह को मंजूर करता था। भावी शोध पूर्ववृत्तों के अन्य वर्ग और कर्मचारियों के मददगार व्यवहारों के बीच के रिश्तों को निर्दिष्ट करने के लिए आगे अवधारणात्मक कार्य कर सकता है। उदाहरण के तौर पर, संगठनात्मक विशेषताओं के बारे में कर्मचारी अनुभूतियाँ जैसे कि प्रक्रियात्मक न्याय, वितरणात्मक न्याय और संगठनात्मक समर्थन पूर्ववृत्तों का अन्य वर्ग हो सकते हैं जिस पर भावी शोध अपना ध्यान केन्द्रित कर सकता है। उसी प्रकार, कर्मचारी व्यक्तित्व-संबंधित चर पूर्ववृत्तों का दूसरा वर्ग है जिस पर भावी शोध इन पूर्ववृत्तों तथा कर्मचारियों के मददगार व्यवहारों के बीच के संबंधो को वर्णित करते हुए प्रकथनों

को निर्दिष्ट करने पर ध्यान केन्द्रित कर सकता है। इस तरह, इस पत्र में प्रकथनों का विवरण भावी अवधारणात्मक शोध और अनुभवजन्य शोध दोनों के लिए निर्देश प्रदान करता है।

इस पत्र में निर्दिष्ट प्रकथनों में अभ्यास के लिए कुछ निहितार्थ भी हैं। इस पत्र में निर्दिष्ट प्रकथन, यदि भावी अनुभवजन्य शोध में अनुभव द्वारा समर्थित है, तो मार्गदर्शिकाएँ प्रदान कर सकते हैं कि संगठनों में कर्मचारियों के मददगार व्यवहारों में कैसे वृद्धि की जाती है। उदाहरण के लिए, यदि कर्मचारियों की गणनात्मक प्रतिबद्धता और मददगार व्यवहार के बीच के नकारात्मक संबंध को निर्दिष्ट करता प्रकथन भावी अनुभवजन्य शोध में अनुभव द्वारा समर्थन प्राप्त करता है, तो वह सूचित कर सकता है कि कर्मचारियों के मददगार व्यवहारों में वृद्धि करने के लिए, प्रबंधक कर्मचारियों की गणनात्मक प्रतिबद्धता का स्तर कम कर सकते हैं। इस तरह, अभ्यास के लिए वह एक मार्गदर्शिका होगी जो कर्मचारी कार्य दृष्टिकोण में सुधार करके संगठनों में कर्मचारियों के मददगार व्यवहारों में वृद्धि कर सकती है। अभ्यास के लिए यह निहितार्थ संगठनों में कर्मचारियों के मददगार व्यवहारों की घटना का भावी अनुमान और नियंत्रित करने की संभावना को उजागर करता है।

हालाँकि, इस पत्र की कुछ सीमाएँ हैं। पहली, वह पूर्ववृत्तों के केवल एक वर्ग, अर्थात कर्मचारी कार्य दृष्टिकोण, पर ध्यान केन्द्रित करता है। वह पूर्ववृत्तों के अन्य वर्गों का समावेश नहीं करता, जैसे कि संगठनात्मक विशेषताओं की कर्मचारी अनुभूति और कर्मचारी व्यक्तित्व-संबंधित कारक। पूर्ववृत्तों द्वारा केवल एक वर्ग पर फोकस किये जाने के कारण, वह कर्मचारियों के मददगार व्यवहारों की वास्तविकता का केवल आंशिक स्पष्टीकरण प्रदान करता है। दूसरे, वह शोध की धारा में निर्दिष्ट संगठनों में कर्मचारियों के मददगार व्यवहारों की अवधारणा के एक विशिष्ट परिभाषा को अपनाता है जो मददगार व्यवहारों को संगठनों में कर्मचारियों की गैर-पुरस्कार-प्राप्तकर्ता गतिविधि के रूप में देखता है। हाल ही में, कुछ शोधकर्ताओं (उदाहरण के लिए, Melros, 2006) ने प्रस्तावित किया है कि संगठनों में मददगार व्यवहार विविध इरादों के लिए हो सकते हैं जैसे कि परोपकारिता, पुरस्कार की अपेक्षाएँ, पूर्व में मिले पुरस्कारों के लिए प्रतिक्रिया देने का आग्रह, और अन्य व्यक्तियों के लिए व्यक्ति के आकर्षण को बढ़ाने का आग्रह। इसके प्रकाश में, यदि जो व्यवहार सतह पर कुछ प्रकार का मददगार अभिविन्यास प्रतिबिंबित करता है लेकिन इन जैसे विविध इरादों में से उभरता है, तो मददगार व्यवहारों के केवल गैर-पुरस्कार-प्राप्तकर्ता स्वरूपों पर वर्तमान पत्र का फोकस कर्मचारी मददगार व्यवहारों की घटना का केवल एक हिस्सा पेश करने में बदलता है। इन दो सीमाओं में से पहली पर भावी शोध द्वारा काबू पाया जा सकता है जो भावी शोध के लिए निर्देशों में से एक में पहले सूचित किए अनुसार कर्मचारियों के मददगार व्यवहारों के साथ पूर्ववृत्तों के दूसरे वर्गों के रिश्तों को निर्दिष्ट करता है।

ई. समापन परिच्छेद

एक अवधारणात्मक पत्र अंतिम परिच्छेद के तौर पर एक समापन परिच्छेद का समावेश कर सकता है। यह परिच्छेद पत्र में वर्णित अवधारणात्मक शोध के उद्देश्य, प्रक्रिया और परिणाम को संक्षेप में प्रस्तुत कर सकता है। यहाँ समापन परिच्छेद का एक काल्पनिक उदाहरण प्रदान किया गया है :

यह पत्र इशारा करता है कि मौजूदा शोध ने कर्मचारियों के मददगार व्यवहारों की घटना को स्पष्ट करने की आवश्यकता है। इस शोध आवश्यकता को संबोधित करने के लिए, उसने मददगार व्यवहारों के

संभावित पूर्ववृत्तों के एक वर्ग के रूप में कार्य-संबंधित दृष्टिकोणों पर ध्यान केन्द्रित करने का निर्णय लिया। उसने सात कार्य-संबंधित दृष्टिकोण पर ध्यान केन्द्रित किया था। उसने सात प्रकथनों और इन सात पूर्ववृत्तों एवं कर्मचारियों के मददगार व्यवहारों के बीच के रिश्तों को वर्णित करता हुआ एक एकीकृत मॉडल निर्दिष्ट किया था। यह सात प्रकथन कर्मचारियों के मददगार व्यवहारों पर कार्य दृष्टिकोणों के संभवित प्रभाव की एक व्यापक प्रस्तुति प्रदान कर सकते हैं।

फ. संदर्भ

यह खंड पत्र में उदाहरणार्थ प्रस्तुत किए गए सभी दस्तावेजों के लिए संदर्भ विवरणों को सूचीबद्ध करता है। आम तौर पर जर्नल्स संदर्भों की सूची के लिए एक विशेष फोरमेट की सलाह देते हैं। विविध कार्यों और संदर्भों की सूची के लिए उदाहरण प्रदान करने का विवरण इस पुस्तक के अध्याय 6 में वर्णित किया गया है।

जैसा कि पहले यह दर्शाया गया था, कि अवधारणात्मक शोध और, इसलिए, अवधारणात्मक पत्र विविध स्वरूप ले सकते हैं जैसे कि किसी विषय पर मौजूदा साहित्य की समीक्षा करना और रिपोर्ट करना, विषय पर साहित्य की समीक्षा पर आधारित जानकारी के भेद को दर्शाना, और प्रकथनों और/अथवा सिद्धांतों को स्पष्ट करना। सामग्रियों और अवधारणात्मक पत्र की संरचना के उपरोक्त वर्णन ने केवल एक प्रकार के अवधारणात्मक पत्र, प्रकथनों और सिद्धांतों को स्पष्ट करते पत्र, पर ध्यान केन्द्रित किया था। अवधारणात्मक पत्रों के अन्य स्वरूपों में सामग्रियाँ, कुछ हद तक, अवधारणात्मक शोध जिसे रिपोर्ट करना चाहता है उसके विशिष्ट स्वरूप पर के आधार पर ऊपर सूचित सामग्रियों से भिन्न होती हैं।

हालाँकि, उपरोक्त वर्णन अवधारणात्मक पत्रों के एक प्रमुख वर्ग की समग्र संरचना और सामग्रियों को दर्शाता है। यहाँ अवधारणात्मक पत्रों के विभिन्न स्वरूपों में से प्रत्येक स्वरूप की संरचना और सामग्रियाँ वर्णित नहीं की गई हैं। एक विशिष्ट प्रकार के अवधारणात्मक पत्र की संरचना और सामग्रियों में आवश्यक संभवित परिवर्तनों को संभवत: उपरोक्त वर्णन की समझ से तथा अवधारणात्मक पत्र जिसे व्यक्ति को लिखने की जरूरत है, के विशिष्ट वर्ग (उदाहरण के लिए, साहित्य समीक्षा रिपोर्टिंग) में प्रकाशित शोध पत्रों के एक नमूनों के अभ्यास से पहचानी जा सकती है।

अवधारणात्मक पत्र की संरचना और सामग्रियों के अध्ययन के लिए एक अभ्यास

पूर्ववर्ती खंड अवधारणात्मक पत्र के विभिन्न हिस्सों पर अलग अलग ध्यान केन्द्रित करके अवधारणात्मक पत्र की संरचना और सामग्रियों पर विचारविमर्श करता है। अवधारणात्मक पत्र के प्रत्येक अलग हिस्से के लिए, पत्र की समग्र संरचना में उसके स्थान और उसकी विशिष्ट सामग्रियों को

वर्णित किया गया है और एक काल्पनिक उदाहरण प्रदान किया गया है। उपरोक्त खंड की सामग्रियों को समझने के बाद, वह पाठक को अब दो पहलुओं को देखने के लिए मदद कर सकता है। पहला, वह पाठक को यह देखने के लिए मदद कर सकता है कि उपरोक्त विभिन्न हिस्सों के भीतर वर्णित विविध विवरण एक संपूर्ण अवधारणात्मक पत्र के विविध विभिन्न हिस्सों में कैसे घटित होते हैं। दूसरा, वह पाठक को यह देखने के लिए भी मदद कर सकता है कि एक अवधारणात्मक पत्र के विविध विभिन्न हिस्से एक दूसरे के साथ एक संपूर्ण अवधारणात्मक पत्र में जुड़कर कैसे फिट बैठते हैं। इसके प्रकाश में, समझ को बढ़ाने के एक अभ्यास के रूप में, पाठक अब एक जर्नल में प्रकाशित अवधारणात्मक पत्र को पहचान सकता है और उसे यह नोट करने के दौरान पढ़ सकता है कि ऊपर वर्णित पहलू पत्र में कैसे घटित होते हैं।

अनुभवजन्य पत्र

एक अनुभवजन्य पत्र एक अध्ययन की प्रक्रिया और परिणाम का वर्णन करता है जो जाँच करता है कि एकत्र और विश्लेषित किया गया डेटा विचाराधीन एक या अधिक अनुमानों (अर्थात, परिकल्पना) के लिए समर्थन प्रदान करता है या नहीं। एक अनुभवजन्य पत्र की संरचना और सामग्रियों को यह वर्णन करना चाहिए कि अनुभवजन्य शोध प्रक्रिया में विविध कदम कैसे सिद्ध किए गए थे और अभ्यास में क्या परिणाम प्राप्त किए गए थे जो पत्र रिपोर्ट करता है। जबकि अनुभवजन्य पत्र के अलग-अलग हिस्सों में सामग्रियाँ शोध प्रक्रिया और परिणामों के पहलुओं का वर्णन करती हैं, अनुभवजन्य पत्र की संरचना शोध प्रक्रिया के निष्कर्षों की ओर ले जाते कदमों के एक क्रम के रूप में समग्र शोध प्रक्रिया के वर्णन को सुगम बनने के लिए विविध अलग-अलग हिस्सों को जोड़ती है। यह शोध प्रक्रिया कदम और कुछ संलग्न परिणाम आकृति 1.1 में दर्शाए गए हैं। परिणामस्वरूप, अनुभवजन्य पत्र की संरचना और सामग्रियाँ भी शोध प्रक्रिया में कदमों के क्रम, और शोध प्रक्रिया में विविध कदमों के साथ संलग्न गतिविधियाँ तथा परिणामों को प्रतिबिंबित करती हैं।

अनुभवजन्य पत्र की संरचना और सामग्रियाँ

आम तौर पर एक अनुभवजन्य पत्र एक क्रम में संरचित निम्न हिस्सों का समावेश करता है जो अधिकतर सामग्री हिस्सों की निम्न सूची में प्रतिबिंबित के समान है:

अ. सार,
ब. परिचय,
स. परिकल्पना,
द. विधियाँ,
ई. परिणाम,

फ. विचार-विमर्श,
ग. समापन परिच्छेद और
ह. संदर्भ।

इन हिस्सों में से प्रत्येक के तहत आवरित सामग्रियों की प्रकृति पर नीचे चर्चा की गई है।

अ. सार

अवधारणात्मक पत्र के लिए इस अध्याय में पहले प्रदान किया गया सार का वर्णन अनुभवजन्य पत्र पर भी लागू होता है। हालाँकि, सार की सामग्रियाँ अवधारणात्मक शोध प्रक्रिया की विशेषताओं की जगह अनुभवजन्य शोध प्रक्रिया की विशेषताओं का वर्णन करेंगी। इस तरह, अनुभवजन्य शोध प्रक्रिया और उसके परिणामों का एक संक्षिप्त वर्णन एक अनुभवजन्य पत्र के प्रमुख हिस्सों का गठन करेगा। अवधारणात्मक पत्र के लिए वर्णित सार (उदाहरण के लिए, उसकी लंबाई पर सीमा, और एक स्टैंडअलोन यूनिट के तौर पर उसका घटित होना) के अन्य पहलू भी अनुभवजन्य पत्र के सार को लागू होते हैं। एक अनुभवजन्य पत्र के सार का एक काल्पनिक उदाहरण निम्न रूप में दर्शाया गया है:

> इस अभ्यास ने कर्मचारियों की गणनात्मक प्रतिबद्धता और कर्मचारियों के मददगार व्यवहारों के बीच के रिश्ते के लिए अनुभवजन्य समर्थन की जाँच की थी। उसने एक विनिर्माण फर्म में 250 कर्मचारियों से डेटा प्राप्त किया था। परिकल्पना के लिए समर्थन के आकलन के लिए सहसंबंध विश्लेषण और प्रतिगमन विश्लेषण किया गया था। डेटा विश्लेषण के परिणाम कर्मचारियों की गणनात्मक प्रतिबद्धता और कर्मचारियों के मददगार व्यवहारों के बीच के परिकल्पित नकारात्मक रिश्ते के लिए समर्थन प्रदान करते हैं। भावी शोध और अभ्यास के लिए इस अध्ययन के निष्कर्षों के परिणामों का वर्णन किया गया है।
>
> *महत्वपूर्ण शब्द*: गणनात्मक प्रतिबद्धता, मददगार व्यवहार

ब. परिचय

यह हिस्सा जाँचे जा रहे विषय का वर्णन करता है। वह विशिष्ट शोध प्रश्न की रूपरेखा भी देता है जिसकी जाँच अनुभवजन्य अध्ययन करना चाहता है। वह आम तौर पर यह दर्शाकर शोध प्रश्न की जाँच की महत्व का वर्णन करता है कि अनुभवजन्य जाँच का परिणाम, जाँची जा रही परिकल्पना के लिए समर्थन अथवा समर्थन की कमी की दृष्टि से, शोध में एक भेद को संबोधित करने के लिए कैसे सुसंगत जानकारी और एक इनपुट प्रदान करेगा जो अभ्यास का मार्गदर्शन कर सके। एक अनुभवजन्य पत्र के परिचय हिस्से का एक काल्पनिक उदाहरण निम्नानुसार दर्शाया गया है:

> यह पत्र कर्मचारियों की गणनात्मक प्रतिबद्धता और कर्मचारियों के मददगार व्यवहारों के बीच के रिश्ते के लिए समर्थन की जाँच करता है। वह कर्मचारियों की गणनात्मक प्रतिबद्धता और कर्मचारियों के मददगार व्यवहारों के बीच एक रिश्ते की परिकल्पना बनाता है। वह भारत में एक विनिर्माण

संगठन में से कर्मचारियों के एक नमूने का उपयोग करके परिकल्पना के लिए अनुभवजन्य समर्थन की जाँच करता है। यह अभ्यास दो कारणों के लिए महत्वपूर्ण है। पहला, वह अनुभव केर आधार पर कर्मचारियों की गणनात्मक प्रतिबद्धता और कर्मचारियों के मददगार व्यवहारों के बीच के रिश्ते के लिए समर्थन की जाँच करता है। यदि इस अध्ययन में जाँची गई परिकल्पना समर्थन प्राप्त करती है, तो वह कर्मचारियों के मददगार व्यवहारों की घटना की संशोधित भविष्यवाणी और स्पष्टीकरण को सुगम बनाएगी। शोधकर्ताओं (उदाहरण के लिए, (Harford and Cavin, 2002; Limarg and Mevis, 2004) ने दर्शाया है कि कर्मचारियों के मददगार व्यवहारों की घटना को प्रभावित करते कारकों के बारे में बहुत थोड़ा ज्ञात है।

इस अध्ययन में अनुभवजन्य जाँच इस मुद्दे को एक पूर्ववृत्त चर की जाँच द्वारा संबोधित करती है जो कर्मचारियों के मददगार व्यवहारों की घटना की भविष्यवाणी करने और स्पष्टीकरण करने में मदद कर सकता है और इस तरह शोध और अभ्यास में योगदान दे सकता है। दूसरा, यह पत्र संगठनों में कर्मचारियों के व्यवहारों के एक महत्वपूर्ण स्वरूप—मददगार व्यव्हार—की भविष्यवाणी करने में गणनात्मक प्रतिबद्धता की उपयोगिता को संबोधित करके गणनात्मक प्रतिबद्धता पर शोध के लिए भी योगदान प्रदान कर सकता है। शोधकर्ताओं (उदाहरण के लिए, (Amperdent, 2004; Otbrun, 1996) ने नोट किया है कि गणनात्मक प्रतिबद्धता एक महत्वपूर्ण कार्य दृष्टिकोण है और संगठनात्मक व्यवस्था में उसके व्यवहारलक्षी परिणामों को जाँचने की आवश्यकता है। वर्तमान अध्ययन इस शोध आवश्यकता को यह जाँच कर संबोधित करता है कि कर्मचारियों की गणनात्मक प्रतिबद्धता और कर्मचारियों के मददगार व्यवहारों के बीच कोई रिश्ता है या नहीं।

स. परिकल्पना

परिचय खंड के बाद यह खंड परिकल्पना विवरण के बारे में है। वह एक अथवा अधिक परिकल्पनाओं के विवरण की ओर ले जाते सिद्धांत निर्माण का वर्णन करता है। *विवरण* शब्द का अक्सर वाक्यांश "परिकल्पना विविरण" में से लोप किया जाता है। इसलिए, इस खंड का शीर्षक आम तौर पर "परिकल्पना" होता है। यह खंड आम तौर पर मौजूदा साहित्य में से अवधारणाएँ, अवधारणा परिभाषाएँ, मौजूदा साहित्य में से आधार (उदाहरण के लिए, मान्यताएँ और सिद्धांत), तर्क प्रक्रिया और परिणामी परिकल्पनाओं का वर्णन करता है। यह वर्णन अवधारणात्मक पत्र में प्रकथन विवरण के पहले दर्शाए गए वर्णन के समान होगा।

अध्याय 1 में उल्लिखित किये अनुसार, प्रकथन और परिकल्पनाएँ दोनों अनुमान आधारित कथन हैं। उनके बीच यह भेद है कि प्रकथन अवधारणाओं के बीच के रिश्ते उल्लिखित करते हैं जबकि परिकल्पनाएँ चरोंके बीच के रिश्ते उल्लिखित करती हैं (उदाहरण के लिए, Bacharach, 1989)। अध्याय 1 में दर्शाए अनुसार, प्रकथन में अवधारणा को चरों द्वारा बदल कर एक परिकल्पना प्राप्त की जा सकती है। आगे अभ्यास के रूप में, आम तौर पर एक अवधारणा (उदाहरण के लिए, एक पारिभाषिक कथन के द्वारा उल्लिखित किए अनुसार गणनात्मक प्रतिबद्धता अवधारणा) और संलग्न चर जैसे कि गणनात्मक प्रतिबद्धता पैमाना (एक पैमाना जो गणनात्मक प्रतिबद्धता निर्माण का माप प्राप्त करता है) को समान लेबल (इस उदाहरण में "गणनात्मक प्रतिबद्धता") के उपयोग द्वारा

संदर्भित किया जाता है, एक प्रकथन एवं संलग्न परिकल्पना में उन्हें उल्लिखित करते निवेदनों में एक समान पाठ होगा। संदर्भ से, हमें यह अनुमान लगाने की जरूरत हो सकती है कि वह उल्लिखित अनुमान एक प्रकथन या एक परिकल्पना है या नहीं। उदाहरण के लिए, एक अनुभवजन्य पत्र में समाविष्ट दो अवधारणाएँ (उदाहरण के लिए, गणनात्मक प्रतिबद्धता और मददगार व्यवहार) को समाविष्ट करता एक अनुमान आधारित कथन एक परिकल्पना का गठन करेगा। यह इस कारण से है कि पत्र के आगामी हिस्सों में इन अवधारणाओं को मापा जाता है और, इसलिए, वह चर बन जाते हैं; इसके परिणामस्वरूप, अनुमान आधारित कथन दो चरों के बीच के रिश्ते का कथन बन जाता है, और उसे एक *परिकल्पना* के रूप में संदर्भित किया जाता है।

एक अवधारणात्मक पत्र में प्रकथन विवरण के साथ संलग्न पाठ के वर्णन और एक अनुभवजन्य पत्र में परिकल्पना विवरण से संलग्न पाठ के विवरण के बीच की ऊपर लिखी समानता के प्रकाश में, परिकल्पना विवरण में पाठ का एक अलग काल्पनिक उदाहरण यहाँ प्रदान नहीं किया गया है। हालाँकि, यह संभावना है कि प्रकथन विवरण के साथ संलग्न सैद्धांतिकरण की सीमा परिकल्पना विवरण के साथ संलग्न सैद्धांतिकरण की सीमा से अधिक होगी। प्रकथन विवरण के लिए सैद्धांतिकरण की यह अधिकतम सीमा परिकल्पना विवरण की तुलना में अवधारणाओं के लिए परिभाषाओं के प्रावधान पर दिए गये संभावित अधिक जोर से, परिकल्पना विवरण में इस्तेमाल किए गए आधारों की तुलना में आधारों के बड़ी संख्या की पहचान से, और परिकल्पना विवरण में इस्तेमाल की गई तर्ज प्रक्रिया की तुलना में अधिक विस्तृत तर्क प्रक्रिया में से उत्पन्न हो सकती है।

द. *विधियाँ*

यह खंड वर्णित करता है कि परिकल्पना के लिए अनुभवजन्य समर्थन के आकलन के लिए शोध प्रक्रिया कैसे सिद्ध की गई थी। वह जाँची जा रही परिकल्पना में अवधारणाओं अथवा चरों के माप को प्राप्त करने के लिए इस्तेमाल किये गये संकेतकों/पैमाना का वर्णन करता है और इन पैमानों की सच्चाई पर जानकारी प्रदान करता है। वह फिर डेटा संग्रह प्रक्रियाओं की रूपरेखा देता है, जो इन पहलुओं को आवरित करती हैं, जैसे प्रतिवादियों का नमूना जिनसे डेटा एकत्र किया गया था, प्रतिवादियों की सहमति कैसे प्राप्त की गई थी, डेटा संग्रह साधन का उपयोग कैसे किया गया था (उदाहरण के लिए, मेल द्वारा अथवा शोधकर्ता द्वारा व्यक्तिगत तौर पर प्राप्त वितरण के द्वारा), और प्रतिक्रिया दर जो यह दर्शाता है कि संपर्क किए गए अथवा संभावित रूप से उपलब्ध प्रतिवादियों के कितने प्रतिशत ने वास्तव में अध्ययन प्रश्नावली में आवश्यक होने वाली अपनी प्रतिक्रियाएं प्रदान की थी। वह इस्तेमाल की गई डेटा विश्लेषण प्रक्रियाओं की भी रूपरेखा देता है। इन सभी पहलुओं में से प्रत्येक के लिए, जो विवरण आम तौर पर एक अनुभवजन्य पत्र के विधि हिस्से के वर्णन में सम्मिलित किया जाता है यहाँ दर्शाया गया है।

माप: यह उपखंड उन पैमानों की पहचान करता है जिसका उपयोग एक अध्ययन में जाँची जा रही परिकल्पना में समाविष्ट अवधारणाओं अथवा चरों के माप को प्राप्त करने के लिए किया गया था।

वह पैमानों का एक संक्षिप्त वर्णन भी प्रदान करता है, और पैमानों की सच्चाई (विश्वसनीयता और वैधता) पर पूर्व सबूत की रूपरेखा प्रदान करता है। पैमाने के वर्णन में पहलुओं का समावेश होगा जैसेकि पैमाने का नाम, पैमाने में वस्तुओं की संख्या, पैमाने में इस्तेमाल हुआ प्रतिक्रिया क स्वरूप, और पूर्व अध्ययन के उदाहरण विवरण जिसमें उस पैमाने को विकसित और मान्य किया गया था।

प्रतिक्रिया स्वरूप को वर्णित करने में, पैमाने में इस्तेमाल हुए एंकर पॉइंट्स की संख्या (फाइव-पॉइंट अथवा सेवन-पॉइंट प्रतिक्रिया विकल्प समूह) और एंकर वर्णनकर्ताओं (उदाहरण के लिए, दृढ़तापूर्वक असहमत से दृढ़तापूर्वक सहमत अथवा कभी भी नहीं से हमेशा) के समूह को दर्शाए जाने की आवश्यकता है। पैमाने में वस्तुओं (निवेदनों) के शब्दों की प्रकृति पर के कुछ वर्णन भी प्रदान किए जाते हैं और उदाहरणों के तौर पर पैमाने में से एक या दो वस्तुएँ पुनरुत्पादित की जाती हैं। कुछ जर्नल्स के लिए जरूरी हो सकता है कि एक अनुभवजन्य पत्र के अंत में इस्तेमाल किए नए पैमानों को संपूर्ण रूप से पुनरुत्पादित किया जाए, शायद परिशिष्ट में, जब शोध में पैमाने का पहली बार उपयोग किया जा रहा है।

एक मौजूदा पैमाने की सच्चाई पर पूर्व अध्ययनों पर से सबूत के वर्णन में, आम तौर पर निम्न जानकारी प्रदान की जाती है। उस सीमा का कुछ संकेत जिस सीमा तक एक पैमाने को पूर्व शोध में इस्तेमाल किया गया था उस पैमाने की सच्चाई के बारे में कोई अप्रत्यक्ष जानकारी प्रदान कर सकते हैं। इस तरह, यदि पूर्व शोध में एक पैमाने को व्यापक रूप से इस्तेमाल किया गया है, तो वह शोध में उसकी स्वीकृति एवं कुछ अध्ययनों में मापन जरूरतों को परिपूर्ण करने के लिए उसके पर्याप्त होने को दर्शाता है। आम तौर पर पूर्व अध्ययनों में से पैमाने की विश्वसनीयता पर जानकारी प्रदान की जाती है। क्या पूर्व शोध में पैमाने की वैधता जाँची गई है या नहीं और पूर्व शोध में प्राप्त मान्य सबूत की प्रकृति पर जानकारी भी दी जाती है।

नमूना: नमूने का वर्णन व्यक्तियों के बारे में सारांश जानकारी प्रदान करता है जिनसे अध्ययन के लिए डेटा इकट्ठा किया गया था। यह वर्णन प्रतिवादियों के व्यवसाय (उदाहरण के लिए, मैन्युअल कार्य में शामिल ब्लू कॉलर कर्मचारी, लिपिक स्टाफ या व्यावसायिक), शिक्षा स्तर, और विविध प्रतिवादी विशेषताओं के लिए श्रेणी एवं औसत अंक जैसे आयु, कंपनी के साथ बिताए वर्षों की संख्या और वर्तमान स्थान पर बिताए वर्षों की संख्या पर जानकारी का समावेश करता है। जब प्रतिवादी लिंग, रोजगार स्थान और व्यवसाय जैसी विशेषताओं के भीतर विभिन्न वर्गों के हैं, तो इन वर्गों में प्रतिवादियों के प्रतिशत उल्लिखित किए जाते हैं। उदाहरण के लिए, पुरुष और महिला लिंग वर्गों में आने वाले प्रतिवादियों के प्रतिशत रिपोर्ट किए गए हैं। नमूनारूप वर्णन में इस विवरण के समावेश का उद्देश्य वह जानकारी प्रदान करना है जो पाठकों को प्रतिवादियों की प्रकृति को समझने में मदद कर सकती है जिनसे अध्ययन परिणाम प्राप्त किए गए हैं और, इसलिए, प्रतिवादी नमूनों के दूसरे अन्य प्रकारों के आकलन के लिए सक्षम बनया गया है जिसे पर अध्ययन परिणाम लागू होने की संभावना होती है। एक प्रतिवादी नमूने से प्राप्त अध्ययन परिणामों का उपयोग कर दूसरे प्रतिवादी नमूने पर इसकी प्रयोज्यता को जनरलाइज़बिलीटी के रूप में अथवा अध्ययन निष्कर्षों की बाह्य वैधता के रूप में संदर्भित किया जाता है।

डेटा संग्रह प्रक्रिया : डेटा संग्रह प्रक्रिया का वर्णन दर्शाएगा कैसे अध्ययन में हिस्सा लेने के लिए प्रतिवादियों की सहमति प्राप्त की गई थी (उदाहरण के लिए, उपहार जैसे कुछ प्रलोभन प्रदान करके, प्रतिवादियों के संगठन(नों) में प्रशासन द्वारा की गई बिनती द्वारा अपील करके), क्या प्रतिवादियों की तरफ़ से भागीदारी स्वैच्छिक थी, क्या प्रत्येक प्रतिवादी ने अपनी प्रश्नावली अलग से भरी थी अथवा प्रतिवादियों को एक स्थान पर एकत्र किया गया था जहाँ प्रत्येक प्रतिवादी ने एक सामान्य स्थान पर सामान्य 'प्रश्नावली पूर्णता सत्र' के दौरान अपनी प्रश्नावली पूर्ण की थी। प्रतिवादियों के प्रतिक्रिया दर को भी उल्लिखित किया जाता है जो दर्शाता है कितने प्रतिशत संभावित रूप से उपलब्ध प्रतिवादियों ने वास्तव में अध्ययन प्रश्नावली भरी थी और पूर्ण भरी प्रश्नावली लौटाई थी। क्या प्रतिवादियों को नाम को गुप्त रखने (प्रतिवादी पहचान पर कोई जानकारी प्राप्त नहीं की गई है और, इसलिए, प्रतिवादी पहचान को उनकी पूर्ण अध्ययन प्रश्नावली के साथ नहीं जोड़ी जा सकतीहै) अथवा गोपनीयता (पूर्ण अध्ययन प्रश्नावली के साथ प्रतिवादी पहचान के बारे में शोधकर्ता जानता है लेकिन उसे शोधकर्ता द्वारा अन्य किसी के सामने प्रकट नहीं किया जायेगा) के बारे में आश्वासन दिया गया था। यह विवरण पाठकों को सामान्यतः प्राप्त किए गए डेटा की सच्चाई का आकलन करने में मदद करते हैं, और विशेष रूप से यह कि कही डेटा संग्रह प्रक्रिया के किसी पहलू द्वारा प्रतिवादियों में पूर्वाग्रह प्रेरित करने की संभावना तो नहीं है, जिससे वह ऐसी जानकारी प्रदान करेंगे जो आकलन की जा रही वास्तविकता का एक मान्य प्रतिबिंब नहीं है। उदाहरण के लिए, जब प्रतिवादी को गोपनीयता का आश्वासन नहीं दिया जाता है, तब प्रतिवादी सकारात्मक पहलुओं के बारे में अधिक सकारत्मक जानकारी प्रदान कर सकते हैं, जैसे उनके प्रदर्शन का स्तर, संगठन के प्रति प्रतिबद्धता और कार्य में भागीदारी।

डेटा विश्लेषण : विधियाँ खंड के तहत वर्णन का यह हिस्सा डेटा के विश्लेषण के लिए इस्तेमाल हुई डेटा विश्लेषण तकनीकों का वर्णन करता है। क्या शोधकर्ता ने सहसंबंध, प्रतिगमन विश्लेषण अथवा कुछ अधिक अधुनिक डेटा विश्लेषण तकनीक वर्णित की है, जैसे संरचनात्मक समीकरण मॉडलिंग का उपयोग। कभी कभी, डेटा विश्लेषण में इस्तेमाल हुए विशिष्ट कदमों का भी वर्णन दिया जाता है जब डेटा विश्लेषण प्रक्रिया तकनीकी रूप से जटिल होती है अथवा शोध में आम नहीं है। डेटा विश्लेषण प्रक्रिया में शोधकर्ता द्वारा लिए गए महत्वपूर्ण निर्णयों (उदाहरण के लिए, विश्लेषण में से कुछ अध्ययन प्रश्नावलियों को निकाल देना, अथवा प्रतिवादी नमूने के प्रतिवादी उपसमूहों की तुलना करने के लिए कुछ अध्ययन चर स्तर के आधार पर दो वर्गों में विभाजित करना) का भी वर्णन किया जाता है। प्रकाशित शोध पत्रों में, डेटा विश्लेषण हिस्सा के वर्णन का स्थान विधियाँ और परिणाम हिस्सों के संबंध में बदल सकता है। कुछ पत्रों में, डेटा विश्लेषण को विधियाँ खंड के हिस्से के रूप में वर्णित किया जाता है और यह वर्णन को विधियाँ खंड के अंत के पास रखा जाता है। कुछ पत्र "परिणाम" नामक एक खंड प्रदान करते हैं जिसमें, पहले, डेटा विश्लेषण प्रक्रिया का वर्णन किया जाता है, और फिर परिणामों का वर्णन किया जाता है। प्रकाशित पत्रों में, ऐसा खंड, जो डेटा विश्लेषण और परिणामों का वर्णन करता है, उसके लिए "डेटा विश्लेषण और परिणाम" अथवा केवल "परिणाम" शीर्षक दिया गया देखने को मिलता है।

"विधियाँ" हिस्से में वर्णन का एक काल्पनिक उदाहरण निम्नानुसार दर्शाया गया है:

इस अध्ययन में गणनात्मक प्रतिबद्धता को (Hernoltz and Arom (1997). द्वारा विकसित किए गए पैमाना के उपयोग से मापा गया था। इस सेल्फ-रिपोर्ट फोरमेट पैमाना में सात चीजें होती हैं, उसमें एक पांच-बिंदू प्रतिक्रिया का प्रारूप होता है, और वह 'दृढ़तापूर्वक असहमत (1)", "असहमत (2)", "ना असहमत ना सहमत (3)", "सहमत (4)" और "दृढ़तापूर्वक सहमत (5)" जैसे बिंदुओं का उपयोग करता है। (Detris(2005) कहता है कि यह पैमाने का उपयोग पूर्व अध्ययनों में काफी संख्या में किया गया है, और उन अध्ययनों में, उसके विश्वसनीयता स्तर की श्रेणी थी 0.75 से 0.9 जो काफी संतोषकारक है। (Hernoltz and Arom (1997) ने इस पैमाने की वैधता पर सबूत प्रदान किए हैं जो पैमाने की सामग्री वैधता, अभिसरण वैधता और विभेदक वैधता के उनके आकलन पर आधारित थे। मददगार व्यवहार (Gemolt (2005) द्वारा विकसित पैमाने के द्वारा मापा जाता था जिसने दर्शाया है कि उनके अध्ययन में पैमाने की विश्वसनीयता 0.8 थी और जिसने पैमाने की वैधता पर उचित सबूत भी प्रदान किया है। इस स्वयं-रिपोर्ट प्रारूप पैमात्र में 10 चीजें समाविष्ट हैं जिसमें से प्रत्येक संगठनात्मक सेटिंग्स में कर्मचारियों के मददगार व्यवहारों के विशिष्ट स्वरूप पर ध्यान केन्द्रित करती हैं। प्रत्येक चीज के लिए, प्रतिवादी को यह दर्शाने की आवश्यकता होती है कि उसने पिछले एक साल की अवधि में कितनी बार वह व्यवहार दर्शाया है।

वह "कभी नहीं (1)", "कदाचित (2)", "कभी कभी (3)", "अक्सर (4)" और "हमेशा (5)" का समावेश करते पांच-बिंदु प्रतिक्रिया प्रारूप का इस्तेमाल करता है। डेटा भारत के उत्तरी हिस्से में स्थित एक मध्यम-आकार वाले विनिर्माण संगठन के 270 ब्लू कॉलर कर्मचारियों से इकठ्ठा किया गया था। प्रतिवादी मशीनिंग, असेम्बली, पैकेजिंग और स्टोर्स विभागों के थे। प्रतिवादियों में से पचासी प्रतिशत पुरुष थे, 80% प्रतिवादियों ने कुछ हाईस्कूल वर्षों के स्तर की उच्चतर शिक्षा प्राप्त की थी, औसतन प्रतिवादी की आयु 42.68 वर्ष थी, संगठन में उनका औसतन कार्यकाल 15.47 वर्ष का था, और वर्तमान स्थान पर औसतन कार्यकाल 7.31 वर्ष था। प्रतिवादी विविध स्थानों पर थे, जैसे मशीन ऑपरेटर, असेम्बली वर्कर, पैकेजिंग असिस्टेंट और स्टोर्स ऑपरेटर।

शोधकर्ताओं द्वारा प्रतिवादियों के संगठनों में उनके वास्तविक कार्य स्थानों पर डेटा इकठ्ठा किया गया था। इस अध्ययन में नामांकित चार विभागों में संगठन के सभी 500 ब्लू कॉलर कर्मचारी कार्यरत थे। संगठन से डेटा संग्रह अनुमति प्राप्त करने के बाद, शोधकर्ताओं ने 15–20 के समूहों में प्रतिवादियों से बात की थी और अध्ययन का उद्देश्य समझाया था। शोधकर्ताओं ने कर्मचारियों को दर्शाया था कि उनकी प्रतिक्रियाएँ गुप्त रखी जाएँगी...और उनसे अपनी भागीदारी करने की बिनती की थी। शोधकर्ताओं द्वारा गणनात्मक प्रतिबद्धता और मददगार व्यवहारों को मापते पैमाने और जनसांख्यिकीय और नौकरी से संबंधित जानकारी से संबंधित मुद्दों का समावेश करती एक अध्ययन प्रश्नावली कर्मचारियों को वितरित की गई थी। प्रत्येक कर्मचारी को प्रश्नावली एक लिफाफे में प्रदान की गई थी। कर्मचारियों को अपने आप प्रश्नावली पूर्ण करके, उसे लिफाफे में रखकर अगले दिन शोधकर्ता को लौटने को कहा गया था। इस प्रक्रिया के द्वारा, अध्ययन प्रश्नावली इस संगठन के सभी 500 ब्लू कॉलर कर्मचारियों को वितरित की गई थी। 500 कर्मचारियों में से 270 कर्मचारियों से पूर्ण की गई अध्ययन प्रश्नावली प्राप्त हुई थी जो 54 प्रतिशत की प्रतिक्रिया दर दर्शाती थी।

ई. परिणाम

यह हिस्सा अध्ययन डेटा पर किए गए विश्लेषण के परिणामों का वर्णन करता है। वह आम तौर पर समग्र वर्णनात्मक आंकड़ो के साथ शुरू होता है। आम तौर पर, परिणाम हिस्से में पहली तालिका डेटा के लिए वर्णनात्मक आंकड़ो का रिपोर्ट करती तालिका। सभी अध्ययन चरों के लिए औसत और मानक विचलन मूल्यों, अध्ययन चरों की प्रत्येक जोड़ के बीच के सहसंबंध के मूल्य, और प्रत्येक अध्ययन चर के लिए विश्वसनीयता स्तर जिसे दो से अधिक चीजों का समावेश करते एक पैमाने के साथ मापा जाता है (विश्वसनीयता की गिनती केवल दो से अधिक चीजों का समावेश करने वाले पैमाने के लिए ही की जा सकती है) वर्णनात्मक आंकड़ें तालिका में दिए गए हैं। आम तौर पर उसका शीर्षक होता है "वर्णनात्मक आँकड़े और पैमाने की विश्वसनीयताएं"।

वर्णनात्मक आंकड़ों की पेशकश के बाद, प्रत्येक अध्ययन परिकल्पना के परीक्षण के लिए आयोजित किए गए सांख्यिकीय विश्लेषण पर अध्ययन परिणाम रिपोर्ट किए जाते हैं। प्रत्येक परिकल्पना के लिए, किए गए सांख्यकीय परीक्षण की प्रकृति, प्राप्त हुए परीक्षण आंकड़े और परीक्षण आंकड़ों के महत्व के स्तर को रिपोर्ट किया जाता है। यह वर्णन डेटा विश्लेषण के परिणामों का गठन करता है। इस वर्णन के एक हिस्से के रूप में, परीक्षण आंकड़ों के लिए प्राप्त किए गए महत्व के स्तर के आधार पर, विचाराधीन प्रत्येक अध्ययन परिकल्पना के लिए समर्थन अथवा समर्थन की कमी के बारे में निष्कर्ष निर्दिष्ट किया जाता है। यह वर्णन अध्ययन के जाँच-परिणामों का गठन करता है। वह प्रत्येक परिकल्पना के लिए वर्णन करता है, चाहे वह अध्ययन डेटा के विश्लेषण के परिणामों पर आधारित थी या नहीं थी। कभी कभी, एक परिकल्पना के लिए समर्थन अथवा समर्थन की कमी की दृष्टि से सांख्यिकीय विश्लेषण के परिणाम और जाँच-परिणाम वर्णन में एक दूसरे से स्पष्ट रूप से अलग नहीं किए जाते हैं।

"परिणाम" हिस्से में वर्णन का एक काल्पनिक उदाहरण निन्मानुसार दर्शाया गया है:

> वर्णनात्मक आँकड़े, आंतर-पैमाना सहसंबंध और अध्ययन पैमानों के लिए विश्वसनीयता स्तरों को तालिका 1 में दर्शाया गया है। परिकल्पना 1 का परीक्षण सहसंबंध विश्लेषण और प्रतिगमन विश्लेषण के उपयोग से किया गया था, जिसने गणनात्मक प्रतिबद्धता और मददगार व्यवहार के बीच एक नकारात्मक रिश्ता निर्दिष्ट किया था। इस विश्लेषण के परिणामों ने इन दो चरों के बीच -0.5 का एक सहसंबंध दर्शाया था, जो सांख्यिकीय रूप से महत्वपूर्ण ($p < 0.005$) था। सहसंबंध विश्लेषण से प्राप्त यह परिणाम परिकल्पना 1 को समर्थन देता है। आगे, प्रतिगमन तालिका 2 में दर्शाए गए विश्लेषण के परिणामों ने जिसमें मददगार व्यवहार आश्रित चर था और गणनात्मक प्रतिबद्धता स्वतंत्र चर, गणनात्मक प्रतिबद्धता के लिए महत्वपूर्ण और नकारात्मक बीटा गुणांक दर्शाया था ($p < 0.005$)। प्रतिगमन विश्लेषण का यह परिणाम परिकल्पना 1 के लिए भी समर्थन प्रदान करता है, जो गणनात्मक प्रतिबद्धता और मददगार व्यवहार के बीच एक नकारात्मक रिश्ता दर्शाता है। इस तरह, सहसंबंध विश्लेषण और प्रतिगमन विश्लेषण के परिणामों ने परिकल्पना 1 के लिए समर्थन प्रदान किया था।

फ. *विचार विमर्श*

यह हिस्सा अध्ययन और अध्ययन जाँच-परिणामों के निहितार्थों के वर्णन और अध्ययन की सीमाओं के वर्णन का समावेश करता है। वह उस सिद्धांत के लिए अध्ययन जाँच-परिणामों के निहितार्थों का वर्णन करता है जिस सिद्धांत पर से परिकल्पनाएँ प्राप्त की गई थीं। उदाहरण के लिए, यदि गणनात्मक प्रतिबद्धता और मददगार व्यवहार के बीच एक नकारात्मक रिश्ता दर्शाती परिकल्पना सामाजिक विनिमय सिद्धांत के उपयोग से प्राप्त की गई थी, तो इस परिकल्पना के लिए वर्तमान अध्ययन में देखने को मिला समर्थन सामाजिक विनिमय सिद्धांत के लिए और गणनात्मक प्रतिबद्धता तथा मददगार व्यवहार के बीच के रिश्ते को सूचित करने में उसकी उपयोगिता के लिए भी समर्थन प्रदान करेगा।

वह उसका भी वर्णन प्रदान करता है कि वर्तमान अध्ययन से प्राप्त जाँच-परिणाम मौजूदा शोध में महत्वपूर्ण जानकारी भेद को कैसे संबोधित करते हैं। यहाँ, यह वर्णन पत्र के प्रारंभिक हिस्से में वर्णित शोध प्रश्न और उसके महत्व के साथ वापस जुड़ता है, जहाँ शोध प्रश्न का महत्व यह वर्णन करके स्थापित करने का प्रयास किया गया है, कि शोध प्रश्न का उत्तर अध्ययन तहत विषय के बारे में मौजूदा जानकारी में एक सुसंगत और महत्वपूर्ण भेद को कैसे संबोधित करेगा।

इस हिस्से में वर्णन यह भी दर्शाएगा कि वर्तमान अध्ययन के जाँच-परिणाम आगे के अवधारणात्मक और अनुभवजन्य शोध के द्वारा भावी शोध के ली कुछ निर्देश कैसे प्रदान कर सकते हैं। उदाहरण के लिए, यदि वर्तमान अध्ययन में परिकल्पना समर्थित है, तो, अतिरिक्त समान रिश्तों को परिकल्पित करने के लिए समान सिद्धांत का उपयोग भावी शोध के लिए दूसरा संभवतः निर्देश हो सकता है। दूसरी ओर, यदि वर्तमान अध्ययन में परिकल्पना समर्थित नहीं है, तो शोधकर्ता दर्शा सकता है कि जिस सिद्धांत से वह परिकल्पना प्राप्त कि गई थी वह घटना का पर्याप्त निरूपण नहीं है (उदाहरण के लिए, गणनात्मक प्रतिबद्धता और कर्मचारियों के मददगार व्यवहार के बीच का रिश्ता) अथवा यह कि वर्तमान अध्ययन में अपनाई गई शोध प्रक्रिया में अपर्याप्तताएं थी, जिसने परिकल्पना के लिए समर्थन प्राप्त करने की संभावना को कमजोर बना दिया हो।

पूर्व मामले में, संगठनों में कर्मचारियों के मददगार व्यवहारों की घटना को समझाने के लिए परिकल्पनाओं के एक भिन्न समूह के विवरण को सुगम बनाने के लिए एक भिन्न सैद्धांतिक परिप्रेक्ष्य का भावी शोध के लिए एक संभावित निर्देश के लिए उपयोग किये जा सकता है। बाद वाले मामले में, शोधकर्ता आम तौर पर एक शोध प्रक्रिया का उपयोग करके उसी परिकल्पना की जाँच करने भावी शोध के लिए निर्देश सूचित करेगा जो वर्तमान अध्ययन की शोध प्रक्रिया के साथ जुड़ी अपर्याप्तताओं से मुक्त है।

इस हिस्से की सामग्री इसका भी वर्णन करेगी कि वर्तमान अध्ययन के जाँच-परिणाम अभ्यास के लिए दिशानिर्देश कैसे प्रदान कर सकते हैं। आम तौर पर यह दिशानिर्देश इस बात पर केन्द्रित होते हैं कि अभ्यास के प्रबंधक संगठनात्मक कार्य विधि के कुछ पहलुओं को सुधारने के लिए अध्ययन से प्राप्त जाँच-परिणामों का उपयोग कैसे कर सकते हैं। उदाहरण के लिए, गणनात्मक प्रतिबद्धता और मददगार व्यवहार के बीच के नकारात्मक रिश्ते को दर्शाती परिकल्पना के लिए

समर्थन दर्शाते जाँच-परिणाम प्रबंधकों के लिए इनपुट प्रदान कर सकते हैं जो कर्मचारियों के मददगार व्यवहारों में वृद्धि करने वाले रास्तों में से एक है, वह है कर्मचारियों कि गणनात्मक प्रतिबद्धता के स्तर को कम करना।

इस हिस्से में वर्णित दूसरा पहलू है अध्ययन की सीमाएँ। यहाँ, अध्ययन में इस्तेमाल की गई शोध प्रक्रिया की महत्वपूर्ण अपर्याप्तताओं में से कुछ को दस्तावेज किया गया है। उदहारण के लिए, यदि अध्ययन ने एक विशिष्ट प्रकार के नमूने का इस्तेमाल किया था, जैसे एकल विनिर्माण संगठन में से केवल ब्लू कॉलर कर्मचारी, तो सीमा होगी कि अध्ययन के जाँच-परिणाम अन्य स्थितियों के लिए जनरलाइज नहीं हो सकते। यह वर्णन यह भी दर्शा सकता है कि शोध प्रक्रिया में अपर्याप्तताएं शोध की प्रकृति के साथ जुड़ी कुछ वास्तविक बाधाओं के कारण कैसे अपरिहार्य थीं।

आगे, शोध प्रक्रिया में अपर्याप्तताओं द्वारा अध्ययन जाँच-परिणामों को विकृत बनाने की संभावना कैसे नहीं है, इस का कुछ वर्णन सीमाओं के दस्तावेजीकरण में सुसंगत हो सकता है। सीमाओं वाले हिस्से में वर्णित ये पहलू पाठकों को यह समझने में मदद कर सकते हैं कि शोधकर्ता अध्ययन सीमाओं से परिचित है और यह कि सीमाएँ शोधकर्ता की अज्ञानता या लापरवाही के कारण घटित नहीं हुई है बल्कि वह शोध सेटिंग और शोध प्रक्रिया के साथ जुड़ी बाधाओं का एक परिणाम हैं। ये पहलू यह भी दर्शाते हैं कि इन सीमाओं के बावजूद, अध्ययन के जाँच-परिणाम विकृत होने की संभावना नहीं है और, इसलिए, शोध जाँच-परिणाम वैध होते हैं। जर्नल्स में प्रकाशित अनुभवजन्य पत्रों में, शोध तथा अभ्यास के लिए सीमाओं वाले हिस्से और निहितार्थों के हिस्से के अनुक्रमण में, सीमाओं वाले हिस्से को भावी शोध और अभ्यास के लिए अध्ययन जाँच-परिणामों के निहितार्थों के हिस्से के पहले रखा जायेगा अथवा बाद में होगा। आगे, प्रकाशित अनुभवजन्य पत्रों में, कभी कभी परिणाम और संलग्न विचार विमर्श वाले हिस्से को "परिणाम और विचार विमर्श" के एकल खंड शीर्षक के तहत आवरित किए जाते हैं।

विचार विमर्श हिस्से का एक काल्पनिक उदाहरण निम्नानुसार प्रदान किया गया है:

> इस अध्ययन के जाँच-परिणाम कि कर्मचारियों की गणनात्मक प्रतिबद्धता और कर्मचारियों के मददगार व्यवहारों के बीच एक नकारात्मक रिश्ता है, महत्वपूर्ण हैं, क्योंकि वे कई योगदान देते हैं। चूँकि परिकल्पना को सामाजिक विनिमय सिद्धांत के उपयोग से प्राप्त किया गया था, इसलिए परिकल्पना के लिए समर्थन प्रदान करते अध्ययन जाँच-परिणाम संगठनों में कर्मचारियों की गणनात्मक प्रतिबद्धता और कर्मचारियों के मददगार व्यवहारों के बीच के रिश्ते की पेशकश के रूप में सामाजिक विनियम सिद्धांत के लिए भी समर्थन प्रदान करते हैं। वर्तमान अध्ययन के जाँच-परिणाम भावी शोध के लिए भी कुछ निर्देश प्रदान करते हैं। अध्ययन के जाँच-परिणाम दर्शाते हैं कि गणनात्मक प्रतिबद्धता संगठनों में कर्मचारियों के मददगार व्यवहारों की भविष्यवाणी करने और उन्हें समझाने में मदद करती है।
>
> परिणामस्वरूप, भावी शोध के लिए एक संभवित निर्देश संगठनों में कर्मचारियों की गणनात्मक प्रतिबद्धता और कर्मचारियों के मददगार व्यवहारों के अन्य स्वरूपों के बीच रिश्तों की रूपरेखा देती अतिरिक्त परिकल्पनाओं को स्पष्ट करना है, जैसे कर्मचारियों के विविध व्यवहार और राजकीय

व्यवहार। भावी शोध के लिए दूसरा निर्देश है मध्यस्थता प्रक्रियाओं की जाँच करना जिनके द्वारा कर्मचारियों की गणनात्मक प्रतिबद्धता कर्मचारियों के मददगार व्यवहारों को प्रभावित करती है। इस निर्देश के अनुसरण में, शोध अधिक जटिल मॉडल्स निर्दिष्ट कर सकता है जो मध्यस्थता चरों का समावेश करेंगे जो गणनात्मक प्रतिबद्धता के पूर्ववृत्त चर और मददगार व्यवहार के परिणाम चर के बीच आते हैं। ऐसे मॉडल्स प्रक्रिया को समझने में मदद करेंगे जिसके द्वारा मददगार व्यवहारों पर गणनात्मक प्रतिबद्धता का प्रभाव प्रकट होता है। भावी शोध के लिए एक और निर्देश वर्तमान अध्ययन के जाँच-परिणामों से आता है कि वर्तमान अध्ययन जाँच-परिणामों में गणनात्मक प्रतिबद्धता और मददगार व्यवहारों के बीच देखने को मिला रिश्ता केवल मध्यम ताकत का है ($r = -0.5$)। यह जाँच-परिणाम सूचित करता है कि अन्य कारकों के होने की संभावना है जो कर्मचारियों के मददगार व्यवहारों की घटना को प्रभावित करते हैं। यह भावी शोध के लिए कर्मचारियों के मददगार व्यवहारों के दूसरे पूर्ववृत्तों की जाँच करने का और मददगार व्यवहारों तथा उनके बहुविध पूर्ववृत्तों के बीच एक अधिक मजबूत रिश्ता ढूँढने की संभावना को आगे बढ़ाने के दृष्टि के साठ बहुविध पूर्ववृत्तों के समावेश करते कर्मचारियों के मददगार व्यवहारों के अधिक जटिल मॉडल्स स्पष्ट करने का दूसरा निर्देश सूचित करता है।

वर्तमान अध्ययन के जाँच-परिणाम अभ्यास के लिए इनपुट्स भी प्रदान करते हैं। जाँच-परिणाम सूचित करते हैं कि एक संगठन में कर्मचारियों के मददगार व्यवहार कर्मचारियों की गणनात्मक प्रतिबद्धता द्वारा प्रभावित होते हैं। यह सूचित करता है कि कर्मचारियों की गणनात्मक प्रतिबद्धता का स्तर कम करना संगठनों में कर्मचारियों के मददगार व्यवहारों को आगे बढ़ाने का एक मार्ग हो सकता है।

इस अध्ययन में थोड़ी सीमाएँ हैं। पहली, अध्ययन नमूना एकल विनिर्माण संगठन में से अधिकतर पुरुष ब्लू कॉलर कर्मचारियों को मिलाकर बनता है। यह सूचित करता है कि अन्य नमूनों के लिए अध्ययन जाँच-परिणामों के विस्तृतीकरण में सीमाएँ हैं, संभवतः जाँच-परिणामों की जनरलाइजेबीलिटी को घटा कर। दूसरी, इस अध्ययन ने प्रतिवादियों से गणनात्मक प्रतिबद्धता और मददगार व्यवहारों के लिए सेल्फ-रिपोर्ट उपाय प्राप्त किए थे। मददगार व्यवहार सामाजिक रूप से इच्छित व्यवहार होने की संभावना होने के कारण, व्यक्ति के मददगार व्यवहारों के स्तरों का अधिक अनुमान करने की दृष्टि से प्रतिक्रिया पूर्वाग्रहों ने मददगार व्यवहारों के प्राप्त उपायों की परिशुद्धता को हानि पहुँचाई है। वर्तमान अध्ययन में, मददगार व्यवहार सेल्फ-रिपोर्ट्स के द्वारा आकलित किए जाने थे ताकि प्रत्येक कर्मचारी एकल अध्ययन प्रश्नावली में अपनी गणनात्मक प्रतिबद्धता के साथ साथ अपने मददगार व्यवहार का रिपोर्ट कर सके और, इसलिए, कर्मचारी के नाम अथवा अन्य पहचान विवरण मांगने की जरूरत टाली गई थी जिसने प्रतिवादियों के लिए नाम न छापने की शर्त प्रदान करने की अनुमति दी थी। दूसरे स्रोत जैसे की सहकर्मचारियों अथवा कर्मचारी के सुपरवाइजर से कर्मचारियों के मददगार व्यवहारों के माप की माँग के लिए प्रत्येक प्रतिवादी कर्मचारी के लिए अपना नाम अथवा अन्य पहचान विवरण देना आवश्यक हो सकता है ताकि उसके प्रतिबद्धता स्कोर का मिलान एक सहकारी अथवा सुपरवाइजर जैसे दूसरे स्रोत से प्राप्त उसके मददगार व्यवहार स्कोर के साथ करवाया जा सके। इसने प्रतिवादियों की अनामिता को बनाए रखने की अनुमति नहीं दी होती। इस तरह, सेल्फ-रिपोर्ट माप का उपयोग और मददगार व्यवहारों के माप में संभवतः रूप से हानिकारक सटीकता की दृष्टि से परिणामी सीमा को प्रतिवादियों की अनामिता के प्रावधान द्वारा आवश्यक बनाया गया था।

ग. समापन परिच्छेद

एक अनुभवजन्य पत्र के अंत में एक अलग समापन परिच्छेद हमेशा प्रदान नहीं किया जाता है। हालाँकि, यदि ऐसा कोई परिच्छेद प्रदान किया जाता है, तो अध्ययन पहलुओं और परिणामों में से कुछ का एक विहंगावलोकन यहाँ रेखांकित किया जा सकता है। समापन परिच्छेद का एक काल्पनिक उदाहरण निम्नानुसार दर्शाया गया है:

> यह अध्ययन गणनात्मक प्रतिबद्धता और मददगार व्यवहारों के बीच के एक नकारात्मक रिश्ते को परिकल्पित करने के लिए सामाजिक विनियम सिद्धांत (Getorb, 1964) पर से प्राप्त किया गया था। इस अध्ययन के जाँच-परिणामों ने गणनात्मक प्रतिबद्धता और मददगार व्यवहारों के बीच मध्यम रूप से मजबूत रिश्ते को प्रकट किया था, और परिकल्पना को समर्थन दिया था। अध्ययन जाँच-परिणाम भावी शोध के लिए थोड़े निर्देश सूचित करते हैं, जैसे मददगार व्यवहारों के बहुविध पूर्ववृत्तों समेत अधिक व्यापक मॉडल्स स्पष्ट करना और उस प्रक्रिया को समझाने के लिए गणनात्मक प्रतिबद्धता तथा मददगार व्यवहारों के बीच मध्यस्थ चरों को शामिल करना जिस प्रक्रिया द्वारा गणनात्मक प्रतिबद्धता मददगार व्यवहारों की घटना को प्रभावित करती है। हालाँकि इस अध्ययन में कुछ सीमाएँ हैं, वह, अपने जाँच-परिणाम और उनके निहितार्थों के द्वारा, कर्मचारी मददगार व्यवहारों के बारे में मौजूदा जानकारी में जोड़ता है।

ह. संदर्भ

यह खंड पत्र में उल्लिखित सभी दस्तावेजों के लिए संदर्भ विवरण सूचीबद्ध करता है। आम तौर पर जर्नल्स सन्दर्भों को सूचीबद्ध करने के लिए एक विशेष प्रारूप का सुझाव देते हैं। सूचीबद्ध सन्दर्भों के विवरण इस पुस्तक के अध्याय 6 में वर्णित किए गए हैं।

अनुभवजन्य पत्र की संरचना और सामग्रियों का अध्ययन करने के लिए एक अभ्यास

पिछला खंड एक अनुभवजन्य पत्र की संरचना और सामग्रियों पर पत्र के व्यक्तिगत हिस्सों पर अलग से ध्यान केन्द्रित करके चर्चा करता है। अनुभवजन्य पत्र के प्रत्येक अलग हिस्से के लिए, पत्र की समग्र संरचना में उनके स्थान और उसकी विशिष्ट सामग्रियों को वर्णित किया गया है, और एक काल्पनिक उदाहरण प्रदान किया गया है। उपरोक्त खंड को समझने के बाद, वह पाठक को अब यह देखने के लिए मदद कर सकता है कि अनुभवजन्य पत्र के विविध हिस्से एक संपूर्ण अनुभवजन्य पत्र में जुड़कर कैसे फिट बैठते हैं, और ऊपर व्यक्तिगत हिस्सों में वर्णित विविध पहलू एक संपूर्ण अनुभवजन्य पत्र में कैसे घटित होते हैं। इसके प्रकाश में, समझ में वृद्धि करने के एक अभ्यास के रूप में, एक पाठक अब एक जर्नल में प्रकाशित एक अनुभवजन्य पत्र को पहचान सकता है और पत्र में ऊपर वर्णित पहलू कैसे घटित होते हैं यह देखते हुए पढ़ सकता है।

शोध-प्रबंध (Thesis) और प्रबंध (Dissertation)

शोध-प्रबंध रिपोर्ट्स जो एक मास्टर्स डिग्री के लिए आवश्यकताओं के हिस्से के रूप में पूर्ण किए जाने जरूरी हैं, विविध प्रकार के शोध कार्यों को समाविष्ट कर सकते हैं। उदाहरण के लिए, वह एक सिद्धांत (प्रकथन और/अथवा परिकल्पना) के विवरण का समावेश कर सकते हैं, और एक अनुभवजन्य अध्ययन की प्रक्रिया और परिणाम के वर्णन का समावेश कर सकते हैं जो सिद्धांत के परीक्षण के लिए किया गया था। वह केवल शोध प्रश्न (उदाहरण के लिए, संगठनों में किस प्रकार की नई विधियाँ पाई जाती हैं) के विवरण का और शोध की प्रक्रिया एवं परिणाम के वर्णन के रिपोर्टिंग का भी समावेश कर सकते हैं जिसे इस शोध प्रश्न को संबोधित करने के लिए किया गया था। वह किसी विशेष विषय पर केवल समीक्षा और साहित्य के संश्लेषण का भी समावेश कर सकते हैं।

शोध-प्रबंध कार्य में किए गए शोध कार्य के विशिष्ट स्वरूप पर आधारित, उसमें वर्णन की गई संरचना और सामग्री एक विशिष्ट स्वरूप के अवधारणात्मक पत्र अथवा अनुभवजन्य पत्र के समान होंगी। इस तरह, आवश्यक विविधता के साथ शोध के विशिष्ट स्वरूप के प्रकाश में अवधारणात्मक पत्रों और अनुभवजन्य पत्रों के लिए ऊपर उल्लिखित संरचना और सामग्री लागू किए जा सकते हैं, जिसे शोध-प्रबंध रिपोर्ट्स के लिए शैक्षणिक लेखन करने के लिए एक शोध-प्रबंध रिपोर्ट दस्तावेज बनाना चाहता है। एक शोध-प्रबंध रिपोर्ट और एक शैक्षणिक जर्नल में एक सामान्यतः प्रकाशित शोध-प्रबंध के बीच के कुछ भेद अध्याय 1 में उल्लिखित किए गए हैं। इन भेदों की शोध-प्रबंध रिपोर्ट और एक जर्नल के लिए लिखे गए शोध पत्र की संरचना और सामग्रियों में स्थित भेद में प्रतिबिंबित होने की संभावना है।

एक डॉक्टरल डिग्री के लिए आवश्यकताओं के हिस्से स्वरूप पूर्ण किए गए अनेक प्रबंध अनुभवजन्य शोध पूरा करना और दस्तावेज करना शामिल करते हैं। जैसा कि अध्याय 1 में निर्देशित किया गया है कि साहित्य समीक्षा की सीमा, सिद्धांत निर्माण से संबंधित वर्णन की सीमा और/अथवा प्रकथनों और/अथवा परिकल्पना का विवरण, और अध्ययन प्रक्रिया तथा परिणामों के दस्तावेजीकरण में विवरणों की सीमा एक जर्नल के लिए लिखे गए एक अनुभवजन्य पत्र की तुलना में एक प्रबंध में अधिक होने की संभावना है। अध्याय 1 में उल्लिखित किए अनुसार, आंशिक रूप से ऐसा इसलिए है क्योंकि शोध पत्र और एक प्रबंध में दस्तावेजीकरण का उद्देश्य परिणाम जांचकर्ताओं को यह दर्शाना है कि छात्र ने शोध पूर्ण करने के विविध पहलू पर्याप्त रूप से सीख लिए हैं, और यह कि वह प्रभावी रूप से शोध प्रक्रिया करने और एक प्रबंध को पूरा करने के लिए किए गए शोध कार्य से जुड़ी शोध प्रक्रिया तथा परिणाम का दस्तावेजीकरण करने के लिए सक्षम हो गया है। जबकि एक प्रबंध की समग्र संरचना और सामग्री अनुभवजन्य पत्र की समग्र संरचना और सामग्री के समान होने की संभावना है, इसलिए एक अनुभवजन्य पत्र और एक प्रबंध के बीच के ऊपर उल्लिखित भेद प्रबंध की वास्तविक सामग्री में प्रतिबिंबित होने की संभावना है।

शोध प्रबंध (थीसिस) रिपोर्ट्स और प्रबंधों की संरचना और सामग्री, उन संस्थाओं से उपलब्ध होना संभव है जिसे छात्र अपने शोध प्रबंध रिपोर्ट्स और प्रबंध प्रस्तुत कर रहे हैं।

पाठ्यक्रम आवश्यकताओं के लिए छात्रों के शैक्षणिक पत्र

अध्याय 1 में उल्लिखित किए अनुसार, पोस्ट-ग्रेज्युएट छात्रों के लिए उनके कुछ पाठ्यक्रमों में आवश्यकताओं के हिस्से के रूप में शैक्षणिक पत्र लिखना जरूरी हो सकता है। यह पत्र अवधारणात्मक शोध कार्य का वर्णन कर सकते हैं, जैसे एक विशेष विषय पर साहित्य समीक्षा करना और एक सैद्धांतिक मॉडल का निर्माण करना। यह पत्र एक अथवा अधिक विशिष्ट शोध प्रश्नों को संबोधित करने के लिए किए गए अनुभवजन्य शोध का भी वर्णन कर सकते हैं। इस शोध कार्य की जर्नल्स में पत्र में रिपोर्ट किये गए शोध की तुलना में अल्पविकसित होने की संभावना है। हालाँकि, यह शैक्षणिक पत्र अवधारणात्मक पत्रों और शैक्षणिक जर्नल्स में अनुभवजन्य पत्रों की संरचना और सामग्रियों की विशेषताओं के समावेश से लाभ प्राप्त कर सकते हैं। इस अध्याय के पूर्व हिस्से में उल्लिखित अवधारणात्मक पत्रों और अनुभवजन्य पत्रों की संरचना और सामग्रियों का वर्णन पाठ्यक्रम आवश्यकताओं के लिए छात्रों के अवधारणात्मक पत्र और अनुभवजन्य पत्र लिखने के लिए इनपुट्स प्रदान कर सकते हैं। हालाँकि, पत्रों के इस प्रकार में, रिपोर्ट की गई शोध प्रक्रिया के तकनीक विवरण की सीमा, अभिव्यक्ति की सटीकता तथा औपचारिकता, आवरित साहित्य की व्यापकता और विविध निवेदनों के लिए प्रदान किए गए साहित्य-आधारित समर्थन की सीमा जर्नल्स के लिए लिखे गए शोध पत्रों की तुलना में कम होने की संभावना है। आगे, छात्रों के लिए पाठ्यक्रम के लिए आवश्यक शैक्षणिक पत्रों की संरचना और समग्री आवश्यकताओं के बारे में पाठ्यक्रम प्रशिक्षक से स्पष्ट दिशानिर्देश का आग्रह करना लाभदायी हो सकता है।

शोध के लिए शैक्षणिक पत्रों के लिए कोई सार्वत्रिक अथवा सामान्य दिशानिर्देश प्रदान करना मुश्किल होगा क्योंकि सभी प्रशिक्षक, विषय और संस्थाओं की इन पत्रों से अपेक्षाएं भिन्न-भिन्न होने की संभावना होती है। आगे, पाठ्यक्रम आकलन के बहुविध घटकों के बीच ऐसे पाठ्यक्रम (कोर्सवर्क) पत्र के सापेक्ष हिस्से की सीमा जैसे कारक भी इन पत्रों से अपेक्षाओं और आवश्यकताओं को प्रभावित कर सकते हैं। उदाहरण के लिए, एक प्रशिक्षक जो शोध विधियों और अभ्यास से अच्छी तरह वाकिफ है अन्य प्रशिक्षकों की तुलना में ऐसे पत्र के लिए अधिक कठोर आवश्यकताओं का उल्लेख कर सकता है। उसी प्रकार, एक पाठ्यक्रम पत्र जिसका समग्र पाठ्यक्रम आकलन में 10 से 20 प्रतिशत वेटेज है उसके लिए समग्र पाठ्यक्रम आकलन में अधिक प्रतिशत वेटेज वाले एक पाठ्यक्रम पत्र की तुलना में कम माँग आवश्यकताएँ होने की संभावना है। ऐसे पहलू शोध पत्रों के लिए दिशानिर्देशों के एक समूह के प्रावधान को प्रोत्साहित नहीं करते हैं। हालाँकि, पूरी तरह से व्यक्तिगत टिप्पणियों और प्रतिबिंब के आधार पर इस प्रकार के पत्र की संरचना और सामग्रियों पर कुछ संभावित इनपुट्स नीचे उल्लिखित किए गए हैं।

पाठ्यक्रम पत्रों में वह आवश्यकताएँ होने की संभावना है जो जर्नल्स में पत्रों की तुलना में अपेक्षाकृत कम कठिन होती हैं। उदाहरण के लिए, पाठ्यक्रम पत्र के अवधारणात्मक पत्र वर्ग में, एक सिद्धांत अथवा प्रकथन को स्पष्ट करने के बजाय मौजूदा साहित्य की समीक्षा और उपयोग करने की आवश्यकता हो सकती है। परिणामस्वरूप, सिद्धांत निर्माण की प्रक्रिया का समग्र दस्तावेजीकरण इन

पत्रों पर लागू होने की संभावना नहीं है। आगे, जब पाठ्यक्रम पत्र की आवश्यकता मौजूदा साहित्य की समीक्षा और उपयोग करना है, तब इस अपेक्षा के केवल थोड़े सुसंगत और उपलब्ध साहित्य की समीक्षा और उपयोग करना होने की संभावना होती है, जो एक जर्नल में अवधारणात्मक पत्र में साहित्य की एक व्यापक प्रणाली की समीक्षा और उपयोग करने की संभावित आवश्यकता से विपरीत होती है। जब पाठ्यक्रम पत्र की आवश्यकता एक अनुभवजन्य अध्ययन के आयोजन और रिपोर्ट करने की है, तब ऐसे अध्ययन के दायरे की एक जर्नल में अनुभवजन्य पत्र से अधिक संकरा होने की संभावना होती है। पाठ्यक्रम पत्रों की आवश्यकताओं के इस पहलू के इस पत्र की सामग्रियों की प्रकृति को प्रभावित करने की संभावना है। इसके प्रकाश में, एक शोध पत्र लिखने में एक महत्वपूर्ण कदम है: प्रशिक्षक से पत्र आवश्यकता का स्पष्ट विवरण माँगना और इन आवश्यकताओं को समझना।

वह एक शोध पत्र को उन्नत कर सकता है यदि वह पत्र का शीर्षक, पाठ्यक्रम का विवरण, छात्र का नाम, प्रशिक्षक का नाम और कथन को दर्शाता एक कवर पेज शामिल करता है, कि यह पत्र पाठ्यक्रम आवश्यकताओं की परिपूर्णता के लिए (यदि यह पत्र पाठ्यक्रम में एकमात्र आकलन घटक है) अथवा पाठ्यक्रम आवश्यकता की आंशिक परिपूर्णता के लिए (यदि यह पत्र पाठ्यक्रम में आकलन घटकों में से केवल एक है) प्रशिक्षक को प्रस्तुत किया गया है। आगामी पृष्ठ में पत्र सामग्रियों की एक तालिका समाविष्ट हो सकती है जिसके बाद सारांश अथवा पत्र का सार प्रदान करता पृष्ठ होगा।

पत्र का पहला सामग्री आइटम फिर आगामी पृष्ठ पर शुरू हो सकता है (उदाहरण के लिए, इस उदाहरण में चौथा पृष्ठ)। फिर एक क्रम में विविध सामग्री रखी जा सकती हैं। पाठ को विभागों और अनुभागों में विभाजित किया जाना चाहिए, प्रत्येक को एक शीर्षक द्वारा पहचाना जाना चाहिए ताकि पत्र संगठित हो सके। शीर्षक और उपशीर्षकों के विभिन्न स्तर को शीर्षक के प्रत्येक स्तर के लिए अलग फॉण्ट साइज़ और स्टाइल के उपयोग से अलग दर्शाए जा सकते हैं। एक संभावित विकल्प का एक उदाहरण है: परिचय, पत्र के उद्देश्य (उदाहरण के लिए, जाँचा गया शोध प्रश्न), पत्र के उद्देश्यों को प्राप्त करने के लिए अपनाई गई प्रक्रिया का वर्णन (उदाहरण के लिए, साहित्य समीक्षा और संश्लेषण), प्रक्रिया के परिणामों का दस्तावेजीकरण (उदाहरण के लिए, साहित्य संश्लेषण से प्रकट होते शोध प्रश्न मुद्दों पर निष्कर्ष), और परिणामों के निहितार्थ तथा सीमाएँ।

इन आइटम्स के दस्तावेजीकरण के बाद, पत्र में उल्लिखित दस्तावेजों की सूची देना आवश्यक होता है। कोई भी सामग्री आइटम्स जिसमें विशाल मात्रा, जटिल सामग्रियाँ, और केवल परिधीय और निदर्शी सामग्री होती है जो मुख्य पत्र सामग्रियों में व्यवस्थित फिट नहीं होती हैं, उनको परिशिष्टों के एक अलग समूह में रखा जा सकता है जिसे संदर्भों की सूची समाप्त होने के बाद वाले पृष्ठों पर दिया जाता है।

यह ध्यान रखना जरूरी है कि पाठ्यक्रम आवश्यकताओं के लिए छात्रों के कुछ पत्रों में उस शोध का समावेश कर सकते हैं जो प्रयोज्य और समस्याकेन्द्रित है, न कि जर्नल्स में अनुभवजन्य पत्रों में अनुभव के द्वारा रिपोर्ट किए गए प्रकार के शैक्षणिक शोध, जो एक विशिष्ट घटना पर जानकारी आगे बढ़ाने के प्रयोजन से अनुभवजन्य जाँच को शामिल करता है। प्रयोज्य और समस्या-केन्द्रित शोध

को दस्तावेज करने वाले इन पत्रों को बिजनेस शोध रिपोर्ट्स के रूप में संदर्भित किया जा सकता है। बिजनेस शोध रिपोर्ट्स में विभिन्न झुकाव होने कि संभावना है क्योंकि उन्हें शिक्षाविदों के बजाय प्रबंधन अभ्यासों के उपयोग के लिए लिखा जाता है। बिज़नेस शोध के विशिष्ट विषय क्षेत्र पर पुस्तकें (उदाहरण के लिए, (Cooper & Schindler, 2003) दस्तावेजों की संरचना और सामग्रियों पर इनपुट्स प्रदान कर सकते हैं, जैसे बिजनेस शोध प्रकथन और बिजनेस शोध रिपोर्ट्स।

अध्याय का सारांश

शैक्षणिक कार्यों के दो प्रमुख वर्ग हैं शैक्षणिक जर्नल्स में प्रकाशित अवधारणात्मक पत्र और अनुभवजन्य पत्र। अवधारणात्मक पत्र शोध के कार्य का रिपोर्ट करते हैं, जैसे एक विषय पर साहित्य की समीक्षा और संश्लेषण, शोध की मौजूदा स्थिति की समीक्षा और भावी शोध के लिए निर्देशों का संकेत, और अध्ययन के तहत एक घटना से संबंधित प्रकथनों और सैद्धांतिक मॉडल्स का विवरण देते हैं। अवधारणात्मक पत्र का सबसे सामान्य प्रकार वह है जो प्रकथनों और सैद्धांतिक मॉडल्स का विवरण प्रदान करता है। इस प्रकार के अवधारणात्मक पत्र की संरचना और सामग्री शोध विषय के लिए एक परिचय प्रदान करती हैं, सैद्धांतिकरण प्रक्रिया और प्रकथनों अथवा सैद्धांतिक मॉडल्स जैसे संलग्न परिणामों की रूपरेखा दर्शाती हैं, भावी शोध और अभ्यास के लिए निहितार्थों का वर्णन करती हैं, और पत्र में उल्लिखित कार्यों के संदर्भ विवरणों को सूचीबद्ध करती हैं। अनुभवजन्य पत्र शोध की प्रक्रिया और परिणाम का रिपोर्ट करते हैं जिसका लक्ष्य यह आकलन करना होता है कि कही अनुभवजन्य डेटा जाँच के तहत एक या अधिक परिकल्पना का समर्थन तो नही करते।

एक अनुभवजन्य पत्र की संरचना और सामग्रियों में उनके हिस्सों के रूप में परिचय, परिकल्पना, विधियाँ, परिणाम, विचार विमर्श और संदर्भों का समावेश होता है। इस अध्याय में अवधारणात्मक पत्रों और अनुभवजन्य पत्रों की संरचना और सामग्रियों के विविध विवरणों का वर्णन किया गया है। शोध-प्रबंध और प्रबंध तथा पाठ्यक्रम आवश्यकताओं के लिए छात्रों के शैक्षणिक पत्रों में अवधारणात्मक पत्रों और अनुभवजन्य पत्रों में समाविष्ट हिस्सों में से कुछ का समावेश हो सकता है, लेकिन कुछ पहलू, जैसे व्यापकता और औपचारिकता की इन शैक्षणिक कार्यों में एक विभिन्न स्तर पर मौजूद होने की संभावना है।

भाग II

शैक्षणिक लेखन की संरचना

3

अच्छा शैक्षणिक लेखन

अध्याय का विहंगावलोकन

इस अध्याय में, हम अपना ध्यान अच्छे शैक्षणिक लेखन की विशेषताएँ और गुणों पर केंद्रित करते हैं। हम दर्शाते हैं कि वह लेखन के अन्य प्रकारों जैसे पत्रकारिता लेखन और रचनात्मक लेखन से कैसे भिन्न होता है। लेकिन पहले हम जाँच करते हैं कि वह कौनसी बात है जो लेखन को वक्तव्य से भिन्न और अधिक चुनौतीपूर्ण बनाती है। हमारे लेखन को बेहतर बनाने की ओर पहला कदम यह समझना है कि पाठक हमसे क्या अपेक्षा रखते हैं। यदि हम वह नहीं समझते हैं और हमारे लेखन को उस प्रकार से नहीं ढालते हैं, तो हमारे द्वारा उन्हें खो देने की संभावना रहती है।

लेखन की चुनौती

महाकाव्य *महाभारत* में कृष्ण और कर्ण के बीच एक रोमांचक आमना-सामना हुआ। कुरुक्षेत्र युद्ध की पूर्व संध्या पर, कृष्ण कर्ण को दुर्योधन से दूर खींचकर पांडवों से जोड़ने का प्रयास करते हैं। हमें पता नहीं है कि यह बातचीत वास्तव में कैसे हुई थी। लेकिन मान लेते हैं कि निम्नलिखित बातचीत की प्रतिलिपि है।

कृष्ण : कर्ण, तुम शास्त्रों को जानते हो, तुम धर्म का पालन करते हो। तो फिर तुम दुर्योधन का साथ क्यों दे रहे हो, जो धर्मभ्रष्ट है?

कर्ण : दुर्योधन धर्मभ्रष्ट हो सकता है। और मैं जानता हूँ कि मुझे धर्मभ्रष्ट का साथ नहीं देना चाहिए। लेकिन दुर्योधन की बात अलग है। वह मेरा मित्र है, और मैं उसे तहे दिल से प्यार करता हूँ। जब सभी ने मेरा निम्न कुल में जन्म लेने के कारण मेरा अपमान किया था, तब सिर्फ उसी ने मेरा साथ दिया था। उसने मुझे अंग का राजा बनाया था। बदले में उसे क्या चाहिए था? कुछ नहीं। सिर्फ मेरी मैत्री।

मुझे केवल दो लोगों से ही प्यार मिला है: मेरी माता राधा और दुर्योधन। मैं उनके लिए ही जीता हूँ। और मैं उनके लिए ही मर जाऊँगा।

कृष्ण : मैं उसकी सराहना करता हूँ। लेकिन क्या तुम जानते हो तुम्हारे असली माता-पिता कौन हैं?

कर्ण : वैसे तो नहीं। हर समय मैं सपना देखता हूँ कि मैं राजकुमार के रूप में जन्मा था। शायद मैं उसकी शादी से पहले जन्मा था और इसलिए उसने मुझे छोड़ दिया था। सही बात यह है कि अधिरथ और राधा ने मुझे अत्यंत प्रेमपूर्वक पाला था। इसलिए वह मेरे माता-पिता हैं। मुझे परवाह नहीं किसने मुझे जन्म दिया था। और मुझे क्यों परवाह होनी चाहिए, जब उसने एक शिशु के रूप में मेरे उत्तरजीविता की तुलना में अपनी प्रतिष्ठा का अधिक ख्याल किया था।

कृष्ण : कर्ण, तुम्हारा स्वप्न सही है। तुम एक क्षत्रिय हो, राजकुमार के रूप में जन्मे हुए। तुम्हारी यह बात भी सही है कि तुम्हें छोड़ दिया गया था। तुम्हारी असली माँ के और भी पुत्र हैं, लेकिन वह अभी भी अपने पहले बच्चे के लिए रो रही है। जो तुम हो।

कर्ण : आपका मतलब है मैं सूतपुत्र नहीं हूँ? मेरी माँ कौन है? क्या वह अभी भी जीवित है?

कृष्ण : हाँ, बिलकुल। तुम्हारी माँ को और पाँच पुत्र हैं। वह दुनिया के श्रेष्ठ योद्धा हैं।

कर्ण : दुनिया के श्रेष्ठ योद्धा? तो फिर वह पांडव ही होने चाहिए। तो आपका मतलब है....कुंती मेरी माता और पांडव मेरे भाई हैं?

कृष्ण : बिलकुल सही, कर्ण।

कर्ण : और मेरे पिता?

कृष्ण : भगवान सूर्य !

कर्ण : ओह! ओह! (रोते हुए) तो मैं दुनिया का सबसे हतभागी इंसान हूँ। मैं दुनिया के सबसे अधिक प्रतिष्ठित परिवार का एक सदस्य हूँ, और फिर भी सारी दुनिया मुझे नीच कुल के सूतपुत्र के रूप में जानती है और मुझसे वैसा ही व्यवहार करती है। (थोड़ा रूककर, और अपने आँसूओं को पोंछते हुए) यदि आप यह सब कुछ जानते थे, तब आपने अब तक मुझसे यह सब क्यों छुपाया? और आप मुझे अभी यह क्यों बता रहे हैं?

कृष्ण : क्योंकि मैं तुम्हें मृत्यु से बचाना चाहता हूँ। क्योंकि मैं चाहता हूँ कि तुम जीवित रहो और तुम्हे गर्व से शासन चलाते देखना चाहता हूँ। कायदे के अनुसार, तुम पांडवों में सबसे बड़े हो हालाँकि तुम कुंती का पांडु से विवाह होने से पहले जन्मे थे। इसलिए, यह राज्य और सुंदर द्रौपदी तुम्हारे हैं। दूसरे पाँच तुमसे छोटे होने के कारण तुम्हारी सेवा करेंगे और तुम्हारी आज्ञा का पालन करेंगे। तुम अपनी क्षमताओं में उनमें से प्रत्येक जैसे ही अच्छे और उन सभी से बेहतर हो क्योंकि तुम पहले जन्मे थे। आओ, मेरे साथ आओ। मैं तुम्हें राज्य, माता और पत्नी के रूप में दुनिया की सबसे वांछनीय स्त्री और पाँच भाई दिलाऊँगा जिनके जैसा दुनिया ने अभी कोई देखा नहीं है।

कर्ण : धन्यवाद भगवन। आपने जो कुछ कहा सब सच है। महान कुंती को मेरी माँ के रूप में, पांडवों को मेरे छोटे भाइयों के रूप में और मोहक द्रौपदी को मेरी पत्नी के रूप में पाना अद्भुत होगा। लेकिन

> अधिरथ और राधा मेरे माता-पिता हैं। ये वही हैं जिन्हों ने मुझे प्यार से पाला था। दुर्योधन ने मुझे सम्मान, मैत्री और जीने की वजह दी है। आप मेरे क़दमों में सारी संपत्ति, सारी सत्ता, सारी महिमा और दुनिया के सारे सुख भी अर्पित करते हैं, मैं उसे नहीं छोड़ूंगा। मैंने उसे वचन दिया है कि मैं युद्ध में उसका साथ दूँगा। और वही होगा। मैं वचन का पक्का हूँ। मैं अपना वचन नहीं तोड़ूंगा। मुझे पता है पांडव आपकी छत्रछाया में हैं और इसलिए मैं उन्हें नहीं हरा सकता। मैं जानता हूँ कि मैं युद्ध में मर जाऊँगा। कोई बात नहीं, लेकिन मैं अपने वचन से पीछे नहीं हटूँगा।
>
> *संपूर्ण कहानी के लिए, देखिए Subramaniam (2007, पृष्ठ 448–454)*
> *उपरोक्त संवाद थोड़ा बहुत उस पर ही आधारित है।*

कृष्ण अपने उद्देश्य में विफल होते हैं क्योंकि कर्ण का दुयोर्धन के प्रति उसका प्रेम और सम्मान की भावना अभेद्य है। वह राज्य, दुनिया पर के सबसे प्रसिद्ध परिवार की अगुआई और नीच कुल में जन्म जैसे अपनी शापित स्थिति से मुक्ति जैसे प्रलोभनों से प्रभावित न होकर उतने ही मजबूत हैं, जो उसे एक गौरवशाली जीवन जीने से वंचित रखते है। लेकिन कृष्ण ने उत्तम प्रयास किया है। वह पांडवों के दोषों के बारे में कर्ण के संदेहों की प्रतिक्रिया में चौंकाने वाले तथ्यों और शक्तिशाली तर्क प्रस्तुत करते हैं। उदाहरण के लिए, उन्होंने तब तक कुंती को कर्ण की जैविक माता के रूप में प्रस्तुत नहीं किया है जब तक धर्म की भावना की अपील विफल नहीं होती। एक संवेदनशील मुद्दा क्यों उठाना जब आप उसके बिना कार्य कर सकते हैं?

अब कल्पना कीजिए कि कृष्ण कर्ण से बात करते समय उसे देख या सुन नहीं सकते हैं। उद्देश्य तो वही है : कर्ण को दुर्योधन को छोड़ने के लिए राज़ी करना। कृष्ण को कैसे शुरुआत करनी चाहिए? क्या उन्हें सीधे ही बोल देना चाहिए कि वह चाहते हैं कि कर्ण दुर्योधन को छोड़ दे? कर्ण उसका उत्तर कैसे देगा? क्या यदि कर्ण यह निष्कर्ष निकालकर चला जाता है कि आगे सुनने का कोई अर्थ नहीं है क्योंकि कृष्ण उसे वह करने के लिए बोल रहे हैं जिसे करने के बारे में उसने सपने में भी नहीं सोचा था? अथवा क्या कृष्ण को सभी तथ्य और तर्क प्रस्तुत कर देने चाहिए, और फिर अंत में उसे पांडव के पक्ष में जुड़ने के लिए कहना चाहिए? उन्हें कौन से तथ्य प्रस्तुत करने चाहिए, किस क्रम में? क्या कर्ण इन तथ्यों का विश्वास करेगा? क्या वह सबूत माँगेगा, उदाहरण के लिए, उस दावे के लिए कि कुंती उसकी माँ है? वह कितना जानता है? कुंती के प्रति उसका दृष्टिकोण कैसा है? क्या वह उसे प्यार करता है, उनका सम्मान करता है या उनसे नफरत करता है? क्या दुर्योधन के साथ काम करने के बदले उसके नाम का उल्लेख उसे क्रोधित करेगा? क्या वह कृष्ण के आग्रह से आसानी से सहमत हो जाएगा क्योंकि वह कृष्ण की दिव्यता को पहचानता है? अथवा क्या वह उसे पहचानता भी है? उसके लिए सबसे महत्वपूर्ण मूल्य क्या हैं?

अपनी आँखे और कान बंद करके किसी से बात करने का प्रयास कीजिए। आपको पता भी नहीं करना है की क्या जिस व्यक्ति के साथ आप बात कर रहे हैं वह अभी भी वहीँ है और आपको सुन रहा है। जारी रखना कठिन है, है न? यह वही चुनौती है जिसका सामना आप लेखन में कर रहे हैं। हम नहीं जानते हैं कि वास्तव में हमारे संभावित पाठक क्या जानते हैं, उनके दृष्टिकोण क्या हैं और वह उन विचारों के लिए क्या प्रतिक्रिया देंगे जो हम एक दूरी से उन्हें प्रस्तुत

कर रहे हैं। अधिक से अधिक हम कोई शिक्षित अनुमान कर सकते हैं। वह अनुमान पाठकों के मामले में काफी विश्वसनीय हो सकते हैं जो उस समूह से सबंधित हैं जिससे हम भी संबंधित हैं, जैसे कोई विशेष क्षेत्र में विद्वानों का समुदाय। बेशक, ये अनुमान ऐसी अनुकूल स्थितियों में भी गलत हो सकते हैं।

यह वही चुनौतियाँ हैं जिसका सामना हम तब भी करते हैं जब हम आमने सामने बात कर रहें होते हैं; लेकिन हम श्रोताओं से हमें प्राप्त होती प्रतिक्रिया के आधार पर अपनी क्रियाओं को समायोजित करके उनसे निपट सकते हैं। उदाहरण के लिए, हम कोई विचार छोड़ सकते हैं यदि हमें पता चलता है कि श्रोता पहले से उसे जानते हैं। या उस विचार को रद्द रख सकते हैं यदि वह उन्हें परिचित नहीं लगता है। हम अतिरिक्त सबूत उत्पन्न कर सकते हैं यदि उन्हें हमारे सबूत अथवा तर्क अपर्याप्त लगते हैं। सफलता की कोई गारंटी नहीं है—कृष्ण भी अपने दिव्य दर्जे और प्रतिभाशाली तर्क के बावजूद अपने प्रयास में विफल हुए थे। लेकिन लेखन के द्वारा सूचित करने का प्रयास करते समय अनिश्चितताएं और सहजताएँ अधिक ताकतवर होती हैं। हम लेखक के रूप में तभी सफल हो सकते हीं जब हम हमारे पाठकों की अपेक्षाओं का यथोचित सही अनुमान लगाते हैं और उन्हें पूरा करते हैं। दूसरे शब्दों में, हमें अदृश्य और अश्राव्य श्रोताओं के साथ भी बातचीत करने के लिए सक्षम होना चाहिए।

हो सकता है हमारे कुछ या सभी पाठक हमारी कुछ मान्यताओं से परिचित न भी हों। परिणामस्वरूप, हम जो लिखते हैं वे उसे समझने में अक्षम हो सकते हैं चाहे हमारी भाषा व्याकरण और साहित्यिक शैली की दृष्टि से सही हो। साथ ही, उन्हें वह जानकारी देना जिसे वह पहले से जानते हैं उन्हें उबा सकता है और उन्हें ध्यान देने या आगे पढ़ने से रोक सकता है। हैरत की बात यह है कि जब हम लिखते हैं तब अक्सर इस सरल सत्य को भूल जाते हैं। इसलिए हम उतने अच्छे से नहीं लिख सकते जितना कि हम लिख सकते हैं, भले ही हम यह जानते हैं कि हम यथार्थ रूप से किसके लिए लिख रहे हैं और हम वास्तव में क्या सूचित करना चाहते हैं। हम कई पाठकों को इसलिए खो देते हैं क्योंकि हम एक समान स्तर पर नहीं होते हैं अथवा हम वह प्रदान नहीं कर रहें हैं, जिसे वह ढूंढ रहे होते हैं। चूँकि उन पर हमारा कोई नियंत्रण नहीं होता है, इसलिए हमें यह भी पता नहीं चलेगा कि वह पूरा लेख पढेंगे या उसे बीच में ही छोड़ देंगे। हम यह भी नहीं जान सकते कि हमारे संदेश का वह जिस प्रकार पुन:निर्माण करते हैं वह साधारणतया वही है जैसा कि हमने अपने लेख में लिखा है।

यहाँ मैनेजमेंट के एक छात्र द्वारा लिखे गए रिपोर्ट का सबसे पहला परिच्छेद दिया गया है। शीर्षक है "असाइनमेंट—क्राइसिस कम्युनिकेशन" आप इसके द्वारा क्या कर सकते हैं?

> ROM के लिए कार्रवाई और संचार की एक योजना की रूपरेखा बनाने के लिए, हम पहले परिस्थिति का विश्लेषण करेंगे और हमारी रणनीति की आधारशिलाएं विकसित करेंगे। चूँकि कंपनियों के पास हमेशा संकट परिस्थिति के लिए प्रतिक्रिया देने का समय नहीं होता है, इसलिए कंपनी के पास ऐसी परिस्थितियों के लिए एक संकट प्रबंधन योजना (क्राइसिस मैनेजमेंट प्लान – CMP) तैयार होनी चाहिए। नीचे दिए गये विश्लेषण में, मुख्य धारणा यह है कि ब्लैकमेलर के

बॉक्स 3.1 एक शब्द के बारे में हलचल

1960 के दशक में राजस्थान विश्वविद्यालय में एक भौतिकशास्त्र व्याख्याता, डॉ. विरेन्द्र के. सिंह, 1965 में भौतिकशास्त्र में नोबेल पुरस्कार जितनेवाले रिचर्ड पी. फेनमैन द्वारा लिखी गई पुस्तकों की गहराई से अत्यंत प्रभावित हुए थे। 17 अक्टूबर 1965 को डॉ. सिंह ने डॉ. फेनमैन को उनके पुस्तकों के लिए अभिनंदन देते हुए लिखा था, कि वे पुस्तकें मील का पत्थर हैं और उनके साथ *रामायण* की तरह व्यवहार किया जाना चाहिए। उन्होंने फेनमैन को अपने "आदर्श व्याख्याता" के रूप में वर्णित किया, और उनके (डॉ. फेनमैन) हस्ताक्षर वाला फोटो माँगा था।

डॉ. फेनमैन ने उन्हें अपने हस्ताक्षर वाला फोटोग्राफ भेजा था और उनकी "सहृदयता और चापलूसी से भरी बधाई" के लिए दिल से शुक्रिया अदा किया था।

यदि डॉ. फेनमैन ने ऐसा सोचा था कि उनकी ऐसा लिखना दूर दराज के भारतीय विश्वविद्यालय में मौजूद इस उत्साही भौतिकशास्त्र व्याख्याता तो खुश कर देगी, तो वह गलत थे। इससे डॉ. सिंह को ठेस पहुँची थी। उन्होंने यह बताने के लिए डॉ. फेनमैन को फिर से पत्र लिखा। इतने महान वैज्ञानिक उनकी वास्तविक प्रशंसा को चापलूसी कैसे समझ सकते हैं?

हालाँकि डॉ. सिंह ने अपने पत्र को एक उपसंहार के साथ समाप्त किया था जिसमें यह स्पष्ट किया था कि उन्हें व्यस्त भौतिकशास्त्री से किसी प्रत्युत्तर की भी अपेक्षा नहीं थी। इस पर डॉ. फेनमैन ने अपनी "भाषा के दुरूपयोग" के लिए क्षमा मांगते हुए वापस लिखा था। उन्होंने डॉ. सिंह को आश्वस्त किया था कि उन्होंने प्रशंसा के उन शब्दों को निष्ठाहीन नहीं समझा था। उन्होंने कामना कि काश उन्होंने "चापलूसीभरी" के बदले "सराहनीय" का उपयोग किया होता।

उन्होंने अनजाने में लगी किसी चोट को दूर करने के लिए थोड़े और परिच्छेद लिखे थे जो चोट उन्होंने डॉ.सिंह को पहुँचाई हुई हो सकती थी।

आप यह पूरा आदान-प्रदान Feynman (2003, पृष्ठ 204–205) में पढ़ सकते हैं।

पास क्रेडिट कार्ड के बारे में सब जानकारी है जिसका उपयोग करके कोई भी ग्राहक की तरफ से वेब पर लेन-देन कर सकता है।

("Crisis communication,"," स्टूडेंट असाइनमेंट, 2008 में से लिया गया)

ROM क्या है अथवा कौन है? इसके लिए किसी कार्रवाई और संचार की योजना की जरूरत क्यों है? क्रेडिट कार्ड की जानकारी रखने वाला ये ब्लेकमेइलर कौन है? उसके पास किसके क्रेडिट कार्ड की जानकारी है? वह क्या चाहता है? इन सब का ROM के साथ क्या वास्ता है? लेखक के पास इन सभी सवालों के जवाब हैं। लेकिन क्या पाठक के पास इसका जवाब है? लेखक के प्रति निष्पक्ष होने के लिए, हमें यहाँ यह देखना चाहिए कि यह रिपोर्ट उसके कक्षा को दिए गए असाइनमेंट की प्रतिक्रिया में लिखी गई थी। इस असाइनमेंट में कक्षा को कहा गया था कि ROM फिल्मों का एक ऑनलाइन रिटेलर था। एक व्यक्ति, जिसने अपने पास लगभग 2,00,000 ग्राहकों के क्रेडिट कार्ड का विवरण होने का दावा किया था, वह एक विशाल धनराशि के लिए एक वरिष्ठ मैनेजर को ब्लेकमेल कर रहा था। कंपनी की नीति किसी मैनेजर को ब्लेकमेलर्स से बातचीत करने की अनुमति नहीं देती थी। इस असाइनमेंट ने प्रत्येक छात्र को उस वरिष्ठ मैनेजर की भूमिका की धारणा करने, और इस संकट से निपटने के लिए कार्रवाई और संचार की एक योजना विकसित करने के लिए कहा था।

अब छात्र के पहले परिच्छेद का अर्थ समझ में आता है। शायद उसने यह मान लिया था कि वह उन्हें छोड़ सकती है क्योंकि उसने इस पूरे विवरण को प्रशिक्षक द्वारा याद रखे जाने की उम्मीद की थी। पूरे असाइनमेंट की पुनरावृत्ति किए बिना, लेखन को यथार्थ बनने के लिए लेखक को पाठक के लिए उस रिपोर्ट में पर्याप्त जानकारी प्रदान करनी चाहिए थी। फिर उस प्रशिक्षक अथवा किसी भी अन्य प्रशिक्षक के अलावा, जो हो सकता है कि असाइनमेंट के कुछ महत्वपूर्ण विवरणों को भूल गया हो, वह भी पाठक को उस रिपोर्ट का अर्थ समझा सकते हैं।

रिपोर्ट के प्रारंभ में दूसरे छात्र के प्रयास पर विचार कीजिए, जो उसी असाइनमेंट की प्रतिक्रिया में लिखा गया है। उसका सबसे पहला परिच्छेद है:

> हम एक बड़े संकट के दौर से गुजर रहे हैं, जो हमारी कंपनी के अस्तित्व के लिए खतरा पैदा कर रहा है। इस परिस्थिति को बड़ी सावधानी के साथ संभाला जाना चाहिए; हमें एक व्यापक कार्रवाई योजना तैयार करनी है, जो एक प्रभावी संचार रणनीति पर आधारित हो, जो खतरे के शमन और नियंत्रण में मदद करेगी।
>
> यह कार्रवाई योजना इन बातों पर आधारित होगी:...
>
> (*"Crisis communication,"," स्टूडेंट असाइनमेंट, 2008 में से लिया गया*)

यह लेखक भी मान लेता है कि पाठक को कंपनी के "प्रमुख संकट" के बारे में जानकारी है। यह कथन इतना आम है कि उसका उपयोग किसी बड़े संकट के बारे में लिखने से पहले किया जा सकता है जिसका विवरण पाठकों के पास है। लेकिन यदि पाठकों को वह विवरण याद नहीं है, तो यह परिचयात्मक परिच्छेद घबराहट की बजाय और कुछ नही कहता है।

अब इन दो प्रयासों की तुलना तीसरे छात्र के प्रयास से कीजिए। नीचे उसी असाइनमेंट की प्रतिक्रिया में लिखे गए उसके रिपोर्ट का पहला परिच्छेद दिया गया है:

> ग्राहकों के बीच अवशिष्ट आय में वृद्धि का दिलचस्प नतीजा पैसे खर्च करने के लिए उपलब्ध समय में कमी के रूप में आया है। इसने उपभोक्ता के खरीद व्यवहार को बदल दिया है, क्योंकि वह चीजें खरीदने के अधिक आसान और अधिक तेज माध्यम को खोज रहे हैं। ऑनलाइन रिटेलिंग एक ऐसा ही खरीद विकल्प है, क्योंकि वह दुनिया के किसी भी हिस्से से इंटरनेट कनेक्शन द्वारा खरीदारी करने के अवसर प्रस्तुत करता है। ROM एक ऐसी कंपनी है जिसने फिल्मों को किराए पर देने के लिए ऑनलाइन रिटेलिंग मॉडल का उपयोग किया था। ROM एक संकटपूर्ण दौर से गुजर रहा है जहाँ कंपनी की कॉर्पोरेट प्रतिष्ठा और व्यापार मॉडल दोनों दाँव पर लगे हैं। संवेदनशील क्रेडिट डेटा की चोरी न केवल कंपनी की प्रतिष्ठा और साख घटाएगी, बल्कि उसके द्वारा नियुक्त ईकोमर्स व्यापार मॉडल पर भी सवाल उठाएगी। कंपनी की स्थिति को प्रभावित करने के अलावा, वह समग्र ऑनलाइन रिटेलिंग उद्योग पर एक गंभीर प्रभाव छोड़ सकती है।
>
> (*"Crisis communication,"," स्टूडेंट असाइनमेंट, 2008 में से लिया गया*)

इस परिच्छेद के साथ कई समस्याएँ हैं। लेकिन पाठक के लिए इस परिच्छेद में पृष्ठभूमि की पर्याप्त जानकारी है जो आगे क्या आनेवाला है उसका अर्थ दर्शाती है।

यहाँ अधिक लंबे रिपोर्टों में से लिए गए कुछ एक-वाक्यीय नमूने दिए गये हैं। उदाहरण उद्धरण चिह्न में हैं और उन्हें पढ़ते समय पाठक के मन में जो सवाल उठते हैं उन्हें कोष्टक में दिया गया है। इस पूर्ण रिपोर्ट ने इन सवालों के कोई जवाब प्रदान नहीं किये।

> "इस साल के अंत तक, रैनबैक्सी द्वारा आरएंडडी पर आय के करीब 10% वापस लेने का अनुमान है।" *(आपका मतलब है ""फिर से निवेश करना"?)*
>
> "आज के विश्व में, हमें ग्रामीण उद्यमिता को एक अलग परिप्रेक्ष्य से देखने की जरूरत है, जिसमें एक कॉर्पोरेट द्वारा किए गए अनुग्रह और निवेश अधिक से अधिक रिटर्न की ओर ले जा सकते हैं।" *(किसके लिए रिटर्न?)*
>
> "भारत में खरीदने के सामर्थ्य को मोबाईल टेलीफोन ग्राहकों की संख्या में नाटकीय वृद्धि के लिए प्रमुख कारणों में से एक माना जाता है, क्योंकि 1999 में एक मोबाइल का मालिक होना प्रति पूँजी सकल घरेलू उत्पाद के 93% के बराबर था, जबकि वह 2003 में प्रति व्यक्ति जीडीपी का केवल 29% थी।" *(कौन कहता है? इस जानकारी का स्रोत क्या है?)*

अपने अभिप्रेत पाठकों से त्वरित प्रतिक्रिया का अभाव लेखन को यकीनन हमारे लिए उपलब्ध संचार माध्यम को सबसे मुश्किल बनाता है। हालाँकि, यदि हम पाठक की अपेक्षाओं का अनुमान करते हैं और जब हम लिखते हैं तब उन्हें पूरा करते हैं, तब वह स्थान और समय के अवरोधों को पार कर लोगों की विशाल संख्या तक पहुँचने का श्रेष्ठ माध्यम है।

आपके शिक्षक उन लोगों में से हैं जिनकी आपको उस समय जरूरत होती है जब आप एक छात्र होते हैं। चाहे आपको कोई विषय अच्छी तरह से समझ में आता है फिर भी, यदि आपके लिखे हुए असाइनमेंट्स से आपके शिक्षक सहमत नहीं हैं कि आपने उस विषय को समझ लिया है तो आपको खराब ग्रेड्स प्राप्त हो सकते हैं। स्नातक स्तर पर आपकी शिक्षा का अधिकतर मूल्यांकन आप क्या लिखते हैं उस पर निर्भर होता है। इसलिए, शैक्षणिक लेखन में महारत हासिल करने में विफलता के प्रमुख परिणाम न केवल विश्वविद्यालय में आपके प्रदर्शन पर बल्कि आपकी प्रगति पर भी पड़ते हैं।

यदि आप एक विद्वान या शोधकर्ता हैं, तो आपको प्रबुद्ध जर्नल्स में पत्रों के द्वारा अपने साथी विद्वानों तक पहुँचना होता है। खराब लेखन संपादकों द्वारा आपके पत्रों की अस्वीकृति की ओर ले जा सकता है जो शायद अच्छा शोध दर्शाते हैं। आपकी शैक्षणिक करियर पर उसके विनाशकारी प्रभाव पर कोई टिप्पणी देने की जरूरत नहीं है।

यहाँ एक और भी कारण है कि हमें लेखन की चुनौती का सामना क्यों करना चाहिए। Lewin (2003) के अनुसार, एक व्यापक अध्ययन के बाद, अमरीका के स्कूल और कॉलेज में लेखन पर राष्ट्रीय आयोग ने अप्रैल 2003 में प्रकाशित किए अपने रिपोर्ट में जोर दिया था कि "...यदि छात्र

सीखने के लिए आते हैं, तो उन्हें लिखना ही पड़ेगा।" 18 शिक्षविद्दों के पैनल के अनुसार, इसका कारण यह है कि "यदि छात्र अपने आप जानकारी प्राप्त करना चाहते हैं, तो उन्हें विवरण पाने के लिए संघर्ष करना ही चाहिए, तथ्यों के लिए कुश्ती लड़नी ही चाहिए और कच्ची जानकारी तथा अस्पष्ट रूप से समझी अवधारणाओं पर उस भाषा में पुन:कार्य करना चाहिए जिसे वे किसी ओर को सूचित कर सकती है..." (Lewin 2003)। दूसरे शब्दों में, लेखन के द्वारा सूचित करने के लिए संघर्ष करना शिक्षा प्राप्त करने का एक गहरा अनुभव है। जब हम लिखने का प्रयास करते हैं हमें तभी यह महसूस होता है कि हम कई अवधारणाओं के बारे में कितने अस्पष्ट हैं।

लेखन के विभिन्न प्रकार

शब्द कपड़े जैसे होते हैं। संदर्भ और उद्देश्य तय करते हैं हमारे लिए पहनने के लिए कौन से कपड़े उपयुक्त हैं। जब हम किसी पिकनिक पर या मेले में होते हैं, तब हम अनौपचारिक कपड़े पहनते हैं, आम तौर पर रंगीन कपड़े। पार्टी में हम नये फैशन के कपड़े पहनने का प्रयोग कर सकते हैं और ऐसे कपड़े पहनते हैं जो सबका ध्यान हमारी ओर खींचते हैं और दूसरे उनके बारे में बातें करते हैं। हम ऐसे कपड़े पहनना टालते हैं जो हमारी ओर अवांछनीय ध्यान आकर्षित करते हैं। हम आराम चाहते हैं और आरामदायक कपड़े पहनना पसंद करते हैं। आरामदायक क्या है वह हर व्यक्ति के लिए अलग होता है। काम पर, फिर से वह अलग होते हैं। वहाँ हमें कुछ नियमों का पालन करना होता है चाहे हमें वह अच्छे लगे या न लगे। काम पर हम जो कपड़े पहनते हैं वह औपचारिक और सम्मानजनक होने चाहिए, उनके रंग अनाकर्षक और उनकी श्रेणी मर्यादित होनी चाहिए। श्रेष्ठ कार्यस्थल कपड़े अपनी ओर ध्यान नहीं खींचते हैं।

हम यह नहीं कह सकते कि कोई एक प्रकार के कपड़े दूसरों से अधिक बेहतर हैं। हम यह कह सकते हैं कि एक प्रकार के कपड़े दूसरे प्रकार की तुलना में किसी प्रसंग या व्यक्ति के लिए बेहतर होते हैं। और वह काफी हद तक दूसरों की अपेक्षाओं द्वारा तय किया जाता है। कुछ प्रसंगों में ये अपेक्षाएं इतनी जड़ होती हैं (उदाहरण के लिए, कुछ कर्मचारियों के लिए कार्यस्थल पर वर्दी पहनना जरूरी होता है) कि जिसका उल्लंघन होना जरा भी बर्दाशत नहीं किया जाता। कुछ अन्य सन्दर्भों में, आप मामूली उल्लंघनों के साथ बच निकलने में सक्षम हो सकते हैं। यह सब कुछ शब्दों और लेखन शैलियों को भी लागू होता है। उदाहरण के लिए, आप अपना पत्र एक वैज्ञानिक जनरल में तब तक प्रकाशित नहीं कर सकते जब तक वह पत्र संपूर्ण रूप से उसकी सभी मार्गदर्शिकाओं का पालन नही करता है, जो समाचार परिकाओं के पत्रों से काफी अलग होते हैं। यदि आप अपनी माँ को उस भाषा में एक ई-मेल भेजते हैं जिसे आप आम तौर पर अपने प्रोफेसरों के साथ संवाद करने के लिए इस्तेमाल करते हैं, तो उसे आश्चर्य होगा कि आपको क्या हुआ है। वैसे तो हमारा लेखन दूसरों के पढ़ने और उसका अर्थ समझने के लिए है, परंतु हम हमारे जोखिम पर उनकी अपेक्षाओं को नजरअंदाज करते हैं।

लेखन के विभिन्न प्रकार होते हैं, प्रत्येक प्रकार अपनी खुद की विशेष चुनौतियाँ पेश करता है। ये उनके अलावा होती हैं जो लेखन के सभी स्वरूपों के लिए आम है। इस पुस्तक में, हम अकदमिल लेखन पर ध्यान केन्द्रित करते हैं, जो आपकी शैक्षणिक सफलता के लिए महत्वपूर्ण लेखन की एक शैली है। शैक्षणिक लेखन में महारत हासिल करने के लिए, हमें उसे लेखन के दो अन्य प्रमुख दृष्टिकोण से अलग करने की जरूरत है, जो हैं, पत्रकारिता लेखन और रचनात्मक लेखन। लेखन की यह तीन शैलियाँ मूलभूत रंगों जैसी हैं। आप लेखन के अन्य प्रकार उत्पन्न करने के लिए उन्हें मिश्रित कर सकते हैं जो विभिन्न सन्दर्भों एवं पाठकों के लिए अनुकूल हो। उदाहरण के लिए, व्यापार लेखन को पत्रकारिता लेखन और शैक्षणिक लेखन की कई विशेषताओं के एक संयोजन के रूप में देखा जा सकता है।

सभी अच्छे लेखन प्रत्याशित पाठक की उम्मीदों के अनुरूप होते हैं। हालाँकि, यह जरूरी नही है कि लेखन की एक शैली में धाराप्रवाहिता होने से वह अनिवार्य रूप से लेखन के अन्य प्रकारों की ओर भी ले जाती हो। इसीलिए, लघु कथा लेखन अथवा अखबार लेखों के लिए इनाम जीतनेवाले कुछ छात्र स्नातक स्तर पर कड़ा संघर्ष करते हैं क्योंकि उन्हें शैक्षणिक पत्र लिखने होते हैं अथवा लिखित असाइनमेंट्स प्रस्तुत करने होते हैं। अच्छा लिखने के लिए, हमें अंदाजा लगाना चाहिए हमारे प्रत्याशित पाठकों की अपेक्षाएँ क्या हैं और उन्हीं के द्वारा निर्देशित होना चाहिए।

पत्रकारिता लेखन

आम तौर पर अख़बारों और संचार पत्रिकाओं की प्रिन्ट और डिजिटल विविधताओं में देखने को मिलने वाले, पत्रकारिता लेखन का उद्देश्य अनिवार्य रूप से पाठकों को रिपोर्टिंग और समीक्षा द्वारा वर्तमान घटनाओं के बारे में सूचित करना है। वह लोगों की एक विशाल संख्या पर लक्षित होता है जो पढ़ने के लिए बहुत कम समय दे पाते हैं और फिर भी अपने आसपास क्या हो रहा है वह जानना चाहते हैं। पसंदीदा लेखन शैली होती है दिलचस्प, जीवंत और ध्यानाकर्षक। वाक्य और परिच्छेद छोटे होते हैं। इसकी सामग्री लोग-केन्द्रित और समझने में आसान होती है। उसमें लेखन सामग्री को समर्थन देने के लिए फोटोग्राफ्स और ध्यानाकर्षक व्यक्तिगत विवरण हो सकते हैं।

अधिकतर पत्रकारिता लेखन जितने कम और सरल शब्दों में हो सके उतने कम और सरल शब्दों में निम्न सवालों का जवाब देता है: कौन? क्या? कब? कहाँ? कैसे? संपादकीय लेख समेत अखबार के लेख जो घटनाओं और समस्याओं पर टिप्पणी करते हैं, वे भी "क्यों" का जवाब देते हैं। इस तरह, पत्रकारिता लेखन तथ्यात्मक रिपोर्टिंग (समाचार रिपोर्टिंग) और उन घटनाओं के विश्लेषण से बनता है जो उन घटनाओं के बारे में लेखक का अर्थ दर्शाते हैं। ऐसे कई मानदंड होते हैं जिनका पत्रकारों को पालन करना जरूरी होता है; हालाँकि वह मानदंड उतने कठोर नहीं होते हैं जितने कठोर मानदंडो का पालन शैक्षणिक लेखकों को करना होता है।

सफल पत्रकारिता लेखन आकस्मिक, यहां तक कि गैर प्रतिबद्ध पाठक को भी आकर्षित करता है और उसे बांधे रखता है। लेखक पाठक का ध्यान आकर्षित करने के लिए फोटोग्राफ समेत कई अन्य

साधनों का उपयोग करते हैं। श्लेष, हास्य और अतिशयोक्ति जैसे शब्दप्रयोग करना आम हैं। यहाँ कुछ मुख्य समाचार हैं: "Raju beats Obama on web popularity charts!" (*Indian Express*), "Nuns through YouTube" (*The Hindu*), "Satyam, Wipro lose over $4 billion on US bourses in a week" (*The Times of India*), "When Insurance Is Bad for Your Health" (*The New York Times*) and "The scent of a man" (*The Economist*).

जैसे ही पाठक इन आकर्षक शीर्षकों के द्वारा खींचा चला आता है, उसके बाद उसके पढ़ने के प्रवाह में कोई अवरोध नहीं आता है क्योंकि वह कहानी को किसी भी स्थान पर छोड़ना नही चाहता। इसलिए अच्छा पत्रकारिता लेखन जीवंत और तेज होता है।

पत्रकारिता लेखन का लोग-केन्द्रीय होना क्रियापदों और एक्टिव वोईस के उदार प्रयोग करने के लिए बाध्य करता है। वे शब्द जो विभिन्न अर्थों को अपील करते हैं वे आम होते हैं। वे पाठक को उस घटना में हिस्सा लेने में मदद करते हैं, मानो वह वहीँ मौजूद था। वह समाचार को तथ्यपूर्ण होने की अपेक्षा करता है। कहानी से जुड़े लोगों से लघु अवतरणों का भी आम तौर पर उपयोग किया जाता है। वह लेखन को रंग और मसाला देते है, और एक अर्थ में, कहानी को वस्तुनिष्ठता देते हैं।

जिन तक एक अखबार पहुँचता है ऐसे पाठकों की व्यापक श्रेणी के कारण रिपोर्टर को पृष्ठभूमि की कुछ जानकारी का निर्माण करना होता है। हालाँकि, वैसे तो यह लेखन वर्तमान घटनाओं के बारे में होता है, फिर भी रिपोर्टर यह मान के चल सकते हैं कि पाठकों के पास प्रचुर मात्रा में पृष्ठभूमि की जानकारी मौजूद है।

एक समाचार रिपोर्ट के पहले दो परिच्छेद देखें जो रविवार, 25 जनवरी 2009 के दिन द *हिंदू* की ऑनलाइन आवृति में दिखाई दिए थे:

> दो 'प्राइस वाटरहाउस' ऑडिटर्स पकड़े गए
>
> एन राहुल
>
> हैदराबाद : सत्यम कंप्यूटर सर्विसेज के सांविधिक ऑडिटर्स, प्राइस वाटरहाउस के दो भागीदारों को शनिवार को साजिश, रिकोर्ड्स की जांच करने में विफलता और मिलीभगत के आरोपों पर आंध्र प्रदेश के क्राइम इन्वेस्टिगेशन डिपार्टमेंट (सीआईडी) द्वारा गिरफ़्तार किया गया।
>
> एस. गोपालकृष्णन और उनके सहायक, ताल्लुरी श्रीनिवास ने बाहरी ऑडिटर्स के रूप में अपने सांविधिक कर्तव्यों का पालन किए बिना सत्यम के खातों के वार्षिक विवरणों पर हस्ताक्षर कर दिए थे ऐसा एक वरिष्ठ सीआईडी अधिकारी ने द *हिंदू* को कहा था।
>
> एक विशिष्ट प्रभारी का हवाला देते हुए, उसने कहा कि उन्होंने बैंकर्स के साथ बिना किसी सत्यापन के कंपनी द्वारा पेश किए गए जाली सावधि जमा रसीदों और शेष राशि के ब्यौरों का स्वीकार कर लिया था।

लेखक यह मान लेता है कि अखबार के पाठक इस कहानी की पृष्ठभूमि से परिचित हैं: अर्थात पिछले सप्ताह के दौरान सत्यम कंप्यूटर सर्विसेज लि. के अध्यक्ष द्वारा की गई बड़े पैमाने पर धोखाधड़ी और पिछले सप्ताह के दौरान व्यापक रूप से रिपोर्ट हुई धोखाधड़ी। हालाँकि, वह यह नहीं जानते

होंगे कि प्राइस वाटरहाउस कूपर्स कंपनी के सांविधिक ऑडिटर है। अधिकतर पाठक ऑडिटिंग फर्म के मुख्य भागीदारों के नाम भी नहीं जानते होंगे। दिलचस्प रूप से, सामान्य संक्षिप्ताक्षर, सीआईडी, भी पूर्ण रूप से लिखा गया है यह इस संभावना के कारण कि कुछ पाठक सीआईडी का पूरा नाम भी नहीं जानते होंगे। जबकि समाचार में पाँच और छोटे परिच्छेद हैं, यह तीन प्रारंभिक परिच्छेद पाठकों को क्या हुआ था उसका यथोचित अच्छा वर्णन देते हैं: किसने किसको क्या किया, कब, कहाँ, कैसे और क्यों। कोई केवल पहला परिच्छेद पढ़े तो भी, वह मूलभूत कहानी जान सकता है।

रचनात्मक लेखन

रचनात्मक लेखन व्यक्ति को अभिव्यक्त करता है—व्यक्ति के अनुभव अथवा कल्पना अथवा दोनों के संयोजन को—लिखित शब्दों द्वारा। वह कुछ नया उत्पन्न करता है। उसे कहानी, कविता और नाटक में देखने को मिलता है, जिसे सामूहिक रूप से साहित्य के रूप में संदर्भित किया जाता है। वह वास्तविकता के बारे में लेखक की व्यक्तिपरक धारणा है जो शब्दों के द्वारा पाठकों के साथ साझा होती है। लेकिन यह मनोवाद साहित्य के पाठकों के लिए स्वीकृत होता है। हम रचनात्मक लेखकों से हमें सत्य बताने के लिए नहीं कहते हैं। हम रचनात्मक लेखकों को उनके द्वारा की गई किसी मान्यताओं अथवा उनके द्वारा निकाले गए किसी निष्कर्षों के लिए सबूत प्रदान करने के लिए नहीं कहते हैं। हम वे जो लिखते हैं उसे स्वीकार कर लेते हैं क्योंकि लेखन जो कहता है हमें वही सही लगता है। हम उसे अस्वीकार कर देते हैं, जो हमें अच्छा नहीं लगता है। हम रचनात्मक लेखन से हमारा मनोरंजन किये जाने की, हमें ज्ञान प्रदान करने की, और जीवन के उन पहलुओं तक ले जाने की अपेक्षा करते हैं जिसका हमने अभी तक अनुभव नहीं किया है। हम उस विषय सामग्री और अंतर्दृष्टि का स्वीकार करते हैं क्योंकि लेखक हमें उस तरह से साथ लेकर चलते हैं। जैसे ही हम रचनात्मक लेखन की मध्यस्थता के द्वारा कल्पना की दुनिया में प्रवेश करते हैं वैसे ही हम स्वेच्छा से हमारे अविश्वास को निलंबित कर देते हैं (Samuel Taylor Coleridge से उधार ली गई एक अभिव्यक्ति)।

अच्छा रचनात्मक लेखन जुनून, बुद्धि और सहज ज्ञान प्रदर्शित करता है। यह एक कला है। इसलिए, प्रशिक्षण द्वारा उसे शुद्ध बनाये जाने से पहले व्यक्ति में मूलभूत रचनात्मक प्रतिभा का होना जरूरी है, जैसे संगीत, नृत्य अथवा चित्रकारी प्रत्येक रचनात्मक लेखक की अपनी खुद की अलग शैली होती है। हम अक्सर उद्धरण की शैली को जाँचकर लेखक को पहचान सकते हैं। दूसरे शब्दों में, रचनात्मक लेखन लेखक के खुद के व्यक्तित्व, दृष्टिकोण और मूल्यों को प्रतिबिंबित करता है।

लेखक पाठक के साथ अपने असामान्य अनुभवों को साझा करने की प्रक्रिया में भाषा में विभिन्न तरीकों से खिंचाव और अदलाबदली करते हैं। इसे अक्सर कवि-स्वातंत्र्य कहा जाता है। यहाँ कोई निश्चित मापदंड नहीं होते हैं। इसके बजाय, एक रचनात्मक लेखक निश्चित प्रभाव पैदा करने के लिए ऐसे मापदंडों को नजरअंदाज कर सकता है। उदाहरण के लिए, कवि ई. ई. क्युमिंग्स को लीजिए, जो

कब बड़े अक्षरों का उपयोग करना है और कब छोटे अक्षरों का उसके बारे में मान्य नियमों का पालन नहीं करते हैं। एक रचनात्मक लेखक नए अर्थ पैदा करने के लिए शब्दों को खींच और तोड़-मरोड़ सकता है बशर्ते वह अपने पाठकों को साथ ले चलता है। यही वह बात है जिसे हम्टी डम्टी *लुईस कैरोल के थ्रू द लूकिंग ग्लास, एंड व्हाट एलिस फाउंड देयर* के अध्याय VI में कहता है:

> "जब *मैं* तिरस्कारपूर्ण स्वर में एक शब्द का उपयोग करता हूँ," हम्टी डम्टी ने कहा, तो "उसका अर्थ है कि मैंने केवल वही अर्थ देने के लिए उसे चुना है—न ज्यादा न कम।"
>
> "सवाल यह है," एलिस ने कहा, "क्या तुम शब्दों से कई विभिन्न अर्थ बना सकते हो या नहीं।"
>
> "सवाल यह है," हम्टी डम्टी ने कहा, "उसी का विशेषज्ञ होना है—बस।"
>
> *स्रोत:* http://www.sabian.org/Alice/lgchap06.htm

रचनात्मक लेखन में, अक्सर ध्यान भाषा की ओर खींचता है जैसे किसी पार्टी में किसी व्यक्ति का ड्रेस। पाठकों को उस तरीके पर आश्चर्य होता है जिस तरीके से एक कवि शब्दों का उपयोग करता है, विशेष रूप से असामान्य रूपकों को पैदा करने के लिए। वह बहुत सारा पाठकों की कल्पना के लिए छोड़ दे सकते हैं। वास्तव में, अस्पष्टता कई व्याख्याएँ प्रदान करके रचनात्मक लेखन में गहराई लाती है। यदि विभिन्न पाठक किसी कविता अथवा उपन्यास में से विभिन्न अर्थ निकालते हैं, तो वह स्वीकार्य है, महज बरदाश्त करने योग्य नहीं।

शैक्षणिक लेखन

शैक्षणिक लेखन—व्यापक रूप से परिभाषित—वैज्ञानिक जानकारी संप्रेषण के लिए है। वह आम तौर पर विद्वानों और अन्य जानकार पाठकों को संबोधित करता है जो ज्ञान की उस शाखा से परिचित हैं। सबसे कठोर शैक्षणिक लेखन वैज्ञानिक पत्रिकाओं और डॉक्टरेट शोध प्रबंध में पाया जाता है, जिसमें विद्वान विभिन्न विषयों में जानकारी ज्ञान के क्षेत्र में प्रगति की ओर ले जाते हुए अपने साथी विद्वानों के साथ अपने शोध निष्कर्षों को साझा करते हैं। उनमें से अधिकतर लेखनों में लेखन की सामग्री और संरचना जानकारी उत्पत्ति की विशेषताओं को बारीकी से प्रतिबिंबित करते हैं, जिस पर हमने अध्याय 1 में ध्यान दिया था। (विभिन्न लेकिन समान रूप से स्वीकृत विशेषताएँ कुछ गुणात्मक शोध में पाई जा सकती हैं, विशेष रूप से नृवंशविज्ञान अध्ययन, क्षेत्र अध्ययन और केस स्टडीज़ में। जो पत्र ऐसा गुणात्मक शोध पेश करते हैं वे विषय सामग्री और शैली में उन भेदों को प्रकट करेंगे। हो सकता है कि नीचे दिए गए कुछ कथन उन्हें लागू न हों।)

आप शैक्षणिक लेखन के कम परिष्कृत संस्करणों को कॉलेज और विश्विद्यालयों में देख सकते हैं। स्नातक छात्र जो असाइनमेंट्स लिखते हैं और अपने प्रशिक्षकों को पेश करते हैं, अधिकतर वे इसी वर्ग में आते हैं।

शैक्षणिक लेखन के सभी वर्गों के बीच जो आम बात है वह यह है कि विचार प्रमुख स्थान लेते हैं, लोग पृष्ठभूमि में होते हैं, और प्रेजेंटेशन में दिए गये विचारों अथवा अंतर्दृष्टि में लेखक की व्यक्तिगत भावनाओं की कोई भूमिका नहीं होती है। वह सब कुछ जो पाठक के लिए जरूरी है उसे लेखन में ही स्पष्ट रूप से कहा जाना चाहिए; तर्क को यहाँ प्रस्तुत किये गये लॉजिक अथवा सबूत के कारण स्वीकार या अस्वीकार किया जाता है, कौन उन्हें प्रस्तावित करता है उसके कारण नहीं। यह रचनात्मक लेखन से बिलकुल विपरित है, जिसमें कवि अथवा लेखक का व्यक्तित्व विशेष अर्थों के साथ लेखन में समावेश करता है। इस तरह, इस बात के आधार पर किसी एक वाक्यांश का अर्थ बदल सकता है कि वह विलियम शेक्सपियर का है, जॉन किट्स का है अथवा एमिली डिकिन्सन का है।

शैक्षणिक लेखन के पाठक लेखक से अनुभवजन्य डेटा (विषय के आधार पर अनेक विभिन्न तरीकों से और विभिन्न स्रोत से इकठ्ठा किए गए) का विश्लेषण करने की, एक थीसिस पर पहुँचने की—विचार अथवा दावा—और उसे सबूत के साथ समर्थन करने की अपेक्षा करते हैं। दूसरे शब्दों में, पाठक उन्हें वैज्ञानिक जानकारी के मार्ग पर लिए जाने की अपेक्षा रखते हैं, जैसा कि हमने पहले से ही अध्याय 1 में नोट किया था। शैक्षणिक लेखन शोध प्रक्रिया का प्रतिबिंब दिखाता है जो वैज्ञानिक जानकारी उत्पन्न करती है। डेटा का मात्र डंपिंग करना स्वीकार्य नहीं है।

शैक्षणिक लेखन के पाठकों की मूलभूत अपेक्षाएँ दशकों से बदली नहीं हैं। उदाहरण के लिए, लगभग 50 साल पहले, Klein (1965, पृ. 2) ने पाठक की अपेक्षाओं को लगभग उसी तरीके से वर्णित किया था जैसा हम अब करेंगे:

> हम ऐसे [शैक्षणिक] लेखक चाहते हैं जो अपने लेखन में विचार प्रक्रियाओं को व्यवस्थित रूप से प्रकट करते हैं, जो विश्लेषण के लिए डेटा को संगठित कर सकते हैं, जो चयनात्मक बन सकते हैं, जो साधारण विवरण से महत्वपूर्ण विवरण को अलग कर सकते हैं, जो महत्व के संबंध में उसकी लंबाई माप सकते हैं, जो विश्लेषण कर सकते हैं, चयन कर सकते हैं, विचार कर सकते हैं, विभेद कर सकते हैं और निष्कासित कर सकते हैं।

यह समान रूप से शुद्ध, दोहरे प्रयोगों पर लागू होता है और नृवंशविज्ञान अध्ययनों पर जिसमें हो सकता है कि निरीक्षक रिपोर्ट की गई घटनाओं में एक भागीदार हो।

शैक्षणिक लेखन : शैली

शैक्षणिक पत्रों—अनुभवजन्य और अवधारणात्मक दोनों—को ध्यानपूर्वक पढ़ा और विश्लेषित किया जाता है; एक समाचारपत्र के जैसे हवा में घुमाकर फैंका नहीं जाता। पत्रकारिता लेखन की तुलना में स्वाभाविक रूप से इसके वाक्य और परिच्छेद अधिक लंबे और जटिल होते हैं।

शैक्षणिक लेखन के लिए अनुकूल भाषा शैली औपचारिक होती है। बोल-चाल के संकुचन जैसे 'can't,' 'won't' और 'shouldn't' स्वीकार्य नहीं हैं। समान रूप से बोलचाल की अभिव्यक्तियाँ भी अस्वीकार्य हैं जैसे कि भोजन के लिए 'GRUB' और डॉलर के लिए 'BUCK'।

शैक्षणिक लेखन कुछ हद तक कार्यस्थल के औपचारिक कपड़ों की तरह दबा हुआ होता है। वह भड़क नहीं होता है; उसे अपनी ओर ध्यान नहीं खींचना है लेकिन उसके द्वारा संप्रेषित विचारों की ओर ध्यान खींचना है। इस तरह, रंगीन अभिव्यक्तियाँ और निर्भीक रूपक जो रचनात्मक लेखन को आबाद करते हैं शायद ही शैक्षणिक लेखन में देखने को मिलते हैं, विशेष रूप से विद्वतापूर्ण पत्रों में जो वैज्ञानिक जर्नल्स प्रकाशित करते हैं। फाइन (1988, Golden-Biddle & Locke, 1997 में उल्लिखित) उन थोड़े विद्वानों में से एक है जो विज्ञानिक लेखन को रोचक बनाने के लिए रूपकों और साहित्यिक उपकरणों का उपयोग करने का सुझाव देते हैं। लेकिन विद्वतापूर्ण पत्रों के भारी बहुमत में रंग की कमी इस बात की पुष्टि करती है कि साहित्यिक उपकरणों के अधिवक्ताओं का अल्पमत में होना जारी है।

एक स्नातक छात्र द्वार लिखे गए एक लेख में से लिए गये निम्न सार का अध्ययन कीजिए:

> साल 2001! भारतीय रेलवे का प्रदर्शन अपनी सबसे खराब स्थिति में था। आय स्थिर थी और लागत बढ़ती जा रही थी। खराब वर्षों की श्रेणी ने निधि को घटाकर केवल 149 करोड़ रूपये तक ला दिया था। परिचालन अनुपात (कुल संचालन व्यय—मूल्यह्रास और पेंशन सहित, लेकिन भारत सरकार के लाभांश को छोड़कर—के कुल आय के साथ अनुपात) 98.34% पर था; और लगभग दो दशकों में पहली बार रेलवे को भारत सरकार को देय लाभांश स्थगित करना पड़ा था। भारतीय रेल पर विशेषज्ञ समूह (जिसे रेलवे पुनर्गठन के लिए आनंद मोहन समिति के रूप में भी जाना जाता है) ने पहले से भारतीय रेल का शोक-सन्देश लिख दिया था।
>
> वर्ष 2006! प्रलय के दिन की भविष्यवाणियों के पाँच साल के अंदर, भारतीय रेल "एक धमाके के साथ वापस" आया। ऑपरेटिंग अनुपात 78.7% के साथ, वह दुनिया में सबसे अधिक कार्यक्षम रेल्वेज में से एक था। निधि शेष 12,000 करोड़ रु. तक बढ़ गया था—और रेल 2015 तक 350,000 रु करोड़ के बराबर निवेशों को अंतिम रूप दे रहा था [Raghuram 2007]। भाग्य का यह उल्लेखनीय परिवर्तन और विश्वास की पुन:प्राप्ति, एक सार्वजनिक क्षेत्र के उद्यम के लिए, परी-कथाओं में से ली गई कोई कहानी सा लगता है।
>
> *("Turnaround of Indian Railways," छात्र असाइनमेंट, 2008 में से लिया गया)*

यह निश्चित रूप से लेखन की एक दिलचस्प, मनोहर शैली है। लेकिन वह एक शैक्षणिक रिपोर्ट के लिए थोड़ी अति नाट्यात्मक और रंगीन है। वह एक औपचारिक बैठक में ग्रे जैकेट के नीचे पहनी हुए चमकीली, विविधरंगी शर्ट जैसी है। उसके बारे में कुछ तो असंगत है। यहाँ उसी लेखन का एक वैकल्पिक संस्करण दिया गया है, एक ऐसी शैली में लिखा हुआ जो इस प्रकार के रिपोर्ट के लिए अधिक उपयुक्त है।

> भारतीय रेल का प्रदर्शन 2001 में सबसे खराब रहा था। वित्तीय रूप से खराब वर्षों की श्रेणी जिसमें आय मंद थी और लागतें बढ़ रही थी, जिससे उसका निधि शेष घटकर 149 करोड़ रु. रह गया था। परिचालन अनुपात (अर्थात, कुल संचालन व्यय—मूल्यह्रास और पेंशन सहित, लेकिन भारत सरकार के लाभांश को छोड़कर—का कुल आय के साथ अनुपात) 98.34% था; और 1983 के

बाद पहली बार रेलवे ने भारत सरकार को देय लाभांश स्थगित किया था। भारतीय रेल पर विशेषज्ञ समूह, जिसे रेलवे पुनर्गठन के लिए आनंद मोहन समिति के रूप में भी जाना जाता है, ने उसी साल निष्कर्ष निकाला था कि यह सार्वजनिक क्षेत्र का उद्यम वित्तीय रूप से अक्षम था।

उसके बाद के पाँच सालों में, हालाँकि, एक महत्वपूर्ण बदलाव आया। 2006 में, परिचालन अनुपात 78.7% था, विश्व स्तर पर सबसे अच्छे में से एक। निधि की शेष राशि बढ़कर 12,000 रु करोड़ हो गई थी। इससे उत्साहित होकर, रघुराम (2007) ने देखा रेलवे ने आगामी दस सालों में 3,50,000 रु करोड़ तक का निवेश करना तय किया था। यह एक सार्वजनिक क्षेत्र के उद्यम के लिए भाग्य का एक उल्लेखनीय परिवर्तन था।

पहले संस्करण में से कुछ अभिव्यक्तियों को दूसरे संस्करण में अनुरूप अभिव्यक्तियों की तुलना कीजिए। "[भा]रतीय रेलवे का शोक-सन्देश" बन गया है "वित्तीय रूप से अक्षम"। "[ध]माके के साथ वापसी" को "महत्वपूर्ण बदलाव" के साथ बदला गया है। "परी-कथाओं में से ली गई एक कहानी," इस अभिव्यक्ति का लोप कर दिया गया है क्योंकि वह शैक्षणिक लेखन में अनावश्यक और अनुचित लगता है।

शैक्षणिक लेखन के निहितार्थों में से एक औपचारिकता प्रेरित है जो इस शैली की स्थापित परंपराओं का बारीकी से पालन करता है। बहुत आसानी से देखी गई परंपरा है डेटा के स्रोत का सावधानीपूर्वक किया गया उद्धरण अथवा दूसरों से उधार लिए गये विचार, यहाँ तक कि वह लेखन को भारी बना देता है और उसे कम पठनीय बनाता है। यदि आप एक वैज्ञानिक जर्नल के एक लेख की तुलना *टाइम* अथवा द *इकोनोमिस्ट* जैसे सामयिक में से लिए गए एक लेख के साथ करते हैं तो यह अंतर अधिक स्पष्ट होता है। जर्नल के लेख में प्रत्येक पृष्ठ के अंत में या नीचे के हिस्से पर संदर्भों के एक लंबी सूची होने की संभावना होती है जबकि सामयिक लेख में नहीं हो सकती है, भले ही सामयिक लेख काफी शोध के बाद लिखा जाता है। हम शैक्षणिक लेखन में जो विस्तृत संदर्भ देखते हैं वह वैज्ञानिक जाँच की केन्द्रीय विशेषताओं को प्रतिबिंबित करता है, अर्थात, व्यक्तिगत राय या अंतर्ज्ञान के बजाय अनुभवजन्य डेटा पर भरोसे के द्वारा वस्तुनिष्ठता पर केंद्रित।

आप अध्ययन के किस विषय पर लेख रहे हैं उसके आधार पर उद्धरण की विविध परम्पराएँ होती हैं; इन सभी उद्धरण शैलियों में जो आम है वह है जानकारी के स्रोत की सही पहचान करना और उधार लेने का प्रकार। मैनेजमेंट और सामाजिक विज्ञानों में शैक्षणिक लेखन के लिए, हम एपीए (अमेरिकन सायकोलॉजीकल एसोसिएशन) द्वारा विकसित और प्रचलित की गई उद्धरण शैली का सुझाव देते हैं। उधार लेने के स्रोत का स्वीकार करना क्यों महत्वपूर्ण है और उसे कैसे व्यवस्थित किया जाता है, इसकी विस्तुत चर्चा के लिए कृपया अध्याय 6 देखिए।

शैक्षणिक लेखन में विचारों को अग्रक्रम देना और लोगों को कम महत्व देना तथा भावनाएँ उस तरह प्रतिबिंबित होती हैं जिस तरह यदि आवश्यक हो तो, लेखक अपने शैक्षणिक पत्रों में स्वयं को संदर्भित करते हैं। भौतिक, और कुछ हद तक, सामाजिक विज्ञानों में, लेखक स्वयं को संदर्भित करने के लिए तृतीय पुरुष का प्रयोग करते हैं। एक काल्पनिक उदाहरण देखिये: "यह पत्र एमबीए छात्रों के लिए शिक्षण नैतिकता की चुनौती और कार्पोरेट धोखाधड़ी के लिए जेल गए मैनेजरों के बारे में

छात्रों को बताने के लेखक के खोजपूर्ण प्रयास के बारे में चर्चा करता है।" बेशक, सामाजिक विज्ञान और मानववाद की कुछ शाखाओं/शैलियों में, लेखकों द्वारा प्रथम पुरुष का प्रयोग तेजी से किया जा रहा है, विशेष रूप से बहुवचन रूप में ("हम", "हमारा अनुभव", "हमारी परिकल्पना", और इत्यादि)। ऊपर दिया गया उदाहरण इस तरह फिर से लिखा जा सकता है: "इस पत्र में, हम एमबीए छात्रों के लिए शिक्षण नैतिकता की चुनौती और कार्पोरेट धोखाधड़ी के लिए जेल गए मैनेजरों के बारे में छात्रों को बताने के हमारे खोजपूर्ण प्रयास के बारे में चर्चा करते हैं।"

यहाँ तक कि उन संदर्भों में भी जहाँ लेखक के लिए प्रथम पुरुष में संदर्भ स्वीकार्य है, अत्यधिक उपयोग ऐसा प्रभाव पैदा कर सकता है जैसे कि लेखक वस्तुनिष्ठ विचारों के बजाय महज व्यक्तिगत विचार अथवा राय प्रस्तुत कर रहा है। उदाहरण के लिए, यदि आप लिखते हैं, "जब मैंने औसत की गिनती की, मैंने देखा कि...", आपका व्यक्तिगत परिप्रेक्ष्य सामने आने लगता है। हालाँकि, यदि आप इसे बदल देते हैं, "जब औसत की गिनती की गई थी, तब ऐसा पाया गया कि...", वस्तुनिष्ठ स्वर बहाल होता है। और विचार पर फोकस भी। इसलिए, जहाँ कहीं भी "मैं" और "हम" की अनुमति दी जाती है, वहाँ उनका उपयोग संयमपूर्वक करना अच्छा होता है। मार्गदर्शक सिद्धांत यह होना चाहिए कि शैक्षणिक लेखन अनुभवजन्य डेटा और अवधारणाओं के बारे में है, और शोधकर्ता की अनुभूतियाँ अथवा राय के बारे में नहीं।

लेखन को लेखक से अलग करता एक अच्छा उदाहरण शैक्षणिक जर्नल्स द्वारा अनुसरण किए जाते अंधे संदर्भ के अभ्यास में देखा जा सकता है। एक विद्वान के पास से प्राप्त हुए पत्र को स्वीकार या अस्वीकार करने के बारे में तय करने से पहले, जर्नल संपादक उसे उस क्षेत्र के दो अथवा अधिक साथी विद्वानों के पास भेजता है। उन्हें भेजे गए पत्र में नाम, संबद्धता या ऐसी कोई भी जानकारी नहीं होती है जो रेफरी को लेखक को पहचानने में मदद कर सके। एक पत्र लिखते समय, यदि लेना पंडित 2008 में प्रकाशित अपने ही पत्र में से उद्धरण देती हैं, तो उसे "2008 के मेरे पत्र" के बजाय Pandit (2008) के रूप में संदर्भित करना पड़ता है। रेफरियों को पत्र की गुणवत्ता और स्वीकार्यता को उसमें क्या पाया जाता है उसके आधार पर आंकना होता है, न कि उस आधार पर कि उसे किसने लिखा था या लेखक किस संस्था से जुड़े हुआ/हुई है।

शैक्षणिक लेखन : विशेषताएँ

शैक्षणिक लेखन निष्पक्ष होता है। आप कुछेक के बारे में सहमत हो सकते हैं। आप उसके बारे में भावुक या उत्साहित हो सकते हैं। लेकिन शैक्षणिक लेखन में आपको एक निष्पक्ष पर्यवेक्षक के जैसा होना पड़ता है। आपको आपके द्वारा धारित स्थान के फायदे और नुकसान को प्रस्तुत करना चाहिए, न के केवल उस सबूत को जो आपकी स्थिति का समर्थन करता है। आपको किसी भी असुविधाजनक डेटा को दबाना नहीं चाहिए जिसके लिए आप उत्तरदायी न हो, या वह जो किसी स्पष्ट निष्कर्ष पर आने को अवरुद्ध करता है। पाठक आपके ओहदे अथवा आपके अर्थ के साथ सहमत हो भी सकता है और नहीं भी। उससे कोई फर्क नहीं पड़ता। एक शैक्षणिक लेखक के रूप में उस समय आपकी साख बढती है जब पाठक आपको वस्तुनिष्ठ और निष्पक्ष पाता है।

यहाँ अन्य छात्र के लेख में से दो उद्धरण दिए गये हैं:

> पूरी दुनिया टाटा मोटर्स द्वारा उत्पादित 3000 डॉलर से कम कीमत की कार की एक झलक पाने के लिए उत्सुकतापूर्वक प्रतीक्षा कर रही थी। इस कार की अवधारणा और डिज़ाइन भारत में की गई है। हालाँकि, सुरक्षा और प्रदूषण नियंत्रण मानकों का इस कार द्वारा पूरा किए जाने के संबंध में पश्चिमी मीडिया ने संदेह व्यक्त किया था, फिर भी इसे निकट भविष्य में भारत और चीन द्वारा सभी क्षेत्रों में हावी होने के खतरे के लिए एक नी जर्क के रूप में अधिक देखा जाता है।
>
> [...]
>
> यह एक अकाट्य तथ्य है कि भारतीय पृथ्वी पर के सबसे अधिक बुद्धिमान लोगों में से एक हैं। दुनिया के सबसे बड़े सार्वजनिक रूप से वित्त पोषित सीएसआईआर (काउंसिल फॉर सायनटिफिक एंड इंडस्ट्रियल रिसर्च) प्रयोगशालाओं के लिए वैज्ञानिकों की कमी के कारण भर्ती करना मुश्किल हो रहा है।
>
> *("R & D in Indian industry: Its implications on the human capital," छात्र असाइनमेंट, 2008 से लिया गया)*

ऐसे अति उत्साही और गैर महत्वपूर्ण कथन शैक्षणिक लेखन में अस्वीकृत हैं।

शैक्षणिक लेखन की एक संबंधित विशेषता यह है कि उसका टोन श्रेणीगत होने के बजाय सतर्क और अस्थायी होता है। मानववाद और सामाजिक विज्ञानों में, सबूत का इतना अपरिहार्य होने की इतनी संभावना नहीं है कि कोई व्यक्ति एक निरपेक्ष निश्चितता के साथ एक निष्कर्ष पर पहुँच सकता है। अध्ययन किया गया नमूना अपर्याप्त हो सकता है, और वहाँ ऐसे कारक भी हो सकते हैं जिसे किसी व्यक्ति ने नियंत्रित नहीं किया है। ऐसा भौतिक विज्ञानों में कुछ प्रयोगों के लिए भी सही हो सकता है। इसलिए, हमें, संयोग से अस्थायी अभिव्यक्तियाँ मिलती हैं जैसे "यह सुझाव करता प्रतीत हो रहा है..." "कारण होता प्रतीत होता है" और "की ओर ले जाने की संभावना है।"

यहाँ वह निष्कर्ष प्रस्तुत है जो एक पत्र में एडवांस्ड डेटा विश्लेषण शोध के छात्रों की एक टीम ने निकाला था:

> मीडिया और आम जनता के बीच लोकप्रिय मान्यता यह है कि मतदान शैलियाँ आम तौर पर प्रत्याशियों के लिंग, जाति या आयु द्वारा तय की जाती हैं, न कि उनकी राजनीतिक विचारधाराओं और एजेंडा द्वारा। हमने जो मॉडल्स ऊपर विकसित किए थे वे इन मान्यताओं के खिलाफ संकेत करते लग रहे हैं। इसका प्रयोग करके हम दावा नहीं करते कि इन कारकों की व्यक्तियों के मतदान व्यवहार में कोई भूमिका नहीं है। किन्तु, इन परिणामों का हमारा अर्थ यह है कि एक व्यक्ति कि ऐसी विशेषताएँ बड़े राजकीय और सामाजिक-आर्थिक समस्याओं द्वारा जीत ली गई हैं, जो, आदर्श रूप से, लोकतंत्र में मामला होना चाहिए।
>
> *(""The trends in US presidential elections," छात्र असाइनमेंट, 2008 में से लिया गया)*

हालाँकि उनका विश्लेषण व्यवस्थित और यथोचित रूप से व्यापक है, लेकिन लेखक उसके आधार पर एक श्रेणीगत कथन न करने के बारे में सतर्क हैं। निम्न अनुच्छेद अथवा वाक्यांश देखिए जो अपने निष्कर्ष में संभावितता का परिचय देते हैं: "मतदान शैलियाँ *आम तौर पर* तय की जाती हैं," "मॉडल्स...इन मान्यताओं के खिलाफ संकेत करते *लगते हैं*" और "हम...*दावा नहीं करते हैं* कि इन कारकों की कोई भूमिका नहीं है।"

हालाँकि, वह अंतिम वाक्य में चूक जाते हैं, जब क्या होना *चाहिए* के बारे में अपनी सामाजिक-राजकीय राय में डेटा के विश्लेषण के परे चले जाते हैं। ऐसा विचार रखने में कोई समस्या नहीं है कि लोकतंत्र में प्रत्याशियों के लिंग, जाति अथवा आयु के बदले बड़ी राजकीय और सामाजिक-आर्थिक समस्याओं को प्रमुख प्रभाव दिया जाना चाहिए। लेकिन यहाँ वह अनुचित है क्योंकि यह पत्र यूएस राष्ट्रपति चुनाव में ट्रेंड्स का विश्लेषण है, न कि उस बात का मूल्यांकन कि आम तौर पर यूएस या लोकतंत्र के लिए कौन से ट्रेंड्स अच्छे हैं और कौन से खराब है। दूसरे शब्दों में, उनका विश्लेषण उन्हें उस अनुच्छेद में उनके द्वारा किए गए दावे के लिए हक़दार नहीं बनाता है।

शैक्षणिक लेखन में स्पष्टता होना यक़ीनन सबसे अधिक सम्मानजनक गुण है। जबकि रचनात्मक लेखन अस्पष्टताओं से और अर्थों के बहुविध परतों से भरा है जो मानवीय अनुभव की गहराई, विविधता और जटिलता का संकेत देता है, अच्छे शैक्षणिक लेखन में उनकी कोई जगह नहीं है। शैक्षणिक लेखन का श्रेष्ठ प्रकार वही है जो प्रत्येक पाठक को समान अर्थ देता है। आधी सदी से भी अधिक समय पहले, *द अमेरिकन जर्नल ऑफ सोशियोलॉजी* में लिखते हुए, Ogburn (1947) ने स्वयं सुने हुए दो उद्धरण दिए थे ("वास्तुकला जीवन है; वास्तुकला आप हैं," और "मनोविश्लेषण जीवन है; मनोविश्लेषण आप हैं।") और कहा था कि वे वैज्ञानिक लेखन में अनुकूल नहीं हैं क्योंकि पाठक को यह स्पष्ट नहीं था कि उनका अर्थ क्या था। अथवा विभिन्न पाठकों ने विभिन्न अर्थ बनाए थे जब उनका सामना इन शब्दों से हुआ था। ओग्बर्न का कथन अब भी उतना ही सही है जितना आधी सदी पहले था।

यही कारण है कि क्यों रूपक—रचनात्मक लेखन का आधार—के लिए शैक्षणिक लेखन में असहमति प्रकट की जाती है। जब एक समृद्ध, यादगार रूपक का प्रयोग होता है, तब पाठक उसका ऐसा अर्थ निकाल सकता है जो लेखक द्वारा इच्छित अर्थ से अलग होता है। उदाहरण के लिए, यह अभिव्यक्ति लीजिए, "बेंगलुरु भारत की सिलिकोन वैली है।" इसका अर्थ क्या है? क्या उसका अर्थ यह है कि बेंगलुरु में हाई-टेक कम्पनियाँ भारी मात्रा में हैं। क्या इसका अर्थ यह है कि बेंगलुरु ने इन्फोर्मेशन टेक्नोलॉजी में बड़ी संख्या में रचनात्मक विचार उत्पन्न किए हैं? क्या इसका अर्थ यह है कि भारत में आईटी में सभी नए विचार बेंगलुरु से आते हैं? जैसे वाक्यांश "भारत की सिलिकोन वैली" बहुविध अर्थों के लिए सक्षम है, उसे शैक्षणिक लेखन में इस्तेमाल करना उचित नहीं है, बेशक, सिवाय उसके कि, जब रूपक के उल्लेख के बाद इच्छित अर्थ का उल्लेख किया जाता है।

रचनात्मक लेखन में चतुराई से अस्पष्ट भाव और श्लेषों का स्वागत किया जाता है, और पत्रकारिता लेखन में भी यह काफी हद तक स्वीकृत हैं। एकबार मार्क ट्वेन ने लिखा था:

> पिछले सप्ताह, मैंने इस महिला को मैंने अभी तक देखी सबसे बदसूरत महिला कहा था। तब से उसकी बहन मेरे पास आती रही है, और मैं अब उस कथन को वापस लेना चाहता हूँ।
>
> *स्रोत:* http://www.allgreatquotes.com/funny_quotes207.shtml

आम तौर पर हम अनुमान लगाते हैं कि दूसरी महिला पहली महिला से अधिक बदसूरत होगी। अथवा हम मान लेते हैं कि वही मार्क ट्वेन का अर्थ है। लेकिन सच पूछिए तो, दूसरे वाक्य का अर्थ अनिवार्य रूप से यह नहीं है कि दूसरी महिला अधिक बदसूरत है। दूसरा वाक्य केवल बताता है कि उनकी राय में आया परिवर्तन बहन की मुलाकात के बाद आया है।

गर्टरूड स्टीन की मशहूर अभिव्यक्ति लीजिए, "गुलाब एक गुलाब है एक गुलाब है" और ई.ई. क्युमिंग का कहना, "दुनिया कीचड़-सुस्वाद और पोखर-अद्भुत है।" दोनों दिलचस्प हैं: वह आपको चौंकाते हैं और सोचने पर मजबूर करते हैं। लेकिन इन अभिव्यक्तियों का वास्तविक अर्थ क्या है? यदि विभिन्न पाठक इस अभिव्यक्ति के अर्थ पर सहमत नहीं हो सकते हैं, तो शैक्षणिक लेखन में उसे स्थान नहीं है। दिलचस्प रूप से, साहित्य अस्पष्टताएं और शब्दों के खेल पर पनपता है, साहित्यिक आलोचना में ऐसा होना नहीं चाहिए क्योंकि साहित्यिक रूप से आलोचना करना एक शैक्षणिक लेखन है।

साधारण संवाद में पर्याप्त से अधिक जो शब्द हैं जैसे, "अनेक," "काफी थोड़े" और "शीघ्र ही", शैक्षणिक लेखन में स्वीकृत नहीं हैं क्योंकि वह लोचदार हैं। उदाहरण एक लिए, कौन सी संख्या "अनेक" अथवा "काफी थोड़ी" के रूप में योग्य होगी? उसी प्रकार, आंतर्राष्ट्रीय पाठकों के लिए बने शैक्षणिक लेखन में, $ और रु जैसे प्रतीक पर्याप्त रूप से स्पष्ट नहीं हैं क्योंकि विभिन्न देशों की मुद्रा डॉलर्स और रुपीज़ हैं। जब तक संदर्भ उसे बहुतायत से स्पष्ट नहीं बनाता है, आपको डॉलर के लिए USD अथवा US$ लिखना होगा; ऑस्ट्रेलियन डॉलर के लिए AUD अथवा A$। उसी तरह, आप भारतीय रुपये के लिए INR, पाकिस्तान रुपये के लिए PKR और नेपाली रुपये के लिए NPR लिखते हैं, सिवाय उसके कि संदर्भ पाठक के लिए उसे पारिभाषित करता है। विचार यह है कि लेखक का जो अर्थ है वह पाठक को स्पष्ट होना चाहिए। शैक्षणिक लेखन उसकी तुलना में अधिक से अधिक कठोरता और स्पष्टता पर जोर देता है जो साधारण संवाद में स्वीकृत है।

टीम गठन पर एक काल्पनिक रिपोर्ट में बिना स्पष्टता का त्याग किए लेखक किस तरह से "अनेक" और "बहुत कम प्रतिशत" का उपयोग करता है वह देखिए:

> जैसा कि एक्ज़िबिट 3 में देखा जा सकता है, छात्रों की एक विशाल संख्या (39.2%) ने कहा था कि टीम गठन में जाति का विचार नहीं किया गया था। हालाँकि, यह समूहों (7%) के छोटे प्रतिशत द्वारा वहन नहीं किया जा रहा है जो सामाजिक और जातीय तौर पर विभिन्न हैं (तालिका 1)।

स्पष्टता प्राप्त करने के लिए, अदाकमिक लेखन को इस्तेमाल किए गए पारिभाषिक शब्दों को परिभाषित करना पड़ सकता है, विशेष रूप से उन पारिभाषिक शब्दों को जो साधारण संवादों में निबार्ध रूप से इस्तेमाल किए जाते हैं।

उदाहरण के लिए एक मैनेजमेंट जर्नल, *विकल्प* में प्रकाशित एक पत्र का निम्न वाक्य देखिए: "इस अध्ययन के उद्देश्य के लिए 'प्रभावशीलता' को उपभोक्ता की खरीद के निर्णय पर मोबाइल विज्ञापन के प्रभाव के संदर्भ में ठोस बना दिया गया है" (Tripathi & Siddiqui, 2008, पृ. 48)। 'प्रभावशीलता' एक आम शब्द है जिसके बहुत से मतलब हो सकते हैं। लेखक पारिभाषिक शब्द

को परिभाषित करते हैं क्योंकि वह सुनिश्चित करना चाहते हैं कि पाठक विशिष्ट अर्थ प्राप्त करे जिस अर्थ में वह उस शब्द का प्रयोग कर रहे हैं।

यह एक और अधिक व्यापक परिभाषा का उदाहरण है:

> इंटेलेक्चुअल प्रोपर्टी राइट्स (आईपीआर) को "विचारों, आविष्कार और रचनात्मक अभिव्यक्ति जिस पर संपत्ति का दर्जा प्रदान करना सार्वजनिक इच्छा होती है" के रूप में परिभाषित किया गया है (Hunshyal & Biradar, 2005)। किसी भी महत्वपूर्ण जानकारी का एक व्यावसायिक मूल्य हो सकता है और वह व्यक्ति जो पहली बार उस विचार को सोचता है या जिसने वह ज्ञान कार्य उत्पन्न किया है उसे स्वामित्व का दावा करने का अधिकार है जैसे उसके पास अन्य परिसंपत्ति होती है। उसका उद्देश्य अनाधिकृत नक़ल अथवा दुरूपयोग को होने से रोकना है।
> *("R&D in pharmaceutical industry: Challenges and opportunities from IPR and globalization," छात्र असाइनमेंट, 2008 में से लिया गया)*

प्रमुख परिभाषा एक प्रकाशित स्रोत में से उधार ली गई है। लेखक पाठक को यह समझने में मदद करने के लिए परिभाषा का विस्तार करता है कि पारिभाषिक शब्द "इंटेलेक्चुअल प्रोपर्टी राइट्स" का प्रयोग पत्र में कैसे किया गया है।

स्पष्टता बढ़ाने का दूसरा रास्ता है आपकी बात को उजागर करने के लिए चित्रों और चार्ट्स का उपयोग करना, विशेष रूप से जब आपको डेटा का विश्लेषण और तुलना करनी है। यदि आप एक के बाद एक बहुत सारे अंक प्रदर्शित करेंगे तो आपका पाठक बैचेन हो जाएगा। चार्ट्स जटिल तुलनात्मक डेटा को आसानी से समझने योग्य तरीके से प्रस्तुत करते हैं। लेकिन जैसे Zelazny (2007) ने अपने उत्कृष्ट पुस्तक, "*द से इट विथ चार्ट्स कम्प्लीट टूलकिट*" में दर्शाया है, चार्ट्स का गलत चुनाव पाठक के लिए सन्देश को समझने के लिए अधिक मुश्किल बना सकता है।

उसी प्रकार, यदि आप पाठक को क्या सन्देश प्रस्तुत करना चाहते हैं उसके बारे में आप स्पष्ट नहीं हैं, तो आपके चार्ट्स द्वारा चमत्कारिक ढंग से स्पष्टता उत्पन्न होने की संभावना नहीं है। इसलिए पहला कदम है उस बात को स्पष्ट करना कि आप पाठक को क्या कहना चाहते हैं; दूसरा कदम है ऐसा चार्ट स्वरूप चुनना जो आपके सन्देश को सबसे अधिक प्रभावी ढंग से दृश्यों में रूपांतरित करे। सही चार्ट स्वरूप कैसे चुनें और उन्हें कैसे बनाएँ, इस पर विस्तृत मार्गदर्शन के लिए जेलेज्नी के पुस्तक से सलाह लीजिए।

हमने अच्छे शैक्षणिक लेखन के कई गुणों पर ध्यान दिया है। ये सभी गुण एकसाथ मिलकर शैक्षणिक लेखन की शैली बनाते हैं, जैसे, औपचारिकता, अलगाव, वस्तुनिष्ठता, संभावना, कठोरता और स्पष्टता। यह वह शैली है जो उसे सामान्य, पत्रकारिता और रचनात्मक लेखन से अलग करती है। अकदामिक लेखन और उसकी आवश्यकताओं के अधिक विस्तृत ब्यौरे के लिए, Barrass (2002) अथवा Turk and Kirkman (1989) का परामर्श कीजिए। इसके अलावा, शैक्षणिक लेखन की विशेषताओं को ध्यान में रखते हुए शोध के अपने क्षेत्र में कोई भी अंतर्राष्ट्रीय जर्नल चुनिए और कुछ पत्र पढ़िए जिन्हें हमने इस खंड में पहचाना है।

शैक्षणिक लेखन: विवरण और कथन

शैक्षणिक लेखन में जो व्यापक प्रक्रियाएँ देखने को मिलती हैं, वे हैं विवरण, कथन और स्पष्टीकरण। ये प्रक्रियाएँ शोध प्रक्रियाओं का प्रतिबिंब हैं जिनकी जाँच हमने अध्याय 1 में की थी (देखिए आकृति 1.1: शोध प्रक्रिया का विहंगावलोकन)। वह पारस्परिक रूप से एक दूसरे पर निर्भर हैं। आप कुछ स्पष्ट नहीं कर सकते-एक वस्तु, घटना, प्रक्रिया या व्यवहार—जब तक उसे वर्णित नहीं किया जाता है या सुनाया नहीं जाता है। लेकिन कुछ बातों का केवल कथन या विवरण उसे तब तक शैक्षणिक नहीं बनाता जब तक उसके विश्लेषण द्वारा उसे स्पष्ट करने का प्रयास नहीं किया जाता है।

यदि आप तथ्यों का केवल सूचीबद्ध या वर्णन करते हैं, तो आप एक कैटलॉग या लॉड्री सूची उत्पन्न करते हैं, न कि एक विश्लेषण। पाठक नहीं जानता है आपने उन्हें सूचीबद्ध क्यों किया है और आप उससे क्या चाहते हैं कि वह उसमें से क्या ले। यदि आप उसे तथ्यों और वर्णात्मक विवरणों की बाढ़ में बहा ले जाते हैं, तो आप उसे सूचित नहीं कर रहे होते हैं; बल्कि आप उस पर एक बोझ लाद रहे होते हैं।

रहस्यमय कथन और विशद वर्णन कल्पना और पत्रकारिता की सामग्री हैं। साहित्य में, कथन और विवरण आम तौर पर कल्पना का फल होते हैं (उदाहरण के लिए, पैरेडाइज लॉस्ट में जॉन मिल्टन का नरक का विवरण); जबकि पत्रकारिता में हमारा सामना वास्तविक घटनों के कथन और वास्तविक चीजों, लोग और दृश्यों के विवरण से होता है। पाठक के लिए जीवन की तरह का अनुभव पुनरुत्पादन करने के लिए दोनों मामलों में सटीक लेकिन रंगीन और अत्यधिक विचारोत्तेजक शब्दों और वाक्यांशों का प्रयोग किया जाता है।

शैक्षणिक लेखन में, हालाँकि, कथन और विवरण तथ्यात्मक होते हैं। जब एक शैक्षणिक लेखक किसी प्रयोग का कथन करता है या इस्तेमाल किए गए साधनों का वर्णन करता है, तब उसका उद्देश्य पाठक को एक स्पष्ट, तथ्यात्मक छवि देना होता है, इसलिए उस पर निर्मित विश्लेषण को उचित रूप से मूल्यांकित किया जा सकता है अथवा उस प्रयोग को दोहराया जा सकता है। जब एक लेखक मौजूदा साहित्य की समीक्षा करता है, तब वह संक्षिप्त में मौजूदा जानकारी को उस आधार के रूप में वर्णित करता है जिस पर उसके तर्क का निर्माण किया जाएगा। दूसरे शब्दों में, शैक्षणिक लेखन में विवरण और कथन इस महान संरचना के लिए तथ्यात्मक आधार होते हैं, अर्थात, स्पष्टीकरण अथवा सिद्धांत निर्माण।

निम्न परिच्छेद का अध्ययन कीजिए, जो भारत में सरकारी संगठनों में इन्फोर्मेशन टेक्नोलॉजी की प्रभावशीलता पर जानकारी इकट्ठा करने के लिए शोधकर्ताओं द्वारा इस्तेमाल की गई प्रश्नावली का वर्णन करता है:

> यह प्रश्नावली Franz and Robey (1986) द्वारा दिए गए दिशानिर्देशों और कुछ अन्य सुसंगत साहित्य के साथ बनाई गई थी। उसमें आईटी उपयोग के समर्थकों और अवरोधकों के साथ साथ स्वतंत्र और आश्रित चरों, जैसे उपयोगकर्ता संतुष्टि, आईटी उपयोग, संगठनात्मक संरचना और इन्फोर्मेशन सिस्टम्स प्रदर्शन से संबंधित प्रश्नों का समावेश था। शीर्ष प्रबंधन और आईटी प्रबंधन से

> संबंधित समस्यों को भी प्रश्नावली में शामिल किया गया था। प्रश्नावली तैयार करने के लिए लिकेर्ट स्केल का प्रयोग किया गया था, जिसमें उत्तरदाताओं को एक सातत्य पर अपनी वरीयता बताने के लिए कहा गया था—"कोई प्रभाव नहीं," "कम," "मध्यम," "उच्च," "बहुत ही उच्च," और "कोई नहीं," "बहुत थोड़ा," "थोड़ा" और "मामूली"। इस तरह प्रवर्गों के लिए उत्तर परस्पर रूप से अनन्य थे ताकि उत्तरदाता को किसी आइटम के लिए केवल एक ही चुनाव बताना पड़ा था। प्रश्नावली की भाषा में पूर्वाग्रह को कम करने का प्रयास भी किया गया था। (Gupta, Kanungo, Kumar & Sahu, 2007, पृ. 11)

इस विवरण में कोई रंग या नाटक नहीं है। वह पाठक को यह तय करने के लिए पर्याप्त जानकारी देता है कि वह प्रश्नावली कैसे उचित थी।

पाठकों के साथ किसी बात की संरचना को साझा करने के लिए आम तौर पर उस पत्र की संरचना सहित विवरण का भी उपयोग किया जाता है, जिसे वह पढ़ रहे होते हैं। यहाँ एक उदाहरण है:

> यह लेख भारतीय फार्मास्युटिकल उद्योग में आरएंडडी गतिविधियों के आसपास के मुद्दों के साथ निपटता है और उसे वैश्वीकरण के एक परिणाम के रूप में आईपीआर में हाल ही के सुधारों द्वारा आकार दिया गया है। खंड 1 पिछले कुछ वर्षों में भारतीय फार्मास्युटिकल उद्योग और उसके आरएंडडी उपक्रमों के विकास का पता लगाता है। खंड 2 फार्मास्युटिकल उद्योग के विकास सहायता में आरएंडडी की क्षमता का मूल्यांकन करता है। खंड 3 भारत में इंटलेक्चुअल प्रोपर्टी राइट्स पर दिशानिर्देशों की रूपरेखा देता है। खंड 4 भारतीय फार्मास्युटिकल उद्योग में पेटेंटिंग और आईपीआर के निहितार्थों पर ध्यान केन्द्रित करना चाहता है। खंड 5 हालिया समस्याओं से निपटता है जो TRIPS (WTO) और फार्मास्युटिकल उद्योग के वैश्वीकरण के कारण उत्पन्न हुए हैं। निष्कर्ष में, खंड 6 निर्दिष्ट चुनौतियों का सामना करने के लिए और उसके अवसरों को पकड़ने के लिए क्या किया जा सकता है उसे संबोधित करने का प्रयास करता है।
>
> *"R&D in pharmaceutical industry: Challenges and opportunities from IPR and globalization," छात्र असाइनमेंट, 2008 में से लिया गया)*

शैक्षणिक लेखन में विवरण का दूसरा उपयोग है किसी चीज या प्रक्रिया की विस्तृत परिभाषा। यहाँ एक उदाहरण है:

> वर्तमान में दुनिया भर में जीएचजी [ग्रीनहाउस गैस] उत्सर्जन का विरोध करने का सबसे महत्वपूर्ण प्रयास है क्योटो प्रोटोकॉल। वह एक अंतर्राष्ट्रीय समझौता है जिसे यूनाइटेड नेशन्स फ्रेमवर्क कन्वेंशन ऑन क्लाइमेट चेन्ज (यूएनएफसीसीसी) के लिए एक उत्तराधिकारी के रूप में सोचा जा सकता है। इन दोनों के बीच महत्वपूर्ण भेद यह है कि यह कन्वेंशन ग्रीनहाउस गैस उत्सर्जनों को नियंत्रित करने के लिए औद्योगिक देशों को केवल प्रोत्साहित करके रुक जाता है, जबकि प्रोटोकॉल उन्हें विशिष्ट लक्ष्यों कि प्राप्ति के लिए प्रतिबद्ध करता है। क्योटो प्रोटोकॉल अपने

> हस्ताक्षर करने वालों के द्वारा ग्रीनहाउस गैस उत्सर्जन को कम करने के लिए बाध्यकारी लक्ष्यों को निर्धारित करता है जिसमें 37 विकसित देश और यूरोपियन संघ शामिल हैं। यह अवधि 2008–2012 [यूएनएफसीसी, n.d.] से अधिक 1990 स्तरों के खिलाफ पाँच प्रतिशत कमी के औसत के अनुरूप है।
>
> *(""The EU cap on CO2 emissions by international aviation sector: What to expect?" छात्र असाइनमेंट, 2008 में से लिया गया)*

हम कथन का उपयोग पाठकों को को अध्ययन के लिए पृष्ठभूमि देने के लिए के लिए कर सकते हैं अथवा उनके साथ यह साझा करने के लिए कर सकते हैं कि शोधकर्ताओं ने वह अध्ययन कैसे किया था। नीचे दिए गए दो उदाहरणों का अध्ययन कीजिए। पहला भारतीय ऑटोमोबाइल उद्योग पर मौजूदा वैश्विक आर्थिक स्थिति के प्रभाव के विश्लेषण के लिए तैयारी में भारतीय ऑटोमोबाइल उद्योग का एक संक्षिप्त ऐतिहासिक रेखाचित्र देता है।

> भारतीय ऑटो उद्योग ने अपनी पहली उपस्थिति 1898 में दर्शाई थी, और स्केल तथा पहुँच की दृष्टि से प्रत्येक की अपेक्षाएँ बढ़ा दी थी जो उसने हांसिल की है। दुपहियों, चार-पहियों और भारी वाहनों का एक विशाल बाजार विकसित हो गया है। यह उद्योग लंबे समय से स्थित है। हालाँकि, उसे वास्तविक किक-स्टार्ट 1991 में मिला था जब भारतीय अर्थतंत्र ने अपने उदारीकरण के चरण में प्रवेश किया था। आसान वित्त, कीमतों में छूट और कर राहतों जैसी नीतियों ने उद्योग को एक वास्तविक उछाल दिया था। उद्योग इस समय दौरान 16% और 18% के बीच बढ़ा था। सरकार ने उद्योग की क्षमता को महसूस करते हुए, उदारीकरण नीतियों का गठन किया जिसने ऑटोमोबाइल उद्योग में विदेशी निवेश को आकर्षित किया।
>
> *("Impact of the current global economic situation on Indian automobile industry," छात्र असाइनमेंट, 2009 में से लिया गया)*

दूसरा हमें कहता है भारतीय जैव प्रौद्योगिकी उद्योग ने कैसे विकास किया। यह उसके सामने आई कुछ चुनौतियों की पहचान करती और उसमें निवेश को बढ़ावा देने के लिए कुछ उपायों को सूचित करती एक प्रस्तावना है।

> बायोटेक उद्योग ने 1995 में बड़ा परिवर्तन देखा जब भारत ने ट्रेड रेग्युलेटेड इंटलेक्चुअल प्रोपर्टी राइट्स एग्रिमेंट (टीआरआईपीएस) पर हस्ताक्षर किए थे। इसमें, भारत उत्पाद पेटंट व्यवस्था का पालन करने के लिए सहमत हुआ था। इसने उत्पादों की रिवर्स इंजीनियरिंग पर भारतीय कंपनियों के भरोसे को खत्म कर दिया था और कार्यान्वयन की अवधि (1995–2005) के दौरान नवाचार को बढ़ावा दिया, जिसका सबूत 1995 के बाद आरएडंडी में हुए विशाल निवेश और भारतीय कंपनियों द्वारा दर्ज कराए गए पेटंटस की संख्या है। बहुराष्ट्रीय कम्पनियाँ अब भारत को एक बराबर के ख़िलाड़ी के रूप में देखती हैं, जहाँ वह अपने भारतीय समकक्षों के साथ बराबरी से स्पर्धा कर

> सकती हैं। यह बायोटेक और फार्मास्युटिकल क्षेत्रों में बढ़ते एफडीआई प्रवाह की तरफ ले गया है (Thomas, 2008, पृ. 19–22)।
>
> *(""Innovations in Indian biopharmaceuticals: Turning the tide," छात्र असाइनमेंट, 2009 में से लिया गया)*

निम्न उदाहरण स्पष्ट करता है कि 'भाल और गुलाटी' (2007, पृ. 14) ने अपने शोध के लिए डेटा कैसे इकट्ठा किए थे:

> प्रक्रियात्मक न्याय को Niehoff and Moorman (1993) द्वारा इस्तेमाल किए गए छह-आइटम स्केल द्वारा मापा गया था जो Moorman (1991) द्वारा इस्तेमाल किए गए स्केल पर आधारित था। इस स्केल ने सही और निष्पक्ष सूचना के एकत्रीकरण, कर्मचारी आवाज, और मूल्यांकन और वेतन संबंधी फैसलों में एक अपील की प्रक्रिया का आकलन किया था। उत्तरदाताओं को निवेदनों का मूल्यांकन करने के लिए कहा गया था कितनी बार वे उनके लिए सही थे उसके अनुसार (1 = कभी नहीं, 2 = लगभग कभी नहीं, 3 = कभी कभी, 4 = आमतौर पर, 5 = हमेशा के बराबर होता है)।

यह सभी उदाहरण दर्शाते हैं कि पत्रकारिता और रचनात्मक लेखन की तुलना में, शैक्षणिक लेखन में कथन बेरंग, कार्यात्मक और लगभग उबाऊ होता है। लेकिन फिर शैक्षणिक लेखक का उद्देश्य पाठकों को चकाचौंध करने या उनका मनोरंजन करना नहीं है, बल्कि उन्हें एक तथ्यात्मक और निष्पक्ष रिपोर्ट देना है। ऐसी रंगहीनता शैक्षणिक लेखन की आम शैली के ज्यादातर हिस्से में होती है, जैसी एक भव्य शादी में कर्तव्य अदा कर रहे एक *पंडित* की होती है।

आपने यह भी देखा होगा कि विवरण और कथन आमतौर पर एक साथ चलते हैं। पिछले दो उद्धरणों में से पहले में दूसरा वाक्य ("इसमें भारत 2005 से उत्पाद पेटंट व्यवस्था का पालन करने के लिए सहमत हुआ था।") पूर्वगामी कथन पर एक वर्णनात्मक टिप्पणी है। वह पाठक के लिए संक्षिप्त में TRIPS का वर्णन करता है ताकि वह इस कथन को बिना किसी मुश्किल के समझ सके। उसी प्रकार, उसी परिच्छेद के अंतिम से पहला वाक्य ("मल्टीनेशनल कम्पनियाँ अब भारत को एक लेवल प्लेइंग फिल्ड के रूप में देखती हैं जहाँ वह अपने भारतीय समकक्षों के साथ बराबरी से स्पर्धा कर सकती हैं।") भी एक वर्णनात्मक वाक्य है। वह स्पर्धा के परिप्रेक्ष्य से भारत की मौजूदा स्थिति का वर्णन करता है। वह पाठक को परिणाम की प्रशंसा करने में मदद करता है, जो है, "बायोटेक और फार्मास्युटिकल क्षेत्रों में बढ़ते एफडीआई प्रवाह"।

दूसरे उद्धरण में दूसरा वाक्य भी उसी प्रकार का कार्य करता ("इस स्केल ने सही और निष्पक्ष सूचना के एकत्रीकरण, कर्मचारी आवाज, और मूल्यांकन और वेतन संबंधी फैसलों में एक अपील की प्रक्रिया का आकलन किया था।")। वह निहोफ़ और मूरमैन द्वारा इस्तेमाल किए गए छह-आइटम स्केल का संक्षिप्त में वर्णन करता है। पाठक को कहा जाता है इससे पहले उसका उपयोग शोध परियोजना में कैसे किया गया था। कथन के बीच में ऐसे वर्णनात्मक कथन पाठक को घटनाओं अथवा कदमों को बेहतर तरीके से समझने में मदद करते हैं।

अब हमें शैक्षणिक लेखन के विश्लेषण की ओर मुड़ने की और उसे डेटा थोंपने से अलग करने जरूरत है जो अक्सर छात्रों के शैक्षणिक लेखन को बिगाड़ देता है।

शैक्षणिक लेखन: विश्लेषण बनाम डेटा थोंपना

विश्लेषण शैक्षणिक लेखन की आत्मा है। वह कोर शोध प्रक्रिया की लिखित अभिव्यक्ति है, अर्थात, सिद्धांत निर्माण अथवा सैद्धान्तिकरण, जैसे अध्याय 1 और 2 में वर्णित किए गए थे। विवरण और कथन पाठक को लेखक के विश्लेषण के लिए तैयार करने के लिए होते हैं, जो और कुछ नहीं बल्कि उसका दावा, थीसिस, तर्कसंगत निष्कर्ष अथवा अनुभवजन्य या अवधारणात्मक डेटा का स्पष्टीकरण होता है। उसका दावा स्थिर रहता है या गिर जाता है वह सहायक डेटा की ताकत और विश्लेषण की गुणवत्ता पर निर्भर करता है, जो उसके डेटा का विषय है।

जैसे कि Rogers and Rymer (1995, पृ. 352) हमें याद दिलाते हैं, विश्लेषणात्मक लेखन में, हम "विचारों का मूल्यांकन करने, एक स्थिति की धारणा करने, कारणों और उदाहरणों को विकसित करने, और सामग्री को तार्किक रूप से व्यवस्थित करने की उम्मीद करते हैं। दूसरे शब्दों में, विश्लेषणात्मक लेखन विश्लेषण के आसपास निर्मित किया गया लेखन होता है।

निम्न उदाहरण का अध्ययन कीजिए। उसे एक असाइनमेंट के हिस्से के रूप में दो स्नातक छात्रों की एक टीम द्वारा लिखे गए एक लेख में से लिया गया है। लेखक दावा करते हैं कि भारत को तत्काल और काफी हद तक अपने बुनियादी ढांचे को सुधारने की जरूरत है। वह उस दावे के समर्थन के लिए डेटा प्रस्तुत करते हैं।

बुनियादी ढांचे के लिए जरूरत

भारत वर्तमान में बुनियादी ढांचे पर चीन की तुलना में अपने जीडीपी का 4.5% खर्च करता है जबकि चीन 10% से अधिक खर्च करता है। राजकीय पक्षों के बीच एक व्यापक सहमति है कि यदि भारत को मौजूदा विकास दर को टिकाए रखना है तो उसको 2010 तक 10% स्तर पर खर्च करना पड़ेगा, (इंडिया टु सर्ज, 2007)। भारत सरकार का अनुमान है कि देश की चरमराती सड़कों, बंदरगाहों और हवाई अड्डों के उन्नयन के लिए 2012 तक लगभग 320 बिलियन डॉलर के निवेश की जरूरत है (ऑन द रोड, 2007)।

भारत के पास 3.3 मिलियन से भी अधिक किलोमीटर्स में फैला दुनिया का दूसरा सबसे बड़ा सड़क नेटवर्क है, जिसमें अधिकतर सड़क दो लेन अथवा उससे भी कम है और वे खराब स्थिति में हैं। यात्री यातायात के लिए 12–15% और कार्गो यातायात के लिए 15–18% पर अनुमानित वार्षिक विकास दरों के साथ, रोड़ इन्फ्रास्ट्रक्चर के सुधार के लिए आगामी पाँच सालों में अंदाजित निवेश की जरूरत है (वित्त मंत्रालय, n.d.)। उसी प्रकार, भारतीय रेल, जो 63,000 से अधिक रूट किलोमीटर्स (रेलवे, 2007) के साथ दुनिया का चौथा सबसे बड़ा रेल नेटवर्क है, 2004–2006 के दौरान माल ढुलाई और यात्री यातायात में क्रमश: 9% और 7% से अधिक दर पर विकास कर रहा है। यह विकास दर के ऐतिहासिक ट्रेंड से बिल्कुल विपरीत है (भारतीय रेल, n.d.)। विमानन क्षेत्र में, भारत यात्री यातायात में 15% और कार्गो यातायात में 20% वार्षिक विकास दर का साक्षी है

(वित्त मंत्रालय, n.d.) जो भारतीय आकाश में कार्यरत अधिक एयरलाइन्स के साथ, स्वीकृत मानकों की मूलभूत जमीनी सुविधाएँ के न होने के बावजूद है। ये वास्तविकताएँ भारतीय परिवहन क्षेत्र में इन्फ्रास्ट्रक्चर में स्पष्ट अंतर और उसकी तत्काल जरूरत को प्रकट करती हैं।

("Public-private partnership for bridging the infrastructuregap in India: Lessons from transportation sector," छात्र असाइनमेंट, 2008 में से लिया गया)

लेखकों का दावा—कि भारत को इन्फ्रास्ट्रक्चर में बड़े पैमाने पर और तत्काल निवेश करने की जरूरत है—दूसरे परिच्छेद के अंतिम वाक्य में दिया गया है। समर्थन का पहला स्तर है एशिया के दो बड़े अर्थतंत्रों, भारत और चीन के बीच इन्फ्रास्ट्रक्चर में निवेश में महत्वपूर्ण अंतर का होना, जो दोनों तेजी से विकास कर रहे हैं। समर्थन का दूसरा स्तर उच्च राशि (US$320 बिलियन) से आता है, जो, भारतीय सरकार का अंदाज है कि भारत के इन्फ्रास्ट्रक्चर के उन्नयन के लिए आगामी पाँच सालों में जरूरी है। समर्थन का तीसरा स्तर भारतीय सड़क, रेल और हवाई यातायात में सरकार द्वारा अनुमानित पर्याप्त और तत्काल वृद्धि में से आता है।

वह डेटा—इन्फ्रास्ट्रक्चर में भारतीय निवेश और चीनी निवेश के बीच का अंतर, भारत की इन्फ्रास्ट्रक्चर जरूरतों का सरकार का अनुमान और अनुमानित यातायात में वृद्धि—इनका अपनेआप में कोई विशेष अर्थ नहीं है। वह तब होता है जब वह इस दावे के समर्थन में प्रस्तुत किए गए हैं कि वह पाठक के लिए महत्व प्राप्त करते हैं। यदि ऐसा कोई दावा नहीं किया गया है अथवा यदि लेखकों ने दावे से असंगत डेटा रखे थे, तब वह पाठक पर डेटा थोंपने का उदाहरण हो गया होता।

वास्तव में, दूसरे परिच्छेद में डेटा थोंपने का एक उदाहरण है: "सड़क इन्फ्रास्ट्रक्चर में सुधार के लिए आगामी पाँच सालों में अंदाजित 50 बिलियन डॉलर निवेश की जरूरत है।" यह ब्यौरा अनावश्यक है: वह दूसरे परिच्छेद की एकता का भी भंग करता है, जो इन्फ्रास्ट्रक्चर में अंतर भरने के लिए जरूरी पैसे की राशि के बदले यातायात की वृद्धि से निपटता है। आप नोटिस करेंगे कि ऐसे आंकड़ें रेल और हवाई यातायात के लिए नहीं दिए गए हैं। ऐसा लगता है कि लेखकों के पास सड़क इन्फ्रास्ट्रक्चर के लिए जरूरी होने वाले निवेश के बारे में जानकारी होगी और उन्होंने वह उसमें डाल दी है।

यहाँ उसी विषय पर दूसरे छात्र के पत्र से एक उद्धरण दिया गया है। उसमें भी डेटा की विशाल मात्रा समाविष्ट है।

भारत को पीपीपी की क्यों जरूरत है

दुनिया की सबसे तेजी से बढ़ती अर्थव्यवस्थाओं में से एक होने के बावजूद, भारत में पब्लिक इन्फ्रास्ट्रक्चर खराब हालत में है। भारतीय बंदरगाहों का औसत बदलाव समय अभी भी 4.72 दिन है (http://www.indiacore. com/ports.html), हवाई अड्डों पर लंबी कतारें होना एक आम दृश्य हैं और रोड़ नेटवर्क की स्थितियाँ सबसे अच्छे रूप में कार्यात्मक है। हम भीड़ की वजह से प्रति वर्ष 200 बिलियन रु की हानि उठाते हैं (DEA & ADB, 2007), जिसे खराब राजमार्ग विकास के लिए जिम्मेदार ठहराया जा सकता है। जबकि भारतीय विमानन क्षेत्र प्रति वर्ष लगभग 18% पर विकास कर रहा है (http://www.ibef.org/industry/aviation.aspx), सहायक इन्फ्रास्ट्रक्चर

में विकास नही हो पाया है। जैन और अन्य. (2007) के अनुसार, दिल्ली और मुंबई के हवाई अड्डे अपनी क्षमता से दुगना यातायात संभाल रहे हैं। 1996–2000 के लिए चीन के 717 kwh और मलेशिया के 2378 kwh की तुलना में भारत की प्रति व्यक्ति बिजली की औसत खपत 359 kwh थी। DEA & ADB (2007) रिपोर्ट का अनुमान है कि बिजली की कमी से भारत को USD 68 बिलियन की हानि होती है। इन कमियों और हानियों ने सभी क्षेत्रों में हमारी संभावनाओं को गंभीर रूप से मर्यादित बना दिया है, विशेष रूप से मौजूदा उच्च वृद्धि अवधि में।

भारत सरकार, वित्त मंत्रालय, आर्थिक मामलों का विभाग (2007) पीपीपी पर रिपोर्ट के अनुसार, योजना आयोग ने पाँच सालों (2007–12) में कोर इन्फ्रास्ट्रक्चर में निवेश के लिए USD320 बिलियन (2005–6 मूल्य स्तर) की जरूरत का अनुमान लगाया है। जैसा कि इसी रिपोर्ट में हवाला दिया गया है, इन्फ्रास्ट्रक्चर फाइनान्स पर समिति ने मई 2007 में इन अनुमानों को USD 384 बिलियन तक बढ़ा दिया है। इसका अर्थ यह है प्रति वर्ष USD 77 बिलियन का औसत। भारत इतना निवेश एक की तरीके से प्राप्त कर सकता है वह है पीपीपी मॉडल द्वारा निजी निधि का उपयोग करना।

(*"Importance of public private partnership (PPP) in the Indian context and the roadblocks in its implementation,"* छात्र असाइनमेंट, 2008 में से लिया गया)

पहले परिच्छेद में दिया गया डेटा पहले वाक्य में किए गए दावे का समर्थन करता है: "दुनिया की सबसे तेजी से बढ़ती अर्थव्यवस्थाओं में से एक होने के बावजूद, भारत में सार्वजनिक बुनियादी ढांचा खराब हालत में है।" यह परिच्छेद बिजली की खपत के मामले के सिवाय पर्याप्त तुलनात्मक डेटा नहीं देता है। हम नहीं जानते कि अंतर्राष्ट्रीय मानदण्डों की तुलना में भारतीय बंदरगाहों पर 4.72 दिनों का बदलाव समय कितना खराब है। दूसरे परिच्छेद में वित्तीय डेटा अंतिम वाक्य में किए गए दावे का समर्थन करता है: "भारत इतना निवेश एक ही तरीके से प्राप्त कर सकता है वह है पीपीपी मॉडल द्वारा निजी निधि का उपयोग करना।"

पुनः, डेटा में एक बहुत बड़ी कमजोरी है। किस आधार पर लेखक यह दावा करता है कि भारत सरकार यह राशि इकट्ठा नहीं कर सकती? क्या यह एक व्यक्तिगत राय है? यहाँ यह दर्शाने के लिए कुछ तुलनात्मक अथवा ऐतिहासिक आंकड़ें होने चाहिए कि सरकार इन्फ्रास्ट्रक्चर के विकास के लिए इतनी राशि उपलब्ध नहीं कर सकती। इन खामियों के बावजूद, यह उद्धरण यह चित्रित करता है कि एक दावे के समर्थन के लिए डेटा का उपयोग किस तरह से किया गया है। यदि वहाँ कोई दावा नहीं था जिसे इस डेटा ने समर्थन दिया था, तो यह फिर से डेटा थोंपने का एक उदाहरण बन जाएगा।

अब दो छात्रों की दूसरी टीम द्वारा ग्रामीण उद्यमिता और जैव ईंधन पर लिखे गए एक लेख में से निम्न उद्धरण की जाँच कीजिए। यह उद्धरण परिचय वाले खंड के बाद आता है जिसमें लेखक जोर देकर कहते हैं कि "जैव ईंधनों जैसे अधिक हरित, सस्ते और अधिक टिकाऊ विकल्प" भारत की ग्रामीण उद्यमिता को लाभ पहुँचाएंगे, और वह जैव ईंधनों के पर्यावरणीय, सामाजिक और आर्थिक लाभ को सूचीबद्ध करते हैं। इस उद्धरण के बाद जैव ईंधनों की उत्पत्ति के तकनीकी पहलुओं पर एक चर्चा की जाती है और फिर निष्कर्ष खंड आता है जिसमें लेखक ग्रामीण उद्यमियों

द्वारा जैव ईंधनों के उत्पादन के लिए मजबूत सरकारी सहारे का तर्क करते हैं। इस उद्धरण के पहले और उसके बाद क्या आता है यह जानकारी हमें एक इस उद्धरण की विषय सामग्री के बारे में एक परिप्रेक्ष्य देती है।

मेक्रोइकोनोमिक तस्वीर

ऊर्जा परिदृश्य : कच्चे तेल के 3914 मिलियन टन और प्राकृतिक गैस के 2851 बिलियन घन मीटर के उत्पादन की तुलना में 2006 में अंतर्राष्ट्रीय प्राथमिक ऊर्जा खपत 10879 मिलियन टन थी, (तालिका 4 देखें)। यूएस डेटा, IEO2007 संदर्भ केस के अनुसार, विपणन ऊर्जा की कुल विश्व खपत का 2004 से 2030 तक 57 प्रतिशत बढ़ने का अनुमान है (*http://www.eia.doe.gov/oiaf/ieo/world.html*)। इसी तरह, बल्कि अधिक तेजी से, आगामी दो दशकों में भारत की ऊर्जा की आवश्यकता प्रति वर्ष 4.8 प्रतिशत से बढ़ने की अपेक्षा है (Gonsalves, अक्टूबर 2006)। हमारी मौजूदा आवश्यकताएँ कोयला, पेट्रोलियम आधारित उत्पाद और प्राकृतिक गैस जैसे जीवाश्म ईंधनों का उपयोग करके पूर्ण की जाती हैं। भारत की कच्चे तेल और पेट्रोलियम उत्पादों की खपत 266 मिलियन टन है। हालाँकि, हमारा उत्पादन केवल लगभग 170 मिलियन टन है (देखें तालिकाएँ 5, 6 *और* 7)। ये डेटा यह भी दर्शाते हैं कि भारत हाल में अपनी कच्चे तेलमाँग में से 77% माँग को आयात द्वारा पूर्ण कर रहा है। कच्चे तेल की हमेशा बढ़ती रहती कीमतों के साथ, 2006–2007 के लिए कच्चे तेल का आयात बिल $61.7 बिलियन था, जो हमारे जीडीपी का 10% हिस्सा बनाता है (Gonsalves, अक्टूबर 2006)।

सरकारी उपक्रम : भारत में डीज़ल की माँग पेट्रोल की माँग से पाँच गुणा अधिक है, इस तथ्य के साथ पेट्रोल की उच्च खपत ने सरकार को दो प्रमुख उपक्रम लेने के लिए प्रेरित किया है (Mandal, 2004):

1. केन्द्र ने, जनवरी 2003 में, गेसोलीन में इथेनोल के मिश्रण को अनिवार्य बनाते हुए एक कानून पारित किया।
2. 2011–2012 तक देश की डीज़ल आवश्यकताओं के 20 प्रतिशत को पूरा करने के लिए एक महत्वाकांक्षी राष्ट्रीय बायोडीजल मिशन का एलान किया।

यह राष्ट्रीय बायोडीजल मिशन दो चरणों में लागू किया जा रहा है:

1. सालाना प्रति हेक्टेयर लगभग 3.75 टन तिलहन पैदावार के लिए जत्रोफा के 400,000 हेक्टेयर्स की खेती करने का लक्ष्य रखती एक प्रदर्शन परियोजना 2003–2007 दौरान पूरी की जाएगी। इस परियोजना ने बीज संग्रह और तेल निष्कर्षण जैसे अन्य पहलुओं की व्यवहार्यता का प्रदर्शन किया है।
2. 2007–2012 के दौरान जत्रोफा की खेती और ट्रांस-एस्टेरीफिकेशन संयंत्रों की स्थापना के लक्ष्य वाली व्यावसायीकरण की अवधि जो भारत को बायोडीजल द्वारा अपनी डीज़ल जरूरतों के 20 प्रतिशत पूरा करने की स्थिति में लाएगी।

सरकार द्वारा फरवरी 2008 तक एक जैव ईंधन नीति घोषित की जाने की भी अपेक्षा है (Satish, 2008)। वह ग्रामीण क्षेत्रों में जत्रोफा खेती में रुचि दिखाने वाले कोर्पोरेट्स को विशेष सब्सिडी भी दे रही है और चीनी मिलों को उनके द्वारा उत्पन्न मोलासिस में से जैव ईंधन बनाने के लिए प्रोत्साहित कर रही है।

हालाँकि, सरकार को जत्रोफा तिलहन के लिए न्यूनतम समर्थन मूल्य स्थापित करने की और किसानों को समय पर भुगतान करने का आश्वासन देने की जरूरत है। चूँकि किसान जत्रोफा खेती को आर्थिक रूप से व्यवहार्य नहीं समझते, इसलिए, बड़े पैमाने पर खेती शुरू करने में समस्या आ रही है (Gonsalves, अक्टूबर 2006)। सार्वजनिक-निजी भागीदारी मॉडल्स अथवा उद्यमियों द्वारा बनाई गई एक कार्यक्षम आपूर्ति श्रृंखला इस समस्या को काफी हद तक सुलझा सकते हैं। बायोडीज़ल के लिए कोई उत्पाद शुल्क लागू नहीं है। हालाँकि उस पर राज्य वेट (VAT) लागू होता है।

विविध राज्य सरकारों ने भी जैव ईंधन उद्यमिताओं के प्रति रुचि दर्शाई है। आंध्र की राज्य सरकार ने Naturol Bioenergy नाम की एक फर्म को जत्रोफा खेती के लिए 120,000 हेक्टेयर जमीन आवंटित की है (Satish, 2008)।

("Fuelling rural entrepreneurship with biofuels," छात्र असाइनमेंट, 2008 में से लिया गया)

लेखकों ने हम पर डेटा थोप दिया है। हम नहीं जानते कि उन्होंने हमें यह डेटा क्यों दिया है और वो हमें कहाँ ले जा रहे हैं। उदाहरण के लिए, यदि पहले परिच्छेद का उद्देश्य यह दर्शाना है कि भारत को वर्ष 2006–07 में पेट्रोलियम उत्पादों की आयात करने के लिए अपने कुल सकल उत्पाद (जीडीपी) (10 प्रतिशत) के गैरधारणीय उच्च प्रतिशत खर्च करने की जरूरत है, तो कच्चे तेल और प्राकृतिक गैस के लिए वैश्विक उत्पादन आंकड़ें देता पहला वाक्य सुसंगत नहीं है; न तो 2030 तक विपणन ऊर्जा की कुल विश्व खपत में अनुमानित वृद्धि के बारे में जानकारी देता दूसरा वाक्य। दूसरे शब्दों में, यह डेटा हमें किसी निष्कर्ष तक नहीं ले जाते हैं या न इस दावे का समर्थन करते हैं। लेखकों के पास यह डेटा होंगे, जो उन्होंने केवल हम पर थोप दिए हैं।

"सरकारी उपक्रम" इस उद्धरण के दूसरे हिस्से में, लेखकों ने देश में पेट्रोलियम उत्पादों के उत्पादन और माँग के बीच बढ़ रहे अंतर से निपटने के लिए भारत सरकार द्वारा लिए गए दो प्रमुख उपक्रमों का उल्लेख करके अच्छा किया है। लेकिन उसके बाद—राष्ट्रीय बायोडीजल मिशन के कार्यान्वयन का विस्तृत विवरण—अनावश्यक है। क्योंकि ये डेटा किसी भी दावे का समर्थन नहीं करते और ना ही वह हमें कहीं ले जा रहे हैं, हम केवल इतना कह सकते हैं कि यह लेखक हम पर डेटा थोप रहे हैं। उन्होंने यह देखने के लिए सरकारी उपक्रमों का विश्लेषण करना चाहिए था कि क्या वे पर्याप्त हैं, और यदि अपर्याप्त हैं, तो आगे और अधिक क्या किया जाना चाहिए।

नीचे दिए गए उद्धरण के संभावित संशोधन का अध्ययन कीजिए। (कोई अतिरिक्त जानकारी प्रस्तुत नहीं की गई है। साथ ही, ऐसा माना गया है कि मूल में दी गई जानकारी सही है, हालाँकि यहाँ आंकड़ों के दो समूहों के बीच विसंगति है। हमें कहा गया है कि हमें 266 मिलियन टन कच्चा

तेल चाहिए, और हम 170 मिलियन टन पैदा करते हैं, अर्थात, 64 प्रतिशत। लेकिन अगले वाक्य में हमें कहा जाता है कि हम हमारे अथवा तिलहन के 77 प्रतिशत की पूर्ति आयात द्वारा करते हैं। यह दोनों बातें सही नहीं हो सकती।)

> प्रति वर्ष 4.8% पर स्थिर रूप से बढ़ रही इसकी ऊर्जा की आवश्यकताओं के साथ भारत के तेल का आयात बिल भी बढ़ रहा है (Gonsalves, अक्टूबर 2006)। 2006–07 में, भारत ने कच्चे तेल के आयात के लिए अपने जीडीपी का 10% खर्च किया था, जो $61.7 बिलियन है (Gonsalves, अक्टूबर 2006)। आयात किए गए तेल पर यह भारी निर्भरता विकसित होने के लिए बाध्य है क्योंकि देश का कोयले, कच्चे तेल, और प्राकृतिक गैस जैसे जीवाश्म ईंधनों का कुल घरेलु उत्पादन प्रति वर्ष केवल लगभग 170 मिलियन टन है, जो 2006–07 में मांग और स्थानीय आपूर्ति के बीच की लगभग 100 मिलियन टन का अंतराल छोड़ता है।
>
> जीवाश्म ईंधनों की खपत और घरेलू उपलब्धता के बीच की महँगी खाई के प्रति सरकार की प्रतिक्रिया जैव ईंधनों के उत्पादन और उपयोग को बढ़ावा देना रही है। विशेष रूप से उल्लेखनीय दो उपक्रम हैं (Mandal, 2004): जनवरी 2003 से गेसोलीन में 5% इथेनोल को मिलाने का आदेश और 2011–12 तक देश की डीजल आवश्यकताओं के 20 प्रतिशत को पूरा करने के लिए महत्वाकांक्षी राष्ट्रीय बायोडीजल मिशन शुरू करना।
>
> हालाँकि, सरकार द्वारा राष्ट्रीय बायोडीजल मिशन का अमल, जो जत्रोफा की व्यापक खेती पर निर्भर है, वह काफी संतोषजनक नहीं रहा है। उसने बायोडीजल को उत्पाद शुल्क से छूट दी है लेकिन राज्यों से उसे VAT में से छूट मिले ऐसा प्रबंध नहीं किया है। हालाँकि वह ग्रामीण क्षेत्रों में जत्रोफा की खेती करने वाली कंपनियों के लिए विशेष सब्सिडी प्रस्तुत कर रहा है और चीनी मिलों को उनके द्वारा उत्पन्न मोलासिस द्वारा जैव ईंधन बनने के लिए प्रोत्साहित कर रहा है, परंतु उसने जत्रोफा तिलहन के लिए न्यूनतम समर्थन मूल्य स्थापित नहीं किया है और ना ही उसने जत्रोफा की खेती करने वाले किसानों को समय पर भुगतान किया जाना सुनिश्चित किया है। आश्चर्य की बात नहीं है कि वे जत्रोफा खेती को आर्थिक रूप से व्यवहार्य नहीं मानते हैं। इन सभी के कारण अभी भी कोई बड़े पैमाने पर खेती नहीं हो रही है (Gonsalves, अक्टूबर 2006)।

इन तीनों में से प्रत्येक परिच्छेद में, पहला वाक्य दावा बनाता है और बाकी के परिच्छेद में प्रस्तुत सभी डेटा उसका समर्थन करते हैं। यदि हम इन तीनों परिच्छेद को एक साथ लेते हैं, तब हम देख सकते हैं कि लेखक एक समग्र दावा बना रहा है: भारत सरकार की उसके बढ़ते ऑइल आयात बिल के लिए प्रतिक्रिया के फलस्वरूप जत्रोफा की खेती के द्वारा बायोडीजल को बढ़ावा दिया गया है, लेकिन सरकार का अमल असंतोषजनक रहा है।

जब वहाँ एक दावा होता है तब पाठक जाँच सकता है कि समर्थन में दिए गए डेटा पर्याप्त, तर्कसंगत हैं या नहीं। हालाँकि, यदि पाठक पर डेटा थोपे गए हैं तो उसे पता नहीं चलेगा कैसे प्रतिक्रिया देना है। यह भी संभव है कि लेखक ने जान-बूझकर या असावधानी से डेटा प्रस्तुत नहीं किए हैं, क्योंकि वे डेटा किए जा रहे दावे के लिए असुविधाजनक हो सकते हैं। ऐसे मामलों में, एक जानकर पाठक द्वारा दावे या निष्कर्ष के बारे में सवाल किए जाने की संभावना है।

व्याकरण की भूमिका और उपयोग

चाहे आपका विश्लेषण उत्कृष्ट हो तो भी आप आपके पाठकों को गँवा सकते हैं यदि आपकी भाषा—व्याकरण, शब्दावली, वर्तनी और विराम चिह्न—अपर्याप्त, गलत अथवा आसानी से संसाधित करने के लिए जटिल है। यह आपके पाठकों द्वारा आपके अर्थ के पुनर्गठन के लिए केवल लेख में दिए गए संकेतों पर निर्भर होने के परिणामों में से एक है। हो सकता है कि वे आपके द्वारा लेखन में रखे गए अर्थ को समझ नहीं पाते हो यदि आपका व्याकरण, शब्दावली, वाक्य संरचना अथवा विराम चिह्न उन्हें अवांछित दिशाओं में ले जा रहे हैं। चाहे वह अर्थ समझ भी सकते हैं फिर भी वे लेख को पढ़ना छोड़ सकते हैं यदि वे त्रुटियाँ उन्हें सताती हैं या उन्हें ऐसी छाप देती है कि आप बहुत ही औपचारिक और लापरवाह हैं। वे उसे केवल तभी पढ़ते हैं जब उन्हें पढ़ना जरूरी ही होता है, जैसे ऐसे पत्र जिनका उन्हें किसी परीक्षा अथवा किसी साक्षात्कार के लिए अध्ययन करने के लिए कहा जाता है। यदि आपका पाठक आपका शिक्षक है, तो ऐसी संभावना अधिक है कि आपके विश्लेषण उनकी लायकी से कम ग्रेड प्राप्त करेंगे।

कल्पना कीजिए कि आपको एक टूटे हुए कप में चाय प्रस्तुत की जाती है। यदि आप जानते हैं कि चाय सुरक्षित है फिर भी हो सकता है कि आप उसे फेंक दें क्योंकि कप में स्थित गंदी दरार आपका मूड ऑफ कर देती है। आप, बेशक, उस कप में से पी सकते हैं, यदि आप को चाय की सख्त जरूरत है और आपके पास और कोई विकल्प नहीं है। अब कल्पना कीजिए कि आपको चाय पीने की जबरदस्त इच्छा है, लेकिन कप में दरार इतनी बड़ी है कि जब तक आप गरम चाय के तीन या चार घूँट लेते हैं तब तक पूरी चाय उसमें से बह जाती है। आप पूरी चाय पीना चाहते हैं लेकिन, आप नहीं पी सकते; चाय उस कप में रह नहीं सकती। भाषा की त्रुटियाँ कप में मौजूद दरार जैसी हैं। कुछ आपको सताती हैं, लेकिन यदि आप आगे पढ़ने को चुनते हैं तो आपको अर्थ प्राप्त करने से रोकती नहीं हैं। कुछ आपको परेशान नहीं करती हैं क्योंकि आप तुरंत उन्हें अनपेक्षित त्रुटियों के रूप में पहचान लेते हैं और मन ही मन उन्हें उनके सही समकक्ष से बदल देते हैं। शायद आप स्वयं इनमें से कुछ त्रुटियाँ करते हैं। कुछ अन्य त्रुटियाँ और वाक्य संरचनाएँ इतनी खराब हैं कि आप आगे पढ़ना चाहते भी है फिर भी आप उनका अर्थ समझ नहीं पाते हैं। इन सभी प्रकार की त्रुटियाँ से बचना महत्वपूर्ण है क्योंकि आप अपने पाठक गँवा सकते हैं या वे जो आपका लेखन पढ़ते हैं वे आपको आपके द्वारा किये गये कार्य और आपके द्वारा उत्पन्न की गई जानकारी का उससे कम मूल्यांकन कर सकते हैं जिसके लिए आप लायक हैं।

आइये अंग्रेजी में से कुछ उदाहरण देखें। इसके पीछे के सिद्धांत दूसरी भाषाओं में लेखन के लिए भी लागू होते हैं।

तालिका 3.1 वे त्रुटियाँ (व्याकरण, शब्दावली, विराम चिह्न) दर्शाती है जो पाठकों को परेशान करती हैं लेकिन वे उतनी गंभीर नहीं होती हैं जिससे पाठकों को संदर्भ में से सही अर्थ समझने से रोक सके।

कष्टप्रद त्रुटियों के साथ मूल वाक्य मैनेजमेंट के स्नातक छात्रों द्वारा प्रस्तुत औपचारिक असाइनमेंट्स में से लिए गए हैं। सूचित संशोधन मूल लेखन में कम से कम परिवर्तन के साथ की गई क्षति की मरम्मत करता है।

तालिका 3.1 वे त्रुटियाँ जो परेशान करती हैं लेकिन समझ को अवरूद्ध नहीं करती

मूल वाक्य	सुझाया गया संशोधन
ग्रामीण भारत की खपत शैली को करीब से देखकर पता चलता है कि वहाँ ....में न केवल वृद्धि हुई है	ग्रामीण भारत की खपत शैली को करीब से देखने से पता चलता है कि वहाँ ....में केवल वृद्धि हुई है
लेकिन काफी देर बाद हमने देखा कि ग्रामीण उद्यमिता ने ...का दरवाजा खोला है	लेकिन हाल ही में हमने देखा है कि ग्रामीण उद्यमिता ने ...का दरवाजा खोला है
2000 के बाद से से ग्राहक आधार में चीखते 173% के CAGR के साथ टेलीकोम उद्योग...	2000 के बाद से से ग्राहक आधार में उल्लेखनीय 173% के CAGR के साथ टेलीकोम उद्योग...
प्रणाली का प्रभावी ढंग से प्रबंध करने के लिए निधि की कमी है।	प्रणाली का प्रभावी ढंग से प्रबंध करने के लिए कोई निधि नहीं है।
सरकार ने 3G स्पेक्ट्रम के लिए कोई भी प्रवेश फीस लागू न करने के लिए तय किया है।	सरकार ने तय किया है कि 3G स्पेक्ट्रम के लिए कोई भी प्रवेश फी चार्ज नहीं करना है।
...उन बीमारियों के लिए दवाई जो भारत के लिए अनन्य है जैसे मलेरिया।	...मलेरिया जैसी बीमारियों के लिए दवाई जो भारत में आम हैं।
हालाँकि वहाँ 20000 संस्थाएँ थीं, परंतु केवल 10 कंपनियों ने वास्तव में उचित आरएंडडी शुरू किया है।	हालाँकि वहाँ 20000 संस्थाएँ थीं, परंतु 20 से भी कम कंपनियों ने वास्तव में उचित आरएंडडी शुरू किया है।
किसी भी संकट प्रबंधन के सबसे महत्वपूर्ण पहलू में से एक है संचार...	किसी भी संकट प्रबंधन के सबसे महत्वपूर्ण पहलुओं में से एक है संचार...
भारत एक विकसित राष्ट्र होने के अपने प्रयास की दिशा तेजी से आगे बढ़ रहा है।	भारत एक विकसित राष्ट्र होने के अपने लक्ष्य की दिशा में तेजी से आगे बढ़ रहा है।
अदालतों को एक मामले को अच्छी तरह से निपटाने के लिए से 2 से 5 साल के बीच कुछ भी समय लग सकता है....	अदालतों को एक मामले को निपटाने के लिए दो से पाँच साल लग सकते हैं...//एक मामले को निपटाने के लिए अदालतों को पाँच साल तक लग सकते हैं...
जबकि विदेशी कम्पनियाँ आरएंडडी के लिए अपने मुनाफे का लगभग 15 से 20 %तक खर्च करती हैं...	जबकि विदेशी कम्पनियाँ आरएंडडी पर अपने मुनाफे का 15 से 20 प्रतिशत खर्च करती हैं...
वह ...के प्रति जितना संभव हो उतना कम भुगतान करना चाहते हैं	वह ...के प्रति जितना संभव हो उतना थोड़ा भुगतान करना चाहते हैं
यह...विकास ग्रामीण और शहरी भारत की आय में बढ़ती विविधता में रूपांतरित हुआ है।	यह...विकास ग्रामीण और शहरी भारत की आय के बीच बढ़ती असमानता की ओर ले गया है।
ऐसी परिस्थिति न केवल प्रतिष्ठा को हानि पहुंचाती है बल्कि कर्मचारी का मनोबल भी हिला देती है।	ऐसी परिस्थिति न केवल [कंपनी की] प्रतिष्ठा को हानि पहुंचाती है बल्कि कर्मचारी के मनोबल को भी हिला देती है।
एक संदेश ... सभी को और अधिक बेहतर रूप से प्रबंधित करना जरूरी है।	एक संदेश ... को बेहतर रूप से प्रबंधित होना जरूरी है।

(तालिका 3.1 जारी)

(तालिका 3.1 जारी)

मूल वाक्य	सुझाया गया संशोधन
...उन थोड़ी चीजों में से एक जिसे मैंने अपने कर्तव्यों के हिस्से के रूप में किया था वे नियमित रूप से ग्राहक फीडबैक सत्रों का आयोजन करना था।	...उन थोड़ी चीजों में से एक जिसे मैंने अपने कर्तव्यों के हिस्से के रूप में किया था वह नियमित रूप से ग्राहक फीडबैक सत्रों का आयोजन करना था।
एफएमसीजी क्षेत्र के प्रमुख खंड हैं व्यक्तिगत देखभाल, **घरेलू देखभाल, ब्रांडेड और डिब्बाबंद खाद्य और पेय, शराब और तम्बाकू।**	एफएमसीजी क्षेत्र के प्रमुख खंड हैं व्यक्तिगत देखभाल, घरेलू देखभाल, ब्रांडेड और डिब्बाबंद खाद्य और पेय, शराब और तम्बाकू। [अतिरिक्त मोटे अक्षरों में लिखना टाला गया है।]
श्रमिकों को नियमित रूप से सूचित करना तुम्हारा कर्तव्य है।	श्रमिकों के साथ नियमित रूप से बातचीत करना तुम्हारा कर्तव्य है।
हालाँकि राशि के संदर्भ में आधे वर्ष के दौरान लगभग सकल एनपीए में 450 करोड़ रूपये की शुद्ध वृद्धि हुई है।	रूपये के संदर्भ में, हालाँकि, आधे वर्ष के दौरान लगभग सकल एनपीए में 450 करोड़ रूपये के आसपास की शुद्ध वृद्धि हुई है। //आधे साल के दौरान सकल एनपीए में 450 करोड़ रु के आसपास कुल वृद्धि हुई है।
अन्य बैंको से लोगों को लाना फ्रंटियर नेशनल बैंक कर्मचारियों की नैतिकता को नष्ट कर देगा।	अन्य बैंको से लोगों को लाना फ्रंटियर नेशनल बैंक कर्मचारियों के मनोबल को नष्ट कर देगा।
इसमें मौजूदा स्थिति का विस्तार से विश्लेषण करना और कानूनी पर्यावरण शामिल है।	इसमें मौजूदा स्थिति का और कानूनी पर्यावरण का एक विस्तृत विश्लेषण शामिल है।
यह लाभ तब तक जारी रहेगा जब तक वोल्टएम्प अपना एकाधिकार दर्जा बनाए रखेगा।	यह लाभ तब तक जारी रहेगा जब तक वोल्टएम्प अपना एकाधिकार बनाए रखता है।
निम्न प्रमुख सीखने के थे:	निम्नलिखित प्रमुख सीखें थी:
प्रशिक्षित कीजिए वे श्रमिक है	उसके श्रमिकों को प्रशिक्षित कीजिए
बक्सों की एक बड़ी नही	बक्सों का एक बड़ी संख्या
मानलो अगर वह यहाँ आता है	यदि वह यहाँ आता है
10000$	$10,000
इसके बावजूद	बावजूद इसके/बावजूद
आज तक	तारीख तक
उन्होंने मुझे सुझाव दिया ...	उन्होंने मेरे लिए सुझाव दिया...

स्रोत: लेखक (छात्र असाइनमेंट्स में से निर्माण किया गया)

कुछ त्रुटियाँ अथवा अजीब वाक्य संरचनाएँ ऐसी होती हैं कि लेखन को पुन: पढ़ने के बाद भी, लेखक द्वारा अभिप्रेत अर्थ को समझना मुश्किल होता है। तालिका 3.2 में, स्नातक छात्र रिपोर्टों में से लिए गए कुछ उदाहरण दिए गए हैं। हो सकता है कि संशोधन का प्रयास मूल लेखकों के इरादे को पकड़ पाये या न पकड़ पाये।

तालिका 3.2 वे परेशान करने वाले वाक्य जिन्हें समझना मुश्किल है

मूल वाक्य	सुझाया गया संशोधन
टेलीकोम उद्योग की प्रगति को सरकार की विविध नीतियों के साथ जोड़ा जा सकता है तालिका 1 में वर्णित की गई हैं। *[यह स्पष्ट नहीं है कि वह उद्योग की प्रगति है या सरकार की नीतियाँ हैं जिसे तालिका में वर्णित किया गया है। इसलिए दो संशोधित संस्करण।]*	सरकार की विविध नीतियों से जुड़ी टेलीकोम उद्योग की प्रगति, तालिका 1 में वर्णित की गई है। //टेलीकोम उद्योग की प्रगति को सरकार की विविध नीतियों के साथ जोड़ा जा सकता है, जो तालिका 1 में वर्णित की गई हैं।
ग्रामीण उद्यमिता के साथ जुड़ने के लिए कोर्पोरेट्स के सामने अनेक चुनौतियाँ हैं जो एक हद तक सस्ते श्रम उपलब्धता के फायदे को व्यर्थ बनाती हैं।	[लेखक का शायद मतलब था:] कम्पनियाँ अनेक समस्याओं का सामना करती हैं जब वे एक हद तक सस्ते श्रम के फायदे को व्यर्थ बनाने के लिए स्वयं को ग्रामीण उद्यमिता के साथ जोड़ती हैं।
यह लेख टेलीकोम उद्योग के मौजूदा परिदृश्य के साथ शुरू होता है, क्योंकि वह कमजोर इन्फ्रास्ट्रक्चर और असन्तुष्ट ग्राहकों द्वारा बिगड़ा हुआ है, जिसके बावजूद वह दूरसंचार उद्योग और उसकी नीतियों के इतिहास के बाद अभी भी भारत में तेजी से बढ़ते क्षेत्रों में रहा है।	यह लेख भारतीय टेलीकोम उद्योग में वर्तमान स्थिति के साथ शुरू होता है, जो कमजोर इन्फ्रास्ट्रक्चर और असन्तुष्ट ग्राहकों के बावजूद तेजी से बढ़ रहा है। यह दूरसंचार उद्योग के एक संक्षिप्त इतिहास और उसकी नीतियों के बाद हुआ है।
...उन्हें भारी वित्तीय नुकसान का सामना करना पड़ा था लेकिन एक उचित और अच्छी तरह से सोची गई प्रतिक्रिया तथा कार्यों ने उसकी प्रतिष्ठा को क्षतिग्रस्त नहीं किया है।	...उन्हें भारी वित्तीय नुकसान का सामना करना पड़ा था लेकिन उनकी अच्छी तरह से सोची गई प्रतिक्रिया तथा कार्यों ने उसकी प्रतिष्ठा को क्षतिग्रस्त होने से बचा लिया है।
एक उत्साहजनक कार्य संस्कृति के साथ मिलकर त्वरित विकास जो उसके लोगों को सशक्त बनाता है, टीम निर्माण को बढ़ावा देता है और नए विचारों को प्रोत्साहित करता है, वह विकास करने की मैरिको की अपार क्षमता को दर्शाता है।	मैरिको में एक उत्साहजनक कार्य संस्कृति है जो उसके उसके लोगों को सशक्त बनाती है, टीम निर्माण को बढ़ावा देती है और नए विचारों को प्रोत्साहित करती है। यह, उसके त्वरित विकास *[?]* के साथ मिलकर, विकास करने की उसकी अपार क्षमता दर्शाती है।
संक्षेप में, ऐसा पाया गया है कि इसमें कोई शक नहीं है कि डिब्बाबंद खाद्य भारतीय घरों में एक उल्लेखनीय तरीके से प्रवेश करने में सक्षम हुआ है लेकिन अभी भी उसमें और भारत में खाने के लिए तैयार खाद्य बाजार का पता लगाने के लिए विशाल अवसर मौजूद हैं जो परंपरागत खाद्य आदतों के साथ उच्च सहसंबंध में है।	संक्षेप में प्रस्तुत करने के लिए: डिब्बाबंद खाद्य निस्संदेह रूप से भारतीय घरों में एक उल्लेखनीय तरीके से प्रवेश करने के लिए सक्षम हुआ है। हालाँकि, वहाँ अभी भी पता लगाए जाने के लिए विशाल अवसर हैं, विशेष रूप से खाने-के लिए-तैयार खाद्य खंड में जो परंपरागत खाद्य आदतों को पूरा करता है।
दोनों लिंग के कर्मचारियों वाला संगठन और काम की प्रकृति के कारण निरंतर बातचीत के लिए विवश करता है मौजूदा बातचीत पैटर्न्स को पहचानने के लिए एक प्रश्नावली सर्वेक्षण किया गया था।	संगठन के पुरुष और महिला कर्मचारियों के बीच बातचीत पैटर्न्स को पहचानने के लिए एक प्रश्नावली सर्वेक्षण किया गया था, जहाँ कार्य की प्रकृति उन्हें दोनों लिंग के सदस्यों के साथ निरंतर बातचीत करने के लिए विवश करती है।

(तालिका 3.2 जारी)

(तालिका 3.2 जारी)

मूल वाक्य	सुझाया गया संशोधन
वहाँ एक नया प्रवेशी था जो इंडमोबाईल नाम देने से पहले किसी भी सर्किल में अस्तित्व में नहीं था जिसने एक सर्किल के लिए बोली में हिस्सा लिया था।	इंडमोबाईल, जो पहले किसी भी सर्किल में मौजूद नहीं रहा था, उसने एक सर्किल के लिए बोली में हिस्सा लिया था।
...भारत का आर्थिक विकास सर्विस क्षेत्र में अधिक प्रतिबिंबित होता है और कृषि क्षेत्र को नजरअंदाज करता है जो आबादी के 70% को रोजगार देता है।	...भारत का आर्थिक विकास मुख्य रूप से सर्विस क्षेत्र में हुआ है; उसने कृषि क्षेत्र को पार कर दिया है जो आबादी के 70% बनाता है।

स्रोत: लेखक (छात्र असाइनमेंट्स में से निर्माण किया गया)

भले ही आपने जिन शब्दों का उपयोग किया है वे अच्छी तरह पारिभाषित हैं, फिर भी पाठकों को आपके लेखन को समझने में मुश्किल हो सकती है, यदि आपने इसके बारे में उनकी अपेक्षाओं को भंग किया है कि किस बात को कहाँ ढूँढना है। एक पुस्तक या लेख या यहाँ तक कि एक परिच्छेद को भी पढ़ना एक सुपरमार्केट में जाने जैसा होता है। आपको हेयर केयर खंड में शेम्पू पाने की उम्मीद है। यदि उन्हें डिटरजेंट्स अथवा ग्रोसरी खंड में प्रदर्शित किया गया है, तो आप उन्हें हेयर केयर खंड में ढूँढते हुए परेशान हो सकते हैं। सुपरमार्केट के मैनेजर के पास शेम्पू को डिटरजेंट्स अथवा ग्रोसरी खंड में रखने के लिए कोई कारण हो सकता है, लेकिन आप उन्हें देख नहीं पाते और परेशान हो जाते हैं।

उस "जानकारी को अधिक आसानी से और अधिक एकसमान रूप से समझा जा सकता है यदि उसे वहाँ रखा जाता है जहाँ पाठक उसे देखने की अपेक्षा रखते हैं" यह एक आसान, फिर भी शक्तिशाली अंतर्दृष्टि है जो जॉर्ज डी. गोपन और जुडिथ ए. स्वॉन द्वारा प्रदान की गई है, जो अमेरिकन सायंटिस्ट में "The Science of Scientific Writing" में प्रकाशित हुआ था (नवंबर–दिसंबर, 1990)।

वह कहते हैं कि पाठक लेखन में जड़े अर्थ को पढ़ते और ढूंढते नहीं हैं, लेकिन वह लेखन को पढ़ते और उसकी व्याख्या करते हैं। वह लेखक और पाठक के बीच का एक सहयोग है। इसलिए, लेखक को पाठकों की अपेक्षाओं का पता लगाना होता है और उन्हें बिना कठिनाई के समझने के लिए प्रदान करना होता है।

Gopen and Swan (1990) इस मुद्दे को तीन आसान तालिका, अ, ब और स के साथ नीचे शब्दश: दर्शाते हैं। तालिका अ एक जाँचकर्ता द्वारा इकट्ठा किए गए डेटा को प्रस्तुत करते हुए एक संभव तरीका दर्शाती है जिसने प्रत्येक तीन मिनट में मापन ले कर एक तरल पदार्थ के तापमान को ट्रैक किया था।

तालिका अ:

t(समय)=15', T(तापमान)=32°; t=0', T=25°; t=6', T=29°; t=3', T=27°;
t=12', T=32°; t=9', T=31°.

ऊपर प्रस्तुत जानकारी सही है, लेकिन हमें उसे पढ़ने और उसका अर्थ समझने में मुश्किल होती है क्योंकि वह उचित रूप से अनुक्रम में नहीं है। तालिका ब उसी जानकारी को भिन्न तरीके से प्रस्तुत करती है।

तालिका ब:

समय (मिन.)	तापमान (°C)
0	25
3	27
6	29
9	31
12	32
15	32

तालिका ब पाठकों को समझने के लिए आसान है क्योंकि आंशिक रूप से वह तालिका के स्वरूप में है और आंशिक रूप से इसलिए क्योंकि यह संरचना पाठकों की अपेक्षाओं से मेल खाती है। गोपन और स्वॉन तर्क देते हैं, "चूँकि हम बाएँ से दाएं पढ़ते हैं, इसलिए हम संदर्भ [अर्थात समय] को बाएँ तरफ होना पसंद करते हैं, जहाँ वह पाठक को और अधिक प्रभावी ढंग से परिचित बना सकता है। हम नई, महत्वपूर्ण जानकारी [अर्थात, तापमान परिवर्तन] को दाहिनी ओर रखना पसंद करते हैं, क्योंकि उसका कार्य पाठक की उत्सुकता बढ़ाना है।" दूसरे शब्दों में, तालिका ब पाठक अपेक्षाओं से मेल खाती है जबकि तालिका अ नहीं करती।

इसी जानकारी के साथ तालिका ब पाठकों के लिए मुश्किल बन जाती है यदि क्रम को उलट दिया जाता है जैसे तालिका स में।

तालिका स:

तापमान (°C)	समय (मिन.)
25	0
27	3
29	6
31	9
32	12
32	15

यहाँ संदर्भ (समय) नई जानकारी (तापमान परिवर्तन) के बाद आता है जो लेखक पाठकों के साथ साझा करना चाहता है। इसलिए, भले ही वह तालिका के स्वरूप में है और तालिका अ से बेहतर है, फिर भी वह पाठकों के लिए मुश्किल है।

Gopen and Swan के अनुसार, एक वाक्य में व्याकरण संबंधी विषय के बाद जितना जल्दी संभव हो उतनी जल्दी क्रिया आनी चाहिए। पाठक एक "वाक्यात्मक प्रस्ताव" की अपेक्षा करता है जो केवल क्रिया ही कर सकती है क्योंकि क्रिया पाठक को बताती है व्याकरण संबंधी विषय क्या करता है। यदि उसमें दोनों को अलग करते हुए बहुत सारे शब्द और वाक्यांश हैं, तो पाठक उन्हें मुद्दे पर पहुँचने और समाधान करने के लिए क्रिया के लिए प्रतीक्षा करते हुए विक्षेप के रूप में देखता है। क्रिया के लिए प्रतीक्षा करते हुए उसके पर्याप्त रूप से रूकावट की व्याख्या करने की संभावना नहीं होती है। इसके बदले, वह हस्तक्षेप करते शब्दों को कम महत्वपूर्ण समझता है या उन्हें नजरंदाज करता है। 'स्टाइल' में, Williams (1990, पृ. 23–25) भी कर्ता और क्रिया के बीच जितना संभव हो उतना कम अंतर रखने की जरूरत पर जोर देता है।

Gopen and Swan (1990) भी वाक्य के प्रारंभ को उसका "विषय स्थान" कहते हैं। नई जानकारी जिस पर जोर देने की जरूरत है उसे "जोर वाले स्थानों" पर आना चाहिए, जो सामान्य रूप से वाक्यात्मक समापन के स्थानों पर होते हैं, जैसे किसी अनुच्छेद अथवा वाक्य का अंत। यदि सबसे महत्वपूर्ण विचार कहीं ओर दिखाई देता है, तो पाठक गुमराह या विचलित हो जाता है। एक लंबे वाक्य में अपूर्ण विराम या अर्धविराम की मदद से सहायक जोर स्थान उत्पन्न किए जा सकते हैं जो लगभग किसी वाक्य के अंत में पूर्ण विराम के समान ही एक वाक्यात्मक समापन को दर्शाते हैं।

पाठकों की इन दो सबसे आम अपेक्षाओं को जानना और जाँच करना कि क्या आपका लेखन उन्हें पूरा करता है या नहीं आपको अत्यधिक पठनीय शैक्षणिक लेखन उत्पन्न करने में मदद करेगा।

अध्याय का सारांश

इस अध्याय में, हमने देखा कि बोलने की तुलना में लेखन को अधिक चुनौतीपूर्ण क्या बनाता है। हमने नोट किया है कि पाठक से त्वरित फीडबैक प्राप्त ना होना लेखन को कठिन बनाता है। हमने संभावित पाठकों की अपेक्षाओं का अनुमान लगाया है और संवाद को प्रभावी बनाने के लिए हमारे लेखन को उसी तरह ढाला है।

हमने शैक्षणिक लेखन की विशेषताओं पर भी ध्यान दिया है जो उसे पत्रकारिता और रचनात्मक लेखन से अलग करती हैं। शैक्षणिक लेखन जानकारी पर केन्द्रित हैं जबकि पत्रकारिता लेखन हाल की घटनाओं के आसपास किया जाता है, और रचनात्मक लेखन लेखक की कल्पना से प्राप्त होता है। हमने यह भी देखा है कि विश्लेषण करना शैक्षणिक लेखन की आत्मा है। दावा बनने के लिए उनका विश्लेषण करने के बजाय पाठकों पर डेटा थोंपना उन्हें विमुख कर देता है। दूसरा कारक जो पाठक को दूर कर देता है वह नियोजित भाषा का प्रकार है, चाहे विश्लेषण उत्कृष्ट ही क्यों न हों। यदि व्याकरण, शब्दावली और विराम चिह्न में त्रुटियाँ हैं, अथवा यदि वाक्य संरचना अत्यंत जटिल है या पाठक की अपेक्षाओं से बहुत ही भिन्न हैं, तो पाठक विमुख हो सकते हैं।

अध्याय 4 में, हम बातचीत की इकाई की ओर देखेंगे, अर्थात, परिच्छेद। यदि हम परिच्छेद में विशेषज्ञ हो जाते हैं, तो एक लंबा हिस्सा लिखना बिलकुल भी मुश्किल नहीं है।

4

परिच्छेद लिखने में महारत हासिल करना

अध्याय का विहंगावलोकन

अध्याय 3 में हमने देखा कि शैक्षणिक लेखन का सार एक दावा करना अथवा एक थीसिस व्यक्त करना तथा उसे प्रमाण के साथ समर्थित करना है, जिसमें अक्सर डेटा अथवा तार्किक प्रकथन शामिल होते हैं। एक लेखक यह कार्य अनेक परिच्छेदों द्वारा करता है, जिसमें वह प्रत्येक पत्र के समग्र उद्देश्य के भीतर एक अधीनस्थ काम करता है। यदि हम परिच्छेद लिखने में महारत हासिल करते हैं, जो शैक्षणिक लेख का निर्माण खंड होता है, तो हम प्रबंध में महारत हासिल करने के अपने मार्ग पर प्रगति कर सकते हैं। इस अध्याय में इसलिए, हम परिच्छेद पर ध्यान केन्द्रित करते हैं।

एक परिच्छेद बोन्साई पेड़ जैसा होता है। बोन्साई पेड़ में एक बड़े पेड़ की तरह ही जड़ें, तना, शाखाएँ और पत्तियाँ होती है, वैसे ही हम कह सकते हैं कि एक परिच्छेद में वह सब कुछ होता है जो एक प्रबंध या रिपोर्ट में होता है, लेकिन छोटे पैमाने पर। परिच्छेद पर ध्यान केन्द्रित करने का लाभ यह है कि हम एक ही नजर में लेखन के सभी हिस्से देख सकते हैं और जाँच सकते हैं कि उसमें अच्छे शैक्षणिक लेखन के गुण हैं या नहीं। जैसे ही हम परिच्छेद बनाने में महारत हासिल कर लेते हैं, वैसे ही हमारे लिए एक प्रबंध का गठन करने के लिए कई परिच्छेदों को एक साथ रखना आसान हो जाता है। यहाँ प्रबंध में वह सारे गुण होते हैं जो हम अच्छे परिच्छेदों में देखते हैं।

हम एक अच्छे परिच्छेद के दो अनिवार्य गुणों पर विचार करेंगे: एकरूपता और सामंजस्य। हम इन दो गुणों का होना अनिवार्य मानते हैं क्योंकि किसी परिच्छेद में यह दो गुण नहीं है तो वह एक परिच्छेद *नहीं* है। बेशक, ऐसे और गुण हैं जो एक परिच्छेद में आदर्श रूप से होने चाहिए, वह हैं संक्षिप्तता, तार्किक कठोरता और स्पष्टता। हम उन पर भी थोड़ा ध्यान देंगे। हम परिच्छेदों के विविध प्रकारों का भी पता लगाएँगे जो पत्रों और असाइनमेंट्स जैसे शैक्षणिक लेखन के हिस्से बनाते हैं।

अच्छे परिच्छेदों और उतने अच्छे न होने वाले परिच्छेदों के हमारे सभी उद्धरण छात्र असाइनमेंट्स में से लिए गये हैं। वह जर्नल्स में प्रकाशित अथवा सम्मेलनों में प्रस्तुत किए गए पत्रों में से आसानी से लिए जा सकते थे। परिच्छेद के स्तर पर, यह बात महत्वहीन है कि शैक्षणिक लेखन के नमूनों के यह स्रोत कहाँ से आए हैं।

परिच्छेद की संरचना

जब हम उसे देखते हैं तब हम आसानी से बता सकते हैं कि यह एक परिच्छेद है। परिच्छेद लेखन के वे खंड होते हैं जो एक पंक्ति की जगह अथवा पहली पंक्ति में इंडेंटेशन द्वारा एक दूसरे से अलग किए जाते हैं। लेकिन वह कौनसी बात है जो परिच्छेद को लेखन का एक खंड बनाता है? आइये हम वह एक-शब्द अथवा एक-वाक्यांश परिच्छेद को एक तरफ रखते हैं जो पत्रकरिता और रचनात्मक लेखन में काफी आम होते हैं, और हमें मान्य परिच्छेदों से सीमित करते हैं जो हम शैक्षणिक लेखनों में देखते हैं। हम ऐसे परिच्छेद को संबंधित वाक्यों के संरचित संग्रह के तौर पर पारिभाषित कर सकते हैं जो एकसाथ मिलकर एक विषय के बारे में एक लघु कथा कहते हैं।

हम मॉरिस नीडलमैन (1968) के *हैंडबुक फॉर प्रैक्टिकल कम्पोजिशन:* में और अधिक व्यापक परिभाषा पाते हैं..."किसी मूलभूत विचार को व्यक्त और विकसित करते संबंधित वाक्यों का एक समूह अथवा कोई एकल विषय, प्रमुख विचार या विचार-प्रक्रिया के विशेष चरण का बयान करने के लिए क्रम में रखे गए संबंधित वाक्यों की एक श्रेणी" (पृ. 87)।

हम व्यापक रूप से तीन प्रकार के परिच्छेदों का अवलोकन करते हैं: कथात्मक, वर्णनात्मक और व्याख्यात्मक। कथात्मक परिच्छेद घटनाओं का बयान करते हैं, वर्णनात्मक परिच्छेद वस्तुओं और प्रक्रियाओं का वर्णन करते हैं, और व्याख्यात्मक परिच्छेद घटना और उनके रिश्तों को समझाते हैं। शैक्षणिक पत्र इन सभी प्रकारों का एक मिश्रण होते हैं। हम उन प्रत्येक पर ध्यान देंगे लेकिन हमारा ध्यान व्याख्यात्मक परिच्छेदों पर अधिक होगा।

परिच्छेद की संरचना से हमारा मतलब है कि परिच्छेद में वाक्यों को किस क्रम में सजाया जाता है, और कैसे यह संरचना परिच्छेद द्वारा कही जाने वाली कथा के प्रकार पर आधारित होती है। उदाहरण के लिए, एक कथात्मक परिच्छेद में वाक्य कालानुक्रमिक क्रम में होते हैं, अर्थात, उस क्रम में जिसमें एक घटना अथवा प्रक्रिया के विविध चरण घटित हुए थे। यहाँ एक उदाहरण है:

> हमने साइट के स्क्रीनशॉटस और उसके पाँच प्रतिस्पर्धियों (F2H, WD, ML, UV, HZ और CF) के उपयोग से 6 उत्पाद अवधारणाएँ उत्पन्न की थी। इसके लिए, हमने फाइव-पॉइंट-स्केल पर जोड़ों के अनुसार वरीयता डेटा इकट्ठा किए थे। कुल मिलाकर 97 प्रतिक्रियाएँ एकत्र हुई थी जिसमें से 11 उपयोग के लिए अयोग्य पाई गई थी। बाकी के डेटा को उत्तरदाताओं की समग्र वरीयता का पता लगाने के लिए संकलित किया गया था। फिर उन्हें 0 (बहुत समान) और 2 (बहुत असमान) के बीच असमानता स्केल के लिए रूपांतरित किया गया था। प्राप्त होनेवाले सममित मैट्रिक्स को फिर एमडीएस प्लॉट्स उत्पन्न करने के लिए बहुआयामी खुलासे के उपयोग के द्वारा विश्लेषित किया गया था।
>
> *(इसे छात्र असाइनमेंट "Understanding motivations in ordering food,"2008 में से लिया गया)*

यह परिच्छेद पाठक को बताता है कि लेखकों ने डेटा कैसे इकट्ठा किए हैं और कैसे उनका विश्लेषण किया है। उनके द्वारा लिए गए विविध चरणों को उसी क्रम में बताया गया है, जिस क्रम में उन्हें लिया गया था। यहाँ कुछ अंतर हो सकते हैं जैसे कि अंतिम चरण से शुरू करना और पीछे जाते

हुए काम करना, लेकिन कालक्रम एक अनुक्रमण सिद्धांत है जिसका मानक कथात्मक परिच्छेद में अनुसरण किया जाता है।

एक वर्णनात्मक परिच्छेद में वाक्य स्थानिक क्रम में होते हैं, अर्थात, उस क्रम में जिस क्रम में पर्यवेक्षक को एक वस्तु के विभिन्न हिस्से दिखाई देते हैं। लेखक बाएँ से दाएं अथवा दाएं से बाएँ, ऊपर से नीचे, अधिक प्रसिद्ध से कम प्रसिद्ध, सबसे छोटे से सबसे बड़े इत्यादि रूप में प्रस्तुत करना चुन सकता है। उदाहरण के लिए, यदि आप किसी घर का वर्णन करते हैं, तो आप सामने के दरवाजे से लाउन्ज की ओर जाना पसंद कर सकते हैं, वहाँ से शायद भोजन कक्ष और रसोई की ओर, और इस प्रकार अन्य बातों का वर्णन किया जा सकता है। अथवा आप घर के पीछे के हिस्से से प्रारंभ कर सकते हैं और बाएँ से दाएं अथवा आगे जा सकते हैं। आप जो क्रम चुनते हैं वह आपके उद्देश्यों पर आधारित होता है; हालाँकि, आपको सुनिश्चित करना चाहिए कि यह यह क्रम आसान हो। पाठक के लिए आपके विवरण का अनुसरण करना मुश्किल रहेगा यदि आप निचली मंज़िल पर सामने के दरवाजे से सीधे ही पहली मंज़िल पर किसी कमरे तक और फिर वापस निचली मंज़िल में भोजन कक्ष में आते हैं।

एक पृथक्करण का वर्णन करते समय, जो हमें अक्सर शैक्षणिक लेखन में करना होता है, हम अनिवार्य रूप से स्थानिक क्रम का उपयोग करते हैं। लेकिन भौतिक क्रम तलाशने के बजाय, हम तार्किक क्रम को तलाशते हैं। दूसरे शब्दों में, पाठक के लिए समग्र रूप से किसी विचार को पाने के लिए एक वाक्य से अगले वाक्य पर जाना आसान होना चाहिए। टाटा स्टील के निम्न विवरण का अध्ययन कीजिए:

> टाटा स्टील भारत में सबसे बड़ी और दुनिया में पाँचवी सबसे बड़ी एकीकृत निजी क्षेत्र की इस्पात कंपनी है। 1907 में स्थापित, यह कंपनी स्टील, वेल्डेड स्टील ट्यूब्स, कोल्ड रोल्ड स्ट्रिप्स, बेयरिंग और अन्य संबंधित उत्पादों का विनिर्माण और वितरण करती है। 31 दिसंबर 2007 तक श्री. रतन टाटा की अध्यक्षता वाली, टाटा स्टील पर मुख्य रूप से टाटा समूह की कंपनियों और सहयोगी कंपनियों (33.57%), विदेशी संस्थागत निवेशकर्ताओं (20.55%), बीमा कम्पनियों (15.41%), और रिटेल व्यक्तिगत निवेशकों (19.16%) का अधिकार है (शेयर होल्डिंग पैटर्न, 2007)।
>
> *(छात्र असाइनमेंट "Steel industry report," 2008 में से लिया गया)*

टाटा स्टील को यहाँ दुनिया की पाँचवी सबसे बड़ी एकीकृत स्टील कंपनी के रूप में प्रस्तुत किया गया है। यह विवरण इन सब के बारे में बताता है कि यह कंपनी कब स्थापित हुए, वह क्या बनाती है, उसे कौन चलाता है और कंपनी के कितने शेयर किसके पास है। चूँकि टाटा स्टील एक भौतिक चीज नहीं है, इसलिए वर्णनात्मक वाक्य जिस क्रम में आते हैं उसे पाठक के लिए समझने को मुश्किल बनाए बिना बदला जा सकता है।

व्याख्यात्मक परिच्छेद विभिन्न संरचनात्मक शैलियाँ प्रदर्शित करते हैं, जिनमें से प्रत्येक प्रस्तुत किए गए स्पष्टीकरण अथवा तर्क के प्रकार के आधार पर तार्किक होती हैं। आप एक कारण से शुरू कर सकते हैं और उसके प्रभाव या प्रभावों पर जा सकते हैं; अथवा एक प्रभाव से शुरू करके उसके

कारण अथवा कारणों पर जा सकते हैं। आप दो अथवा अधिक वस्तुओं, अवधारणाओं अथवा प्रक्रियाओं की तुलना अथवा विषमता दिखा सकते हैं। आप कोई विचार प्रस्तुत कर सकते हैं। आप तर्क प्रस्तुत कर सकते हैं जो किसी विचार का समर्थन करते हैं अथवा उसके विरूद्ध जाते हैं। आप वस्तुओं का विस्तृत विवरण सबसे महत्वपूर्ण से शुरू करके सबसे कम महत्वपूर्ण तक अथवा इसके उलटे क्रम में दे सकते हैं। आप उन वस्तुओं का विस्तृत विवरण भी कर सकते हैं जो उतने ही महत्व की होती हैं। दूसरे शब्दों में, व्याख्यात्मक परिच्छेदों में आप संरचनाओं की एक व्यापक श्रेणी प्राप्त कर सकते हैं।

हमारे पास इस अध्याय में आगे कई विश्लेषित किए नमूने के व्याख्यात्मक परिच्छेद होंगे। लेकिन आईए हम एक तार्किक संरचना को देखने के लिए एक परिच्छेद की जाँच करते हैं:

> यह सुरक्षित रूप से मान लिया जा सकता है कि हवाई यात्रा के लिए लंबी दूरी पर संचालित उड़ानों की तुलना में माँग की लोच कम दूरी पर संचालित एक उड़ान के लिए उच्च होती है। इसे इस तथ्य द्वारा समझाया जा सकता है कि एक उपभोक्ता के पास लंबी अवधि की उड़ानों के बजाय कम अवधि की उड़ानों के एवज़ में आम तौर पर परिवहन के अधिक विकल्प मौजूद होंगे, जैसे कार और रेल। यह देखते हुए कि अधिकतर अंतर्राष्ट्रीय उड़ानें लंबी दूरी की यात्रा के ब्रैकेट में होंगी, टिकट के मूल्य स्तरों में थोड़ी सी वृद्धि हवाई यात्रा गतिविधि अथवा एयरलाइन आय में अवांछित तेज गिरावट के बिना ईटीएस [इमिशन ट्रेडिंग स्कीम] के कारण लगने वाली लागतों को कवर कर सकती हैं।
>
> *(छात्र असाइनमेंट The EU cap on CO2 emissions by international aviation sector: What to expect?" 2008 में से लिया गया)*

यह परिच्छेद इमिशन ट्रेडिंग स्कीम [ईटीएस] में शामिल होते एयरलाइन उद्योग के पक्ष में दिए गये लेखकों के तर्क का हिस्सा है। वह एरलाइन्स की स्थिति को इस तर्क से अयोग्य ठहराना चाहते हैं कि ईटीएस में शामिल होने से लगने वाली अतिरिक्त लागतें उद्योग को खत्म कर देंगी। लेखकों के दावे को परिच्छेद के अंतिम वाक्य में यहाँ पुन:उत्पादित किया गया है: ईटीएस में शामिल होने की लागत को समाहित करने के लिए अंतर्राष्ट्रीय हवाई टिकटों के मूल्य में एक छोटी सी वृद्धि इस उद्योग को प्रतिकूल रूप से प्रभावित नहीं करेगी। वे इस नतीजे पर कैसे पहुँचे? परिच्छेद का पहला वाक्य उनकी मान्यता को दर्शाता है कि माँग की लोच मुख्य रूप से कम दूरी की उड़ानों को प्रभावित करती है। आसानी से उपलब्ध डेटा की ओर इशारा करते दूसरा वाक्य समझाता है कि यह मान्यता सही क्यों है: कम दूरी के ग्राहकों के पास आम तौर पर यात्रा के माध्यमों का कोई न कोई विकल्प होता है। निहितार्थ यह है कि यदि हवाई किराया बढ़ता है, तो ग्राहक यात्रा के वैकल्पिक माध्यमों की ओर मुड सकते हैं। तीसरा वाक्य लंबी दूरी की यात्रा में माँग में लचीलेपन की अनुपस्थिति का निहितार्थ व्यक्त करता है (जिसके पास कोई उचित गैर विमानन प्रतिस्पर्धा नहीं है)। यात्रियों के पास कोई विकल्प न होने के कारण वह मूल्य में थोड़ी सी वृद्धि होने के बावजूद हवाई यात्रा से ही चिपके रहेंगे। इसलिए, लेखक यह दावा करते हैं कि टिकट में की गई मूल्य वृद्धि इस उद्योग को हानि नहीं पहुंचाएगी।

How to Write a Paragraph: The Art of Substantive Writing, में Richard Paul and Linda Elder (2007) परिच्छेद के लिखने की घर के निर्माण के साथ तुलना करते हैं। विनिर्माण में डिजाइन और भवन-निर्माण शामिल होते हैं। दोनों ही महत्वपूर्ण होते हैं। वहाँ एक आधार होना चाहिए जो घर के आकार और ऊँचाई से अनुकूल हो। वहाँ कम से कम एक प्रवेशद्वार होना चाहिए, और दूसरों के लिए यह ढूँढना मुश्किल नहीं होना चाहिए कि प्रवेशद्वार कहाँ है। हमारे पास विभिन्न उद्देश्यों के लिए अथवा विभिन्न प्रकारों की इमारतों के लिए विभिन्न प्रकार की दीवारें मौजूद हैं। जब हम परिच्छेद की जाँच करते हैं तब इन बातों को याद रखना अच्छा होता है।

अध्याय 3 में, हमने Gopen and Swan's (1990) का अवलोकन देखा था कि किसी भी वाक्य में उसका विषय स्थान आम तौर पर शुरुआत में होता है। वाक्य के साथ एक समानांतर चित्र खींचते हुए हम कह सकते हैं कि एक परिच्छेद में भी विषय स्थान आम तौर पर शुरुआत में ही होता है। बाकी का परिच्छेद उस विषय का एक कहानी का विस्तारीकरण होता है। इसका अर्थ यह नहीं है कि परिच्छेद का पहला वाक्य हमेशा विषय वाक्य ही होता है। जहाँ परिच्छेद का प्रारंभ विषय स्थान होता है, वहीं विषय वाक्य परिच्छेद के मध्य में अथवा अंत में भी आ सकता है। विषय का गठन करने वाले दो वाक्यों का एकसाथ होना संभव है। विषय के लिए कोई विशिष्ट वाक्य समाविष्ट किए बिना उसका परिच्छेद में निहित होना भी संभव है। जब आप परिच्छेद को पढ़ते हैं तो आप विषय को पहचान लेते हैं। सबसे महत्वपूर्ण बात यह नही है कि विषय वाक्य कहाँ है अथवा क्या कोई विशिष्ट वाक्य विषय वाक्य होने के लिए लायक है या नहीं, बल्कि यह है कि वह परिच्छेद किसी विशिष्ट विषय के बारे में है या नहीं। कोई भी परिच्छेद तब तक एक परिच्छेद नहीं होता है जब तक उसमें कोई विषय नहीं है जो सभी वाक्यों को एकरूप बनाता है जो उस परिच्छेद का गठन करते हैं, अथवा कोई कहानी नहीं है जो उसमें समाविष्ट सभी वाक्यों की उपस्थिति को उचित ठहराती है।

विषय वाक्य पाठक को न केवल यह प्रस्तुत करता है कि परिच्छेद में क्या आनेवाला है बल्कि जो पहले से समाहित किया गया है उसे उसके साथ जोड़ता भी है। विविध साधनों के जरिए हम एक परिच्छेद में अथवा दस्तावेज में अन्य परिच्छेदों में प्रत्येक वाक्य को अन्य वाक्यों के साथ पीछे अथवा आगे जोड़ते हैं। तभी हमारे पास एक परिच्छेद होता है जो अच्छी तरह से डिजाइन किए गए और अच्छी तरह से बनाए गए घर के जैसा लगता है।

आइये परिच्छेद संरचना का पाठक पर होने वाले प्रभाव का अध्ययन करते हैं। यहाँ एक परिच्छेद है जो एक छोटी कहानी कहता है:

> प्रतिवर्तन समय [रेलवे वैगन] को सुधारने के लिए, वैगन गतिशीलता में आ रही बाधाओं को पहचाना और दूर किया गया था। प्रमुख टर्मिनल्स पर चौबीसों घंटे लोडिंग और अनलोडिंग चालू किया गया था। इस खोज के बाद कि रैक्स निवारक जाँच के तहत अथवा उसके लिए प्रतीक्षा करते हुए (58 खुले अथवा 40 ढंके हुए वैगनों की ट्रेन) अपना अधिकतर समय व्यय

करते थे, इसलिए क्लोज्ड सर्किट रैक्स की अवधारणा प्रस्तुत की गई थी। इन रैक्स की लोडिंग से पहले निर्धारित डिपो पर अधिकता से जाँच की जाएगी, और जाँच के लिए तब तक नहीं रोके जाएँगे जब तक वह एक राउंड ट्रिप पूर्ण नहीं कर लेते और मूल डिपो पर वापस नहीं आ जाते। विशिष्ट डिपो पर उच्च तीव्रता परीक्षण उत्तीर्ण करने वाले रैक्स अगले 7,500 किमी. के लिए योग्य घोषित किए जाते हैं।

(छात्र असाइनमेंट "Turnaround of Indian Railways," 2008 में से लिया गया; थोड़ा अनुकूलित)

यहाँ कहानी इस बारे में है कि भारतीय रेल में वैगनों के प्रतिवर्तन समय में सुधार लाने के लिए वैगन गतिशीलता में आ रही बाधाओं को कैसे पहचाना गया तथा उन्हें दूर किया गया। पहला वाक्य—अर्थात, विषय वाक्य—हमें इस कहानी का सार बताता है। बाकी का परिच्छेद इस बारे में कहता है कि वे दो बाधाएँ कौनसी थी और उन्हें कैसे दूर किया गया। पहली बाधा यह थी कि लोडिंग और अनलोडिंग को कुछ निर्धारित घंटे के लिए सीमित किया गया था, जबकि प्रमुख टर्मिनलों पर बहुत सारा लोडिंग और अनलोडिंग होना था। यह स्पष्ट रूप से नहीं कहा गया है लेकिन दूसरे वाक्य में सूचित किया गया है, जो कहता है कि इस बाधा को "चौबीसों घंटे लोडिंग और अनलोडिंग" चालू करके दूर किया गया था। बाकी का परिच्छेद अन्य प्रमुख बाधा और उसे दूर करने के लिए क्या किया गया उसका वर्णन करता है। अत्यधिक निरीक्षण किया जाना वैगनों का इष्टतम इस्तेमाल किए जाने से रोक रहा था। इसका उपाय था गहन निरीक्षण किया जाये और उसके बाद फिटनेस प्रमाण पत्र दिया जाये जो अधिक लंबे समय के लिए वैध होता।

इस परिच्छेद की संरचना का विवरण करने का दूसरा तरीका है कि पहला वाक्य एक दावा प्रस्तुत करता है: भारतीय रेल में प्रतिवर्तन समय में सुधार लाने के लिए वैगन गतिशीलता में आ रही बाधाओं को पहचाना गया और दूर किया गया। बाकी का परिच्छेद इस दावे के समर्थन के लिए प्रमाण के रूप में दो उदाहरण प्रदान करता है।

हम आसानी से देख सकते हैं कि एक परिच्छेद की संरचना क्या करती है, यदि हम वैगन गतिशीलता में आ रही बाधाओं के बारे में उस नमूने के परिच्छेद की तुलना निम्न परिच्छेद के साथ करते हैं:

विशिष्ट डिपो पर उच्च तीव्रता परीक्षण उत्तीर्ण करने वाले रैक्स अगले 7,500 किमी. के लिए योग्य घोषित किए जाते हैं। इस खोज के बाद कि रैक्स (58 खुले अथवा 40 ढंके हुए वैगनों की ट्रेन) निवारक जाँच के तहत अथवा उसके लिए प्रतीक्षा करते हुए अपना अधिकतर समय व्यय करते थे, इसलिए क्लोज्ड सर्किट रैक्स की अवधारणा प्रस्तुत की गई थी। प्रतिवर्तन समय [रेलवे वैगन] को सुधारने के लिए, वैगन की गतिशीलता में आ रही बाधाओं को पहचाना गया और उन्हें दूर किया गया था। प्रमुख टर्मिनलों पर चौबीसों घंटे लोडिंग और अनलोडिंग प्रारंभ की गई। इन रैक्स की लोडिंग से पहले निर्धारित डिपो पर बारीकी से जाँच की जाएगी, और वे

जाँच के लिए तब तक नहीं रोके जाएँगे जब तक एक राउंड ट्रिप पूर्ण नहीं कर लेते हैं और मूल डिपो पर वापस नहीं आ जाते।

आप यहाँ वही वाक्य देखते हैं जो पहले नमूने में थे, लेकिन एक साथ वे कोई कहानी नहीं कह रहे हैं। उसका कारण सरल है। पहला नमूना एक परिच्छेद है जबकि दूसरा केवल वाक्यों का एक समूह है। Paul and Elder's (2007) के रूपक को आगे ले जाते हुए हम कह सकते हैं कि पहला नमूना ईंटों की दीवार है जबकि दूसरा नमूना केवल ईंटों का ढेर है। एक अच्छी तरह से संरचित परिच्छेद पाठक को कहानी के साथ धीरे-धीरे आगे ले जाता है। यदि परिच्छेद खराब तरीके से संरचित किया गया है, तो उसमें स्थित विभिन्न वाक्य पाठक को विभिन्न दिशाओं में ले जायेंगे।

हमें एक पत्र में स्थित सभी परिच्छेदों के संपूर्ण होने की उम्मीद नहीं रखनी चाहिए। या किसी लेखन में परिच्छेद के कई प्रकार के शुद्ध निरूपण देखने की भी उम्मीद नहीं रखनी चाहिए। आपको पत्र द्वारा किए गए समग्र दावे के फ्रेमवर्क और दावे के समर्थन में प्रदान किए गए प्रमाण के भीतर प्रत्येक परिच्छेद को देखना चाहिए। उदाहरण के लिए, आप थोड़े मामले देख सकते हैं जहाँ परिच्छेद का अंतिम वाक्य वास्तव में उसका नहीं होता है, लेकिन वह पाठक को अगले परिच्छेद की ओर ले जाता है, किसी मूवी के ट्रेलर के समान। यदि पत्र का प्रवाह अच्छा है, और आपको शुरुआत से अंत तक परिच्छेदों के माध्यम से धीरे धीरे आगे ले जाता है, तब आप एकदम निश्चित हो सकते हैं कि वह अहवाल अच्छी तरह लिखा गया है। फिर भी, यहाँ हम संपूर्ण परिच्छेद पर ध्यान केन्द्रित करते हैं क्योंकि हमें एक मानदंड चाहिए।

उस परिच्छेद में पाठक को उसमें पेश मुख्य विचार को समझने और स्वीकारने में मदद करने के लिए पर्याप्त जानकारी अथवा प्रमाण होने चाहिए। कल्पना कीजिए कि आपको एक मित्र या सहकर्मी से प्राप्त किसी ई-मेल की सामग्री ऐसी थी: "बैंक मैनेजर ने नहीं किया था।" आप सवाल पूछने पर बाध्य हो जाते हैं: बैंक मैनेजर ने क्या नहीं किया था? क्या वह काम पर नहीं आई थी? क्या उसने माँगा गया ऋण मंजूर नहीं किया था? क्या उसने खुद से मिलने नहीं दिया था? क्या उसने उसे पहचाना नहीं था? जब तक आप और आपका मित्र पृष्ठभूमि से समान रूप से परिचित नहीं हैं, तब तक यह अप्रकट विवरण आपको परेशान कर देता है। वह आप तक आपके मित्र का सन्देश प्रसारित नहीं करता है।

जब कोई परिच्छेद अधूरा या अविकसित होता है तब भी ऐसा ही हो सकता है। कुछ लेखक परिच्छेद का विषय घोषित करते हैं, लेकिन उसे पर्याप्त रूप से विकसित नहीं करते। दूसरे शब्दों में, लेखक एक दावा करता है लेकिन पाठक के लिए उसे संपूर्ण रूप से समझने के लिए विस्तारित नहीं करता है अथवा उसे पाठक के लिए स्वीकार करने के बारे में सोचने के लिए प्रमाण के साथ समर्थित नहीं करता है। ऐसा अल्पविकसित लेखन शैक्षणिक लेखन में एक गंभीर समस्या बन सकता है क्योंकि कोई भी पाठक स्पष्ट रूप से प्रदान किए गए प्रमाण के आधार पर लेखक के दावों का स्वीकार या अस्वीकार करता है।

आइये एक परिच्छेद के अनिवार्य और वांछित गुणों की ओर देखते हैं और फिर परिच्छेद का विकास करने के विभिन्न तरीकों पर जाते हैं। निम्नलिखित अधिकतर चर्चा न केवल व्याख्यात्मक परिच्छेदों को, बल्कि सभी प्रकार के परिच्छेदों को लागू होती है।

अच्छा परिच्छेद: अनिवार्य गुण

इस खंड में हम अच्छे परिच्छेदों के दो अनिवार्य गुण देखेंगे: एकरूपता और सामंजस्य।

एकरूपता

एक अच्छे परिच्छेद में एक प्रमुख विचार या एक कहानी होती है, और बाकी सभी विचार उसका विस्तार अथवा समर्थन करते हैं। ऐसा परिच्छेद एकरूपता दर्शाता है। यदि वे विचार जो परिच्छेद में प्रमुख विचार का विस्तार या समर्थन नहीं करते हैं, तो वे न केवल उसकी एकरूपता नष्ट करते हैं, बल्कि पाठक के लिए उसे समझना भी मुश्किल बनाते हैं। यह इसलिए है क्योंकि असंगत विचार पाठक को कहानी से दूर ले जाते हैं।

कल्पना कीजिए कि कोई आपके सामने एक टहनी लाता है। यदि उस टहनी के सभी पत्ते नीम के पत्ते हैं और आप उसे पहचानते हैं कि वे नीम पत्ते हैं, तो आप तुरंत जान जाते हैं कि वह टहनी नीम के पेड़ की है। लेकिन आगे कल्पना कीजिए कि आप उसी टहनी पर दो आम के पत्ते भी देखते हैं। अब आप जान नहीं पाते कि वह टहनी कौन से पेड़ से आई है। आम के पत्ते आपको भ्रमित करते हैं और आपके दिमाग को नीम की टहनी से दूर ले जाते हैं। ठीक यही होता है जब वे विचार उसमें दिखाई देते हैं जो परिच्छेद के विषय से संबन्धित नहीं होते हैं। वह आपको भ्रमित करते हैं और उसे समझना मुश्किल बनाते हैं।

निम्न परिच्छेद का अध्ययन कीजिए :

> राष्ट्रपति यूनाईटेड स्टेट्स के राज्य के प्रमुख और सरकार के प्रमुख होते हैं। वह कार्यकारी मंडल के प्रमुख होते हैं, जिसकी भूमिका संविधान में दिए गए और कांग्रेस द्वारा लिखे अनुसार राष्ट्रीय कानून को लागू करना है। राष्ट्रपति सशस्त्र दलों के कमांडर-इन-चीफ भी होते हैं, और कांग्रेस के दोनों सदनों द्वारा पारित किए गए किसी विधेयक पर कानून में प्रवेश देने हेतु हस्ताक्षर करने अथवा अधिकृत रूप से मना कर देने का अधिकार रखते हैं। राष्ट्रपति का चुनाव चार-साल के कार्यकाल के लिए यूनाईटेड स्टेट्स इलेक्टोरल कॉलेज द्वारा अप्रत्यक्ष रूप से आयोजित किया जाता है (एक व्यक्ति के लिए दो कालावधियों की सीमा के साथ)।
>
> *(छात्र असाइनमेंट "The trends in US presidential elections,", 2008 में से लिया गया)*

यह परिच्छेद यूनाईटेड स्टेट्स ऑफ अमेरिका के राष्ट्रपति को दोहरे पद और सत्ताओं पर एक कहानी कहते हुए शुरू होता है। यह घोषित करने के बाद कि यूएस राष्ट्रपति "राज्य के प्रमुख और

सरकार के प्रमुख" हैं, वह हमें कहता है यूनाईटेड स्टेट्स के राज्य का प्रमुख और सरकार का प्रमुख होने का अर्थ क्या है। यहाँ तक अच्छा है। हालाँकि, उसकी एकरूपता अंतिम वाक्य द्वारा बिगड़ जाती है, जो घोषित किए गए दो वाक्यांशों के अर्थ पर लागू नहीं होती है; वह राष्ट्रपति के चुनाव के बारे में है, जो एक अलग विषय है।

यदि लेखक राष्ट्रपति के चुनाव के बारे में भी बात करना चाहता था, तब वह दो में से एक बात कर सकता था। वह राष्ट्रपति का परिचय देते समय चुनाव का संदर्भ शामिल कर सकता था, जैसेकि : "राष्ट्रपति, चार-साल के कार्यकाल के लिए यूनाईटेड स्टेट्स इलेक्टोरल कॉलेज द्वारा अप्रत्यक्ष रूप से चुने गए, राज्य के प्रमुख और सरकार के प्रमुख होते हैं," और फिर राष्ट्रपति द्वारा धारित दोनों पद की कहानी जारी रख सकता था। अथवा वह अमेरिकन राष्ट्रपति कैसे चुने जाते हैं उस पर एक नया परिच्छेद शुरू कर सकता था। उसके बदले उसने राष्ट्रपति के पद और सत्ता को समर्पित परिच्छेद में राष्ट्रपति चुनाव के बारे में बोलने का चयन किया। और यह परिच्छेद की एकरूपता तोड़ता है।

यहाँ दूसरा उदाहरण है:

> केवल प्रक्रियाओं, कठोर मूल्य नियंत्रण ढांचा, कच्चे माल और विनिर्माण की कम लागतों के लिए अस्तित्व में रहने वाली एक पेटेंट व्यवस्था के साथ भारत सस्ते दामों पर थोक दवाओं का दुनिया का पाँचवा सबसे बड़ा आपूर्तिकर्ता बनकर उभरा था। वहाँ 20000 संस्थाएँ थी फिर भी वास्तव में केवल 10 चुनी हुई कंपनियों ने उचित शोध और विकास (आरएन्डडी) शुरू की थी (Hunshyal & Biradar 2005)। इन में से अधिकतर जेनरिक्स (दवाइयाँ जिनके पेटेंट्स समाप्त हो चुके हैं) के छोटे पैमाने के निर्माता थे। हालाँकि छोटे फर्म भी नवीनीकरण की आर्थिक व्यवहार्यता के लिए नवीनीकरण के लिए सक्षम होते हैं, परंतु उनका आकार मायने रखता है।
>
> *(छात्र असाइनमेंट "R&D in pharmaceutical industry: Challenges and opportunities from IPR and globalization," 2008 में से लिया गया)*

यहाँ एकरूपता की अनुपस्थिति इतनी स्पष्ट है कि यह स्पष्ट नहीं होता कि लेखक किसके बारे में बात कर रहे हैं। पहला वाक्य अच्छा है। और हम उम्मीद करते हैं यह परिच्छेद हमें भारत "सस्ते दामों पर थोक दवाओं का दुनिया का पाँचवा सबसे बड़ा आपूर्तिकर्ता" कैसे बना उसका विवरण देगा। उसके बदले, अगला वाक्य हमें कहता है कि 20000 "संस्थाओं" में से केवल दस [फार्मास्युटिकल] कंपनियों ने आरएन्डडी शुरू किया था। यह एक नया विषय है। फिर लेखक यह दावा करते हैं कि नवीनीकरण की आर्थिक व्यवहार्यता के लिए उनका आकार मायने रखता है। उदाहरण के परिच्छेद में प्रत्येक वाक्य पाठक को विभिन्न दिशाओं में खींचता लग रहा है। यहाँ कोई कहानी नहीं है। इसलिए, यह उदाहरण एक परिच्छेद नहीं है; वह केवल वाक्यों का वर्गीकरण है।

आप देखेंगे कि काल का अनुचित उपयोग भी परिच्छेद की एकरूपता को नष्ट करता है। लेखक भूतकाल से शुरू करते हैं और फिर, दूसरे वाक्य में, वर्तमानकाल का प्रयोग करते हैं। हम यह सोचते रह जाते हैं कि लेखक भूतकाल के बारे में बात कर रहे हैं—भारत में फार्मास्युटिकल उद्योग का विकास

कैसे हुआ—या उद्योग में आरएन्डडी की मौजूदा स्थिति क्या है। यदि लेखक उद्योग के विकास के बारे में हमसे कहना चाहते थे, तो उन्हें समग्र परिच्छेद में भूतकाल का ही उपयोग करना चाहिए था।

यह उदाहरण एक खराब संयोजी या कनेक्टिंग डिवाइस भी दिखाता है। हालाँकि संयोजी साधनों के बारे में हमारी विस्तुत चर्चा अगले खंड में आती है, फिर भी उदाहरण के तीसरे वाक्य की जाँच कीजिए। वह वाक्यांश "इनमें से अधिकतर" से शुरू होता है, जो तीसरे वाक्य को दूसरे वाक्य से जोड़ता है। लेकिन वह यह कार्य खराब तरीके से करता है क्योंकि तकनिकी रूप से वह "10 कम्पनियाँ" को संदर्भित करता है जबकि यह लगभग निश्चित है कि लेखक "20000 संस्थाओं" को संदर्भित करना चाहते थे।

अब, यह नमूना देखें जो ऐसी समस्याओं से मुक्त है:

> भारतीय ग्रामीण स्वास्थ्य देखभाल प्रणाली आबादी के कुछ मानदंडों के आधार पर एक तीन स्तरीय संरचना के रूप में विकसित की गई है (एक्ज़िबिट 1)। पदानुक्रम के तल पर हमारे पास उप केन्द्र मौजूद हैं जो आबादी के प्रत्यक्ष संपर्क में रहते हैं। वह सामान्य रूप से एक सहायक नर्स मिडवाइफ और एक बहुउद्देशीय पुरुष कार्यकर्ता से बने होते हैं। वह छोटी बीमारियों के लिए बुनियादी उपचार प्रदान करते हैं और मातृत्व और शिशु स्वास्थ्य, पोषण, प्रतिरक्षण और संचारी रोगों का नियंत्रण से संबंधित प्रारंभिक स्वास्थ्य सेवा प्रदान करते हैं।
>
> फिर हमारे पास दूसरे स्तर पर प्राथमिक स्वास्थ्य केन्द्र हैं जो चौदह पैरामेडिकल स्टाफ द्वारा सहयोग प्राप्त एक चिकित्सा अधिकारी द्वारा नियंत्रित किए जाते हैं। वह प्रतिरक्षात्मक और निवारक स्वास्थ्य देखभाल प्रदान करते हैं साथ ही साथ...
>
> *(छात्र असाइनमेंट "Rural empowerment in India through micro-enterprises: A healthcare and Information Technology perspective,", 2008 में से लिया गया)*

पहले परिच्छेद का पहला वाक्य भारतीय ग्रामीण स्वास्थ्य देखभाल की तीन स्तरीय संरचना का विचार प्रस्तुत करता है। बाकी का परिच्छेद उन तीन स्तरों में से एक का वर्णन करता है, अर्थात तल वाला स्तर। हमें कहा जाता है उस स्तर पर उप केन्द्र किससे बने हैं और वह किस प्रकार की सेवाएँ प्रदान करते हैं। उसी तरह, दूसरा परिच्छेद ग्रामीण स्वास्थ्य देखभाल के दूसरे स्तर के बारे में बात करता है। इस तरह, हम देख सकते हैं कि प्रत्येक परिच्छेद के पास एक कहानी है।

जिस कारण से कई परिच्छेद एकरूपता परीक्षण में विफल होते हैं वह यह है कि लेखक उस कहानी के बारे में स्पष्ट नहीं होता है, जो वह कहना चाहता है। यदि वह स्पष्ट है, तो वह उसे एक वाक्य में कहने के लिए सक्षम होनी चाहिए, अर्थात विषय वाक्य के बारे में। यदि ऐसा हो जाता है तो लेखक को उसे एक परिच्छेद में विस्तार करने में सक्षम होना चाहिए।

सामंजस्य

एक सामंजस्यपूर्ण परिच्छेद में सभी वाक्य एक साथ ऐसे तरीके से होते हैं जो पढ़ना आसान और समझ को सरल बनाता है। प्रत्येक वाक्य उसके आगे वाले और उसके बाद वाले किसी भी वाक्य से जुड़ा हुआ होता है, जैसे एक प्रवासी रेल में डिब्बे एक वेस्टिब्यूल द्वारा एक दूसरे से जुड़े हुए होते

हैं। आप बिना किसी मुश्किल के एक डिब्बे से दूसरे डिब्बे में जा सकते हैं। दूसरे शब्दों में, सामंजस्य का होना एक अच्छी संरचना का परिणाम है जिसे अच्छी तरह से मजबूत किया गया है।

नीचे दिए गये अ और ब उदाहरणों की जाँच कीजिए:

उदाहरण अ

दहन-प्रभावी, अत्याधुनिक विद्युत् संयंत्रों का विकास करना एक सक्रिय दृष्टिकोण है। उत्सर्जन घटाने चाहिए। दुनिया की कुल कोयला-आधारित बिजली उत्पादन क्षमता 1000 GW है। लगभग 66% कोयला-आधारित संयंत्रों की क्षमता करीब 29% है। आशाजनक प्रौद्योगिकियों के कार्यान्वयन से कोयला आधारित विद्युत् संयंत्रों की क्षमता लगभग 45% (OECD/IEA, 2005) तक बढ़ने की अपेक्षा है। 'आईईए' द्वारा दिए गये एक अनुमान के अनुसार, कार्यक्षम संयंत्र जीएचजी [ग्रीनहाउस गैस] उत्सर्जनों को लगभग 1.4 बिलियन टन तक कम करेंगे। ऊर्जा संबंधित उत्सर्जन की कमी के लिए क्योटो प्रोटोकॉल का लक्ष्य 1.4 बिलियन टन से कम है।

(छात्र असाइनमेंट "Writing a publishable article," 2009 में एक परिच्छेद पर आधारित लेखन)

उदाहरण अ में प्रत्येक वाक्य एक अर्थ बनाता है। सभी वाक्य विद्युत् संयंत्र के विकास के बारे में हैं जिसमें कार्यक्षम दहन होता है। हालाँकि, पहले वाक्य से अंतिम वाक्य तक जाना न तो आसान है और न ही तेज; बल्कि; वह क्लिष्ट है। हम यहाँ केवल ईंटों का ढेर देखते हैं। कोई दीवार बन नहीं रही है।

अब उदाहरण ब का अध्ययन कीजिए:

उदाहरण ब

दूसरा और *अधिक सक्रिय* दृष्टिकोण है अधिक *दहन-कार्यक्षम* अत्याधुनिक विद्युत् संयंत्रों का विकास करना। *यहाँ* जोर *सबसे पहले* उत्सर्जनों को कम करने पर है। *इस उपक्रम* का महत्व इस तथ्य द्वारा प्रकट किया जाता है कि *दुनिया* की कुल कोयला आधारित बिजली उत्पादन क्षमता 1000 GW है। *दुनिया भर* में लगभग 66% संयंत्र के पास करीब 29% की क्षमता है। आशाजनक प्रौद्योगिकियों के कार्यान्वयन से कोयला आधारित *यह आंकड़ा* लगभग 45% (OECD/IEA, 2005) तक बढ़ने की अपेक्षा है। 'आईईए' द्वारा दिए गये एक अनुमान के अनुसार, जहाँ तक ऊर्जा संबंधित उत्सर्जन कम करने की बात है, वहाँ *यह अकेला* जीएचजी [ग्रीनहाउस गैस] उत्सर्जनों को लगभग 1.4 बिलियन टन तक कम कर सकता है, जो क्योटो प्रोटोकॉल द्वारा निर्धारित लक्ष्य से भी *अधिक ऊँचा* है।

(छात्र असाइनमेंट "The trends in US presidential elections", 2008 में से लिया गया, थोड़ा सा अनुकूलित, इटैलिक जोड़े गए हैं)

उदाहरण ब में, वाक्य उसी क्रम में दिखाई देते हैं लेकिन पहले वाक्य में दिए गये दावे से लेकर उसके बाद के सबूत तक की यात्रा आसान है। कारण यह है कि संयोजी साधन इटैलिक्स में दर्शाये

गए हैं। वह विचारों को एक दूसरे से और परिच्छेद के विषय से जोड़ते हैं। वह सिमेंट के रूप में काम करते हैं जो ईंटों के बीच का स्थान भरते हैं जो एक अच्छे क्रम में रखे गए हैं।

आम संयोजी साधनों में "लेकिन", "हालाँकि", "के अतिरिक्त", "पहला", "दूसरा", "अंत में", "दूसरी तरफ" और "इसके विपरित" जैसे संयोजी शब्दों और वाक्यांशो का समावेश होता है। पुनरावर्तित शब्दों अथवा उनके समानार्थी (उदाहरण के लिए, "...कि *दुनिया की* कुल कोयला-आधारित बिजली उत्पादन क्षमता 1000 GW है। दुनिया भर में लगभग 66% संयंत्र...") और पहले वाक्य में एक संज्ञा को संदर्भित करने के लिए सर्वनामों का उपयोग (उदाहरण के लिए, ... लगभग 29% की क्षमता है। आशाजनक प्रौद्योगिकियों के कार्यान्वयन से कोयला आधारित *इस आंकड़े की* लगभग...") उन्हें जोड़ने के और कई तरीके हैं। ऐसे साधनों की मदद से परिच्छेद में विभिन्न वाक्य एकदूसरे के साथ रखे गए हैं।

उदाहरण ब के पहले वाक्य का विषय देखना भी दिलचस्प है : "दूसरा और अधिक सक्रिय दृष्टिकोण।" यह साधन समग्र परिच्छेद को उसके पूर्ववर्ती परिच्छेद के साथ जोड़ता है। हालाँकि वह परिच्छेद यहाँ नहीं दिया गया है, फिर भी हम यह अनुमान लगा सकते हैं कि उसे उत्सर्जनों को घटाने के दूसरे दृष्टिकोण के बारे में बात करनी होगी। "दूसरा" शब्द इस परिच्छेद को "पहला" के साथ जोड़ता है। उसी प्रकार, "अधिक सक्रिय" यह तुलनात्मक अभिव्यक्ति भी पाठक को नए विचार की तुलना पहले चर्चा किए गए विचार के साथ करने के लिए निमंत्रित करती है। एक और उदाहरण का अध्ययन कीजिए जो परिच्छेदों के भीतर और बीच संयोजी साधनों के काम का तरीका दर्शाता है। संबंधित शब्दों और वाक्यांशो को इटैलिक किया गया है।

(अ) फार्मास्युटिकल उद्योग (अनुमानित) मार्केट पावर और *आरएन्डडी* खर्च के बीच कड़ी का दूसरा शास्त्रीय केस-स्टडी प्रस्तुत करता है। मूलत:, फार्मास्युटिकल और बायोटेक्नोलॉजी उद्योगों का *आरएन्डडी* दूरसंचार और सॉफ्टवेयर के आरएन्डडी से अलग होता है क्योंकि *वह* अधिक अनिश्चित और जोखिमपूर्ण होता है, जो आंशिक रूप से नियामक ढांचे के कारण व्यापक परीक्षण और ट्रायलों का आदेश देता है (FTC, 2003)। *दूसरी ओर*, हार्डवेयर अथवा सॉफ्टवेयर में नवीनीकरण प्रकृति में वृद्धिशील होता है। *इसके अलावा*, दूरसंचार के शोध का *खर्च* फार्मास्युटिकल में शोध खर्च से कहीं कम होता है, क्योंकि *वह* प्राथमिक तौर पर गणित और गणना संबंधी संसाधनों पर आधारित होता है।

(ब) *इन भिन्नताओं* के परिणाम उस समय आसानी से स्पष्ट होते हैं जब हम फार्मास्युटिकल उद्योग में आरएन्डडी गतिविधि की संरचना की जाँच करते हैं...

(छात्र असाइनमेंट "The linkages between market power and R&D in industry", 2008 में से लिया गया; इटैलिक्स जोड़े गए हैं)

परिच्छेद (अ) में "दूसरा" शब्द उसे पहले के परिच्छेद के साथ जोड़ता है और पाठक को संकेत देता है कि यह परिच्छेद एक क्लासिक केस स्टडी के आसपास बनाए गए उसी प्रकार के तर्क अथवा प्रमाण की निरंतरता में है। परिच्छेद (ब) के पहले वाक्य में "इन भिन्नताओं" वाला वाक्यांश नए परिच्छेद को पहले परिच्छेद के साथ जोड़ता है जो कुछ भिन्नताओं के बारे में कहता था।

यह जरूरी नहीं है कि सामंजस्य प्राप्त करने के लिए प्रत्येक वाक्य में एक भौतिक कड़ी होनी ही चाहिए। ये कड़ियाँ अदृश्य भी हो सकती हैं। निम्न उदाहरण का अध्ययन कीजिए:

कई वाणिज्यिक बैंक रेपो, रिवर्स रेपो दरें और कैश रिवर्स रेश्यो को कम करने के आरबीआई के निर्णय की प्रतिक्रिया में अपने ब्याज दर कम करती हैं। भारतीय स्टेट बैंक और सेन्ट्रल बैंक ऑफ इंडिया ने अपने बेंचमार्क प्राइम लेंडिंग रेट (बीपीएलआर) 0.75 प्रतिशत तक कम किए थे। आईसीआईसीआई बैंक और विजय बैंक ने अपने बीपीएलआर 0.5 प्रतिशत तक कम किए थे। इन चारों बैंकों ने अपने डिपोजिट दर भी 0.25 से 1.00 प्रतिशत तक कम किए थे। अन्य बैंकें जिन्होंने हाल ही में अपने ब्याज दर कम किए हैं उसमें बैंक ऑफ बड़ौदा, बैंक ऑफ इंडिया, यूनियन बैंक ऑफ इंडिया, एचडीएफसी बैंक और बैंक ऑफ राजस्थान समाविष्ट हैं।

(छात्र असाइनमेंट "Impact of the current global economic situation on Indian Banking Industry,", 2009 पर से लिया गया)

यहाँ केवल दो दृश्यमान संयोजी साधन हैं : *ये बैंकें* और *अन्य बैंकें*। परिच्छेद में सामंजस्य को विषय वाक्य—अर्थात परिच्छेद का पहला वाक्य—के निर्माण के तरीके द्वारा प्राप्त किया गया है। यह वाक्य कहता है कि "कई वाणिज्यिक बैंकें अपने ब्याज दर कम करती हैं।" बाकी का परिच्छेद ऋण और डिपोजिट्स पर ब्याज दरें कम करती विभिन्न बैंकों के उदाहरणों से बना है। यहाँ समांतर संरचना संयोजी साधन के रूप में काम करती है।

हम यह खंड समाप्त करें उससे पहले आईए ग्रामीण स्वास्थ्य देखभाल प्रणाली का उदाहरण फिर से देखें। संयोजी साधनों को इटैलिक किया गया है:

भारतीय ग्रामीण स्वास्थ्य देखभाल प्रणाली को आबादी के कुछ मानदंडों के आधार पर *एक तीन स्तरीय संरचना* के रूप में विकसित किया गया है (एक्जिबिट 1)। *पदानुक्रम* के तल पर हमारे पास वे *उप* केन्द्र हैं जो आबादी के प्रत्यक्ष संपर्क में हैं। *वह* सामान्य रूप से एक सहायक नर्स मिडवाइफ और एक बहुउद्देशीय पुरुष कार्यकर्ता से बने हैं। *वह* छोटी बीमारियों के लिए बुनियादी उपचार प्रदान करते हैं और मातृत्व और शिशु स्वास्थ्य, पोषण, प्रतिरक्षण और संचारी रोगों के नियंत्रण से संबंधित प्राथमिक स्वास्थ्य सेवा प्रदान करते हैं।

फिर दूसरे स्तर पर हमारे पास प्राथमिक स्वास्थ्य केन्द्र हैं, जो चौदह पैरामेडिकल स्टाफ द्वारा सहयोग प्राप्त एक चिकित्सा अधिकारी द्वारा नियंत्रित किए जाते हैं। *वह* प्रतिरक्षात्मक और निवारक स्वास्थ्य देखभाल प्रदान करते हैं साथ ही साथ...

(छात्र असाइनमेंट "Rural empowerment in India through micro-enterprises: A healthcare and Information Technology perspective", 2008 में से लिया गया)

"पदानुक्रम" दूसरे वाक्य को पहले वाक्य से जोड़ता है क्योंकि वह "एक तीन स्तरीय संरचना" घोषित करता है, जो पदानुक्रम को सूचित करता है अथवा उसके साथ समानार्थी है। अगले दो वाक्य

सर्वनाम "वह" से शुरू होते हैं जो दूसरे वाक्य में "उप केन्द्रों" के साथ जुड़ते हैं। दूसरे परिच्छेद में पहले वाक्य में "फिर" और "दूसरा स्तर" उसे दृढ़ता से पहले परिच्छेद से जोड़ते हैं जो तीन-स्तरीय संरचना के निचले स्तर के बारे में कहता है। दूसरे वाक्य में पहला शब्द "वह" उसे उसमें "चौदह पैरामेडिकल स्टाफ द्वारा समर्थित एक चिकित्सा अधिकारी" को संदर्भित करके पहले वाक्य के साथ जोड़ता है।

इस अध्याय की शुरुआत में हमने परिच्छेद की संरचना के बारे में बात की थी। यदि वाक्यों के बीच सामंजस्य नहीं है तो एक परिच्छेद के पास अच्छी संरचना नहीं हो सकती है। प्रत्येक वाक्य सही और सार्थक हो सकता है। लेकिन जहाँ वाक्य एकदूसरे के साथ मेल नहीं खाते हैं, वहाँ कोई संरचना नहीं होती है। यदि वहाँ कोई संरचना नहीं है, तो वहाँ कोई परिच्छेद भी नहीं होता है। उत्कृष्ट ईटों का ढेर दीवार नहीं बनाता है।

अच्छा परिच्छेद : वांछनीय गुण

यदि आपके परिच्छेदों में एकरूपता और सामंजस्य मौजूद हैं तो आपका लेखन अधिकांश पाठकों द्वारा स्वीकृत होगा। हालाँकि, यदि आप अपने शैक्षणिक लेखन को पढ़ने के लिए आनंददायक बनाना चाहते हैं, तो आपको उसमें थोड़े अधिक गुणों को जोड़ने के लिए प्रयास करना चाहिए। हम अब उसे देखेंगे। हम संक्षेपण, तार्किक कठोरता और स्पष्टता को लेंगे। यह बात भी न केवल व्याख्यात्मक परिच्छेदों को बल्कि सभी प्रकार के परिच्छेदों को लागू होते हैं।

संक्षेपण

निम्न परिच्छेद की जाँच कीजिए। लेखक अपने 1,000 शब्दों की रिपोर्ट को 97 शब्दों में संक्षेप में प्रस्तुत करता है:

> यह रिपोर्ट फ्रंटियर नेशनल बैंक को पुनर्जीवित करने में रॉस अबरनेथी को सहायता करने के लिए सही टीम का चयन करने की समस्या का विश्लेषण करती है। वह तीन विकल्पों का मूल्यांकन करती है, जो हैं—अंदर से टीम का चयन करना, नए कर्मचारियों में से टीम का निर्माण करना और दोनों को मिलाकर एक नई टीम का निर्माण करना। मूल्यांकन के लिए इस्तेमाल किया गया मापदंड है—मौजूदा संसाधनों का लाभ उठाकर नए व्यवसाय प्रथाओं का विकास करने की क्षमता, संगठन के मनोबल पर प्रभाव और सीईओ के भरोसे का लाभ उठाने की क्षमता। यह रिपोर्ट निष्कर्ष निकालती है कि बैंक के अंदर से लिए गए लोगों और संबंधित पूर्व अनुभव रखने वाले नए कर्मचारियों के मिश्रण से बनी टीम का समग्र प्रभाव सबसे श्रेष्ठ होगा।
>
> *(छात्र असाइनमेंट "Ross Abernathy and the Frontier National Bank," 2003 पर से लिया गया; थोड़ा सा संपादित किया गया)*

यह परिच्छेद संक्षिप्त है। वह समस्या को परिभाषित करता है, मूल्यांकित किए गए तीन वैकल्पिक समाधानों का उल्लेख करता है, मूल्यांकन के लिए इस्तेमाल किए गए मापदंड को सूचीबद्ध करता है और निष्कर्ष अथवा सूचित निर्णय दर्शाता है। लेखन संक्षिप्त है क्योंकि आप सामग्री को कम किए बिना अथवा अर्थ को बदले बिना उसमें से कोई भी शब्द आसानी से निकाल नहीं सकते।

उसकी तुलना निम्न उदाहरण के साथ कीजिए, जिसे उसी मुद्दे के साथ निपटते दूसरे निर्णय रिपोर्ट में से निकाला गया है:

> [...] फ्रंटियर नेशनल बैंक के पास अपने क्षेत्र में सबसे बड़ा और सबसे अधिक लाभदायक बैंक होने का गौरवशाली अतीत है। हालाँकि, उसकी स्थिति ऐसी आ गई है जहाँ वह नई बैंकों से पीछे रह गया है जो लाभप्रदता, सम्पत्तियाँ और संपत्तियों के प्रति डॉलर कर्मियों की संख्या आदि की दृष्टि से क्षेत्र में आगे बढ़ गई हैं।[...]
>
> *(छात्र असाइनमेंट "Ross Abernathy and the Frontier National Bank," 2003 पर से लिया गया; थोड़ा सा संपादित किया गया)*

यह शब्दश: है। हम अर्थ को क्षति पहुंचाए बिना अथवा सामग्री को कम किए बिना इसमें से आसानी से कुछ शब्द और वाक्यांश हटा सकते हैं:

> [...] फ्रंटियर नेशनल बैंक ~~के पास~~ अपने क्षेत्र में सबसे बड़ी और सबसे अधिक लाभदायक बैंक ~~रहने का गौरवशाली अतीत~~ है। हालाँकि, ~~उसकी स्थिति ऐसी आ गई है जहाँ~~ वह नई बैंकों से पीछे रह गई है जो लाभप्रदता, सम्पत्तियाँ और संपत्तियों के प्रति डॉलर कर्मचारियों की संख्या ~~आदि की दृष्टि से~~ क्षेत्र में उससे आगे ~~बढ़ गई~~ हैं।[...]
>
> **संशोधित लेखन:**
> फ्रंटियर नेशनल बैंक अपने क्षेत्र में सबसे बड़ी और सबसे अधिक लाभदायक बैंक है। हालाँकि, वह लाभप्रदता, सम्पत्तियाँ और संपत्तियों के प्रति डॉलर कर्मियों की संख्या आदि में उस क्षेत्र में नई बैंकों से पीछे रह गई है।

अनावश्यक शब्दों और वाक्यांशो को हटाने के साथ, उद्धरण में अब मूल 60 शब्दों की तुलना में 38 शब्द बचे हैं। यह लगभग 40 प्रतिशत कम हो गया है, लेकिन उसके शब्द क्रम और अर्थ दोनों कायम हैं। अतिरिक्त शब्दों को काटने के साथ यह लेखन अब पढ़ने और समझने में अधिक आसान है।

यहाँ अपव्ययी लेखन का एक और उदाहरण दिया गया है, जिसे दूसरे छात्र के रिपोर्ट में से लिया गया है:

> वर्तमान में, भारतीय बैटरी बाजार अल्कलाइन बैटरी का प्रवेश अल्कलाइन बैटरी की उच्च कीमत के कारण और अल्कलाइन बैटरी का उपयोग करनेवाले हाई ड्रेन उत्पादों के कम प्रवेश के कारण बहुत छोटा है।
>
> *(छात्र असाइनमेंट "Indian battery market," 2004 में से लिया गया)*

इसे कम शब्दों के साथ और अर्थ में किसी भी प्रकार की कमी के बिना पुनर्निर्मित भी किया जा सकता है। यहाँ एक संभावना है:

अल्कलाइन बैटरीज ने उनकी उच्च कीमत और देश में उनका उपयोग करनेवाले हाई ड्रेन उत्पादों के कम स्वीकृति के कारण भारतीय बाजार में महत्वपूर्ण रूप से प्रवेश नहीं किया है।

मूल वाक्य में 34 शब्दों का प्रयोग किया गया है जबकि उसका वैकल्पिक रूप 26 शब्दों का उपयोग करता है। इन दोनों संस्करणों के बीच छोटा वाला निश्चित रूप से अधिक स्पष्ट और समझने में अधिक आसान है।

दोनों संस्करणों के बीच एक दूसरी महत्वपूर्ण भिन्नता है। मूल रूप क्रियापद "प्रवेश" का उपयोग करता है जहाँ अनुरूप क्रिया "प्रवेश करना" का उपयोग अधिक सटीक होता। यहाँ, आम तौर पर क्रियापद को उसके संज्ञा स्वरूप में क्यों पसंद करना चाहिए यह समझने के लिए हमें कहानीकथन की धारणा पर वापस जाना उपयोगी होगा। एक वाक्य एक कहानी है जहाँ क्रियापद हमें बताता है कि संज्ञा क्या करती है अथवा संज्ञा के साथ क्या होता है। वह कहानी पूर्ण करता है। जब हम क्रियापदों के स्थान पर क्रियापद संज्ञाओं का उपयोग करते हैं, तब वह निष्कर्ष आसानी से नहीं आ सकता। यदि एक वाक्य क्रियापद संज्ञाओं को जोड़ने के लिए खाली क्रियाओं का उपयोग करता है (जैसे, "है", "था"), तो उसके एक संक्षिप्त वाक्य होने की संभावना नहीं है।

आईए एक और उदाहरण देखते हैं:

मूल संस्करण:

आज भारत का शुद्ध विज्ञान पर आधारित सबसे बड़ा उद्योग फार्मास्युटिकल्स है। वह सबसे तेजी से बढ़नेवाले उद्योगों में से एक है (लगभग 9% प्रति वर्ष) और उसका वर्तमान कुल मूल्य पाँच अरब डॉलर है। हालाँकि इस समय विकास तेजी से हो रहा है, फिर भी भारतीय फार्मास्युटिकल कंपनियों द्वारा शोध और विकास के प्रति आवंटित किए गए लाभ के प्रतिशत कम हो गए हैं। जहाँ विदेशी कम्पनियाँ अपने लाभ के लगभग 15 से 20% खर्च करती हैं, वहीं औसत भारतीय खर्च अब तक केवल लगभग 2% रहा है (*भारतीय फार्मास्युटिकल उद्योग: एक विहंगावलोकन, 2007*)। भारतीय निर्माता की इस प्रतिकूल प्रकृति के जोखिम के मुख्य कारणों में से एक है भारतीय बाजार में विखंडन का उच्च स्तर होना, जो स्पष्ट रूप से मार्केट लीडर्स की कमी का संकेत देता है। हाल के अनुमानों के अनुसार, मार्केट लीडर के पास समग्र मार्केट शेयर का केवल लगभग 7% है ('हाऊ आरएन्डडी इज चेंजिंग इंडियन फार्मा'', 2005)।

(छात्र असाइनमेंट "Biotechnology research and development in India", 2008 में से लिया गया) (146 शब्द)

चलिए हम यह मान कर पहले वाक्य को स्वीकार कर लेते हैं कि वह मूल रिपोर्ट में इस परिच्छेद को पहले के परिच्छेदों के साथ जोड़ता है, जिसमें हो सकता है कि ज्ञान-आधारित उद्योगों में आरएन्डडी की भूमिका या जरूरत के बारे में बात की गई हो। आईए मान लेते हैं कि लेखकों का

प्रमुख विचार है कि हालाँकि भारतीय फार्मास्युटिकल उद्योग तेजी से विकास कर रहा है और समृद्ध है, फिर भी वह विदेशी कंपनियों की तुलना में आरएन्डडी पर बहुत कम खर्च कर रहा है, क्योंकि भारतीय बाजार अत्यंत विखंडित है; वैसे वहाँ कोई स्पष्ट लीडर्स नहीं हैं, आरएन्डडी में बहुत अधिक निवेश करना किसी भी कंपनी के लिए जोखिम भरा होता है। चलिए यह भी मान लेते हैं कि संदर्भ और अनुमान स्वीकार्य हैं। अब, हम खुद से ही पूछते हैं: क्या लेखकों ने शब्दों को बरबाद किया है? क्या हम परिच्छेद को अधिक संक्षिप्त बना सकते हैं?

निम्न दिए गए संशोधित संस्करण को देखने से पहले, जो एक आदर्श नहीं है लेकिन एक संभावना है, अब आपके ध्यान में आए किसी भी भार को हटाते हुए उस परिच्छेद को अपने आप पुन: लिखने का प्रयास कीजिये:

संशोधित संस्करण:

हालाँकि फार्मास्युटिकल्स लगभग US$5 बिलियन के सकल मूल्य के साथ भारत का सबसे बड़ा विज्ञान-आधारित उद्योग और तेजी से बढ़ रहे उद्योगों में से एक (लगभग 9% प्रति वर्ष) है, फिर भी उसने विदेशी कंपनियों द्वारा किए गए 15 से 20% निवेश की तुलना में अब तक शोध और विकास पर अपने लाभ का केवल लगभग 2% खर्च किया है (*भारतीय फार्मास्युटिकल उद्योग: एक विहंगावलोकन, 2007*)। आरएन्डडी में इतने कम निवेश के प्रमुख कारणों में से एक यह हो सकता है कि इसमें किसी भी कंपनी का हिस्सा 7% से अधिक नहीं है, इसलिए भारतीय बाजार अत्यंत विखंडित है, अतः किसी भी कंपनी के लिए शोध में अधिक निवेश करना जोखिम भरा हो सकता है ('हाऊ आरएन्डडी इज चेंजिंग इंडियन फार्मा", 2005)।

(छात्र असाइनमेंट "Biotechnology research and development in India", 2008 पर आधारित) (101 शब्द)

संशोधित संस्करण मूल की तुलना में 30 प्रतिशत कम शब्दों में लेखकों के विचार व्यक्त करता है। मूल परिच्छेद का तीसरा वाक्य (हालाँकि इस समय विकास तेजी से होता है, भारतीय फार्मास्युटिकल कंपनियों द्वारा शोध और विकास के प्रति आवंटित किए गए लाभ के प्रतिशत कम हो गए हैं।") हटा दिया गया है क्योंकि इस अर्थ का अगले वाक्य में पुनरावर्तन होता है। मूल रूप के अंतिम दो वाक्य ("भारतीय निर्माता की इस प्रतिकूल प्रकृति के जोखिम के मुख्य कारणों में से एक है भारतीय बाजार में विखंडन के उच्च स्तर, जो स्पष्ट रूप से मार्केट लीडर्स की कमी का संकेत है। हाल के अनुमानों के अनुसार, मार्केट लीडर के पास समग्र मार्केट शेयर का केवल लगभग 7% है") भी एक या दो कारणों से निकाल दिए गये हैं। पहला, दूसरा वाक्य पहले वाक्य के विचारों का पुनरावर्तन करता है। दूसरा, एक स्वतंत्र इकाई के रूप में दिखाई देने से, दूसरा वाक्य हमारा ध्यान परिच्छेद के विषय से दूर ले जाता है।

संक्षेपण सुनिश्चित करने का तरीका है आप जो लिखते हैं उसे फिर से देखना और ऐसे शब्द अथवा वाक्यांश को निर्मोही हो कर हटा देना जो आपको लगता है कि आप कहानी को कमजोर बनाए बिना हटाये जा सकते हैं जो कहानी आप प्रत्येक परिच्छेद में कह रहे हैं (यह कैसे करना है

उसके बारे में अधिक जानने के लिए अध्याय 5 देखें)। यदि आपने क्रियापद संज्ञाओं का उपयोग किया है, तो देखिए कि क्या आप उनमें से कुछ को क्रियापद में बदल सकते हैं। आपको योग्य बनाने के लिए वाक्यों को पुन: क्रमबद्ध करना पड़ सकता है। यह थोड़ा सा ऐसा है जिस तरीके से एक मेसन अनियमित आकार वाले ग्रेनाइट के टुकड़ों से दीवार बना रहा होता है। वह टुकड़ों को मोड़ता है और उन्हें तब तक पुन:क्रमबद्ध करता है जब तक वह अच्छी तरह फिट न बैठ जाए और दीवार सुंदर न दिखने लगे।

तार्किक कठोरता और अनुपूरक प्रमाण

आपको कोई भी निजी विचार रखने का पूरा-पूरा अधिकार है। उदाहरण के लिए, आप मान सकते हैं कि पृथ्वी 78,206 साल पुरानी है; कि रात के खाने के बाद दही खाना स्वास्थ्य के लिए अच्छा नहीं है; कि एक न्यायसंगत दुनिया बनाने के लिए साम्यवाद पूंजीवाद से श्रेष्ठ है; अथवा यह कि 2019 तक भारत दुनिया की सबसे बड़ी अर्थव्यवस्था बन जाएगा। आप कुछ अन्य लोगों को जान सकते हैं जो यही अथवा इसके समान विचार रखते हैं। हालाँकि, यदि आप अपने शैक्षणिक लेखन में ऐसा कोई दावा कर रहे हैं, तो आपको उसके समर्थन में प्रमाण प्रदान करना पड़ता है। आपको तर्क पर निर्माण करना चाहिए। यदि आपका तर्क कमजोर है या यदि अनुपूरक डेटा अस्थिर है, तो पाठकों की आपके साथ असहमत होने की संभावना होती है। चूँकि आप पढ़ने के दौरान पाठक के मन में उठने वाली मौन आपत्तियों अथवा धारणाओं का जवाब नहीं दे सकते हैं, इसलिए आप उन्हें आधे रास्ते में ही गँवा सकते हैं। जहाँ तर्क को समग्र रिपोर्ट में व्याप्त होना चाहिए, वहीं प्रत्येक परिच्छेद को पाठक को साथ ले जाने के लिए तार्किक कठोरता प्रदर्शित करना चाहिए।

चूँकि तर्क व्याख्यात्मक परिच्छेदों की पहचान है, अतः हमें वर्णनात्मक और कथात्मक परिच्छेदों की बजाय उनमें तार्किक कठोरता और मुख्य रूप से अनुपूरक प्रमाण की अपेक्षा रखनी चाहिए।

भारत में दूरसंचार के विकास पर एक छात्र के रिपोर्ट से लिए गए निम्न उदाहरण का अध्ययन कीजिए:

> **बोली लगाने के लिए इकाई:**
>
> [दूरसंचार विभाग] ने प्रशासनिक सुविधा के लिए बोली लगाने के लिए इकाई के तौर पर "वृत्त" को चुना था, इसलिए भारत को 21 वृत्तों में विभाजित किया गया था। एक वृत्त के तहत 2 छोटे राज्यों का समेकन किया गया था और बड़े राज्य 2–3 वृत्तों में विभाजित थे। प्रत्येक वृत्त के लिए ऑपरेटर्स की ओर से बोली निमंत्रित की गई थी। वृत्तों को आगे क्षेत्रों के आय क्षमता के आधार पर A, B अथवा C के रूप में वर्गीकृत किया गया था। इन वर्गों में विभिन्न राज्यों का आवंटन एक्ज़िबिट 1 में दर्शाया गया है। यूके में यही स्पेक्ट्रम आवंटन वृत्तों के बदले भौगोलिक निकटता पर आधारित था और स्पेक्ट्रम को A, B, C, D, E और F के ब्लॉक्स में विभाजित किया गया था।
>
> *(छात्र असाइनमेंट "Licensing for spectrum allocation in telecom sector, 2008 में से लिया गया)*

परिच्छेद का सबसे पहला वाक्य पाठक की ओर से आपत्ति को उठाता है। वह सूचित करता है कि 'वृत्त' एक पूर्व-मौजूद इकाई था जिसे "राज्य" अथवा "जिला" कहते हैं और यह कि चूँकि दूरसंचार विभाग ने इस इकाई को चुना था, इसलिए उसने भारत को 21 वृत्तों में विभाजित किया। तथ्य यह है कि दूरसंचार विभाग ने प्रशासनिक सुविधा के लिए भारत को 21 इकाइयों में विभाजित किया था (कुछ को राज्य के जैसे, कुछ को एक बड़े राज्य के हिस्से के रूप में, और कुछ को दो अथवा अधिक छोटे राज्यों के संयोजन के रूप में) और उन्हें "वृत्त" कहने के लिए चुना था क्योंकि वे किसी भी मौजूदा भौगोलिक विभागों से मेल नहीं खाते थे।

इस परिच्छेद का अंतिम वाक्य भी समस्यात्मक है। इसमें यह स्पष्ट नहीं है कि इस परिच्छेद में यूनाइटेड किंगडम (यूके) में स्पेक्ट्रम आवंटन के लिए एक संदर्भ क्यों बनाया गया है। क्या ऐसा है कि यूके में कोई बोली नहीं लगाई जाती थी? क्या वहाँ स्पेक्ट्रम का आबंटन किसी अन्य आधार पर किया जाता था? क्या लेखक यह विषमता दिखाना चाहता है? लेखक का इससे क्या अर्थ है जब वह कहता है कि स्पेक्ट्रम "भौगोलिक निकटता" के आधार पर आवंटित किया गया था? क्या लेखक केवल यह दर्शाना चाहता है कि यूके में, उनके प्रशासनिक यूनिट्स को "ब्लॉक्स" कहते हैं जबकि भारत में "वृत्त"? यदि वह यही सब करना चाहता है, तो क्या पाठक का ध्यान उस तरफ खींचना योग्य है?

यहाँ इस परिच्छेद का संशोधित संस्करण दिया गया है:

> [दूरसंचार विभाग] ने प्रशासनिक सुविधा के लिए भारत को 21 वृत्तों में विभाजित किया था। एक वृत्त [एक राज्य], एक बड़े राज्य के एक हिस्से, अथवा दो या अधिक छोटे राज्यों से बना था। इन वृत्तों को आगे उनकी राजस्व क्षमता के आधार पर A, B अथवा C के रूप में वर्गीकृत किया गया था (एक्ज़िबिट 1)। टेलीकॉम ऑपरेटर्स को इन वृत्तों में से प्रत्येक [यूके में स्पेक्ट्रम] के लिए बोली लगाने निमंत्रित किया गया था। हालाँकि, यूके में स्पेक्ट्रम को छह ब्लॉक्स में विभाजित किया गया था और भौगोलिक निकटता के आधार पर आवंटित किया गया था।

यह संशोधन मान लेता है कि यूके में स्पेक्ट्रम के लिए कोई बोली नहीं लगती थी लेकिन उसे अन्य किसी के आधार पर आवंटित किया गया था। मूल परिच्छेद में "भौगोलिक निकटता" के आधार पर स्पेक्ट्रम के आवंटन से संबंधित स्पष्टता की कमी बनी हुई थी। हालाँकि, यदि यह अर्थ सही नहीं है तो उस वाक्य को छोड़ देना ही योग्य है। उसका परिच्छेद के प्रमुख विषय के साथ बहुत कम वास्ता है, जो भारत में स्पेक्ट्रम के आवंटन के बारे में है। वह केवल परिच्छेद की एकरूपता को नष्ट करता है।

इस संशोधन ने इस उद्धरण को 30 प्रतिशत तक छोटा बनाया है, अर्थात, 113 शब्दों से 77 शब्द।

भारत में हवाई अड्डों के निर्माण के लिए सार्वजनिक-निजी भागीदारी पर एक छात्र के पेपर से लिए गए निम्न उद्धरण की जाँच कीजिए। सड़क निर्माण में मॉडल कंसेशन एग्रीमेंट (एमसीए) के जैसे हवाई अड्डे के निर्माण में पब्लिक प्राइवेट पार्टनरशिप (पीपीपी) के लिए एक एमसीए के

लिए एक केस बनाने बनने के बाद, लेखकों ने सरकार द्वारा वर्तमान में अपनाई गई बोली प्रक्रिया की आलोचना की है:

> **बोली लगाने के तकनीकी निर्दिष्टीकरण:**
>
> सड़कों के मामले में, उत्पादन सेवा स्तर आवश्यकताओं को आसानी से लेन की चौड़ाई और उसी से संबंधित तकनीकी निर्दिष्टीकरण में रूपांतरित किया जा सकता है। इसके अलावा, यह बुनियादी गुणवत्ता मानकों की दृष्टि से विभिन्न सड़कों के लिए आवश्यकताओं में एकरूपता है। ऐसी स्पष्ट शर्तें हवाई अड्डों के लिए निर्धारित नहीं की जा सकती हैं जो अपने यात्री यातायात और आकार में व्यापक रूप से बदलते रहते हैं। इसलिए, वर्तमान प्रणाली के लिए सभी संभावित बोली लगाने वालों के पास तकनीकी रूप से सक्षम लगने के लिए निर्माण उद्योग में कम से कम पाँच साल का अनुभव होना आवश्यक है (वित्त मंत्रालय, दिसंबर 2007)। उनके पास वर्तमान वर्षों में लाभप्रद परियोजाओं का एक ट्रेक रिकॉर्ड होना भी अपेक्षित है। इस स्थिति को उत्पादन सेवा स्तर के लिए अनुरूप होने के रूप में देखा जाता है, क्योंकि यह विश्वास है कि अब तक सफल रही कंपनी भविष्य में भी अच्छे परिणाम देना जारी रखेगी।
>
> हालाँकि, हम मानते हैं कि इस तरह के तर्क में दो अंतर्निहित दोष मौजूद हैं। पहला है चयन में शामिल नैतिक खतरे की समस्या। एक बार किसी एक पार्टी को एक अनुबंध दिया जाता है तो वह सेवाओं के वितरण पर एक एकाधिकार शक्ति (विशेषकर हवाई अड्डों के मामले में) का लाभ उठाती है। परिणामस्वरूप, सेवा के उसके पूर्व स्तर को बनाए रखने के लिए उसके लिए कोई प्रोत्साहन नहीं है। इसलिए, भूतकाल में रहा कंपनी का ट्रेक रिकॉर्ड भविष्य में उसके श्रेष्ठ प्रदर्शन की गारंटी नहीं है। दूसरा, ऐसा दृष्टिकोण अन्य सभी के बदले कुछ खिलाड़ियों के स्वचालित पक्षपात को प्रोत्साहित करता है। वर्तमान प्रणाली के तहत, एक बार एक खिलाड़ी अपनी साख की ताकत पर एक परियोजना दिए जाने का दावा कर सकता है, तो वह अपने आप सभी आगामी परियोजनाओं के लिए अधिक मजबूत दावा प्रस्तुत करता है, जिसके लिए वह बोली लगाता है। यह किसी परियोजना के लिए तकनीकी रूप से तो योग्य है लेकिन नए प्रवेशी को सफलतापूर्वक बोली लगाना अत्यंत मुश्किल बनाता है। इसके अलावा, समय के साथ ऐसी प्रणाली लगातार सफल खिलाड़ी और सरकारी अधिकारियों के बीच घनिष्ठ संबंधों के विकास को बढ़ावा दे सकती है। ऐसे संबंध अयोग्य होते हैं और चयन प्रक्रिया की स्वतंत्र तथा मुक्त प्रकृति को नष्ट करने की संभावना रखते हैं।
>
> *(छात्र असाइनमेंट "Public private partnership for bridging the infrastructure gap in India: Airports," 2008 में से लिया गया)*

लेखक पहले परिच्छेद में तीन दावे करते हैं, अर्थात, (*1*) सड़क निर्माण के जैसे उत्पादन सेवा स्तर आवश्यकताओं को हवाई अड्डे निर्माण में स्पष्ट रूप से निर्दिष्ट नहीं किया जा सकता; (*2*) इस कठिनाई के कारण ही वित्त मंत्रालय के लिए हवाई अड्डे निर्माण परियोजनाओं के लिए सभी संभावित बोली लगानेवालों के पास बोली लगाने के लिए पात्र बनने के लिए निर्माण उद्योग में कम से कम पाँच साल का अनुभव होना आवश्यक है; और (*3*) यह मंत्रालय मानता है कि लाभप्रद परियोजनाओं के सफल ट्रेक रिकॉर्ड रखने वाली कोई कंपनी ही सफल बनी रहना जारी रखेगी।

दूसरे परिच्छेद में लेखक उसमें दो "अंतर्निहित दोष" दर्शाकर मंत्रालय के दृष्टिकोण की आलोचना करते हैं। वे दावा करते हैं कि एक कंपनी का अच्छा ट्रेक रिकॉर्ड भविष्य में प्रदर्शन की गारंटी नहीं है, क्योंकि जैसे ही एक बार कंपनी अनुबंध पर हस्ताक्षर कर लेती है, वैसे ही सेवा के उसके पूर्व स्तर को बनाए रखने के लिए उसके पास कोई प्रोत्साहन बचा नहीं रहता। मंत्रालय का यह आग्रह कि बोली लगाने वालों के पास निर्माण उद्योग में कम से कम पाँच सालों का सफल अनुभव होना चाहिए, तकनीकी रूप से योग्य नई पार्टियों को बोली लगाने से अलग कर देता है। वह ऐसा भी कहते हैं कि कुछ नियमित सफल बोली लगाने वालों पर भरोसा करने से भ्रष्टाचार पनपता है।

इस तरह, लेखक परिस्थिति का विश्लेषण करने का प्रयास करते हैं और उपलब्ध तथ्यों पर से अनुमान लगाते हैं। यह प्रयास अच्छा है लेकिन उन्होंने जो प्राप्त किया है वह एक कुत्ते को खराब नाम देना और उसे गोली मार देने के समान है। वे अंतर्निहित दोष, जिसके बारे में लेखक दूसरे परिच्छेद में बात करते हैं, वे उनके खुद का सृजन है। वह मान लेते हैं कि पहले परिच्छेद में वे जो तीन दावे करते हैं वे तर्कसंगत हैं। हालाँकि, इनमें से कोई तर्कसंगत नहीं है क्योंकि उन तीनों में से सभी लेखकों के अभिप्राय हैं, तथ्य-आधारित अनुमान नहीं। हवाई अड्डे की निर्माण परियोजनाओं में उत्पादन सेवा स्तर आवश्यकताओं को स्पष्ट रूप से निर्दिष्ट क्यों नहीं किया जा सकता? लेखक इस निष्कर्ष पर कैसे पहुँचे कि बोली लगानेवालों के पूर्व अनुभव से संबंधित मंत्रालय की पात्रता शर्तें सेवा स्तर की आवश्यकताओं को निर्दिष्ट करने में उसकी मुश्किल की वजह से है? क्या मंत्रालय मानता है कि लाभप्रद परियोजनाओं के सफल ट्रेक रिकॉर्ड वाली एक कंपनी सफल बनी रहना जारी रखेगी? क्या इसलिए मंत्रालय अच्छे ट्रेक रिकॉर्ड वाले बोली लगानेवालों को ढूँढता है? लेखकों ने अपने दावों के समर्थन के लिए कोई प्रमाण प्रदान नहीं किया है। इसके बदले, उन्होंने अपनी धारणाओं को तथ्यों के रूप में माना है और फिर हवाई अड्डे निर्माण अनुबंधों के लिए बोली लगाने की प्रक्रिया के लिए मंत्रालय के दृष्टिकोण को गलत ठहराया है।

यहाँ तक कि दूसरे परिच्छेद में भी, लेखकों ने अपने विचारों को तथ्यों के रूप में पेश किया है। जबकि पाठक आसानी से उनके साथ सहमत हो सकता है कि एक कंपनी का अच्छा ट्रेक रिकॉर्ड भविष्य में प्रदर्शन की गारंटी नहीं है, वह उनके दावे में रूकावट डाल सकता है कि एकबार एक पार्टी किसी अनुबंध पर हस्ताक्षर करती है, तो उसकी एकाधिकार स्थिति के कारण उसके पास गुणवत्ता बनाए रखने के लिए कोई प्रोत्साहन नहीं है। यह प्रमाण इस दावे का खंडन करता है। यदि केवल सफल ट्रेक रिकॉर्ड वाली कंपनियों को बोली लगाने के लिए मंजूरी दी जाती है, तो क्या यह मानना उचित नहीं है कि कंपनी एक अच्छा रिकॉर्ड बनाए रखना चाहेगी ताकि वह काम प्राप्त करना जारी रख सके? किसी भी मामले में, क्या वह इस मान्यता के कारण है कि एक कंपनी का अच्छा ट्रेक रिकॉर्ड भविष्य में प्रदर्शन की गारंटी है कि मंत्रालय पूर्व परियोजनाओं के सफल क्रियान्वयन का आग्रह रखता है? क्या बोली लगाने वालों के पूर्व अनुभव और अच्छे ट्रेक रिकॉर्ड होने का आग्रह रखने की इस प्रथा के लिए कोई और अधिक आसान स्पष्टीकरण नहीं है? क्या मंत्रालय को उन बोली लगाने वालों को प्रधानता देने के लिए दोषी ठहराया जा सकता है, जिन्होंने अप्रयुक्त बोली लगाने वालों की तुलना में अपनी क्षमता का प्रदर्शन किया है?

हो सकता है कि लेखक यह दावा करने में सही हों कि कुछ ठेकेदारों के साथ बार बार काम करना भ्रष्टाचार का कारण बनने की संभावना है। लेकिन ट्रेक रिकॉर्ड के बिना पार्टियों को मंज़ूरी देना संभावित भ्रष्टाचार की समस्या का समाधान नहीं करता है। इसके विपरित, ऐसा कदम अधिक भ्रष्टाचार की ओर ले जा सकता है क्योंकि सफलता के अनुभव के बिना अथवा माल को वितरित करने की क्षमता के बिना पार्टियाँ रिश्वत के माध्यम से अनुबंध प्राप्त करने का प्रयास कर सकती हैं।

जब हम कोई दावा करते हैं, तो हमें उन दावों के समर्थन में प्रमाण देना भी जरूरी है। अनुभवजन्य तथ्य, वैज्ञानिक तरीके से आयोजित अध्ययनों के परिणाम, विशेषज्ञों के निष्पक्ष अभिप्राय, क़ानूनी दस्तावेज और तर्क (वियोजक और उपपादन) सभी प्रमाण के रूप में योग्य हो सकते हैं। आईए देखें कि बोली लगाने की प्रक्रिया के उद्धरण के लेखक अपने दावों के समर्थन में किस प्रकार का प्रमाण उपलब्ध करवा सकते थे।

दावा 1:

"उत्पादन सेवा स्तर आवश्यकताओं" को सड़क निर्माण के जैसे हवाई अड्डे निर्माण में स्पष्ट रूप से निर्दिष्ट नहीं किया जा सकता। वित्त मंत्रालय अथवा हवाई अड्डे निर्माण में "उत्पादन सेवा स्तर आवश्यकताओं" को निर्दिष्ट करना कैसे मुश्किल है इस पर वित्त मंत्रालय अथवा एक अंतरराष्ट्रीय हवाई अड्डे निर्माण विशेषज्ञ की ओर से दिया गया एक उद्धरण उपयोगी हो सकता था। ऐसे किसी भी समर्थन की अनुपस्थिति में, हमारे द्वारा यह सोचने की संभावना है कि चाहे हवाई अड्डा निर्माण सड़क निर्माण से अधिक जटिल होता है, फिर भी "उत्पादन सेवा स्तर आवश्यकताओं" को निर्दिष्ट करना असंभव नहीं है।

दावा 2:

इसकी वजह यह है कि वित्त मंत्रालय हवाई अड्डे निर्माण की तकनीकी आवश्यकताओं को स्पष्ट रूप से निर्दिष्ट करने के लिए असमर्थ है कि वह बोली लगानेवालों के पास निर्माण में कम से कम पाँच साल का अनुभव होने का आग्रह रखता है। और इसी लिए मंत्रालय से इस आशय के एक हवाले की आवश्यकता होगी ताकि हम उसे स्वीकार कर सकें। अथवा यदि लेखक यह दर्शाते हैं कि सड़क निर्माण के लिए (लेखकों के अनुसार जहाँ तकनीकी विवरणों का निर्दिष्टीकरण अपेक्षाकृत आसान है) मंत्रालय बोली लगाने वालों के पूर्व अनुभव अथवा अच्छे ट्रेक रिकॉर्ड का आग्रह नहीं रखता है, तो वहाँ हम लेखकों के दावे के साथ जा सकते हैं।

दावा 3:

मंत्रालय यह मानता है कि लाभप्रद परियोजनाओं के सफल ट्रेक रिकॉर्ड रखने वाली एक कंपनी सफल बनी रहना जारी रखेगी। पुनः, मंत्रालय का यह कहता अथवा सूचित करता एक उद्धरण हमें लेखकों के अर्थ को स्वीकार करने में मदद कर सकता है। लेखकों के विचार के समर्थन में किसी अन्य प्रमुख घरेलू या अंतरराष्ट्रीय एजेंसी से प्राप्त एक उद्धरण में भी मदद कर सकती है,

जो विशेष रूप से अनुभव और अच्छे ट्रेक रिकॉर्ड वाले बोली लगाने वालों को बड़े और/अथवा जटिल अनुबंध देती है।

प्रमाण के रूप में क्या स्वीकृत है वह अध्ययन के विषय के अनुसार काफी हद तक बदलता रहता है। भौतिक विज्ञानों में आवश्यक प्रमाण की गुणवत्ता उससे कहीं अधिक उच्च क्रम की होती है जितनी सामाजिक विज्ञानों में स्वीकृत है। वैज्ञानिकों से प्राप्त उद्धरण भौतिक विज्ञानों में प्रमाण नहीं होते; लेकिन अत्यधिक सम्मानजनक विशेषज्ञों द्वारा अवधारणात्मक शोध पत्रों में व्यक्त किये गये विचारों को अक्सर सामाजिक विज्ञानों में प्रमाण माना जाता है। हालाँकि, अवलोकन और नियंत्रित प्रयोगों से प्राप्त हार्ड डेटा उन्हें अधिभावी कर सकते हैं।

कला और साहित्य में स्वीकृत प्रमाण अन्य चरम छोर पर होते है। यहाँ तेहरवीं शताब्दी के कवि जलालुद्दीन रूमी (1207–73) का एक कथन है:

> मैं एक खनिज के रूप में मर गया और एक पौधा बन गया, मैं पौधे के रूप में मर गया और पशु बन गया, मैं पशु के रूप में मर गया और अब मैं आदमी था। मुझे क्यों डरना चाहिए? जब मैं मरने से कम था?
>
> —http://www.answers.com/topic/rumi-jalal-al-din

यह वास्तव में एक एक प्रेरक और सुधारक कथन है। यह तर्क (यदि A, B की ओर ले जाता है, B, C की ओर ले जाता है और C, D की ओर ले जाता है, तो D, E की ओर ले जाएगा, भले ही हमने E को कभी देखा नहीं है) आंशिक रूप से खनिज, वनस्पति और प्राणी सृष्टि में देखने को मिलते पदानुक्रम पर निर्माण किया गया है, और आंशिक रूप से इस वैज्ञानिक तथ्य पर कि वनस्पति, पशु और मनुष्य सभी खनिज से बने हैं। रूमी का तर्क, हालाँकि, दोषपूर्ण है। सब से पहले, ऐसा कोई सबूत नहीं है कि मैं खनिज से मानव के रूप में उभरा हूँ। यह कि, मृत्यु होने पर मेरा शरीर खनिज में तबदील होगा अनिवार्य रूप से इसका अर्थ यह नहीं है कि मैं खनिज से उभरा हूं। भले ही मैं खनिज से उभरा हूं फिर भी, यह सूचित नहीं करता है कि मृत्यु होने पर मैं अस्तित्व के उच्चतर स्तर पर चला जाऊँगा। लेकिन फिर रूमी एक तर्कशास्त्री नहीं है; वह एक कवि है। यदि वह हमें किसी बड़े के लिए प्रयास करने के लिए प्रेरणा देता है और मृत्यु और बीमारी सहित हमारी कमजोरियों से निराश न होने के लिए कहता है, तो उसका उद्देश्य प्राप्त किया गया है।

एक धार्मिक प्रवचन में, किसी विशेष धर्म के पवित्र ग्रंथों अथवा उसके प्रमुख नेताओं से लिए गए निवेदनों को उस धर्म के अनुयायियों द्वारा प्रमाण के रूप में देखा जा सकता है। हालाँकि, हो सकता है कि वह दूसरे धर्मों के अनुयायियों द्वारा स्वीकृत न हो। ऐसा ही कुछ राजनीतिक प्रवचनों में भी होता है। किसी विशेष राजनीतिक दल के अनुयायी कुछ डेटा और कुछ अर्थों का आसानी से स्वीकार कर सकते हैं, जबकि जो लोग उस राजनीतिक दल का विरोध करते हैं वे उन्हें अस्वीकार कर सकते हैं।

एक लेखक के रूप में आपका कौशल उस प्रकार के प्रमाण को सही रूप से यथोचित रूप से समझने में स्थित है जो आपके प्रत्याशित पाठकों को संतुष्ट करेगा। किसी भी प्रकार के अदाकमिक लेखन में जो स्वीकृत नहीं है वह है समर्थक प्रमाण के बिना दावा करना।

स्पष्टता

यदि कोई परिच्छेद स्पष्ट है तो प्रत्येक पाठक उसमें से कुछ न कुछ अर्थ जरुर निकालता है। और वह अर्थ वह है जो लेखक का मतितार्थ है। यदि परिच्छेद स्पष्ट नहीं है, तो भिन्न-भिन्न पाठक उसमें से भिन्न-भिन्न अर्थ निकाल सकते हैं अथवा ऐसे अर्थ निकाल सकते हैं जो लेखक द्वारा दिए गए अर्थ से अलग हैं। इसलिए, यह देखना आसान है कि स्पष्टता होना एक अच्छे शैक्षणिक लेखन की एक महत्वपूर्ण विशेषता क्यों है।

स्पष्टता की कमी अक्सर अव्यवस्थित सोच में से आती है। यदि हम खुद किसी विचार के बारे में स्पष्ट नहीं हैं तो हम पाठक को उसे स्पष्ट रूप से प्रसारित नहीं कर सकते। जब हम हमारे विचार के बारे में स्पष्ट नहीं हैं, तब हम हमारी समस्या को छुपाने के लिए शब्दजाल का उपयोग करने के प्रलोभन में आ सकते हैं। हमें इस प्रलोभन का विरोध करना चाहिए।

एक छात्र के रिपोर्ट में से लिए गए निम्न उदाहरण की जाँच कीजिए:

> निम्नलिखित मापदंड प्राथमिकता के अवरोही क्रम में हैं:
>
> 1. **निष्क्रिय बाजार हिस्सेदारी से मुक्ति और लाभप्रदता की दिशा में एक अनिवार्य गति का निर्माण करना।** ऐसा न होने से, संस्थान क्षेत्र में अपने खोए हुए अधिकार को लुभाने के लिए *केवल क्षैतिज सुधार में ही कदम उठा सकता है, उर्ध्व रूप से नहीं।*
> 2. **कार्यबल की मानसिकता में रूपांतरण लाना** जो रोस अबरनेथी के उद्देश्य के साथ मेल खाता है। *"घोड़े रेस नहीं जीतते हैं, जॉकी जीतते हैं"* और नियोजन तथा उसके बाद का कार्यान्वयन समान वेवलेंथ पर होने चाहिए। [...]
>
> *(छात्र असाइनमेंट "Ross Abernathy and the Frontier National Bank," 2003 से लिया गया है)*

यदि ये वही मानदंड हैं जिनका उपयोग लेखक विविध विकल्पों के मूल्यांकन के लिए करता है जिसका उल्लेख वह अपने अहवाल में करता है, तो स्वाभाविक रूप से उसके दिमाग में इसका कुछ निश्चित अर्थ है। हालाँकि, हम उसके लेखन से उसका पता नहीं लगा सकते। दुर्भाग्य से, उसका अर्थ समझने के लिए हमारे पास केवल यह लेखन ही एकमात्र साधन होता है।

आईए अनुमान लगाते हैं कि लेखक का क्या तात्पर्य है:

> यहाँ महत्व के क्रम में दो मानदंड मौजूद हैं:
>
> 1. इस प्रस्ताव को न केवल बैंक के बाजार हिस्से को बढ़ाना चाहिए बल्कि उसे लाभदायक भी बनाना चाहिए।
> 2. उसने रोस अबेरनथी के उद्देश्य को कर्मचारियों की मानसिकता के साथ संरेखित करना चाहिए।

यह बिल्कुल भी निश्चित नहीं है कि लेखक का यही तात्पर्य है। हालाँकि, यदि मोटे तौर पर यही उसके दिमाग में है, तो क्या उसे ऐसा कुछ लिखना नही चाहिए? संशोधित संस्करण मूल संस्करण से अधिक स्पष्ट है, हालाँकि वह मूल संस्करण के शब्दों से भी आधे शब्दों का उपयोग करता है। शब्दजाल को अपनाकर—टेक्निकल शब्दों का उपयोग करना जहाँ उनकी जरूरत नहीं है, अथवा अनुचित हैं—छात्र केवल अपने संभावित पाठकों को दूर करते हैं। इसकी संभावना नहीं है कि पाठक, विशेष रूप से शिक्षक, ऐसे संदिग्ध लेखन से अर्थ निकालने के लिए अपना समय लगायेंगे। यह तो सुनिश्चित है कि जर्नल्स के संपादक उसे ख़ारिज कर देंगे।

यहाँ उसी रिपोर्ट से लिया गया दूसरा उद्धरण है। वह समझने में अधिक आसान है लेकिन अभी भी असामान्य शब्दों के एक अनावश्यक प्रदर्शन से छाया हुआ है। हम क्यों इस दलदल में से लेखक के अर्थ को निकालने के लिए अपना समय और प्रयास लगायेंगे?

> बैंक को एक नायक की जरूरत थी जो उन्हें कैश काउ के रूप में स्थिरता की ग्रिडलॉक्ड स्थिति में होने की हार के परावर्तन से मुक्त कर सकता था, जो यदि जारी रहती उसे बोस्टन कंसल्टिंग ग्रुप मैट्रिक्स के अनुसार "**doggone**" बनने की ओर ले जाती (देखें **एक्ज़िबिट 1**)।
>
> *(छात्र असाइनमेंट "Ross Abernathy and the Frontier National Bank," 2003 से लिया गया)*

शब्दजाल पाठकों को प्रभावित नहीं करता है; वह उन्हें विमुख कर देता है। वह मुश्किल लेखन के साथ परिश्रम नहीं करते जब उन्हें संदेह होता है कि उन्हें उसमें से कुछ भी नया अथवा व्यावहारिक प्राप्त नही होगा। हम एक सोने का सिक्का प्राप्त करने के लिए किसी नाली में हाथ डाल सकते हैं, लेकिन एक पैसे के लिए नहीं।

ऐसे कई उदारहण हैं जहाँ आपको तकनीकी पारिभाषिक शब्दों का उपयोग करना होता है। वहाँ ऐसे शब्दों को परिभाषित करना अच्छा अभ्यास है जहाँ आपके अधिकांश पाठक आपके द्वारा उपयोग किए गए तकनीकी पारिभाषिक शब्दों का अर्थ जानते हैं, जैसे वे विद्वान जो जर्नल्स में प्रकाशित आपके लेख पढ़ते हैं, और आपके प्रोफ़ेसर्स जो आपके असाइनमेंट्स सेट करते हैं। इस सुझाव के लिए तीन कारण हैं। पहला, आपके पाठकों में वे सुशिक्षित लोग शामिल हो सकते हैं जो आप जो पारिभाषिक शब्दों का इस्तेमाल करते हैं उनसे परिचित नहीं हैं अथवा तुरंत उसका अर्थ याद नहीं कर सकते हैं। दूसरा, जैसे हमने पहले अध्याय 3 में देखा है, आप जिसका प्रयोग करते हैं वह तकनीकी अथवा महत्वपूर्ण पारिभाषिक शब्द आपको आपके पाठक को निर्विवाद रूप से यह सूचित करने में मदद करेंगे की आपका उनसे क्या मतलब है। तीसरा, एक शैक्षिक संस्थान के संदर्भ में, शिक्षक (जो शायद अर्थ जानता है) जानना चाह सकता है कि वह छात्र-लेखक उस अर्थ से परिचित है या नहीं।

दूरसंचार पर एक छात्र अहवाल से लिए गए निम्न उदाहरण की जाँच कीजिए:

> स्पेक्ट्रम आवाज़, डेटा और टेलिविज़न के प्रसारण में इस्तेमाल होने वाली विद्युत चुम्बकीय रेडियो आवृत्तियों की एक श्रृंखला है। मोबाईल कम्युनिकेशन के लिए भारत की ग्लोबल सिस्टम

(जीएसएम) के ऑपरेटर्स शुरुआत में स्पेक्ट्रम का 4.4 MHz प्राप्त करते हैं, जबकि कोड डिविज़न मल्टिपल एक्सेस (सीडीएमए) ऑपरेटर्स स्पेक्ट्रम का 2.5 MHz प्राप्त करते हैं। जीएसएम ऑपरेटर्स को 10 GHz तक की फ्रिक्वेंसी आवंटित की जाती है जब उनका सबस्क्राइबर बेस मिलियन निशान को पार कर जाता है, जबकि इस मामले में सीडीएमए को 5 GHz तक की फ्रिक्वेंसी दी गई है। यह भेद सीडीएमए की अधिक कार्यक्षम टेक्नोलॉजी में स्थित है जो जीएसएम टेक्नोलॉजी की तुलना में उसी बैंड में 5 गुना अधिक ट्रैफिक समाहित कर सकता है।

(छात्र असाइनमेंट "Licensing for spectrum allocation in telecom sector, 2008 में से लिया गया)

लेखक आम अभिव्यक्तियाँ 'GSM' और 'CDMA' का पूरा नाम देता है। यह विशेष अहवाल दूरसंचार अथवा इन्फोर्मेशन टेक्नोलॉजी में विशेषज्ञों के लिए नहीं लिखा गया था। वह उच्च शिक्षित सामान्य पाठकों के लिए लिखा गया था। हम कह सकते हैं कि लेखक ने कुछ तकनीकी पारिभाषिक शब्दों को प्रस्तुत करने का अच्छा कार्य किया है।

लेखक का उद्देश्य अपने अर्थ को जितना हो सके उतना स्पष्ट बनाने का होना चाहिए। जैसे हमने अध्याय 3 में देखा है, स्पष्ट और दुविधाहीन अभिव्यक्ति एक अच्छे शैक्षणिक लेखन की पहचान होती है।

परिच्छेद को कैसे विकसित करें

विषय वाक्य में कहानी के केन्द्र के आधार पर एक परिच्छेद को कई तरीकों से विकसित किया जा सकता है। हमने पहले से उन परिच्छेदों की जाँच की है जो बयान करते हैं और जो वर्णन करते हैं। हमने विभिन्न गुण भी देखे हैं। अब हम उन्हें विकसित करने के परिप्रेक्ष्य से कुछ अधिक का विश्लेषण करेंगे।

परिभाषित करना एक अवधारणा या दावे को निर्दिष्ट करने का एक तरीका होता है। किसी परिभाषा के आसपास निर्मित एक परिच्छेद में, लेखक निर्दिष्ट करता है कि अवधारणा, वस्तु अथवा प्रक्रिया से उसका क्या मतलब है। "आदमी एक समझदार प्राणी है" में आदमी को एक आम वर्ग (*प्राणी*) और विशिष्ट विशेषता (*विचारशीलता*) को निर्दिष्ट करके पारिभाषित किया गया है। हम एक पशु बनने का क्या अर्थ है और तर्कसंगत होने का क्या मतलब है इसकी व्याख्या के द्वारा इस परिभाषा पर एक परिच्छेद या वास्तव में एक पूरा प्रबंध तैयार कर सकते हैं।

यहाँ एक परिच्छेद है जो नोबेल पुरस्कार विजेता डॉ. मोहम्मद यूनुस द्वारा पेश किए गए माइक्रोफाइनांस के रूप को अस्पष्ट रूप से परिभाषित करता है:

माइक्रोफाइनांस के इस मॉडल में, डॉ युनुस के नेतृत्व में पाँच से सात सदस्यों के समूह बनाए गए हैं। यह वह प्रमुख इकाई है जो ऋणदायी संस्था के साथ बातचीत करती है। प्रारंभ में यह ऋण केवल दो सदस्यों के लिए मंजूर किया जाता है और उनके द्वारा समय पर पुनर्भुगतान किये जाने

पर अन्य सदस्यों को ऋण दिया जाता है। अन्य सदस्यों की ओर से आया दबाव त्रुटि होने के मौके कम करता है। इस ऋण का प्रति वर्ष 20% के ब्याज दर पर साप्ताहिक आधार पर पुन:भुगतान किया जाता है। सदस्यों द्वारा त्वरित पुन:भुगतान को उनकी उधार लेने की सीमाओं में धीरे धीरे वृद्धि करके पुरस्कृत किया जाता है। इस प्रकार, इस प्रणाली में पारस्परिक जवाबदेही और उच्च पुनर्भुगतान शामिल है।

(छात्र असाइनमेंट "Microfinance: A boon or a bane for rural entrepreneurship?", 2008 में से लिया गया; थोड़ा सा अनुकूलित)

चूँकि परिभाषा तयशुदा नहीं होती, इसलिए इस परिच्छेद को डॉ युनुस द्वारा विकसित किए गए माइक्रोफाइनांस के प्रकार के एक संक्षिप्त वर्णन के तौर पर भी देखा जा सकता है। फिर भी इसे यह दर्शा कर देखने का एक और तरीका है कि "आपसी उत्तरदायित्व और उच्च पुनर्भुगतान" डॉ युनुस के माइक्रोफाइनांस के केन्द्र पर कैसे स्थित हैं।

दृष्टांतीकरण एक दावे को समर्थित करने अथवा दावे को समझने के लिए आसान बनाने के आम तरीकों में से एक है। निम्न उदाहरण में, पहला वाक्य विषय वाक्य है। वह दावा करता है कि यदि कंपनी निवेशकों को जानकारी नहीं देती है तो बैकलैश हो सकता है। बाकी का परिच्छेद स्टारबक्स में निवेशकों से बैकलैश का एक उदाहरण देता है, एक ऐसी कंपनी जिसने उन्हें जानकारी नहीं दी थी।

निवेशकों से जानकारी को छुपाना बैकलैश का करण बन सकता है। उदाहरण के लिए, स्टारबक्स, ने जनवरी 2008 में, समान स्टोर बिक्रियों को प्रकट करना बंद करने का तय किया था (उसी समय के आसपास जब उसके समान स्टोर बिक्रियों ने गिरना शुरू किया था)। इस निर्णय ने कंपनी को परेशान कर दिया था क्योंकि विश्लेषकों और निवेशकों ने कंपनी को कष्ट देना जारी रखा था और स्टॉक को हटा दिया था। परिणाम के तौर पर, कंपनी को फिर से 2008 के अंत में समान स्टोर बिक्रियां प्रकट करना शुरू करना पड़ा था।

(छात्र असाइनमेंट "Communicating with investors", 2008 में से लिया गया)

स्टारबक्स का उदाहरण पाठक को लेखक के इस दावे का स्वीकार करने में मदद करता है कि अपने निवेशकों से सुसंगत जानकारी छुपानेवाली कंपनियों को निवेशकों के रोष का सामना करना पड़ सकता है। जबकि यह एक अत्यंत उपयोगी उदाहरण है, कि हमें उसमें स्थित तार्किक कठोरता की कमी को नजरअंदाज नहीं करना चाहिए। जानकारी छुपाने के निर्णय के अलावा ऐसे कई कारक हो सकते हैं जिन्होंने कंपनी के स्टॉक को हटा दिया था। आखिरकार, कंपनी की बिक्री, और संभवत: लाभ कम हो रहे थे। इस तरह एक प्रभाव के लिए योगदान देते कई कारण हो सकते हैं। पर्याप्त प्रमाण के बिना विशिष्ट रूप से एक कारण (जानकारी को छुपाना) के साथ एक प्रभाव (स्टॉक कीमत में कटाव) को पहचानने से गलत निष्कर्षों की ओर जाने की संभावना रहती है। एक गंभीर पाठक लेखक के साथ सहमत होने के लिए अनिच्छुक हो सकता है।

दो या अधिक वस्तुओं की *तुलना करना और विषमता दिखाना* परिच्छेद को विकसित करने का दूसरा तरीका है। जब आप तुलना करते हैं और विषमता दिखाते हैं, तब आप दो या अधिक वस्तुओं अथवा विचारों के बीच समानताएँ और असमानताएँ ढूंढते हैं।

नीचे दिए गए उदाहरण का अध्ययन कीजिए:

> अपवाद मौजूद होते हैं, लेकिन कुल मिलाकर उस गति में एक महान विषमता है जिस पर शहरी और ग्रामीण भारत में विकास हो रहा है। 2001 की जनगणना के अनुसार 742 मिलियन लोग, जो भारतीय आबादी के 74% हैं, ग्रामीण क्षेत्रों में रहते हैं। लेकिन 2001 के अनुसार जहाँ भारत में शहरी क्षेत्रों में घरेलू विद्युतीकरण का दर 88% तक पहुँच गया है, वहीं ग्रामीण क्षेत्रों में वह केवल 44% ही है। उसी समय भारत में शहरी टेली-घनत्व 31% की तुलना में ग्रामीण टेली-घनत्व 2% केवल है (Bhandari and Datta, 2007)। ग्रामीण भारत ब्रॉड्बैंड कनेक्टिविटी से लगभग अनछूआ रह गया है, वैसे भी, भारत में वह केवल 3% पर प्रारंभिक अवस्था में ही है। यही परिदृश्य कृषि और स्वास्थ्य देखभाल आदि जैसे अन्य सभी बुनियादी क्षेत्रों में भी मौजूद है।
>
> *(छात्र असाइनमेंट "Rural empowerment in India through micro-enterprises: A healthcare and Information Technology perspective," 2008 में से लिया गया; थोड़ा सा अनुकूलित किया गया)*

इस परिच्छेद में, लेखक दावा करता है कि शहरी भारत और ग्रामीण भारत के बीच विकास की गति में काफी विषमता है। फिर वह शहरी और ग्रामीण क्षेत्रों में विद्युतीकरण, टेली-घनत्व और ब्रॉड्बैंड कनेक्टिविटी से संबंधित आंकड़ों का हवाला देता है। इन तीनों वर्गों में से प्रत्येक में, लेखक विषमता प्रदर्शित करने के लिए ग्रामीण और शहरी क्षेत्रों से प्राप्त आंकड़ों की तुलना करता है, जिस विषमता का उसने परिच्छेद के प्रारंभ में दावा किया है।

उस दावे को समर्थन देने के लिए तुलनात्मक तथ्यों का जिस तरह से हवाला दिया गया है वह भी ध्यान देने योग्य है कि "शहरी और ग्रामीण भारत में जिस गति से विकास हो रहा है उसमें काफी विषमता है।" ऐसे तथ्यात्मक समर्थन के बिना, तुलना व्यक्तिपरक और प्रभाववादी लग सकती है।

विश्लेषण, जैसे हमने पहले ही अध्याय में देखा है, शैक्षणिक लेखन का मुख्य आधार है। जब हम कुछ विश्लेषित करते हैं, तब हम उसमें स्थित रिश्ते अथवा कार्यों और अंतरसंबंधों को ढूँढने के लिए उसे उसके हिस्सों में बाँट लेते हैं। शैक्षणिक लेखन में कई सारे विश्लेषणात्मक परिच्छेद देखने को मिलना आश्चर्य की बात नहीं है।

निम्न उदाहरण का अध्ययन कीजिए:

> भारतीय रेल (आईआर) के बदलाव के लिए जिसने सबसे अधिक योगदान दिया था वह था एक्सल लोड (अधिकतम वजन जिसे ले जाने की वैगन एक्सल और रेल्स को अनुमति दी जाती है) में वृद्धि करने का निर्णय। उसे चयनित मार्गों पर 20.3 टन से बढ़ाकर 22.9 टन किया गया था और 2004–05 में चयनित वस्तुओं के लिए, एक 4–एक्सल वैगन को और 10.4 टन वहन करने की अनुमति दी गई थी। अतिरिक्त भार ले जाने के लिए 160,000 वैगन योग्य घोषित किए गए थे और प्रत्येक वैगन को

> वर्ष में 60 बार तक लोड किया जा सकता था (औसत प्रतिवर्तन समय 6 दिन था), आईआर की वहन क्षमता एक साल में 76.8 मिलियन टन जितनी बढ़ गई थी। वहन किए जाने वाले प्रत्येक टन के साथ 500 रू. अर्जित करते हुए, इसने प्रति वर्ष आय क्षमता 384,000 मिलियन रू. तक बढ़ा दी थी।
>
> *(छात्र असाइनमेंट "Turnaround of Indian Railways," 2008 में से अनुकूलित किया गया)*

इस परिच्छेद में, दावा, जो पहले वाक्य में आता है, यह है कि एक्सल लोड बढ़ाने के निर्णय ने भारतीय रेलवेज के प्रतिवर्तन के लिए अन्य किसी और की तुलना में अधिक योगदान दिया था। लेखक सुसंगत आंकड़े को ध्यानपूर्वक देखता है और उनके बीच कुछ महत्वपूर्ण कड़ियाँ ढूँढ निकालता है। उसका विश्लेषण एक्सल लोड बढ़ाने के निर्णय और प्रति वर्ष 384,000 मिलियन रू. की संभवित आय के बीच एक कड़ी स्थापित करने की ओर ले जाता है। विश्लेषण की सुंदरता यह है कि जब तक आप परिच्छेद के अंत तक पहुँचते हैं तब तक आप शुरुआत में किए गए दावे का स्वीकार करने के लिए तैयार हो जाते हैं।

हम इसी उदाहरण को दो वस्तुओं अथवा घटनाओं के बीच संबंध का कारण और प्रभाव प्रदर्शित करने के माध्यम से एक परिच्छेद का विकास करने के एक दृष्टांत के रूप में सोच सकते हैं। यहाँ प्रभाव है, प्रति वर्ष 384,000 मिलियन रू. द्वारा भारतीय रेलवे की राजस्व क्षमता में वृद्धि होना। कारण है, रेलवे वैगनों के एक्सल लोड को बढ़ाने का निर्णय। हो सकता है कि पाठक इन दोनों के बीच के अनौपचारिक संबंध को आसानी से स्वीकार न करें। इसलिए लेखक संख्याओं की एक श्रृंखला प्रस्तुत करता है जो उसे स्थापित करती हैं।

स्पष्टीकरण परिच्छेद को विकसित करने का एक समान रूप से एक आम तरीका है। जब आप एक अवधारणा अथवा प्रक्रिया को स्पष्ट करते हैं, तब आप पाठक के लिए अपने दावे को समझने के लिए उसे आसान बनाते हैं। आप एक कारण देते हैं कि ऐसा क्यों हुआ अथवा क्यों होगा।

निम्न उदाहरण में, समग्र परिच्छेद यह स्पष्ट करता है कि लेखकों ने गैर सरकारी संगठनों (एनजीओ) और सरकार के बीच की अंतर्क्रिया का अध्ययन करना क्यों तय किया था।

> एक एनजीओ की प्रभावशीलता और कार्यक्षमता बहुत बड़ी हद तक अपनी प्रतिष्ठा के निर्माण और प्रबंधन पर निर्भर होती है, शायद एक निजी उद्यम की तुलना में भी अधिक। एक एनजीओ की प्रतिष्ठा केवल उसे सार्वजनिक धन और स्वयंसेवकों को ही नहीं बल्कि सरकारी अनुदानों एवं नीतियों में परिवर्तन को भी संचित करने में मदद करती है। एनजीओ और सरकार के बीच का रिश्ता जटिल होता है, जिसमें कुछ मुद्दों पर सहयोग और कुछ अन्य पर टकराव शामिल होते हैं। इस रिश्ते में मुख्य समस्या है एक दूसरे के प्रति एक निश्चित मात्रा में भय और अविश्वास का होना। इसी संदर्भ में हमने सोचा था कि इन दो पक्षों के बीच की अंतर्क्रिया का अध्ययन करना बहुत दिलचस्प होगा।
>
> *(छात्र असाइनमेंट "Communicating with the government," 2008 में से लिया गया)*

इस परिच्छेद में, विषय वाक्य एकदम अंत में आता है। उसके पहले एनजीओ के लिए प्रतिष्ठा कैसे महत्वपूर्ण है और एनजीओ एवं सरकार के बीच का रिश्ता कैसे जटिल है उसके बारे में कथन आते हैं। जब आप परिच्छेद के अंत में विषय वाक्य पर आते हैं, तब आप महसूस करते हैं कि पहले

के कथन वह कारण स्पष्ट करते हैं कि लेखकों ने एनजीओ और सरकार के बीच की अंतर्क्रिया का अध्ययन करना क्यों चुना था।

सूचीबद्ध करना अथवा वर्गीकरण करना परिच्छेद विकास का दूसरा आम तरीका है। यहाँ एक उदाहरण है:

> एक पीपीपी परियोजना के कार्यान्वयन के साथ विभिन्न प्रकार के जोखिम जुड़े हुए होते हैं। वह विविध मंजूरी मिलने में विलंब, निजी खिलाड़ी द्वारा त्रुटि, पर्यावरण को क्षति अथवा बाजार माँग के गलत अनुमानों के कारण उत्पन्न हो सकते हैं जो अपर्याप्त मांग और शायद अव्यवहार्य उपयोगकर्ता लेवी के एक दृश्य की ओर ले जाते हैं (योजना आयोग 2004)। यदि मुद्रास्फीति की दरों, विनिमय दरों, ब्याज दरों और या कर दरों में काफी परिवर्तन आते हैं तो इस परियोजना को वित्तीय समस्याओं का सामना भी करना पड़ सकता है। यदि श्रम अथवा टेक्नोलॉजी के साथ समस्याएँ आती हैं तो संचलन रोक दिए जा सकते हैं। वहाँ कानूनों, लीज़ अधिकारों, सुरक्षा संरचना में परिवर्तनों के कारण अथवा निजी खिलाड़ी के दिवालियापन के कारण क़ानूनी बाधाएँ आ सकती हैं।
>
> *(छात्र असाइनमेंट "Airport modernization through PPP route in India," 2008 में से लिया गया)*

पहला वाक्य विषय वाक्य है। वह कहता है कि एक पीपीपी परियोजना के कार्यान्वयन के साथ विभिन्न प्रकार के जोखिम जुड़े हुए होते हैं। बाकी का परिच्छेद लेखक की समझ के अनुसार मुख्य जोखिमों की एक सूची है। ये जोखिम भिन्न-भिन्न होते हैं। जो बात उन सभी को जोड़ती है और उन्हें "जोखिम" नामक वर्ग का हिस्सा बनाती है, वह है विषय वाक्य।

इस खंड ने एक परिच्छेद के विकास के कुछ तरीके निदर्शित किए हैं। यह किसी भी अर्थ में एकमात्र नहीं हैं। उदाहरण के लिए, नीडलमैन (1968, पृ. 95) ने चार व्यापक श्रेणियों के तहत प्रभावी परिच्छेदों के विकास की 15 विधियाँ पहचानी है, उनमें से कोई भी परस्पर अनन्य नहीं है: "क्रम (समय क्रम अथवा कालक्रम, चरमोत्कर्ष), चित्रण (दृष्टांत, तुलना और विषमता, समरूपता, पुन:कथन, सारांश), समग्र और इसके घटक भाग (परिभाषा, विश्लेषण, वर्गीकरण, स्पष्टीकरण), और तार्किक विश्लेषण (प्रमाण और सबूत, कारण और प्रभाव, गणना, उन्मूलन)"। अगली बार जब आप एक शैक्षणिक जर्नल में एक अच्छी तरह से लिखा गया पत्र पढ़ते हैं, तो आपको प्रभावित करनेवाले परिच्छेदों को ध्यान से देखें। वह अच्छे परिच्छेदों को विकसित करने के विविध तरीके निदर्शित करेंगे। देखें कि आप उनमें से क्या सीख सकते हैं।

अध्याय का सारांश

इस अध्याय में हमने एक अच्छे परिच्छेद की संरचना और गुणों की जाँच की है। दो अनिवार्य गुण हैं: एकरूपता और सामंजस्य। वांछित गुणों में शामिल हैं: संक्षेपण, तार्किक कठोरता और स्पष्टता। हमने

परिच्छेदों को विकसित करने के विविध तरीकों के बारे में भी चर्चा की, विशेष रूप से व्याख्यात्मक परिच्छेदों के बारे में।

यह अध्याय आपको यह प्रभाव दे सकता है कि लिखते समय ध्यान देने योग्य कई सारी चीजें हैं जिसके बिना आप कभी भी अच्छी तरह से लिखने में सक्षम नहीं होंगे। हालाँकि, हमारा इरादा यह नहीं है। यह चर्चा एक अच्छा परिच्छेद बनाने वाले विभिन्न पहलुओं से आपको अवगत कराने के लिए है। यह वाहन चालन कैसे करना है उसके वर्णन के जैसा है। यह किसी व्यक्ति को गति में कैसे तेजी लानी है, गियर्स कैसे बदलने हैं, सड़क पर यातायात को कैसे देखना है, ब्रेक कैसे लगाना है और आदि के बारे में बताने जैसा है।

यह चर्चा आपको दो तरीकों से मदद करेगी। पहला, जब आप दूसरों का लेखन पढ़ते हैं, तब आप उसका व्यवस्थित रूप से विश्लेषण करने में सक्षम होंगे और यह देख पाएंगे कि उसके बारे में क्या अच्छा है और क्या उतना अच्छा नहीं है। वह आपको बेहतर रूप से लिखने में सहायता करेगी। आखिरकार, यह ऐसा ही है कि दूसरों को ध्यानपूर्वक देखने से हम कई कौशल सीख सकते हैं। दूसरा, आप यह जाँच करने के लिए अपने खुद के लेखन की समीक्षा करने में समर्थ होंगे कि आपका परिच्छेद इन न्यूनतम परीक्षणों में से खरा उतरता है या नहीं।

5

लेखन प्रक्रिया

अध्याय का विहंगावलोकन

कुछ दशकों पहले दक्षिण भारतीय परिवारों में पत्थर की बड़ी-बड़ी चक्कियाँ होती थीं। उसमें आटा बनाने के लिए भिगोया हुआ चावल और *उड़द दाल* को हाथों से पीसा जाता था, जिससे वे *डोसा* और *इडलियां* बनाते थे। पिसाई की प्रक्रिया इतनी धीमी होती थी कि चार अथवा पाँच सदस्यों वाले परिवार के लिए दो दिन के लिए पर्याप्त बैटर (घोल) बनाने के लिए आसानी से दो से तीन घंटे लग जाते थे। फिर आए छोटे इलेक्ट्रिकल मिक्सर-ग्राइंडर्स जो उसी मात्रा का घोल आधे घंटे से भी कम समय में बना सकते थे। स्टील ब्लेड्स के साथ, समय बचाने वाली इन नई मशीनों का उत्साहपूर्वक स्वागत किया गया था, विशेष रूप से कामकाजी दम्पतियों द्वारा। मशीन-निर्मित घोल से बनाए गई *इडलियों* के गठन और स्वाद ने हालाँकि विशेषज्ञों को निराश कर दिया था। तेज गति से चलते इलेक्ट्रिकल मिक्सर-ग्राइंडर्स के ब्लेड्स से उत्पन्न गरमी ने वातन और साथ ही किण्वन कम कर दिया था जो नरम, फूली हुई *इडलियां* बनाने के लिए अनिवार्य था, जिसका वह इस्तेमाल करते आए थे और वंडर मशीनों से उन्हें वही अपेक्षा थी।

शैक्षणिक लेखन कई उप-प्रक्रियाओं के साथ उसी प्रकार की प्रक्रिया है, जिसे हम इस अध्याय में आगे देखेंगे। यदि हम उनमें से कुछ को अज्ञान की वजह से या समय बचाने की झूठी उम्मीद में छोड़ देते हैं, तो हमारे पास एक असंतोषजनक उत्पाद रह जाने की संभावना होती है। अध्याय 2 में, हमने शोध पत्रों की संरचना और घटकों पर गौर किया था। इस अध्याय में हम दस्तावेज़ बनाने और पाठकों को प्रस्तुत करने की प्रक्रिया और उप प्रक्रियाओं पर ध्यान केंद्रित करेंगे।

हम लेखन प्रक्रिया को तीन चरणों में विभाजित करेंगे:

रूपरेखा बनाइए → उसमें सामग्री डालिए → उसे चमकाइए

एक कहानी के रूप में शैक्षणिक लेखन

अध्याय 3 और 4 में हमने देखा था कि एक वाक्य उसके व्याकरण संबंधी विषय के बारे में एक कहानी होता है, और एक परिच्छेद एक विषय के बारे में लघु कहानी। हम इस रूपक को आगे विस्तारित कर सकते हैं और कह सकते हैं कि एक रिपोर्ट अथवा एक प्रबंध एक बड़ी कहानी होता है। Golden-Biddle and Locke (1997, पृ. 49) के तर्क के अनुसार, शोध पत्र को "एक जटिलता, एक विकास, और एक समाधान से बनी" एक कहानी के रूप में देखा जा सकता है, जैसे एक लघु कहानी में होता है। संबंधित साहित्य का पठन एक अंतराल, एक विसंगति, एक समस्या या एक जटिलता प्रदान करता है; शोध के द्वारा, जिसमें डेटा संग्रह और विश्लेषण अथवा मेटा-विश्लेषण शामिल हो सकता है, शोधकर्ता इस अंतराल को भरता है, विसंगति को स्पष्ट करता है, समस्या का समाधान करता है अथवा जटिलता को सुलझाता है। वह शोध के लेखन के साथ "कहानी की रचना," "कहानी का विकास करना," "कथाकार का चरित्र बनाना" और "कहानी को फिर से लिखना" के रूप में व्यवहार करते हैं।

यदि हम एक रिपोर्ट अथवा एक प्रबंध को एक विषय के बारे में एक कहानी के रूप में देखते हैं, तो हम उसके बारे में कैसे लिखेंगे? हमारे पास सबसे पहले कहने के लिए एक कहानी होनी चाहिए। आईए देखते हैं, एक कहानी के सृजन में क्या-क्या शामिल होता है।

ईसाप (Aesop) की दंतकथाओं में से एक कहानी यहाँ दी गई है:

> एक कछुआ अपने घर से उब गया था और एक नए और दूर के स्थान पर जाना चाहता था। इसलिए उसने गरुड़ से पूछा कि क्या वह उसे किसी दूर के स्थान पर ले जा सकता है। गरुड़ सहमत हुआ और कछुए को उसके खोल से अपने पंजों में पकड़कर ऊपर और दूर ले उड़ा। उनके रास्ते में एक कौआ साथ उड़ रहा था, उसने गरुड़ से कहा कि कछुए का मांस खाने के लिए उत्तम होता है।
>
> "लेकिन उसका खोल बहुत सख्त होता है," गरुड़ ने आह भरकर कहा।
>
> "अरे, केवल उसे किसी पत्थर पर गिरा दो; खोल टूट जाएगा," कौए ने सलाह दी। और गरुड़ ने जैसे ही जमीन पर एक विशाल पत्थर देखा उसने बिलकुल वैसा ही किया। फिर दोनों पक्षियों ने कछुए के मांस का स्वादिष्ट भोजन किया।
>
> *बोध : अपने दुश्मनों की उदारता पर कभी भी निर्भर न रहें।*
>
> http://www.aesops-fables.org.uk में से अनुकूलित

इस कहानी में, प्रत्येक अच्छी कहानी की तरह, एक शुरुआत, मध्य हिस्सा और एक अंत मौजूद है। हम कह सकते हैं कि इस कहानी की शुरुआत है: "एक कछुआ अपने घर से उब गया था और एक नए, दूर के स्थान पर जाना चाहता था।" वह केन्द्रीय किरदार का परिचय देकर पृष्ठभूमि स्थापित करता है, जिसके बारे में हम कहानी सुनाने जा रहे हैं। इस कहानी का अंतिम वाक्य, "फिर दोनों

पक्षियों ने कछुए के मांस का स्वादिष्ट भोजन किया," उसका अंत है। बीच का लेखन कहानी का मध्य हिस्सा बनाता है, जो हमें बताता है कि कहानी में गरुड़ और कौए ने कछुए के मांस का आनंद लिया उससे पहले कछुए और अन्य किरदारों ने क्या किया था। वास्तव में अंत में दिया गया बोध कहानी का हिस्सा नहीं है, लेकिन उस पर की गई एक टिप्पणी है।

शैक्षणिक लेखन में भी एक रचनात्मक कहानी की तरह एक शुरुआत, मध्य हिस्सा और एक अंत होना चाहिए। अंतर यह है कि रचनात्मक कहानी में लेखक जहाँ से अच्छा लगे वहाँ से शुरुआत करता है, जबकि शैक्षणिक लेखन में लेखक उस वार्तालाप में जुड़ता है, जो विद्वानों के बीच चल रहा होता है। इसके अलावा, जैसा कि हमने अध्याय 3 में देखा था, शैक्षणिक लेखन शैली के विकल्प सीमित हैं।

कहानी की रूपरेखा तैयार करना

हमारी कहानी की रूपरेखा तैयार करना उसके लेखन में पहली और सबसे महत्वपूर्ण प्रक्रियाओं में से एक है। यदि हम एक शुरुआत, मध्य हिस्सा और एक अंत के साथ रूपरेखा तैयार नहीं कर पाते हैं तो शायद हमारी सोच अव्यवस्थित है और हमारे पास कहने के लिए कोई कहानी नहीं है। हमने डेटा तो एकत्र कर लिए हैं लेकिन उन्हें एक संदर्भित, अर्थपूर्ण और दिलचस्प कहानी में पिरोने में असमर्थ हैं। जैसे वेन बूथ कहते हैं, "सटीक रूप से अवलोकित विवरण का संग्रह हमें लंबे समय तक संतुष्ट नहीं कर सकता" (Golden-Biddle & Locke, 1997, पृ. 58 द्वारा उद्धृत); पाठक एक कहानी, अर्थ, और महत्व ढूँढता है। यह रूपरेखा हमें यह देखने के लिए मदद करती है कि क्या हमारे पास कोई कहानी है और क्या हम उसे अन्य लोगों के साथ साझा करने के लिए तैयार हैं।

चलिए कछुए की कहानी पर वापस चलते हैं। कहानी का मर्म क्या है? हम किस प्रकार की न्यूनतम रूपरेखा के साथ शुरू कर सकते हैं? यहाँ एक संभावना है:

> एक कछुआ रहने के लिए एक नए स्थान पर जाना चाहता था।
>
> एक गरुड़ मदद करने के लिए सहमत हुआ।
>
> जब गरुड़ कछुए को उड़ा ले जा रहा था तब एक कौए ने सलाह दी कि वह कछुए को जमीन पर गिरा दे। गरुड़ ने ऐसा ही किया।
>
> कछुए का खोल टूट गया और मांस बाहर आ गया; दोनों पक्षी उसे खा गए।

जैसे ही हमारे पास इस प्रकार की रूपरेखा होती है वैसे ही हम उसका विस्तार कर सकते है और उसे अधिक विस्तृत बना सकते हैं। उदाहरण के लिए, पहला विचार अथवा कहानी की शुरुआत को लीजिए: "एक कछुआ रहने के लिए एक नए स्थान पर जाना चाहता था।"

हम उस हिस्से में प्रत्येक प्रमुख शब्द के लिए विवरण जोड़ सकते हैं और कहानी की शुरुआत को विस्तारित कर सकते हैं:

कछुआ — युवा, दिवा-स्वप्न देखने वाला, अकेला, धीमा...

उबा हुआ — बार बार एक ही प्रकार का खाना, एक ही परिवेश, वही पड़ोसी, देखने या करने के लिए कुछ भी दिलचस्प नहीं...

परिवेश — पेड़, तालाब, दीवार...
बिना किसी रोमांचक घटनाओं या दृश्यों के महीने गुजर रहे हैं...

कोई नया स्थान — यहाँ से दूर एक शानदार दुनिया, बहुत सारा खाना, देखने के लिए बहुत कुछ...

आपकी रूपरेखा धीरे-धीरे खुद को शोध करने की प्रक्रिया का गठन कर रही होगी, जो काफी संरचित है, जैसे हमने अध्याय 1 में देखा है। चूँकि आप अपने क्षेत्र में साहित्य की समीक्षा कर रहे थे, इसलिए आपने एक घटना में मौजूदा जानकारी अथवा एक अंतराल का सामना किया था, जिसे आसानी से स्पष्ट नहीं किया जा सकता था। फिर आपके पास एक परिकल्पना थी कि कुछ काम क्यों हो पाया अथवा क्यों नहीं हो पाया; आपने इस परिकल्पना को साबित या खंडित करने के लिए प्रमाण इकठ्ठा किए थे; और कम से कम एक अस्थायी ही सही, लेकिन इस तरह एक निष्कर्ष पर पहुँचे थे। दूसरे शब्दों में, एक कहानी उभर रही थी क्योंकि आपने शोध किया था। अब, आपको लेखन की प्रक्रिया शुरू करने के लिए एक विस्तारित रूपरेखा विकसित करने की जरूरत है।

हमें रूपरेखा को एक संपूर्ण संरचना के रूप में नहीं देखना चाहिए। वह कंकाल जैसी अधिक होती है। वह तय करती है कि किस प्रकार का मांस और कितना मांस कहाँ-कहाँ जाना चाहिए। एक रूपरेखा के साथ काम करने का लाभ यह है कि आप कहानी का ट्रैक गँवाते नहीं हैं। हम जानते हैं कि कहाँ शुरू करना है और हमें किस स्थान पर पहुँचने की जरूरत है। चाहे हमारे पास कछुआ कहाँ रहता था, वह कैसे अपने परिवेश से उब चुका था, और कैसे वह नए उत्तेजक स्थान पर जाने का लगातार सपना देखता था, पर एक वाक्य, एक पृष्ठ या एक पूरा अध्याय ही क्यों न हो, पर हम जानते हैं हम अभी भी कहानी के शरीर के लिए चरण स्थापित कर रहे हैं।

शैक्षणिक लेखन में कहानी की रूपरेखा को विकसित करना एक परिकल्पना में रूपरेखा को विकसित करने से भिन्न होता है। एक रचनात्मक कहानी को विकसित करते समय, लेखक की कल्पना द्वारा लागू किए गए प्रतिबंधों के अलावा और कोई प्रतिबंध नहीं होते। लेखक मुक्त रूप से सेटिंग्स, किरदार और क्रियाएँ उत्पन्न कर सकता है। एकमात्र शर्त यह है कि वह पाठक को साथ ले जाने के लिए समर्थ होना चाहिए। कालिदास के *अभिज्ञानशाकुन्तलम*, लियो तोल्स्तोय के '*War and Peace*, Herman Melville के '*Moby Dick or the Whale* और लुईस कैरोल की '*Alice's Adventures in Wonderland*' ऐसी ही रचनाएँ हैं, इनमें से प्रत्येक बाकी रचनाओं से काफी भिन्न है। फिर भी वह विभिन्न पीढ़ियों के अनेक पाठकों को साथ ले जाने में सफल रही हैं।

हालाँकि, शैक्षणिक लेखकों को अपनी कहानी का निर्माण डेटा अथवा प्रमाण के साथ करना चाहिए, जो व्यवस्थित रूप से इकट्ठा किए गए होते हैं और उस तरीके से किए गए होते हैं जिसे संबंधित विद्वान समुदाय द्वारा प्रमाणित किया गया होता है। उन्हें उस क्षेत्र में स्थित विद्वानों के बीच के मौजूदा वार्तालाप से अलग होना होता है, मुख्य रूप से दूसरों ने जो प्रकट या विकसित किया है उसकी पुष्टि, खंडन अथवा विस्तारित करके। जैसे हमने अध्याय 2 में देखा है, कि अवधारणात्मक और अनुभवजन्य पत्रों में कौन-कौन सी बातें किस-किस क्रम में दिखाई देना चाहिए, उसके बारे में अच्छी तरह से स्थापित मानदंड अस्तित्व में हैं। वह उस समय आपकी रूपरेखा को आकार देंगे जब आप किसी प्रकाशन के लिए लिख रहे होंगे। शैक्षणिक पत्रों की एक व्यापक शृंखला के लिए जो आप अपनी शोध के हिस्से के स्वरूप प्रस्तुत करते हैं, आपने अपनी खुद की रूपरेखा बनाई हो सकती है सिवाय इसके कि आपको पहले से एक निश्चित संरचना का अनुसरण करने के लिए कहा गया हो। इस चर्चा का आपको प्रकाशन के लिए भेजे जाने वाले शोध पत्रों के बजाय उन लिखित असाइनमेंट्स में अधिक उपयोग करना चाहिए, जो अध्याय 2 में आवरित किए गए हैं।

यदि आप एक जर्नल में प्रकाशन के लिए एक पत्र लिख रहे हैं, तो आपको उसमें प्रकाशित कई पत्रों को देखना चाहिए और उस विद्वान समुदाय की अपेक्षाओं का अनुमान लगाना चाहिए, ताकि आप अपने पत्र को तदनुसार संरचित कर सकें और अपनी शैली को आकार दे सकें। अधिकांश जर्नल्स अपनी सामग्री, शैली, लंबाई और स्वरूपण के लिए भी अपनी अपेक्षाओं को निर्दिष्ट आकार देने के लिए प्रत्येक अंक में एक पृष्ठ अलग रखते हैं (आमतौर पर योगदानकर्ताओं/लेखकों के लिए नोट/निर्देश/दिशानिर्देश के शीर्षक के साथ)। उनका पालन करने में विफल होने पर आपका योगदान रद्द हो सकता है। हालाँकि, यदि आप एक प्रशिक्षक को प्रस्तुत करने के लिए एक असाइनमेंट लिख रहे हैं, तो सुनिश्चित कीजिए कि आप उनकी अपेक्षाओं को जानते हैं। हो सकता है कि जो बात एक प्रशिक्षक के लिए स्वीकृत है वह दूसरों के लिए स्वीकृत न हो। बेशक, ऐसी कुछ सामान्य मार्गदर्शिकाएँ हैं, जो संभवत: सभी के द्वारा स्वीकृत होती हैं। हम उन पर ध्यान केन्द्रित करेंगे।

कहानी की शुरुआत

कहानी की शुरुआत, जैसे किसी लेख में परिचय, एक ढांचा बनाने के लिए होता है, जो आपके लेख अथवा प्रबंध से क्या अपेक्षा रखनी है उसके बारे में समझने के लिए पाठक को मदद करता है। यदि शोध करना एक वार्तालाप में जुड़ने जैसा है, तो उस परिचय या प्रारंभ को एक पार्टी में दूसरों का अभिवादन करने के जैसा मानें। आप पाठक को दर्शाना चाहते हैं कि आप वार्तालाप के किस पहलू से दूर जाना चाहते हैं और आप कैसे आगे बढ़ना चाहते हैं। यह उन्हें आपके योगदान को बेहतर तरीके से समझने और संभवत: स्वीकार करने में मदद करता है।

इसके लिए कई विकल्प हैं। एक आम शुरुआत पाठक को उस मुद्दे अथवा समस्या के लिए पृष्ठभूमि देने के लिए होती है, जिसके साथ आप निपटने वाले हैं। इससे संबंधित पाठक को संबंधित

क्षेत्र में पहले से किए हुए कार्य के साथ कनेक्शन्स देता है। जैसा कि हमने विज्ञान की विशेषताओं की चर्चा करते समय अध्याय 1 में देखा है, अन्य लोगों ने उस क्षेत्र में जो पाया है, आप उसे समर्थन दे सकते हैं, विस्तारित कर सकते हैं अथवा अस्वीकार कर सकते हैं। आप पाठक को बता सकते हैं कि आपने वह पत्र क्यों लिखा है, अर्थात, आपकी तर्कसंगति अथवा आपका उद्देश्य। आप किसी प्रस्ताव का मूल्यांकन करना अथवा दूसरे अध्ययन के निष्कर्ष पर सवाल उठाना चाह सकते हैं। दूसरा सरल परिचय है पत्र की संरचना का वर्णन करना। वह पाठक को बाकी के पत्र में क्या आएगा उसका अर्थ लगाने में मदद करेगा। इसलिए, आप जिस प्रकार के परिचय के लिए प्रयास करते हैं वह उस बात पर निर्भर करता है कि आप उस लेख अथवा पत्र में क्या कहने जा रहे हैं।

यह शुरुआत संक्षिप्त होनी चाहिए। अपने पाठक को आपकी थीसिस अथवा तर्क को समझने और सराहने में मदद करने के लिए न्यूनतम पृष्ठभूमि दीजिए। पृष्ठभूमि की अनावश्यक रूप से लंबी जानकारी पाठकों को परेशान कर सकती है और उन्हें आगे पढ़ने से तथा वह अंतर्दृष्टि प्राप्त करने से रोक सकती है, जिसे आप पत्र में प्रस्तुत कर रहें हैं।

कहानी का मध्य हिस्सा

मध्य हिस्सा वह है जहाँ आप अपनी परिकल्पनाएँ, विधियाँ, डेटा और विश्लेषण प्रस्तुत करते हैं। यह आपके पत्र का बड़ा हिस्सा बनाता है। जब आप रूपरेखा तैयार करते हैं, तब आप यह तय कर सकते हैं कि आपके पाठकों को किस प्रकार की जानकारी प्रस्तुत की जानी चाहिए और किस क्रम में।

कहानी का अंत

आपकी कहानी का अंत और कुछ नहीं बल्कि अपने पाठकों को अलविदा कहना है। लेकिन आप केवल अलविदा कहकर छोड़ देना नहीं चाहते। आप वह कैसे कहते हैं, यह उस पर निर्भर करता है कि आपका उद्देश्य क्या और आपने कितनी अच्छी तरह से वह उद्देश्य प्राप्त किया है। आप प्रमुख मुद्दों का सारांश देकर, पाठकों को उस सफर की याद दिलाना चाह सकते हैं, जो आपने उनके साथ तय किया है। आप पाठक को बताना चाह सकते हैं कि अपने जो कार्य करना निर्धारित किया था वह कार्य पूरा किया है, अथवा अपना वचन पूर्ण किया है। आप वे सवाल भी इंगित करना चाह सकते हैं जिनका जवाब देने का आपने प्रयास नहीं किया है, अथवा बिना जवाब दिए छोड़ दिए हैं। थीसिस अथवा शोध लेखों में यहीं वह स्थान हैं जहाँ आप अपने वर्तमान शोध की सीमाएँ और भावी शोध के लिए दिशानिर्देश इंगित करते हैं।

एक रूपरेखा का नमूना

यहाँ भारत में माइक्रोफाइनांस पर एक कहानी की संभावित प्रारंभिक रूपरेखा प्रस्तुत है। (हम बाद में इस अध्याय में "स्वयं-समीक्षा" खंड में इस कहानी का सार फिर से देखेंगे।)

शुरुआत/पृष्ठभूमि:

माइक्रोफाइनांस = बैंक/वित्तीय संस्थानों में प्रवेश प्राप्त न होने वाले लघु उद्यमियों को छोटे पैमाने पर वित्तीय सेवाएं प्रदान करना। इसे स्वयं-स्थिरता का समर्थन करने वाला और ग्रामीण उद्यमियों को बढ़ावा देने वाला माना जाता है। लेकिन क्या वह ऐसा करता है?

मध्य हिस्सा/विकास:

दो मॉडल्स: ग्रामीण बैंक (डॉ युनुस, बांग्लादेश) और स्व सहायता समूह (एसएचजी, भारत में लोकप्रिय)। माइक्रोफाइनांस के संचालन का आलोचनात्मक विश्लेषण।

लाभ: लेकिन माइक्रोफाइनांस के लिए अधिकांश छोटे उद्यमी, विशेष रूप से ग्रामीण उद्यमियों के पास शोषक साहूकारों के अलावा धन पाने के लिए कोई पहुंच नहीं होती है; भारत/विदेश में विभिन्न प्रदेशों में ग्रामीण उद्यमियों द्वारा माइक्रोफाइनांस के पास से प्राप्त लाभों का समर्थन करते डेटा।

नुकसान: माइक्रोफाइनांस उतना उद्यमी अनुकूल नहीं है, जैसा कि उसे अक्सर बताया जाता है; ब्याज दर अत्यंत उच्च; पुनर्भुगतान शेड्यूल्स लचीला (किसी समूह के बाकियों के साथ जुड़े हुए); कुछ उद्यमियों को समय पर माइक्रोफाइनांस ऋण का वापस भुगतान करने के लिए अत्यधिक उच्च दरों पर साहूकारों से उधार लेना पड़ता है; जो जुड़ते हैं उनमें से लगभग दो-तृतीयांश तीसरे साल तक निकल जाते हैं; इन सभी के बावजूद, माइक्रोफाइनांस उद्यमियों के निचले 20% स्तर तक भी पहुँच नहीं रहा है।

अंत/निष्कर्ष :

लघु उद्यमियों को लाभ पहुँचाने के लिए, पुनर्भुगतान शेड्यूल को अधिक लचीला बनाइए। सरकार के गरीबी उन्मूलन उपक्रमों के साथ माइक्रोफाइनांस संस्थानों के संसाधनों को संयोजित करके गरीब से गरीब व्यक्ति तक पहुँचे। उद्यमियों की आय के साथ जुड़ी विभेदक ब्याज दरें प्रस्तुत करें। आम तौर पर, ब्याज दरों और पुनर्भुगतान शेड्यूल्स में अधिक लचीलापन प्रस्तुत करें।

(छात्रअसाइनमेंट "Microfinance:Aboonorabaneforruralentrepreneurship?"2008 में से रूपरेखा बनाई गई है)

जैसे ही आपके पास इसके जैसी कोई मूल कहानी होती है, वैसे ही आप रूपरेखा को अधिक विस्तारित कर सकते हैं। उदाहरण के लिए, माइक्रोफाइनांस के दो मॉडल्स लीजिए। आप दोनों मॉडल्स के अधिक विवरण प्रदान कर सकते हैं। आप शायद बांग्लादेश से संबंधित कुछ आंकड़े प्रदान कर सकते हैं, जहाँ ग्रामीण मॉडल विकसित किया गया था, अथवा दक्षिण भारत से, जहाँ एसएचजी बहुत लोकप्रिय है। इसकी एसएचजी के एक प्रकार, भारतीय चिटफंड्स के साथ तुलनाएँ हो सकती हैं, जो भारत के विभिन्न हिस्सों में दशकों से लोकप्रिय रही हैं।

भले ही आपके पास इन दोनों मॉडल्स पर बहुत सारा डेटा है, फिर भी आपको उन सभी को रूपरेखा में नहीं रखना चाहिए। कारण सरल है। कहानी का मुख्य हिस्सा माइक्रोफाइनांस के लाभों और अलाभों का एक आलोचनात्मक विश्लेषण होता है। दोनों के बीच के भेद और समानताओं पर फोकस करने वाले दोनों माइक्रोफाइनांस मॉडल्स का विस्तृत लेखा देने का कोई मतलब नहीं है। आपको उस समय रुकना चाहिए जब आपने लघु-उद्यमियों, विशेष रूप से ग्रामीण उद्यमियों के लिए माइक्रोफाइनांस के लाभों और अलाभों का आलोचनात्मक मूल्यांकन का अर्थ प्राप्त करने के लिए पाठक के लिए पर्याप्त जानकारी प्रदान कर दी है।

रूपरेखा को उभारना

जैसे ही आप काफी विस्तृत रूपरेखा विकसित कर लेते हैं, वैसे ही अगला कदम है उसे उभारना अथवा पहला प्रारूप लिखना। यहाँ आपको तेजी से आगे बढ़ना है। यहाँ वर्तनी, व्याकरण अथवा विरामचिह्न के बारे में चिंता न करें। सही शब्द की प्रतीक्षा करने में समय बरबाद न करें। आपका उद्देश्य कहानी को जल्दी से कहना है। तेजी से आगे बढ़ने का लाभ यह है कि आप जो कहानी कहना चाहते हैं वह लगातार आपको आपके दिमाग में मार्गदर्शन देती रहेगी। यदि आप किसी शब्द या वाक्यांश के बारे में अनिश्चित हैं, तो आपने जो कुछ भी लिखा है उसके बाद ब्रैकेट्स में प्रश्न चिह्न लगाइए और आगे बढ़िए। अपनी रफ़्तार धीमी न होने दें।

यह उभारना चक्रों में भी होना चाहिए। जैसे ही आप अपनी कहानी के अंत पर पहुँचते हैं, वैसे ही प्रारंभ पर वापस जाइए और पूछिए कि आपके पाठक के लिए आपकी कहानी को समझने और स्वीकार करने के लिए उसे आसान बनाने के लिए और अधिक क्या रखा जाना चाहिए। यह वही चरण है, जहाँ पर आप पाठक के लिए दृश्य समर्थन प्रदान करने के बारे में सोच सकते हैं। आप अपने कुछ डेटा को पाठक-अनुकूल तालिकाओं अथवा ग्राफ में संक्षिप्त करना चाह सकते हैं। यह वह समय भी है, जब आप उस विद्वतापूर्ण वार्तालाप को अधिक विशेष रूप से प्रस्तुत करना चाहते हों, जिसका आपका पत्र हिस्सा बनने जा रहा है। शायद आपने अपनी खुद की कहानी को दृढ़तापूर्वक रखने के लिए मौजूदा बातचीत को पर्याप्त रूप से दर्शाया नही है, अर्थात, संबंधित साहित्य। शायद यह सुनिश्चित करने के लिए आपको साहित्य का थोड़ा अधिक संशोधन करने की आवश्यकता है कि आपने अपने विषय के साथ संबंधित विद्वतापूर्ण वार्तालाप के किसी भी महत्वपूर्ण सिरे को नजरअंदाज नहीं किया है।

कहानी को उभारने की प्रक्रिया के दौरान आप अपनी रूपरेखा में कुछ अंतराल पा सकते हैं। आप इन अंतरालों को नए विवरणों को प्रस्तुत करके भर सकते हैं। आपको ज्ञात होगा कि मूल रूप से आपके द्वारा प्रदान किए गए कुछ विवरण होना अनावश्यक हैं। आप उन्हें निकाल सकते हैं। इस चरण में भी व्याकरण अथवा शब्दावली पर ध्यान केन्द्रित करना अच्छा विचार नहीं है। आपका लक्ष्य अपनी कहानी का पहला प्रारूप प्राप्त करने का होना चाहिए। आप उसे अगले चरण में परिष्कृत, संपादित और पॉलिश कर सकते हैं।

कहानी को परिष्कृत करना/चमकाना

बहुत कम ही ऐसे लेखक हो सकते हैं, विशेष रूप से रचनात्मक लेखक, जिसका पहला प्रारूप इतनी अच्छी तरह से तराशा गया होता है कि वह बिना किसी संशोधन के सीधा पाठक के पास जा सकता है। हालाँकि, अधिकांश लेखकों को अपने संभावित पाठकों को अपनी कहानी प्रस्तुत करने से पहले कई अंतरालों को भरने और प्रारूप को चमकाने की जरूरत होती है। यह विशेष रूप से शैक्षणिक लेखन के लिए लागू होता है, जहाँ अपेक्षाएँ कुछ हद तक कठोर होती हैं। यदि आपको संदेह है, तो आप किसी अच्छे सहकर्मी द्वारा समीक्षा किए गए जर्नल के संपादकों को पूछ सकते हैं और वह आपको बतायेंगे कि जो नियमित रूप से ऐसे जर्नल्स में प्रकाशित करते हैं उन्हें भी उनके पत्रों को संशोधित करने और पुन: प्रस्तुत करने के लिए कहा जाता है। यदि आपको अपने पत्र को संशोधित करने के लिए कहा गया है, तो यह स्वाभाविक है कि उसने संपादकों अथवा सामग्री या शैली या फिर दोनों के बारे में समीक्षकों की सभी अपेक्षाओं को पूरा नहीं किया है। यदि पत्रों के अंतिम संस्करण का ऐसा भाग्य है जिसे लेखक जर्नल्स को प्रस्तुत करते हैं, तो उनके पहले प्रारूपों का क्या? आपके असाइनमेंट्स के पहले प्रारूप का क्या?

अपने प्रारूप को चमकाना अनिवार्य है क्योंकि लेखन का मतलब एक अदृश्य, अश्राव्य पाठक के साथ एक वार्तालाप करना है। आपको सुनिश्चित करना है कि आपका पाठक आपने जो रखा है उसका अर्थ निकाल सके और उसकी व्याख्या कर सके। आप अर्थ को लेखन में केवल जमा कर नहीं रख सकते और पाठकों से केवल उसे समझ लेने की अपेक्षा नहीं रख सकते; अर्थ को एक साथ काम करते हुए लेखक और पाठक दोनों के द्वारा उत्पन्न किया जाता है। आपका कार्य पाठक को इस प्रक्रिया में मदद करना है। यदि आपका लेखन उस अर्थ की व्याख्या और रचना करने में मदद नहीं करता है, तो उसके द्वारा आपके लेखन को बीच में ही छोड़ देने की और आगे बढ़ने की संभावना होती है, अथवा ऐसे अर्थ निकालने की संभावना होती है जो आपके अर्थ से अलग हैं। Gopen and Swan's (1990) की टिप्पणी को ध्यान में रखना अच्छा है : "हम एक भी वाक्य बनाने में सफल नहीं हो सकते, तो उसका मतलब एक और केवल एक ही बात है; हम केवल उन बाधाओं को बढ़ा रहें हैं, जिस कारण से अधिकांश पाठक हमारे इरादे के अनुसार हमारे प्रवचन की अलग व्याख्या करने में प्रवृत्त होंगे।

यह जाँच करने के दो तरीके हैं कि आपके पाठक आपके दिमाग में जो है उसके अनुसार आपके लेखन की व्याख्या कर सकते हैं या नहीं : (*1*) पाठक बन जाइए और उसे आलोचनात्मक रूप से पढ़िए, और फिर (*2*) उसे आलोचनात्मक रूप से पढ़ने के लिए कम से कम दो सहकर्मी प्राप्त कीजिए। ऐसे किसी बाधाओं को लेखन में से दूर कीजिए जो आप अपने लेखन को अपने सहकर्मियों को उनकी समीक्षा के लिए सौंपने से पहले पहचान सकते हैं। यह वह न्यूनतम सौजन्य है, जिसे आपको अपने साथियों के प्रति दिखाना चाहिए, जो आपके पेपर को पढ़ने और आलोचना करने की पेशकश करते हैं। अब हम उस क्रम में आलोचना के इन दो चरणों को देखेंगे, जिनमें उन्हें किया जाना चाहिए। आप अपना दस्तावेज अंतिम पाठकों को पेश करें उससे पहले यह दोनों चरण लेने अनिवार्य हैं।

स्वयं-समीक्षा

अपने पहले प्रारूप को थोड़े दिनों के लिए अलग रखिए; यदि प्रस्तुत करने की समय सीमा बहुत करीब है तो कम से कम एक दिन के लिए। आपके लिए लेखन से इस अस्थायी दूरी का होना जरूरी है, उसके उत्पादक के रूप में नहीं, बल्कि एक उपभोक्ता के जैसे उसकी आलोचना करने के लिए। स्व-आलोचना करना बिलकुल आसान नहीं है क्योंकि आप पहले से उस कहानी को जानते हैं जिसे आप कहना चाहते हैं और महसूस करते हैं कि आपने जो दस्तावेज बनाया है उसमें से अन्य लोगों द्वारा उसे पुन:प्राप्त किया जा सकता है। अपनी कहानी में अंतरालों और विसंगतियों को देखना अत्यधिक मुश्किल होता है, लगभग वैसे ही जैसे अपने खुद के शरीर की दुर्गन्ध को पहचानना।

यहाँ प्रश्नों का एक समूह है जिन्हें आप पहले प्रारूप की काफी अच्छी तरह से आलोचना करने में मदद करने के लिए पूछ सकते हैं:

क्या आपने रिपोर्ट को एक शीर्षक दिया है?

यदि आपने शीर्षक नहीं दिया है तो उसे एक शीर्षक दीजिए। *रिपोर्ट, पत्र* या *असाइनमेंट्स* उपयोगी शीर्षक नहीं हैं। ऐसी कल्पना कीजिए कि कक्षा में जाना और छात्रों को बिना किसी नाम के या सभी को "लड़का" या "लड़की" नाम के साथ पुकारना। यदि आपका बच्चा उनमें से एक है, तो ऐसी अधिक संभावना है कि वह किसी के द्वारा याद अथवा संदर्भित नहीं किया जाएगा/जाएगी। अपने बच्चे को नाम न देने से अथवा उसे "लड़की" जैसा सामान्य नाम देने से आप उसे भीड़ से अलग खड़े रहने के लिए हतोत्साहित कर रहे हैं। यह उसी रूप से आपके रिपोर्टों को भी लागू होता है।

क्या यह शीर्षक दिलचस्प, उपयुक्त, जानकारीपूर्ण और आकर्षक है?

एक शीर्षक जिसे अखबारों की सुर्ख़ियों जैसे पढ़ा जाता है वह दिलचस्प हो सकता है लेकिन शैक्षणिक रिपोर्ट में अधिक उपयुक्त नहीं है, जैसे बोर्डरूम में चमकीले कपड़े पहनना। दूसरी ओर, एक लंबा-वाक्य-जैसा शीर्षक उबाऊ हो सकता है; वह पाठक को आपके लेखन को छोड़ देने के लिए संकेत दे सकता है। वह निष्कर्ष निकाल सकता है कि जम्हाई लाने वाला शीर्षक समग्र लेख की शैली को प्रतिबिंबित करता है। आपको लगभग एक दर्जन शब्दों के अंदर एक आकर्षक शीर्षक लिखने में समर्थ होने चाहिए जो पाठक को यह भी कहता है कि आपके जाँच का क्षेत्र क्या है और आप वहाँ कैसे पहुँचे। यदि आप एक जर्नल में प्रकाशन के लिए लिख रहे हैं, तो आप शीर्षक में अपने प्रमुख शब्दों में से कम से कम एक को अच्छी तरह सम्मिलित करेंगे, अर्थात, शब्द या वाक्यांश जो आपके पत्र में आपके द्वारा खोजे गए विषय अथवा केन्द्रीय विचारों को प्रतिबिंबित करते हैं।

यहाँ स्नातक छात्र रिपोर्टों में से लिए गए कुछ उदाहरण हैं:

अ. "XX XX प्रा. लि .के लिए व्यापक संचार रणनीति"

ब. "निवेशकों के साथ संचार: एक उद्यमी का परिप्रेक्ष्य"

स. "सरकार के साथ संचार: XX इंडिया लिमिटेड"

द. "ग्रामीण उद्यमिता: भारत में नक्सलवाद को जवाब"

ये चार शीर्षक संक्षिप्त, संगत और स्पष्ट हैं। पाठक जानता है यह रिपोर्ट किसके बारे में है। अब निम्न शीर्षकों की जाँच कीजिए, जो उन्ही स्नातक छात्र रिपोर्टों में से लिए गए हैं।

ई. "सरकारी अधिकारियों के साथ संचार"

(बहुत अच्छा नहीं; हालाँकि हम रिपोर्ट द्वारा आवरित व्यापक विचार जानते हैं—सरकारी अधिकारियों के साथ संचार—रिपोर्ट का फोकस स्पष्ट नहीं है; असंतोषजनक व्याकरण)

फ. "कॉर्पोरेट प्रतिष्ठा का निर्माण और प्रबंधन: प्रोजेक्ट रिपोर्ट"

(अत्यधिक अपर्याप्त; "Building and Managing Corporate Reputation "*अभ्यासक्रम का शीर्षक है जिसके लिए यह रिपोर्ट तैयार किया गया था। छात्रों का शीर्षक पाठक को बताता नहीं है कि उससे क्या अपेक्षा रखनी है। शीर्षक से हम जो समझ पाते हैं वह यह है कि वह अभ्यासक्रम* "Building and Managing Corporate Reputation" *के सिलसिले में प्रस्तुत की गई एक प्रोजेक्ट रिपोर्ट है। वह अभ्यासक्रम प्रशिक्षक को अधिक कुछ नहीं बताता, ठीक है ना? क्योंकि यह रिपोर्ट उस बात पर थी कि भारत में एक विशेष स्टील कंपनी ने अपनी प्रतिष्ठा का निर्माण और प्रबंधन कैसे किया था, अधिक उपयुक्त शीर्षक हो सकता था :* "How XX Steel Ltd Built and Managed its Reputation" *अथवा* "How XX Steel Ltd Builds and Manages its Reputation" *अथवा* "Building and Managing Corporate Reputation: The XX Steel Ltd story"।)

ज. "ग्रामीण उद्यमिता के विकास में शामिल होने से कॉर्पोरेट के लिए लाभ"

(अत्यधिक अपर्याप्त; अस्पष्ट और व्याकरण असम्मत। "ग्रामीण उद्यिमिता को बढ़ावा देना: वह कंपनियों को लाभ कैसे पहुँचाता है," अथवा *"ग्रामीण उद्यमिता को बढ़ावा देना: कंपनियों को कैसे लाभ मिलता है,"* अथवा *"ग्रामीण उद्यमिता के सहयोग से कॉर्पोरेट लाभ" ने शायद छात्र के इरादे को बेहतर रूप से उजागर किया होता।)*

क्या आपने सार लिखा है?

यदि आपने सार नहीं लिखा है, तो लिखिए। सार लिखने का श्रेष्ठ समय बेशक तब होता है जब आपने पत्र लिखना समाप्त कर दिया है। लेकिन यह शीर्षक के बाद वह पहली चीज है जिसे पाठक प्रोसेस कर सकता है। वह एक सार पर विशेष ध्यान देता है, बावजूद इसके कि प्रतिभागी उसके लिए आग्रह नहीं करता है।

क्या यह सार पाठक को पत्र में जो अपेक्षित है उसका स्पष्ट विचार देता है?

जैसा कि हमने अध्याय 2 में देखा है, सार एक अकेली इकाई होती है। हमें उस लेख अथवा रिपोर्ट के किसी भी हिस्से को पढ़े बिना उसका अर्थ समझने के लिए समर्थ होना चाहिए। सार सब वह कुछ

है जिसे अक्सर पढ़ा जाता है। वह अक्सर यह निर्धारित करता है कि पाठक पत्र के प्रधान भाग पर जाएगा या नहीं। यदि सार अपर्याप्त या अप्रयुक्त है तो एक जर्नल संपादक प्रकाशन के लिए भेजे गए एक अच्छे पत्र के बारे में खराब छवि बना सकता है। एक खराब सार आपके प्रशिक्षक को आपके द्वारा उन्हें प्रस्तुत किए जाने वाले रिपोर्टों के खिलाफ भी पक्षपातपूर्ण बना सकता है।

यहाँ दो स्नातक छात्रों की एक टीम द्वारा लिखा गया एक सार प्रस्तुत है। वह पाठक को उनके पत्र की अच्छी कल्पना देता है ("माइक्रोफाइनांस: ग्रामीण उद्यमिता के लिए वरदान या शाप?") यहाँ केवल 7 प्रतिशत शब्दों का इस्तेमाल किया गया है (147/2100, एक्ज़िबिटस और संदर्भों को छोड़कर):

> माइक्रोफाइनांस की संकल्पना भारत में नई नहीं है। लेकिन क्रेडिट की बढ़ती उपलब्धता और माइक्रोफाइनांस के लिए नए फ्रेमवर्क्स के विकास के साथ, उसने जमीनी स्तर पर आत्मनिर्भरता और विकास के प्रति एक योगदानकर्ता के रूप में बहुत लोकप्रियता प्राप्त की है। यह लेख भारत में ग्रामीण उद्यमिता को प्रोत्साहित करने के अग्रणी माध्यमों के रूप में माइक्रोफाइनांस के दावे का आलोचनात्मक रूप से मूल्यांकन करता है। माइक्रोफाइनांस की अनिवार्य विशेषताओं की रूपरेखा दी गई है और इस क्षेत्र में नए विकासों के बारे में भारतीय संदर्भ में चर्चा की गई है। दो सबसे अधिक व्यापक रूप से इस्तेमाल किये जाने वाले माइक्रोफाइनांस मॉडल्स को समझाया गया है, *ग्रामीण* मॉडल और स्व-सहायता समूह मॉडल। कई स्रोतों से प्राप्त डेटा के आधार पर यह लेख भारत में ग्रामीण उद्यमिता के लिए माइक्रोफाइनांस ऋण फ्रेमवर्क के फायदे और नुकसान का विस्तृत रूप से विश्लेषण करता है। यह लेख इन विरोधाभासी विचारों की सन्धि करता है और विश्लेषण में आवारित न हुए विविध मुद्दों के आधार पर वह यह सूचित करता है कि माइक्रोफाइनांस को अधिक उद्यमिता अनुकूल बनाने के लिए क्या करने की आवश्यकता है।
>
> *(छात्र असाइनमेंट "Microfinance: A boon or a bane for rural entrepreneurship?" 2008 में से लिया गया; 147 शब्द)*

हालाँकि, यहाँ एक समस्या है। यह मोटे तौर पर एक संकेतक सार है। हालाँकि वह पत्र के उद्देश्य और संरचना का उल्लेख करता है, परंतु वह पाठक के साथ कोई भी विचार साझा नहीं करता है जो लेखकों ने पत्र में रखे हैं। वह महज पाठक को कहता है उसे पत्र में किस प्रकार के विचार मिलेंगे: माइक्रोफाइनांस के ग्रामीण मॉडल और स्व-सहायता समूह मॉडल के बीच के भेदों का स्पष्टीकरण; *ग्रामीण* गरीब के लिए माइक्रोफाइनांस के फायदे और नुकसान का एक विश्लेषण; एक तरीका जो "इन विरोधाभासी विचारों की सन्धि करता है" और "माइक्रोफाइनांस को अधिक उद्यमिता अनुकूल बनाने के लिए" थोड़े सुझाव देता है। लेकिन वे विचार क्या हैं? यह बात ढूँढने के लिए पाठक को इस लेख को पढ़ना पड़ता है। हो सकता है कि वह इन विचारों में से किसी के साथ सहमत या असहमत न हों क्योंकि यह सार उसे बताता ही नहीं है कि वे विचार क्या हैं।

जहाँ ऐसे संकेतक सार उपयोगी होते हैं और जर्नल्स में पाठकों को यह तय करने में मदद करने के लिए प्रदान किए जाते हैं कि वह पत्र उनके दिलचस्पी वाले विषयों के साथ काम करता है या

नही, एक ऐसा सार जो पत्र के प्रमुख विचार प्रकट करता है वह आम तौर पर अधिक उपयोगी और उपयुक्त होता है। पाठक पत्र पढ़ने के लिए तभी प्रोत्साहित हो सकता है जब वह मानता है कि वे विचार उसकी पुष्टि करते हैं अथवा उन विषयों पर सवाल उठाते हैं जिन्हें वह मानता है।

यहाँ उसी पत्र के लिए एक सार लिखने का एक भिन्न तरीका दिया गया है:

> यह पत्र आलोचनात्मक रूप से माइक्रोफाइनांस का मूल्यांकन करता है, जिसका भारत में ग्रामीण उद्यमिता के प्रति एक प्रमुख योगदानकर्ता के रूप में स्वागत किया गया है। डॉ युनुस का माइक्रोफाइनांस का ग्रामीण मॉडल समूह जवाबदेही पर आधारित है जो खामियों को प्रतिबंधित करता है; स्व सहायता समूह (एसएचजी) मॉडल भारत में लोकप्रिय है और सदस्यों द्वारा की गई बचत का लाभ उठाता है। अपने अत्यंत उच्च ब्याज दरों के बावजूद, माइक्रोफाइनांस गरीब ग्रामीण उद्यमियों को लाभ पहुंचाता प्रतीत होता है जिन्हें अन्यथा संस्थागत क्रेडिट बिलकुल भी प्राप्त नहीं हो सकता। लेकिन प्रमाण दर्शाता है कि गरीब उद्यमियों तक यह क्रेडिट पहुँचता ही नही है; साथ ही, जो उद्यमी माइक्रोफाइनांस योजनाओं में जुड़ते हैं उनमें से आधे से भी ज्यादा उसे छोड़ देते हैं, जो प्रणालीगत कमजोरियों की ओर इशारा करता है। इसके समाधान के तौर पर पुनर्भुगतान के लचीले शेड्यूल्स और अंतर ब्याज दरें सूचित की जाती हैं। (*103 शब्द*)

यह सार मुख्य विचारों को 103 शब्दों में दर्शाता है (पत्र के 5 प्रतिशत से कम)। वह पाठक को लेखकों द्वारा किये गये दावों के बारे में बताता है। बेशक, उसे लेखकों के द्वारा किए गए दावों के समर्थन के प्रकार को ढूँढने के लिए पूरा पत्र अथवा संबंधित विभागों को पढ़ना होता है। उदाहरण के लिए, इस दावे के लिए क्या प्रमाण है कि "गरीब उद्यमियों तक क्रेडिट नही पहुँचता है" अथवा कि "जो माइक्रोफाइनांस योजनाओं में जुड़ते हैं उनमें से आधे से ज्यादा छोड़ देते हैं"? "लचीला पुनर्भुगतान शेड्यूल्स और अंतर ब्याज दरें' उन समस्याओं का समाधान कैसे करेगें, जिनकी पहचान की गई है? इसके लिए हमें उस पत्र को पढ़ना ही पड़ता है। लेकिन यह सार लेखकों की कहानी को पाठक के साथ साझा करता है और उसकी सोच को उस तरीके से चुनौती देता है जिस तरीके से मूल सार नहीं देता है। यह सार लिखने का पसंदीदा तरीका है। एक सूचक सार केवल तभी लिखें जब आपके द्वारा इस्तेमाल किये जाने वाले उन शब्दों की संख्या पर गंभीर रूप से सीमा लगाई गई है (उदाहरण के लिए, 3000– अथवा 4000–शब्द पत्र के लिए 50 शब्द)।

क्या वह सार पर्याप्त रूप से संक्षिप्त है?

इस सार को सामान्य रूप से रिपोर्ट के 10 प्रतिशत से अधिक नहीं होना चाहिए। जैसे कि हमने अध्याय 2 में देखा है, एक जर्नल अथवा प्रशिक्षक निचली सीमाएँ निर्धारित कर सकते हैं। उदाहरण के लिए, कुछ जर्नल्स सार को 100 या 150 शब्दों के भीतर होना चाहते हैं, चाहे पूरा पत्र 5000 से भी अधिक शब्दों का हो। जर्नल्स में पाए जाते कुछ सूचक सार 50 से भी कम शब्दों का इस्तेमाल करते हैं। उसी प्रकार, कोई प्रशिक्षक सार की अधिकतम स्वीकृत लंबाई को घोषित कर सकता है। यह महत्वपूर्ण है कि आप ऐसे दिशानिर्देशों का पालन करें।

एक पत्र को उसके आकार के दसवें हिस्से तक संक्षिप्त करना बिलकुल भी आसान नहीं है। लेकिन यह ऐसा कौशल है जिसे पाठकों तक पहुंचने के लिए सार तत्वों और कार्यकारी सारांश के अत्यधिक महत्व के कारण आपको उसमें महारत हासिल करनी ही चाहिए। आपके श्रोता आपकी अद्भुत फिल्म देखने के बारे में विचार नहीं करेंगे यदि उसका ट्रेलर उन्हें उत्तेजित नहीं करता है।

क्या आपने उपयुक्त प्रमुख शब्द चुने हैं?

अधिकांश जर्नल्स आपको चार या पाँच प्रमुख शब्द या वाक्यांश दर्शाने के लिए कहते हैं जो अन्य लोगों को बिना किसी मुश्किल के आपके पत्र तक पहुँचने में मदद करते हैं, जब वे आपके पत्र के विषय पर किए गए शोध को ढूँढते हुए डेटाबेसों में खोज करते हैं। कुछ जर्नल्स प्रमुख शब्दों की संख्या को निर्दिष्ट करते हैं। उन्हें सावधानी से चुनें। उन्हें बहुत व्यापक या बहुत संकीर्ण बनाने से बचें। कुछ अंतरराष्ट्रीय जर्नल लेखों में, आम तौर पर सार के अंत में दिए गए प्रमुख शब्दों का उनकी भूमिका और संदर्भता का स्पष्ट चित्र पाने के लिए अध्ययन कीजिए।

प्रमुख शब्दों की तब आवश्यकता नहीं होती है जब आप अपने प्रशिक्षक को एक पत्र प्रस्तुत कर रहें हैं। हालाँकि, सही प्रमुख शब्दों को ढूँढने के लिए, आपको उपयोगी प्रैक्टिस मिल सकती है, जिसकी आपको उस समय मदद होगी जब आप उसे कहीं प्रकाशित करने के लिए लिख रहें हैं। वह आपको आपकी कहानी को आधे दर्जन शब्दों में संक्षिप्त करने में मदद करेगा जो आप अपने पत्र में कह रहे हैं।

क्या पत्र में सभी आवश्यक घटक मौजूद हैं?

अध्याय 2 में, हमने अनुभवजन्य और अवधारणात्मक पत्रों के मानक घटकों की जाँच की थी। अपनेआप से पूछिए कि क्या आपके पत्र में वे सभी घटक मौजूद हैं। यदि आपने किसी को भी नजरअंदाज कर दिया है, तो अपनेआप को उसका कारण पूछिए। जब तक आपके पास कोई बहुत ही ठोस कारण न हो, तब तक उन मानक घटकों में से किसी को भी मत छोड़िये। यदि आपको अतिरिक्त पढ़ने अथवा अतिरिक्त सोचने की जरूरत है तो वैसा कीजिए।

यदि आप एक प्रशिक्षक के लिए एक असाइनमेंट लिख रहे हैं, तो देखिये कि क्या उसे किसी विशेष संरचना की अपेक्षा है। यदि हाँ, तो सुनिश्चित कीजिए कि आप उसे अपना रहें हैं। यदि वह किसी विशेष संरचना का आग्रह नहीं रखती हैं, तो ऐसी संरचना चुनिए जो एक अनुभवजन्य अथवा अवधारणात्मक पत्र की मानक संरचना से सबसे नजदीक होती है। इसके द्वारा आपके विचारों को सबसे स्वीकार्य रूप से प्रस्तुत करने की संभावना है।

क्या प्रत्येक घटक अपना कार्य अच्छी तरह करता है?

हर प्रमुख घटक के पास पत्र में निभाने के लिए एक विशिष्ट और महत्वपूर्ण भूमिका होती है। उदाहरण के लिए, परिचय को उस बात का एक विहंगावलोकन देना चाहिए कि पाठक को सामग्री और संरचना की दृष्टि से क्या अपेक्षित है। साहित्य की समीक्षा को पाठक को संबंधित साहित्य और

विषय के आसपास के तर्क अथवा वार्तालाप से परिचित कराना चाहिए। अपनेआप से पूछिए कि क्या आपका साहित्य पाठक को आपके द्वारा किये गये योगदान और आपकी अंतर्दृष्टि से देखने और उसका अर्थ लगाने के लिए पर्याप्त रूप से तैयार करता है। अन्य घटकों के लिए भी इसी प्रकार के प्रश्न पूछिए। अध्याय 2 आपको सही प्रश्न पूछने में मदद करेगा।

क्या सभी घटक अच्छी तरह संतुलित हैं?

किसी युवा आदमी की बाहें सुविकसित और देखने में अच्छी हो सकती है, लेकिन यदि वे उसके पैरों से अधिक लंबी या मोटी हैं, तो जरुर वहाँ पर कोई समस्या मौजूद है। उसका शरीर अच्छी तरह से संतुलित नहीं है। उसी तरह, यदि किसी पत्र का कोई घटक विषमतापूर्वक बड़ा या छोटा है, तो वह पत्र अच्छी तरह संतुलित नहीं होता है। ऐसे शैक्षणिक पत्रों में उचित अनुपात के बारे में कोई निश्चित नियम मौजूद नहीं हैं। आपको आपके विषय में मौजूद अच्छे पत्रों से परिचित होकर उसे ढूंढने की जरूरत है।

आपको जिस बात को टालना चाहिए वह है किसी विशेष खंड को केवल इसलिए रोक कर रखना कि आपके पास बहुत सारा डेटा है, अथवा विशेष खंड को अविकसित छोड़ देना, क्योंकि आपने पर्याप्त शोध नहीं किया है। उदाहरण के लिए, कल्पना कीजिए कि आप इस अध्याय में हमने पहले देखी रूपरेखा के आधार पर माइक्रोफाइनांस के लाभ और नुकसान पर एक पत्र लिख रहे हैं। यह भी कल्पना कीजिए कि आपके पास डॉ युनुस और बांगलादेश में माइक्रोफाइनांस पर पर्याप्त डेटा है। परंतु अपने पत्र पर उसका बोझा न डालिए क्योंकि पत्र का फोकस माइक्रोफाइनांस के लाभ और नुकसान पर है। हालाँकि, यदि वह पत्र माइक्रोफाइनांस के दो प्रमुख मॉडल्स का एक तुलनात्मक अध्ययन है, तो दोनों मॉडल्स के काम करने के तरीकों का विस्तृत विवरण करना उपयोगी हो सकता है, जिस तरह से वे काम करते हैं, अथवा इतने वर्षों में विविध देशों में उभर कर आयें हैं।

क्या पत्र की संरचना स्पष्ट और संचलन आसान है?

दूसरे शब्दों में, क्या आपकी थीसिस—आपकी कहानी—स्पष्ट है? क्या पाठक को रिपोर्ट में आसानी से चलने में मदद करने के लिए प्रमुख घटकों के भीतर अनुकूल उप-शीर्षक दिए गये हैं? यदि आप सोचते हैं कि उप-शीर्षक स्पष्टता और संचालन में वृद्धि करेंगे तो उन्हें प्रदान कीजिए। सामान्य रूप से वे मदद ही करते हैं क्योंकि वह साइनपोस्ट्स जैसे होते हैं। वह पाठक को ट्रैक पर रखते हैं। बिना उप-शीर्षकों के लेखन का लंबा विस्तार पाठक के लिए प्रोसेस करने के लिए मुश्किल बन सकते हैं।

कुछ जर्नल्स विविध स्तरों पर उपशीर्षकों और उनके अपेक्षित प्रारूपों के दिशानिर्देश प्रदान करते हैं (उदाहरण के लिए, सभी अक्षर अपरकेस, शीर्षक केस, इटैलिक में)। किसी जर्नल अथवा प्रशिक्षक की ओर से ऐसे दिशानिर्देश न होने की स्थिति में शोधकर्ता को स्तरों की संख्या को और प्रत्येक स्तर के लिए उपयुक्त प्रारूप को तय करना आवश्यक है। वर्ड प्रोसेसर्स जैसे माइक्रोसॉफ्ट वर्ड विभिन्न प्रारूप प्रदान करते हैं। आप उसे चुन सकते हैं जो आपके उद्देश्य के लिए अनुकूल है।

क्या प्रदान किया गया प्रमाण पर्याप्त है?

एक तटस्थ और निष्पक्ष दृष्टिकोण अपनाने के लिए विशेष ध्यान रखें। जब आप किसी बात के बारे में आश्वस्त हो जाते हैं, तब उसके पक्ष में होने वाले अपर्याप्त डेटा एवं कमजोर तर्क भी मजबूत और निर्विवाद लग सकते हैं। यह काफी स्वाभाविक है; लेकिन आपको इस रुझान का विशेष कठोरता के साथ बचाव करना चाहिए। आप किसी प्रमाण को दबाने या डाउनप्ले करने के लिए लालायित हो सकते हैं, जो आपके तर्क अथवा डेटा के खिलाफ जाता है और जिसे आपके फ्रेमवर्क के भीतर समझाया नहीं जा सकता है। इसका प्रतिरोध करें। ऐसा असुविधाजनक डेटा या प्रमाण को समझाने की कोशिश करने में होता है जिससे आप नए और अनपेक्षित सिद्धांतों की रचना करते हैं, जो उससे कहीं अधिक शक्तिशाली होते हैं जिसके साथ आप काम कर रहे हैं। यदि आप किसी प्रति-प्रमाण को दबाते हैं, तो आप बेईमानी से व्यवहार कर रहें हैं और अपने आप को तथा विद्वानों के समुदाय को एक बड़ी क्षति पहुँचा रहें हैं। आप जो मुद्दें बना रहे हैं आपको उनके लिए एक स्वस्थ संदेहवादी दृष्टिकोण अपनाना चाहिए। यदि आपके प्रमाण आपमें स्थित संदेहवादी को संतुष्ट करता है, तो आप काफी हद तक निश्चित हो सकते हैं कि वह आपके अभिप्रेत पाठकों को भी स्वीकृत होगा।

जब आप अपने पहले प्रारूप की आलोचना करते हैं, तब आप पता लगा सकते हैं कि कुछ हिस्से अल्पविकसित रह गये हैं। आपके लिए अपने दावे को समर्थन देने के लिए अतिरिक्त शोध, अतिरिक्त डेटा या संबंधित साहित्य से अतिरिक्त समर्थन पाने की जरूरत हो सकती है। कभी भी डेटा पकाइए नहीं। वह डेटा चोरी करने जैसा ही खराब होता है।

क्या यह लेखन शैली उपयुक्त है?

इस सवाल का जवाब देना मुश्किल है। ऐसी विभिन्न शैलियाँ मौजूद हैं जो सभी समान रूप से अच्छी हो सकती हैं परंतु फिर भी हो सकता है कि पाठकों के लिए उपयुक्त न हों। यदि आप किसी जर्नल में प्रकाशन के लिए लिख रहे हैं, तो आपको उसके हाल में प्रकाशित हुए अंकों में उसके द्वारा अपनाई गई लेखन शैली की जाँच करनी चाहिए। ऐसे कई व्यवसायी उन्मुख जर्नल्स उपलब्ध हैं, जैसे, *Academy of Management Executive*, *Harvard Business Review*, और विशुद्ध रूप से शैक्षणिक पत्रिकाएँ, जैसे *Academy of Management Review* and *Journal of Applied Psychology*। इन जर्नल्स में प्रकाशित थोड़े पत्रों पर त्वरित नजर डालना आपके लिए लेखन शैलियों में प्रमुख अंतर को देखने के लिए पर्याप्त है। यदि आपके पत्र की भाषा जर्नल के मानकों से विशिष्ट रूप से हटकर है तो वह प्रकाशन के लिए स्वीकृत नहीं होगा।

यदि आप किसी प्रशिक्षक के लिए लिख रहे हैं, तो उसकी प्राथमिकताओं के बारे में पता लगाइए। उदाहरण के लिए, कुछ प्रशिक्षक आपके पत्र में प्रथम पुरुष के उपयोग द्वारा परेशान हो सकते हैं। कुछ अन्य तृतीय पुरुष के व्यक्तिगत और गोलमोल उपयोग से उसी रूप से परेशान हो सकते हैं जहाँ एक सीधा प्रथम पुरुष का उपयोग अधिक रोचक और अधिक प्रभावी होगा। हमारी सलाह अपने कानों का उपयोग करें। जब संदेह हो, तब रूढ़िवादी बनिए। आपको स्पष्ट रूप से और खूबसूरती

से लिखना संभव होना चाहिए, लेकिन यदि आपको स्पष्टता और खूबसूरती के बीच चुनना है, तो स्पष्टता को चुनिए।

हर परिच्छेद की जाँच कीजिए। क्या वह एकरूपता और सामंजस्य जैसे गुण दर्शाता है जिनकी हमने अध्याय में पहचान की है? यदि परिच्छेद अधिक लंबा लग रहा है, तो देखें कि आप उसे दो हिस्सों में विभाजित कर सकते हैं या नहीं। यदि परिच्छेद बहुत छोटा लग रहा है, तो देखें कि क्या उसका विषय पर्याप्त रूप से विकसित हुआ है। क्या उसे आगे और उभारने की आवश्यकता है?

क्या यह लेखन पक्षपाती अभिव्यक्तियों से मुक्त है?

सदियों से अंग्रेजी (और अन्य भाषाओं ने भी) ने ऐसे कई शब्द और अभिव्यक्तियाँ ग्रहण की हैं जो मानव जाति के दूसरे आधे हिस्से की कीमत पर पुरुष सदस्यों की अन्यायपूर्वक महिमा का वर्णन करते हैं। असंतुलन का निवारण करने के लिए एक मजबूत कदम उठायें। यहाँ विस्तृत दिशानिर्देश उपलब्ध हैं। उदाहरण के लिए, देखें UNESCO's (1999) *Guidelineson Gender-Neutral Language.*।

अपने प्रारूप की विशेष रूप से किसी लैंगिक पक्षपाती अभिव्यक्तियों के लिए जाँच कीजिए जो हो सकता है कि अज्ञात रह गई हो। यहाँ कई ऑनलाइन चेकलिस्ट्स उपलब्ध हैं (यूनेस्को के समेत), उनका उपयोग कीजिए।

क्या यह लेखन भाषा की त्रुटियों से मुक्त है?

यह अद्भूत बात है कि हम भाषा की कितनी ही त्रुटियाँ पहचानने में विफल रहते हैं, जब हम उन्हें अपने खुद के दस्तावेजों में देखते हैं। क्योंकि पढ़ते समय हम जानते हैं कि हमने जो लिखा है, हम अक्सर वही पढ़ते हैं जो हम लिखना चाहते थे, न कि वह जो हमने वास्तव में लिखा है। भाषा की त्रुटियों का पता लगाना अधिकांश लोगों के लिए कठिनतर होता है जब वह एक प्रिन्टेड पृष्ठ के बदले कंप्यूटर स्क्रीन पर दस्तावेज पढ़ते हैं। वह कम से कम काम जो हमें करना चाहिए वह है- हम जिस वर्ड प्रोसेसर का उपयोग कर रहे हैं उसके वर्तनी परीक्षक और व्याकरण परीक्षक का उपयोग करें। वह अभी तक पूरी तरह विश्वसनीय तो नहीं हैं; लेकिन आम तौर पर हमारी असहाय आँखों से बेहतर हैं, जब हम हमारे खुद के लेखन को पढ़ते हैं। यदि आप अपने व्याकरण और उसके उपयोग के बारे में निश्चित नहीं हैं तो किसी और की सहायता लीजिए।

आप परिशिष्ट 2 में कुछ उत्कृष्ट संसाधन देखेंगे जिनका उपयोग आप अपने अंग्रेजी व्याकरण, उपयोग और विराम चिह्न को सुधारने में कर सकते हैं। जब आप व्याकरण, उपयोग और विराम चिह्न में किसी त्रुटियों को ढूँढने के लिए अपना प्रारूप पढ़ते हैं तो कम से कम उनमें से एक-दो को अपने डेस्क पर तैयार रखिए।

क्या इसके विराम चिह्न उपयुक्त है?

विराम चिह्न आपके लेखन को पढ़ने के लिए आसान बनाने में महत्वपूर्ण भूमिका निभाते हैं। एक गैरहाज़िर अल्प विराम अथवा एक गलत तरीके से लगाया गया अल्पविराम वाक्य का अर्थ बदल

सकता है, अथवा पाठक को भ्रमित कर सकता है। यदि आप देखते हैं कि एक लंबे वाक्य में कई सारे विराम चिह्न हैं, तो आपको देखना चाहिए कि आप उस वाक्य को दो या तीन वाक्यों में विभाजित करके उनमें से कुछ को कम कर सकते हैं या नहीं।

कैपिटल अक्षर, इटैलिक और बोल्डफेस का उपयोग कब करना है उसके बारे में सुस्थापित मानदंड मौजूद हैं। उनका पालन कीजिए। यदि आप एक जर्नल में प्रकाशन के लिए एक पत्र लिख रहे हैं, तो आपको यह भी सुनिश्चित करना चाहिए कि आप विराम चिह्न के बारे में उसकी विशेष सूचनाओं का पालन कर रहें हैं। इटैलिक्स और बोल्डफेस का अंधाधुंध रूप से प्रयोग न कीजिए। यदि आप आप अपने आप को यादृच्छिक रूप से विराम चिह्नों का प्रयोग करते हुए पाते हैं, तो उपयुक्त संदर्भ पुस्तक अवश्य देखें।

क्या यह लेखन तथ्यात्मक त्रुटियों से मुक्त है?

जब आप पहला प्रारूप लिखते हैं, तब आपको यह जाँचना बंद नहीं करना चाहिए कि आप जिन आंकड़ों का हवाला दे रहे हैं वे सही हैं या नहीं। और फिर भी अपने रिपोर्टों में तथ्यात्मक त्रुटियों से बचना अनिवार्य है। उनकी जाँच करने का समय तब है जब आप स्वयं-समीक्षा करते हैं। दो-तीन तथ्यात्मक त्रुटियाँ समग्र रिपोर्ट की विश्वसनीयता को नष्ट कर सकते हैं, ठीक उसी प्रकार जिस प्रकार खीर की सतह पर तैरती दो-तीन मृत मक्खियाँ पूरे कहाड़ी भर खीर को नष्ट कर सकती हैं।

क्या आपने उन सबका स्वीकरण कर लिया है जिसे आपने दूसरों से लिया है?

स्रोतों को ईमानदारी से स्वीकार करना शैक्षणिक लेखन के लिए इतना महत्वपूर्ण है कि हमने इस मुद्दे के लिए पूरा अध्याय (अध्याय 6) ही समर्पित कर दिया है। विभिन्न प्रकार के उधार लेने के बारे में जानने के लिए कृपया उसे अच्छी तरह से पढ़िए और उन्हें अपने शैक्षणिक लेखन में उचित तरीके से स्वीकरण करने के तरीकों का पता लगायें। आपको सभी प्रकार की साहित्यिक चोरी से बचना चाहिए।

क्या दृश्य सहायक सामग्री स्पष्ट, आकर्षक और उपयुक्त है?

यह पुरानी कहावत बिल्कुल सही है कि एक चित्र हजारों शब्दों से बढ़कर होता है, विशेष रूप से तब, जब लेखन की बात आती है। तालिकाएँ, ग्राफ और चार्ट्स डेटा को पाठक-अनुकूल तरीके में संक्षिप्त और प्रस्तुत कर सकते हैं, जो आप अपने पाठक के साथ साझा करना चाहते हैं। ग्राफिकल प्रस्तुतियाँ भी आपको कहानी को बेहतर रूप से कहने में मदद कर सकती हैं क्योंकि यह वह धागा है जो डेटा को गूँथता है वह अधिक आसानी से दिखाई देता है। जैसे-जैसे आप अपने प्रारूप से होकर गुजरते हैं, वैसे-वैसे देखें कि आपने जो डेटा प्रस्तुत किया है उसे ग्राफिक्स में रूपांतरण करने से फायदा मिलेगा या नहीं। यदि जवाब हाँ है, तो अगला कदम डेटा के लिए सबसे अधिक उपयुक्त ग्राफिक प्रस्तुति को चुनना होगा। इंटरनेट कई वेबसाइट्स प्रस्तुत करता है जो आपको विविध प्रकार के डेटा को आकर्षक और उपयोगी ग्राफ एवं चार्ट्स में रूपांतरित करने में मदद करती हैं। Zelazny's (2007) *The say it with charts complete toolkit* एक उपयोगी संसाधन है।

क्या आपने अपने प्रदर्शन का क्रमांकन और लेबलिंग किया है?

अपने एक्ज़िबिट्स को लेबल दीजिए। हर एक्ज़िबिट के शीर्षक को पाठक को बताना चाहिए उसमें क्या अपेक्षित है। यदि आप के पास दो अथवा अधिक एक्ज़िबिट्स हैं, तो उन्हें क्रमांक दीजिए। यदि आपने एक्ज़िबिट अथवा कोई जानकारी उधार ली है जो आपने एक्ज़िबिट में रखी है, तो उस स्रोत का स्वीकरण कीजिए।

यहाँ "माइक्रो-उद्यमों के माध्यम से भारत में ग्रामीण सशक्तिकरण: एक स्वास्थ्य देखभाल और इन्फोर्मेशन टेक्नोलॉजी परिप्रेक्ष्य" शीर्षक वाले एक स्नातक छात्र असाइनमेंट में से लिया गया एक्ज़िबिट दिया गया है।

एक्ज़िबिट 2 गाँवों में स्वास्थ्य आधारिक संरचना की स्थिति

मूलभूत संरचना/सेवाएँ	% गाँव
सड़कों के साथ जुड़े हुए	73.9
कोई स्वास्थ्य प्रदाता होना	95.3
प्रशिक्षित जन्म सहायक होना	37.5
आंगनवाड़ी कार्यकर्ता होना	74.2
डॉक्टर (निजी और मुलाकाती) होना	43.5
निजी डॉक्टर होना	30.5
मुलाकाती डॉक्टर होना	25.0

स्रोत: Bhandari & Dutta (2007)।

यहाँ, स्रोत Bhandari & Dutta (2007), को पूर्ण ग्रंथ सूची विवरण के बिना दर्शाया गया है क्योंकि वह पत्र के संदर्भ खंड में दिखाई देते हैं। हो सकता है कि लेखकों ने अन्य जानकारी के लिए भी उसी स्रोत को संदर्भित किया हो। यदि एक एक्ज़िबिट के स्रोत का अन्य कहीं पर भी उल्लेख नहीं किया गया है, तो आप एक्ज़िबिट के अंत में पूरा स्रोत दे सकते हैं। उदाहरण: Bhandari, L., & Dutta, S. (2007)। ग्रामीण भारत में स्वास्थ्य संबंधी बुनियादी संरचना। कारला में, P., & Rastogi, A. (Eds.), *India Infrastructure Report 2007* (पृ. 265–पृ. 285)। नई दिल्ली: ऑक्सफोर्ड। इस पूर्ण ग्रंथ सूची विवरण को कैसे प्रस्तुत किया गया है वह पालन की जा रही उद्धरण शैली के आधार पर बदल जाता है। इसके विवरण के लिए कृपया अध्याय 6 देखें।

क्या एक्ज़िबिट्स को दस्तावेज के प्रधान भाग में उचित रूप से पेश किया गया है?

यदि आपके पास आप जो मुद्दा बनाने जा रहे हैं उसके लिए तालिकाएँ, ग्राफ, चार्ट्स और अन्य दृश्य सहायक मौजूद हैं, तो क्या आपने लेखन में इन एक्ज़िबिट्स को संदर्भित किया है? आपको कोई भी एक्ज़िबिट तब तक प्रस्तुत नहीं करना चाहिए जब तक उसे पत्र के प्रधान भाग में पेश किया नही गया है। यह सुनिश्चित करने के लिए जाँच कीजिए कि आप जो कोई भी एक्ज़िबिट पत्र के प्रधान भाग में

अथवा पत्र के अंत में प्रदान करते हैं उन्हें पत्र के प्रधान भाग में कम से कम एकबार अवश्य संदर्भित किया जाये। उसी प्रकार, सुनिश्चित कीजिए कि एक्ज़िबिट्स उसी क्रम में पेश और क्रमांकित किए गए हैं जिस क्रम में वे लेख में दिखाई देते हैं।

सहयोगी-समीक्षा (Peer-Critiquing)

छात्र लेखन के सुधार में सहयोगी-समीक्षा के मूल्य के समर्थन में बहुत सारे अप्रमाणित और शोध प्रमाण हैं, यहां तक कि जब सहयोगी-समीक्षक नौसिखिया हों, तब भी। उदाहरण के लिए, हाल के प्रमाण के लिए Cho and Schunn (2007) और Cho, Schunn and Charney (2006) देखे, जो विशिष्ट रूप से लेखन के सहयोगी-समीक्षक से संबंधित हैं, तथा सहयोगी मूल्यांकन अध्ययनों की पहली व्यापक समीक्षा के लिए Topping (1998) को देखें।

उस सहयोगी समीक्षा को लेखकों को अपने लेखन को शुद्ध बनाने और सुधारने में मदद करना बिलकुल भी आश्चर्यजनक नहीं है। चूँकि आप अपनी कहानी के हर पहलू से परिचित होते हैं, इसलिए हो सकता है कि आप अपने संभावित पाठक को साथ लिए बिना अनजाने में एक सबप्लाट से दूसरे पर जाते हों। दूसरे शब्दों में, आप अपनी कहानी में विशाल अंतराल छोड़ सकते हैं, जो आपके पाठकों के लिए आपके संदेश का पुनर्गठन करने अथवा उसका अर्थ समझने के लिए उसे मुश्किल बनाते हैं। जब कोई आपका लेखन पढ़ता है और उस पर टिप्पणी करता है, तब वह आपको किसी अंतराल को पहचानने में मदद करता है जिसे आपको भरने की जरूरत है। जब कोई पाठक यह कहता है कि उसे आपके लेखन का अर्थ समझ नहीं आ रहा है, तो यह आपके लिए कष्टप्रद हो सकता है; लेकिन याद रखिए, *पाठक राजा होता है*। आपको अपने संभावित पाठकों के लिए अपने अर्थ को स्पष्ट और दिलचस्प बनाने के लिए जितना संभव हो वह सब कुछ करना होता है।

आपके लेखन की आलोचना करने वाले अन्य लोगों का महत्व भी उस अंधी सहयोगी समीक्षा की प्रथा से स्पष्ट होता है जिसका सभी अच्छे शैक्षणिक जर्नल्स पालन करते हैं। सहयोगी समीक्षकों को अपने फैसले का आधार संपूर्ण रूप से लिखित लेखन पर रखना चाहिए क्योंकि उन्हें बताया नहीं जाता है कि वह लेख किसने लिखा है, जिसकी वह समीक्षा कर रहे हैं। इसके परिणामस्वरूप, जर्नल्स के लिए अनुभवी योगदानकर्ताओं और अत्यधिक सम्मानित विचारकों को भी अपने पत्र को संशोधित करने और पुन:पेश करने के लिए कहा जाता है, जैसा हमने पहले ही नोट किया है।

आपको किस प्रकार के समीक्षक ढूँढने चाहिए? अच्छा होगा यदि आप अपने दस्तावेज के सामग्री क्षेत्र में किसी एक विशेषज्ञ और एक गैर-विशेषज्ञ को प्राप्त कर सकें। वह संशोधन की प्रक्रिया के लिए अलग-अलग तरीके से योगदान देते हैं, लेकिन वह योगदान समान रूप से मूल्यवान होता है। विशेषज्ञ आपकी कहानी में मौजूद किसी अंतराल अथवा कमजोरी का त्वरित पता लगा सकते हैं; गैर-विशेषज्ञ आपको बता सकते हैं कि दस्तावेज समझ में आता है या नहीं। विशेषज्ञों और गैर-विशेषज्ञों के संयोजन द्वारा की जाने वाली आलोचना से आपको अपने दस्तावेज में अधिकांश कमजोरियों को पहचानने और उन्हें दूर करने में मदद मिलेगी।

जैसे आप अपने कुछ सहयोगियों को अपने दस्तावेजों की समीक्षा करने के लिए कहते हैं, वैसे ही आपको दूसरों के दस्तावेजों की समीक्षा करने के लिए भी तैयार रहना चाहिए जब आपको वैसा करने को कहा जाता है। दूसरों के दस्तावेजों की समीक्षा करना आपके लिए भी फायदेमंद होगा। आप समझ पाएँगे कि लेखक अपने खुद के लेखन में कितने प्रकार की समस्याओं को देखने में विफल होते हैं। ये अंतर्दृष्टियां आपको स्व-आलोचना करने में सहायता करेंगी। जो आलोचनात्मक पठन क्षमता आप विकसित करते हैं उससे आपको अपने लेखन को निष्पक्ष रूप से देखने में और पाठकों के लिए उसे संशोधित करने में मदद मिलेगी।

जब आप किसी और के लेखन की समीक्षा करते हैं, तब आप स्वयं-समीक्षा पर ऊपर के खंड में उल्लिखित सवाल पूछ सकते हैं। आपको 'हाँ' अथवा 'नहीं' के जवाब से आगे जाना चाहिए; आपको लेखन के हिस्सों के पुनर्निर्माण के तरीके सूचित करने में सक्षम होना चाहिए, यदि आप मानते हैं कि आपने खराब अंतरालों अथवा खराब अभिव्यक्ति के बावजूद लेखक के अर्थ का अंदाजा लगा लिया है।

हम लेखकों के साथी छात्रों द्वारा समीक्षा किए गए छात्र पत्रों में से लिए गए दो उद्धरणों की जाँच करेंगे:

सहयोगी-समीक्षा: नमूना 1

नमूना 1 एक स्नातक छात्र के पत्र में से लिया गया उद्धरण है जिसका शीर्षक है "जल प्रबंधन में सरकारी निजी कंपनी भागीदारी: सार्वजनिक दुःख या सार्वजनिक भलाई?"। परिचय के अनुसार इस पत्र का उद्देश्य है, "भारत में जल समस्याओं के लिए एक व्यवहार्य हल के रूप में पीपीपी [पब्लिक प्राइवेट पार्टनरशिप] का मूल्यांकन करना, और तिरुपुर परियोजना की शुरुआत से कार्यान्वयन चरण तक आलोचनात्मक समीक्षा करना।" नीचे दिया गया उद्धरण परिचय के तुरंत बाद और लंबे खंड 2 के पहले आता है, जो पीपीपी परियोजना की तिरुपुर जल आपूर्ति और मल-निकासी परियोजना का एक विस्तृत विवरण देता है।

लेखक के वर्ग से छह सहयोगियों ने डबल ब्लाइंड सहयोगी अनुवर्ती अभ्यास के हिस्से के रूप में इस पत्र पर टिप्पणी की थी। उनमें से दो ने पत्र के इस हिस्से पर कोई टिप्पणी नहीं की थी। अन्य चार सहयोगियों द्वारा की गए टिप्पणियाँ चौकोर कोष्ठकों में दी गई हैं। हालाँकि सभी सहयोगी टिप्पणियों का यहाँ समावेश किया गया है, फिर भी कोई भी छात्र यह नहीं जानता था कि अन्य किसने-किसने उसी पत्र की आलोचना की थी और उनकी टिप्पणियाँ क्या थीं।

कुछ शब्द/वाक्यांशों/वाक्यों को यह दर्शाने के लिए रेखांकित किया गया है कि उनके बाद दी गई टिप्पणियाँ उनको संदर्भित करती हैं।

1. जल प्रबंधन में सरकारी निजी कंपनी भागीदारी के लिए केस

भारत में, जल प्रबंधन कार्य व्यापक रूप से सरकार के कार्यक्षेत्र में होता है और आज भी, पानी कुल आबादी के 12% के लिए सुलभ नहीं है (देखें एक्ज़िबिट 1) [*सहयोगी 1: एक्ज़िबिट 1 पर्याप्त है,*

"देखें" हटाइए)। [*सहयोगी 2: यह स्पष्ट नहीं है कि आप इन दो तथ्यों को जोड़ने का प्रयास कर रहे हैं या नहीं।*] सार्वजनिक जल सुविधाएँ हमेशा पर्याप्त नहीं रही हैं और ये कुछ ऐसे क्षेत्र हैं जहां टपकते और टूटे हुए पाइप [*सहयोगी 2: ऐसे लेख के लिए थोड़ा अनुचित वाक्यांश।*], बिना मीटर के नल और अवैध कनेक्शन जल राजस्व में होने वाले महत्वपूर्ण नुकसान के लिए उत्तरदायी हैं। इसके अलावा, केवल सभी अतिरिक्त पानी के पंपिंग की ऊर्जा लागत और अक्षमताएं बढ़ती हैं [*सहयोगी 3: "केवल अक्षमताएं बढ़ती हैं" के स्थान पर "जल उपयोग की कार्यक्षमता में कमी" रखा जा सकता है"*]। इन अक्षमताओं को कई कारणों से जिम्मेदार ठहराया जा सकता है [*सहयोगी 2: दो कारणों से*]। एक, सरकार बहुविध भूमिकाएँ निभा रही है—जो एक ही समय पर मालिक, प्रबंधक और नियामक की है। [*सहयोगी 1: यह प्रणाली को अक्षम कैसे बनाता है?] [सहयोगी 4: यह कैसे अपनेआप में अक्षमता की ओर ले जाता है? क्या यह पीपीपी के लिए केस का आधार है?*] दो, यहाँ प्रणाली का प्रभावी ढंग से प्रबंधन करने के लिए पैसों की कमी है। [*सहयोगी 2: सरकार के पास पैसों की कमी नहीं है। मेरा ऐसा मानना है कि यह मूल रूप से रुचि और उपयुक्त नीति की कमी का होना है।*]

इस प्रणाली को अधिक सक्षम बनाने के लिए, पिछले दशक के दौरान जल आपूर्ति के निजीकरण के लिए कई प्रयास किए गए थे। हालाँकि छत्तीसगढ़ में शिवनाथ नदी परियोजना, महाराष्ट्र में चंद्रपुर जल आपूर्ति परियोजना, दिल्ली में सोनिया विहार जल उपचार परियोजना आदि जैसे निजी क्षेत्रों के अनुभव भी अत्यंत सफल नहीं थे (http://www.hinduonnet.com)। [*सहयोगी 4: संदर्भ की गलत शैली—यहां दिए गए सूचना के आधार पर मेरे लिए इस लेख को आसानी से देखने के लिए कोई तरीका नहीं है।*] उपर्युक्त परियोजनाओं में विफलताओं को निजी अधिकारियों द्वारा बड़े पैमाने पर शोषण और दुरूपयोग के लिए जिम्मेदार ठहराया जा सकता है। [*सहयोगी 2: यह एक बहुत ही कड़ा कथन है, विशेष रूप से तब, जब यह डेटा द्वारा समर्थित नहीं है। इसके अलावा इसने उन पाठकों के लाभ के लिए एक उदाहरण के साथ पुष्टि करनी चाहिए थी जो पाठक इस तथ्य से अवगत नहीं हैं।*]

यह सैद्धांतिक रूप से सार्वजनिक निजी भागीदारी (पीपीपी) को अधिक आकर्षक विकल्प बनाता है [*सहयोगी 4: निजी खिलाड़ियों द्वारा दुरूपयोग के कारण विफल हुए पिछले प्रयासों के बाद, पीपीपी अधिक आकर्षक कैसे बनती है?*] क्योंकि वह परियोजना के निष्पादन और कार्यान्वयन हिस्से को एक निजी संस्था को सौंपती है जो आवश्यक भारी पूंजी निवेश के अलावा तकनीकी और प्रबंधन विशेषज्ञता को लेकर आती है और सरकार की भूमिका को एक नियामक तक सीमित करती है [*सहयोगी 3: यहाँ शब्द लापता है*] जो नीति बनाने पर ध्यान केंद्रित कर सकती है और नकारात्मक बाह्यताओं को पूरा कर सकती है।

इस लेखन में विभिन्न पाठकों ने विभिन्न कमजोरियों को देखा है। उठाए गए सवालों और टिप्पणियों की विस्तृत श्रृंखला को नोट करना दिलचस्प है। कुछ भाषाई चिंताओं को दिखाते हैं; अधिकतर कमजोर तर्क से निपटते हैं; कुछ अपर्याप्त जानकारी की ओर इशारा करते हैं और एक अनुचित संदर्भ को स्पष्ट करते हैं। जबकि लेखक एक विशुद्ध शैलीगत सुझाव को नजरअंदाज करना चुन सकता है जैसे सहयोगी 1 द्वारा किया गया था, जो "एक्ज़िबिट 1 देखें" में से "देखें" शब्द को दूर करना चाहता है, उसे अपने दावों की सुदृढ़ता के बारे में पाठकों द्वारा उठाए गए तर्कों को संबोधित

करना होगा। यदि वह उन तर्कों को बनाना जारी रखना चाहता है, तो उसे उसके समर्थन में प्रमाण देने होंगे। अथवा उसे तर्कों को बदलना पड़ सकता है ताकि वह उसके पाठकों के लिए अधिक अनुमानित और स्वीकार्य हों।

अब देखिए कि सहयोगी 2 कथन के प्रति कैसे प्रतिक्रिया करता है, "इन अक्षमताओं को कई कारणों से जिम्मेदार ठहराया जा सकता है।" वह सूचित करता है कि लेखक उसे "दो कारणों" में तबदील करे, क्योंकि लेखक ने केवल दो ही कारण प्रदान किए हैं। लेखक को "कई कारणों" इस वाक्यांश को न्यायसंगत बनाने के लिए अधिक कारण देने चाहिए, अथवा दावे को दिए गये सुझाव के अनुसार बदलना चाहिए। दूसरा तरीका हो सकता है "कई कारणों" को बनाए रखना और दो सबसे अधिक महत्वपूर्ण कारणों को हाईलाईट करना। किसी भी लेखक के लिए ऐसे बेमेल ध्यान में आना संभव नहीं है, सिवाय इसके कि कोई उनकी ओर इशारा करे।

सहयोगी-समीक्षा: नमूना 2

दूसरा नमूना "फार्मास्युटिकल उद्योग में आरएण्डडी: आईपीआर और वैश्वीकरण से चुनौतियाँ और अवसर" शीर्षक वाले एक छात्र पत्र का खंड 5 है। यह पत्र बताता है कि भारतीय फार्मास्युटिकल उद्योग की आरएण्डडी गतिविधियों को वैश्वीकरण के द्वारा लाए गए बौद्धिक संपदा अधिकारों (आईपीआर) में हालिया सुधारों द्वारा कैसे आकार दिया गया है। खंड 5 उन समस्याओं से निपटता है जिनका फार्मास्युटिकल उद्योग को व्यापार संबंधी बौद्धिक संपदा अधिकारों (टीआरआईपीआर) और वैश्वीकरण के कारण सामना करना पड़ता है। वह खंड 4 के बाद आता है, जो भारतीय फार्मास्युटिकल उद्योग में पेटेंटिंग और आईपीआर के निहितार्थों से निपटता है, और निष्कर्ष से पहले, जो पत्र में पहले से पहचाने गए अवसरों में से अधिकांश अवसरों को बनाने के लिए भारतीय फार्मास्युटिकल उद्योग के लिए के एक्शन प्लान प्रदान करता है।

उपर्युक्त उल्लिखित किये अनुसार, इस पत्र पर भी समान डबल ब्लाइंड सहयोगी अनुवर्ती अभ्यास के हिस्से के रूप में छह सहयोगियों ने अपनी-अपनी टिप्पणियाँ दी थी। उनमें से एक ने पत्र के इस हिस्से पर कोई टिप्पणी नहीं की थी। पहले उदाहरण की तरह अन्य पाँच सहयोगी द्वारा की गई टिप्पणियों को चौकोर कोष्ठकों में दिया गया है।

5. फार्मास्युटिकल उद्योग पर ट्रिप्स (TRIPS) का प्रभाव

"बायोफार्मास्युटिकल आरएण्डडी का उद्देश्य, आख़िरकार, लोगों को अच्छा बनाने और उन्हें स्वस्थ रखने के लिए नई दवाइयाँ तथा टीके ढूँढना है। यह दरअसल अर्थशास्त्र, औद्योगिक विकास या नौकरी सृजन के बारे में नहीं है, हालाँकि यह चीजें आज बाजार की अर्थव्यवस्था के लिए जरूरी लाभ हैं," डॉ. बेल कहते हैं [*सहयोगी 1: उद्धरण का स्रोत?*] [*सहयोगी 2: वह कौन है?*] [*सहयोगी 3: यह डॉ. बेल कौन है और उन्होंने ऐसा कहाँ कहा है? संदर्भ नहीं है।*] [*सहयोगी 4: इसका संदर्भ और स्रोत प्रदान किया जाना चाहिए, अगर कोई इसे विस्तार से पढ़ना चाहता है।*] हालांकि

डबल्यूटीओ का यही आदर्श वाक्य है, फिर भी विकसित देशों के गुप्त इरादे ट्रिप्स समझौते से स्पष्ट होते हैं। [*सहयोगी 1: ट्रिप्स समझौते को विस्तारित करें।*]

ट्रिप्स द्वारा किया गया उत्पाद पेटेंट्स का अनुमोदन उद्योग के लिए निम्नलिखित का तात्पर्य रखता है: शोध पर नए सिरे से शुरू करें, अभिनवता के लिए एक नीति विकसित करें, आईटी रणनीति विकसित करें और नूतन ड्रग डिलीवरी सिस्टम (एनडीडीएस) में सुधार करें (Ashok, 2004)। [*सहयोगी 3: तो? यह हम जिसके बारे में चर्चा कर रहे हैं यह उस भारतीय उद्योग की छवि में कैसे आता है?*]

यह निम्नलिखित चुनौतियां भी पेश करता है:
[*सहयोगी 4: प्रभाव के बाद सही प्रवाह के साथ अच्छी तरह से नहीं आते हैं।*]

- आम आदमी के लिए महत्वपूर्ण दवाओं को खरीदने की <u>असमर्थता</u> [*सहयोगी 5: असमर्थता उचित शब्द नहीं है। इसके बदले "समर्थता कम करता है" का उपयोग किया जा सकता था।*]
- भारतीय संप्रभुता और सार्वजनिक स्वास्थ्य नीति <u>का</u> समझौता [*सहयोगी 4: मानक हिंदी में समझौता शब्द के पहले 'पर' आता है।*] ऐसी राय है कि ट्रिप्स मानव अधिकारों का उल्लंघन करता है।
- छोटे पैमाने पर कंपनियों को बंद करने के कारण हजारों लोगों के लिए नौकरी का नुकसान
- उद्योग की समग्र विकास दर का ठहराव

[*सहयोगी 3: आप चुनौतियों के इस समूह पर कैसे पहुँचे थे? यह निष्कर्ष किसी विश्लेषण के साथ समर्थित नहीं हैं।*]

भारत अभी भी इस समझौतों के अनुच्छेद 7 और 8 के साथ दूर हो सकता है [*सहयोगी 1: इन 2 अनुच्छेदों में क्या उल्लिखित किया गया है?*] [*सहयोगी 4: कौनसा समझौता? अभी भी स्पष्ट नहीं है। अधिक विशिष्टता जरूरी है।*] जो गंभीर परिस्थितियों में, उसे सार्वजनिक स्वास्थ्य और सुरक्षा के लिए <u>उपाय</u> करने की अनुमति देते हैं (Krishnan, 2001) [*सहयोगी 2: उपायों का उल्लेख करने से मदद मिलती।*]। एड्स से प्रभावित लाखों लोगों के साथ ऐसा कोई कारण नहीं है कि भारत को इस विकल्प पर क्यों विचार नहीं करना चाहिए।

[*सहयोगी 3: प्रवाह की कमी। इस खंड को पढ़ते समय मैं झटकों का अनुभव कर रहा हूं। एक विचार दूसरे की ओर ले जाता नहीं लग रहा है। वह ऐसी चीजों का एक यादृच्छिक समूह अधिक लग रहा है जो लेखक बिना किसी अंतर्निहित विषय के केवल कहना भर चाहता है, जिसके लिए तर्क दिए जा रहें हैं।*]

इस लेखन ने विविध टिप्पणियों को भी आकर्षित किया है। छह सहयोगी में से चार जानना चाहते हैं डॉ बेल कौन है। लेखक ने बिना पर्याप्त तैयारी के अथवा स्रोत का उद्धरण दिए बिना पाठक

को एक नाम और उद्धरण दे दिया है। अन्य टिप्पणियाँ यह दर्शाते हुए मुख्य रूप से लेखक द्वारा छोड़ दिए गए विचार एवं तर्क में स्थित अंतरालों को आवरित करती हैं कि पाठकों को लेखक के साथ एक विचार से दूसरे पर जाने में मुश्किल होती है।

जहाँ पाँच पाठक लेखन की सामग्री और प्रवाह में सुधार देखना चाहेंगे, वहीँ छठे पाठक को उसके साथ कोई समस्या नहीं है। हम नहीं जानते हैं शायद वह इसलिए है क्योंकि उसने सहयोगी-समीक्षा को लापरवाही से लिया है, या क्योंकि वह एक आलोचक न करने वाला पाठक है।

शायद आपको यह लग सकता है कि आपके पत्र पर की गई कुछ सहयोगी टिप्पणियाँ अनुचित हैं, गलत धारणाओं पर आधारित हैं, अथवा जीवन के लिए एक विशेष दृष्टिकोण पर आधारित हैं, जिन्हें आप साझा नहीं करते हैं। सभी सहयोगी टिप्पणियों का स्वीकार करना बिलकुल भी जरूरी नहीं है। वह आपको उन समस्याओं के लिए सावधान करती हैं जिनका सामना आपके पाठकों ने आपके संदेश के प्रोसेसिंग में किया है। उन पर उचित ध्यान देने के बाद यह तय करना आपके ऊपर है कि क्या आपको उन्हें गंभीरता से लेना चाहिए या उन्हें नजरअंदाज करना चाहिए। यदि दो या अधिक पाठकों को आपके लेखन के किसी हिस्से के साथ समस्या है, तो आपको उनकी चिंताओं को गंभीरता से लेने की जरूरत है। आप चाहे तो उन टिप्पणियों का स्वीकार करें या अस्वीकार करें, परंतु सिर्फ उनके बारे में जागरूक होने से आपको अपने लेखन को संशोधित करने और परिष्कृत करने में मदद मिलेगी। यदि आप ऐसे पाठक टिप्पणियों पर ध्यान देते हैं, तो अंतिम उत्पाद उनकी तुलना में कहीं अधिक संतोषजनक होने की संभावना है जिन्हें आप कभी नहीं मांगते या उन्हें नजरअंदाज कर देते। यह बात कि वे टिप्पणियाँ शिक्षकों अथवा विद्वानों की ओर से नहीं बल्कि सहयोगी की ओर से हैं, उनका मूल्य कम नहीं होता है।

दस्तावेज़ को सुव्यवस्थित करना

आपका दस्तावेज कैसा दिखता है यह बात महत्वपूर्ण है। उतनी ही महत्वपूर्ण जितना वह तरीका जिससे भोजन को भोजन टेबल पर संवारकर पेश किया जाता है। आपको अपने दस्तावेज़ को आंखों के लिए अपील करने वाला और पाठक की अपेक्षाओं के अनुरूप बनाने की कोशिश करनी चाहिए। आपको उस अंतर्दृष्टि पर गर्व हो सकता है जो आपने पत्र में रखी हैं और उचित रूप से यह मानते हैं कि यह पढ़ने के लायक है; लेकिन यदि पाठक दस्तावेज के दिखावे से विमुख हो जाता है, तो आपका प्रयोजन परास्त हो जाता है। याद रखिए कि आप पाठक को प्रेरित करने के लिए उनके आसपास मौजूद नहीं हैं; आपके दस्तावेज को वे सभी काम करने चाहिए जिसमें धकेलना और खींचना भी शामिल है। इसलिए लेखन प्रक्रिया तब तक समाप्त नहीं होती है जब तक आप अपने लेखन को पाठक के लिए सुव्यवस्थित नहीं बनाते और उसे एक उपयुक्त विधि में प्रारूपित नहीं करते।

यदि आप किसी प्रकाशन के लिए लिख रहे हैं, तो वह जर्नल तय करता है कि कौन सा दिखावा स्वीकार्य होगा। सहयोगी द्वारा समीक्षा किए गए जर्नल्स के संपादक ब्लाइंड रेफ्रीइंग में मदद हेतु

आपके द्वारा अलग से वह पत्र, सार और लेखक विवरण पेश करने की अपेक्षा रखेंगे। ये जर्नल्स विविध आइटम्स के फॉण्ट के प्रकार और साइज़ निर्दिष्ट कर सकते हैं, जैसे मार्जिन के साइज़ के साथ-साथ मुख्य शीर्षक, उपशीर्षक (यदि है तो), सब हेड्स और आवश्यक लाइन स्पेसिंग का प्रकार। कुछ जर्नल्स आकृतियाँ, तालिकाएँ और नोट्स कहाँ रखने हैं उसके बारे में भी दिशानिर्देश प्रदान करते हैं। उदाहरण के लिए, कुछ जर्नल्स फुटनोट्स की मंजूरी नहीं देते; कोई भी टिप्पणी पत्र के अंत में होना चाहिए। अधिकांश जर्नल्स इनके बारे में कठोर होते हैं, क्योंकि उन्हें विभिन्न पत्रों और विभिन्न अंकों में सुसंगति बनाए रखनी होती है। यदि कोई जर्नल इन विवरणों को निर्दिष्ट नहीं करता है, तो उनके हालिया अंकों में पालन की गई शैली पर से उनका अनुमान लगाना अथवा किसी शैली दिशानिर्देशिका से परामर्श करना अच्छा विचार है, जिसका वह जर्नल पालन करता है अथवा सूचित करता है। ऐसे दिशानिर्देश अथवा पुस्तिकाएं आपको दस्तावेजों के स्वरूप के संबंध में सभी संबंधित जानकारी देती हैं।

मैनेजमेंट के छात्रों के लिए, हम अमेरिकन सायकोलोजिकल एसोसिएशन (2001) के *Publication Manual* तथा (2007) *APA Style Guide to Electronic References* का सुझाव देते हैं। ये दोनों एकसाथ मिलकर आपको व्यापक दिशानिर्देश देते हैं। हाल (2009) ही में प्रकाशित हुए, *Publication Manual* का छठा संस्करण आपको अद्यतन दिशानिर्देश देता है, विशेष रूप से इलेक्ट्रोनिक स्रोत के उपयोग के लिए।

जब आप अपने प्रशिक्षक को प्रस्तुत करने के लिए कोई पत्र लिखते हैं, तब पहला पृष्ठ शीर्षक और संबंधित जानकारी के लिए रख छोड़िये। उसके ऊपर शीर्षक (और यदि है तो उपशीर्षक भी), अपना नाम (सभी अनिवार्य पहचान विवरण के साथ, जैसे आपका विभाग क्रमांक अथवा रोल नम्बर), उस व्यक्ति का नाम, जिसे आप वह पत्र प्रस्तुत कर रहे हैं, अभ्यासक्रम का नाम, जिसके संबंध में आप पत्र प्रस्तुत कर रहें हैं और प्रस्तुति की तिथि लिखिए। यदि आप किसी छोटे समूह का हिस्सा हैं जहाँ प्रशिक्षक सभी को अच्छी तरह जानता है, तो वहाँ रोल नम्बर्स लिखने की आवश्यकता नहीं होगी। ऐसे संदर्भों में भी ऐसे विवरण प्रदान करना अच्छा होता है, जैसे वह व्यक्ति, जिसे वह पत्र प्रस्तुत किया जा रहा है, प्रस्तुति की तिथि और वह अभ्यासक्रम, जिसके हिस्से के रूप में वह पत्र प्रस्तुत किया जा रहा है। यह इसलिए है क्योंकि एक दस्तावेज के रूप में उस पत्र का जीवन तात्कालिक संदर्भ के परे भी हो सकता है। इस दस्तावेज में भावी पाठकों के लिए भी पर्याप्त जानकारी होनी चाहिए।

आईए वह तरीका देखते हैं जिस तरह "माइक्रोफाइनांस: ग्रामीण उद्यमिता के लिए वरदान या शाप?" के दो लेखकों ने अपना शीर्षक पृष्ठ (बॉक्स 5.1) प्रस्तुत किया है। आपको याद होगा कि हमने पहले भी इस पत्र को इस अध्याय में संदर्भित किया है (देखें खंड "स्वयं-समीक्षा") और उसके सार की समीक्षा की है। इसे एक मॉडल के रूप में प्रस्तुत नहीं किया गया है, बल्कि एक नमूने के रूप में किया गया है जिसे उस प्रशिक्षक द्वारा संतोषजनक तरीके से आंका गया था, जिसे वह पत्र प्रस्तुत किया गया था। इसी जानकारी को प्रस्तुत करने के विभिन्न और समान रूप से स्वीकार्य तरीके होते हैं। यह नमूना जानकारी के केवल उस प्रकार की ओर इशारा करता है जो लेखकों को शीर्षक पृष्ठ पर प्रस्तुत करना चाहिए।

बॉक्स 5.1 "माइक्रोफाइनांस: ग्रामीण उद्यमिता के लिए वरदान या शाप?" छात्र रिपोर्ट का शीर्षक पृष्ठ

माइक्रोफाइनांस
ग्रामीण उद्यमिता के लिए वरदान या शाप?

[अभ्यासक्रम का शीर्षक]

को प्रस्तुत
[प्रशिक्षक का नाम]

[प्रस्तुति की तिथि]

प्रस्तुतकर्ता
[छात्र 1]
और
[छात्र 2]

[संस्था का नाम]

इसकी तुलना दूसरे समूह द्वारा अपने प्रशिक्षक को प्रस्तुत किए गए उनके रिपोर्ट के तरीके के साथ कीजिए (बॉक्स 5.2)। शीर्षक, उपशीर्षक, छात्रों के नाम, विषय सामग्री और परिचय को एक ही पृष्ठ पर ठूंसकर भरा गया था। यह बिलकुल भी आकर्षक नहीं है, हालाँकि वह अधिकांश आवश्यक जानकारी का समावेश करता है।

बॉक्स 5.2 छात्र रिपोर्ट "YYY के साथ संचार" का शीर्षक पृष्ठ

समूह X YYY परियोजना के साथ संचार अभ्यासक्रम: ABC

YYY के साथ संचार
कॉर्पोरेट प्रतिष्ठा का निर्माण और रखरखाव प्रोजेक्ट प्रस्तुत कर्ता
समूह X
[छात्र 1, छात्र 2, छात्र 3, छात्र 4, छात्र 5, छात्र 6]

विषय सामग्री

1. …
2. ...
3. ...
4. …

परिचय

"माइक्रोफाइनांस: ग्रामीण उद्यमिता के लिए वरदान या शाप?" इस पत्र का दूसरा पृष्ठ सार के लिए अलग रखा गया है।

सार

माइक्रोफाइनांस की संकल्पना भारत में नई नहीं है। लेकिन क्रेडिट की बढ़ती उपलब्धता और माइक्रोफाइनांस के लिए नए फ्रेमवर्क्स के विकास के साथ उसने जमीनी स्तर पर आत्मनिर्भरता और विकास के प्रति एक योगदानकर्ता के रूप में बहुत लोकप्रियता प्राप्त की है। यह लेख भारत में ग्रामीण उद्यमिता को प्रोत्साहित करने के अग्रणी माध्यमों के रूप में माइक्रोफाइनांस के दावे का गंभीरता से मूल्यांकन करता है। माइक्रोफाइनांस की अनिवार्य विशेषताओं की रूपरेखा दी गई है और इस क्षेत्र में नए विकासों के बारे में भारतीय संदर्भ में चर्चा की गई है। दो सबसे अधिक व्यापक रूप से इस्तेमाल होते माइक्रोफाइनांस मॉडल्स, *ग्रामीण* मॉडल और स्व-सहायता समूह मॉडल, को समझाया गया है। कई स्रोतों से प्राप्त डेटा के आधार पर, यह लेख भारत में ग्रामीण उद्यमिता के लिए माइक्रोफाइनांस उधार फ्रेमवर्क के फायदे और नुकसान का विस्तृत रूप से विश्लेषण करता है। यह लेख इन विरोधाभासी विचारों की संधि करता है और विश्लेषण में आवारित न हुए विविध मुद्दों के आधार पर यह सूचित करता है कि माइक्रोफाइनांस को अधिक उद्यमिता अनुकूल बनाने के लिए क्या-क्या करने की आवश्यकता है।

(छात्र असाइनमेंट "Microfinance: A boon or a bane for rural entrepreneurship?" 2008 में से लिया गया)

मूल रिपोर्ट में, लेखकों ने सार और पत्र के प्रधान भाग के लिए डबल स्पेसिंग का उपयोग किया है, क्योंकि उन्हें ऐसा करने के लिए कहा गया है। प्रशिक्षक डबल लाइन स्पेसिंग के साथ दस्तावेजों को पसंद करते हैं, क्योंकि उन्हें सुधार करने के लिए अपनी टिप्पणियाँ और सुझाव लिखने के लिए बहुत सारी जगह चाहिए होती है। यदि वही आपके पाठक चाहते हैं, तो आपको वह प्रदान करना चाहिए। आप पाएंगे कि आम तौर पर जर्नल्स डबल लाइन स्पेसिंग का आग्रह रखते हैं, चाहे वे सॉफ्ट कॉपी की प्रस्तुति को भी मंजूरी देते हैं।

तीसरा पृष्ठ सामग्री की विस्तृत अनुक्रमणिका प्रदान करता है (बॉक्स 5.3)। सामग्रियों की ऐसी विस्तृत सूची छोटे पत्र में होना आवश्यक नहीं है, जैसे कि यह पत्र। जर्नल पत्रों में यह कभी भी नहीं होती हैं। हालाँकि, इस पत्र के लेखकों ने अनुक्रमणिका प्रदान की है, पुनः क्योंकि उनका प्रशिक्षक शैक्षणिक कारण से उसे चाहता है। यह पाठकों की अपेक्षाएँ पूरा करने वाले लेखकों का एक और उदाहरण है।

हम यहाँ जो देखते हैं वह है पत्र में प्रमुख विभागों की एक सरल सूची। बेशक, यहाँ विभागों और उपविभागों को क्रमांकित करने के विभिन्न तरीके हैं। ऐसा तरीका चुनिए जो आपके पत्र में विचार के विकास के साथ सर्वोत्तम रूप से मेल खाता है। पृष्ठों को क्रमांकित कीजिए भले ही आप पत्र डिजिटल स्वरूप में प्रस्तुत कर रहें हैं। पृष्ठ संख्या पाठक को उस पत्र को अधिक आसानी से पढ़ने में मदद करती हैं।

यदि प्रशिक्षक विशिष्ट सूचनाएँ नहीं देता है कि कौन से फॉण्ट और फॉण्ट साइज़ का उपयोग करना है, तो मान्य फॉण्ट अपनाइए, जैसेकि एरियल, टाइम्स न्यू रोमन अथवा कैलिब्री। पत्र के प्रधान

बॉक्स 5.3 छात्र रिपोर्ट "माइक्रोफाइनांस: ग्रामीण उद्यमिता के लिए वरदान या शाप?" के लिए अनुक्रमणिका

अनुक्रमणिका

हिस्से के लिए पसंदीदा साइज़ 10 और 12 के बीच होता है। शब्दों को बोल्डफेस या इटैलिक मत कीजिए, जब तक उसके लिए कोई अच्छा कारण मौजूद नही है। शैक्षणिक लेखन कैसे प्रस्तुत किया जाता है यह समझने के लिए थोड़े अच्छे जर्नल्स से परामर्श कीजिए।

यदि आपके पास थोड़े एक्ज़िबिट्स हैं और वे बहुत छोटे हैं, तो आप उन्हें दस्तावेज के प्रधान हिस्से में रख सकते हैं, उस स्थान से सबसे करीब जहाँ उनका संदर्भ दिया गया है। हालाँकि, यदि एक्ज़िबिट्स विशाल हैं, तो उन सभी को पत्र के अंत में एक अलग खंड "एक्ज़िबिट्स" में प्रस्तुत कीजिए। यदि प्रशिक्षक अथवा जर्नल की एक्ज़िबिट्स और तालिकाओं के स्थान से संबन्धित कोई विशिष्ट नीति है, तो आपको, बेशक इन दिशानिर्देशों के बजाय उसका पालन करना चाहिए। किसी भी मामले में, एक्ज़िबिट्स को उसी क्रम में रखिए जिस क्रम में लेखन में उन्हें संदर्भित किया गया है।

यदि आपने किसी स्रोत से कोई अवधारणाएँ अथवा लेखन के अंश उधार लिए हैं, तो आपको उन्हें पत्र के संबंधित हिस्से में दर्शाना जरूरी है और फिर "संदर्भ" नामक खंड में संपूर्ण ग्रंथ सूची प्रदान कीजिए। इस खंड में किन्ही भी संसाधनों का समावेश न कीजिए, जिसका आपने पत्र के प्रधान हिस्से में संदर्भ नहीं लिया है। आप जो भी बात दूसरों से लेते हैं उसका स्वीकार करने के लिए और उनका ग्रंथ सूची में कैसे विविरण देना है, उसके लिए विशिष्ट दिशानिर्देशों के लिए कृपया अध्याय 6 देखें।

अध्याय का सारांश

इस अध्याय में हमने लेखन की प्रक्रिया पर ध्यान केन्द्रित किया है। हमने तर्क दिया है कि लेखन की प्रक्रिया के किसी भी महत्वपूर्ण हिस्से को छोड़ देना एक असंतोषजनक उत्पाद की ओर ले जा सकता है।

जैसे ही हम अपना शोध पूरा लेते हैं और एक कहानी विकसित कर लेते हैं जो हम अन्य लोगों के साथ साझा करना चाहते हैं, वैसे ही पहला चरण है उसकी रूपरेखा तैयार करना। अगला चरण है उसे उभारना, जिसे चक्रों में किया जाना चाहिए। उभारने के बाद उसे चमकाना होता है। यह चमकाना भी दो चरणों में होता है: स्वयं-समीक्षा और सहयोगी-समीक्षा। हमने उन प्रश्नों को पहचाना है जो हमें अपने खुद के प्रारूप की आलोचना करते समय अपने आप से पूछने चाहिए। सहयोगी-समीक्षा, हमने देखा है कि स्वयं-समीक्षा जितनी ही महत्वपूर्ण है। इसका कारण यह है कि हमारे श्रेष्ठ प्रयासों के बावजूद भी, हम हमारी कहानी में कुछ अंतरालों का पता लगाने में विफल हो सकते हैं जो पाठकों को उसका अर्थ समझने और उसका आनन्द उठाने के लिए मुश्किल बना सकते हैं। लेखन का अंतिम चरण है लेखन को ऐसे ढंग से सुव्यवस्थित करना जो वह पाठकों की अपेक्षाओं के अनुरूप हो और उनकी आँखों को आकर्षक लगे।

यदि हम अपने शैक्षणिक लेखन में इन चरणों का पालन करते हैं, तो संभव है कि हम पढ़ने योग्य कहानियाँ प्रस्तुत कर सकें।

भाग III

शैक्षणिक ऋणों का स्वीकरण

6

विचारों के स्रोतों का उपयोग करना और उद्धरण देना

अध्याय का विहंगावलोकन

हमने अध्याय 3 और 5 में देखा था कि शैक्षणिक लेखन के मूलभूत गुणों में से एक है स्रोतों का सावधानीपूर्वक उद्धरण देना, जिस पर से हम वे तथ्य या विचार उधार लेते हैं और उन्हें हमारे लेखन में रखते हैं। इस अध्याय में हम इस गुण का आगे अन्वेषण करेंगे। हम स्पष्ट करेंगे कि हमें हमारे स्रोतों का उद्धरण क्यों देना चाहिए, ऐसा करने में विफल होना हमें किस ओर ले जाता है, और स्रोतों की ईमानदार स्वीकृति हमारे रिपोर्ट्स और पत्रों को कैसे सुधारती है। हम स्रोतों के प्रकारों के बीच भेद करेंगे जिनका हमें स्वीकरण करना ही चाहिए और वे जिनका स्वीकरण करने की हमें जरूरत नहीं है।

हम यह भी दर्शाएँगे कि इलेक्ट्रॉनिक समेत विविध स्रोतों से उधार किए हुए विचारों की स्वीकृति कैसे की जाती है। हमारे सुझाव और दृष्टांत मैनेजमेंट और व्यवहार संबंधी विज्ञानों में कई जर्नल्स तथा विद्वतापूर्ण प्रकाशनों में अभ्यास के हमारे अवलोकन, शैक्षणिक लेखन के हमारे खुद के अनुभव, और व्यावसायिक संगठनों के कुछ जर्नल्स और शैली मार्गदर्शकों के उद्धरण के दिशानिर्देशों की अपनी समझ से प्राप्त हुए हैं। हम आपको उन संसाधनों का भी परिचय देते हैं जहाँ आप विस्तृत और आधिकारिक मार्गदर्शन प्राप्त कर सकते हैं।

उद्धरणों की दुनिया

यहाँ "भारतीय महिला व्यावसायिकों के सामने आती कार्य-परिवार की चुनौतियाँ उनके कैरियर को कैसे प्रभावित करती हैं" इसके एक विचार-विमर्श पर से लिए गये दो उद्धरण दिए गए हैं। इसका भाव प्राप्त करने के लिए उन पर एक त्वरित नजर डालते हैं।

उद्धरण 1

महिलाएँ बच्चों को जन्म देती हैं और फिर भी उनके पालनपोषण के अधिकांश कार्य करती हैं। एक अत्यंत चुनौतीपूर्ण काम करना और परिवार तथा सामाजिक जीवन का एक साथ प्रबंधन करना बेहद कठिन होता है। वह आम तौर पर महिलाएँ ही होती हैं जो बाल-देखभाल के लिए प्राथमिक जिम्मेदारी लेती हैं, और जो संघर्ष की स्थितियों में, परिवार के दबाव अनुकूल बनने के लिए अपने कामकाजी जीवन को समायोजित करती हैं (Wajcman, 1981; Falkenberg और Monachello, 1990)। डेटा दर्शाते हैं कि महिला व्यवसायिक अभी भी घर और बाल-देखभाल गतिविधियों की प्राथमिक जिम्मेदारी ग्रहण करती हैं (Googins और Burden, 1987; Jick और Mitz, 1985; Zappert और Weinstein, 1985)।

उद्धरण 2

भारत में शिक्षित महिलाओं की बढ़ती संख्या—जो अब शहरी, संगठित, औद्योगिक क्षेत्र में तकनीकी, पेशेवर और प्रबंधकीय पदों को संभाल रही हैं—दोहरे कैरियर परिवारों में लगातार वृद्धि के साथ जुड़ी हुई है (Komarraju, 1997)। भारत में कैरियर-महिलाओं पर किया गया शोध दर्शाता है कि कार्य और परिवार संबंधी दुविधाएँ अक्सर पश्चिम में महिलाओं द्वारा प्रतिवेदित दुविधाओं से अलग होती हैं (Sekaran, 1992)। दुनिया के अन्य हिस्सों में उनके समकक्षों की तुलना में, भारतीय कर्मचारी अपने कार्य और जीवन के प्रबंधन में कई कठिनाइयों का सामना करते हैं।

राउट, लुईस और कगन (1999) द्वारा किए गए शोध में पाया गया है कि भारत में महिलाएँ सुबह काम के लिए निकलने से पहले और काम के बाद वह सब बातें करने में काफी दबाव का सामना करती हैं, जो परिवार के लिए आवश्यक है। (Komarraju, 1997) लिखते हैं कि बुनियादी ढाँचे की सापेक्ष अनुपस्थिति, जो बिजली, पानी और समय बचाने वाले आधुनिक रसोई तथा अन्य उपकरणों की एक विश्वसनीय आपूर्ति प्रदान करता है, घरेलू जिम्मेदारियों को एक बोझ बना देती है, विशेष रूप में दोहरे कैरियर वाले परिवारों की महिलाओं के लिए। इसके अलावा, काम के अनमनीय घंटे और बाल-देखभाल की सुविधा का अभाव कामकाजी माताओं के लिए सहयोग के स्रोत होने के बजाय बाधाओं का गठन करते हैं (भारत, 2001)। हालाँकि शहरी भारत में चीजें सुधरना शुरू हो गई हैं, फिर भी वह पर्याप्त नहीं हैं।

यह अंदाजा लगाने के लिए आपको एक त्वरित नजर डालनी है कि यह उद्धरण एक शोध पत्र से लिए गए हैं। उद्धरण 1 संघमित्रा बुद्धप्रिया द्वारा लिखित और 2009 में *विकल्प* (संस्करण 34, क्रमांक 1, पृष्ठ 31–45) में प्रकाशित एक पत्र "कार्य-परिवार की चुनौतियाँ और कैरियर निर्णयों पर उनका प्रभाव: भारतीय महिला व्यावसायिकों का एक अभ्यास" के पृष्ठ 33 पर से और उद्धरण 2 पृष्ठ 34 पर से लिया गया है। लगभग 250 शब्दों के लघु लेखन में 10 उद्धरण हैं; वह शैक्षणिक लेखन की कहानी बताते हैं। नीचे दिए गए संदर्भ उद्धरणों के चित्र को पूरा करते हैं।

संदर्भ

(केवल वही जो पृष्ठ 43–45 पर से लिए गए दो उद्धरणों से संबंधित हैं)

Bharat, S (2001). "On the Periphery: The Psychology of Gender," in Pandey, J (Ed.), *Psychology in India Revisited: Developments in the Discipline*, Volume 2, New Delhi, India: Sage.

Falkenberg, L and Monachello, M (1990). "Dual Career and Dual Income Families: Do they have Different Needs?" *Journal of Business Ethics*, 9(4–5), 339–351.

Googins, B and Burden, D (1987). "Vulnerability of Working Parents: Balancing Work and Home Roles," *Social Work*, 32(4), 295–300.

Jick, T D and Mitz, L F (1985). "Sex Differences in Work Stress," *Academy of Management Review,* 10(3), 408–420.

Komarraju, M (1997). "The Work-family Interface in India," in Parasuraman, S and Greenhaus, J H (Eds.), *Integrating work and family: Challenges for a changing world*, Westport, CT: Quorum Books, 104–114.

Rout, U R; Lewis, S and Kagan, C (1999). "Work and Family Roles: Indian Career Workmen in India and the West," *Indian Journal of Gender Studies*, 6(1), 91–105.

Sekaran, U (1992). "Middle-class Dual-earner Families and their Support Systems in Urban India," in Lewis, S; Izraeli, D N and Hootsmans, H (Eds.), *Dual-earner families: International perspectives*, Newbury Park, CA: Sage, 46–61.

Wajcman, J (1981). "Work and the Family: Who gets "The Best of Both Worlds?" in *Cambridge Women's Studies Group*: *Women in Society*, London: Virago Press.

Zappert, L T and Weinstein, H M (1985). "Sex Differences in the Impact of Work on Physical and Psychological Health," *American Journal of Psychiatry*, 142(10), 1174–1178.

विद्वान ऐसा क्यों लिखते हैं? वह उन सभी को पूरी बारीकी से स्वीकार करना चाहते हैं जो उन्होंने अन्य स्रोतों से उधार लिया है। इस तरह के उद्धरणों के क्या लाभ हैं? क्या वह पाठक की पढ़ने की

गति को धीमा नहीं करते? क्या होगा यदि लेखक इस तरह के अपनी उधारियों का स्वीकरण नहीं करते हैं? क्या पाठक परवाह करता है? लेखक विविध प्रकार की उधारियों को कैसे दर्शाते हैं? हम इन सभी का और इन्ही प्रकार के सवालों का आगामी पृष्ठों पर जवाब देंगे।

बौद्धिक ईमानदारी के पुरस्कार

अपने स्रोतों का ईमानदारीपूर्वक और सही रूप से उद्धरण देकर बौद्धिक उधारियों की स्वीकृति देने के तीन मुख्य लाभ हैं। पहला यह संतुष्टि कि आपने सही काम किया है। आपने विद्वतापूर्ण कार्य की नैतिक मांगों का पालन किया है। यदि आप ऐसा नहीं करते हैं, तो आप साहित्यिक चोरी के दोषी होंगे (इसके बारे में अधिक विस्तार से इस खंड में बाद में दिया गया है), यह शैक्षणिक विश्व में एक गंभीर अपराध है, जो दंड की ओर ले जा सकता है, जिसमें शामिल हैं अपात्रता और बर्खास्तगी, चाहे आप एक छात्र है या एक प्रोफेसर। जैसे vanLeunen (1978, पृ. 9) कहते हैं, "उद्धरण आपको प्रामाणिक रखता है।" जब आपने अपने स्रोतों का ईमानदारीपूर्वक स्वीकरण किया है, तब आप अपना सर ऊँचा रखकर चल सकते हैं; आपके लिए पकड़े जाने का जोखिम नहीं होता है। यह अनुभूति उस अनुभूति से काफी समान है जो आप तब प्राप्त करते हैं जब आप ईमानदारीपूर्वक अपने आयकर की गिनती करते हैं, उसका समयसीमा में भुगतान करते हैं और अपने रिटर्न्स फाइल करते हैं।

दूसरा लाभ यह है कि यह आप पर आनुपातिक जिम्मेदारी का बोझ डाले बिना एक लेखक के रूप में आपकी विश्वसनीयता बढ़ाता है। उदाहरण के लिए, यदि आप कहते हैं कि इस बात पर बहुत कम शोध किया गया है कि कौनसा संगठनात्मक डिजाइन सफल तकनीकी और संगठनात्मक नवाचारों की ओर ले जाता है, तो वह आपके अभिप्राय का महज एक कथन है। हो सकता है कि आपके पाठक उसे तब तक गंभीरतापूर्वक नहीं ले जब तक कि वे आपको क्षेत्र में एक विशेषज्ञ के रूप में नही पहचानते हैं। लेकिन अगर आप अपने कथन के समर्थन में Khandwalla and Mehta (2004) का उद्धरण देते हैं, तो आपके पाठकों द्वारा यह समझने के तरीके में एक बुनियादी अंतर होगा। वह अब आपका अभिप्राय नहीं है; वह लेखकों द्वारा उद्धरण दिए हुए संबंधित साहित्य की एक समीक्षा पर आधारित है। इसके लिए और इसके जैसे स्रोतों के लिए दिए गये संदर्भ भी पाठक को आपके द्वारा दिए गये अन्य अवलोकनों को अधिक आसानी से स्वीकार करने में भी मदद करते हैं, क्योंकि यह दर्शाता है कि आप उस क्षेत्र में हुए हालिया विद्वतापूर्ण कार्य से परिचित हैं और यह कि आप पहिए का फिर से अविष्कार नहीं कर रहे हैं। यदि आपके द्वारा उधार लिए गए विचार गलत साबित होते हैं, तो जिम्मेदारी उद्धरण दिए हुए लेखकों की होती है, आपकी नहीं। बेशक, आपको केवल विश्वसनीय और आदरणीय स्रोतों के लिए ही जाना चाहिए, ऐसे स्रोत जो एक उपयुक्त शोध प्रक्रिया के माध्यम से उत्पन्न ज्ञान प्रदान करते हैं। अगर आप अपने केस का निर्माण उन स्रोतों से इकट्ठा किए डेटा पर करते हैं जो केवल व्यक्तिगत राय या खराब प्रदर्शन किए गए अनुसंधानों के

निष्कर्ष पेश करते हैं, तब आप एक शिक्षविद्द के रूप में अपनी विश्वसनीयता को नष्ट कर देंगे। किसी भी त्रुटि की जिम्मेदारी उस स्रोत के साथ रहती है जिससे आपने डेटा उधार लिए हैं, लेकिन आप खराब निर्णय के दोषी होंगे अगर आप ऐसे अविश्वसनीय स्रोतों का चयन करते हैं। आपको यह ध्यान में रखना अत्यंत आवश्यक है, विशेष रूप से तब जब आप जानकारी के लिए वर्ल्ड वाइड वेब के मिश्रित बैग में खोज रहें हैं।

तीसरा लाभ आपके पाठकों को जाता है। सही स्वीकृति उनके लिए मूल स्रोत पर जाने और यदि वह चाहें तो गहराई में उस मुद्दे का अध्ययन करने को संभव बनाती है। वह ऐसा कर सकते हैं, क्योंकि हो सकता है कि वे आपके विश्लेषण के साथ असहमत हैं अथवा क्योंकि आपका कथन उनकी विषय में अधिक गहराई से छानबीन करने की इच्छा को पर्याप्त रूप से उत्तेजित करता है। उदाहरण के लिए, यदि आपका दावा है कि स्नातक छात्र जो अपने पाठ्यक्रमों के हिस्से के रूप में अपने सहपाठियों का आकलन करते हैं, वे कई "रोज़गार कौशल" विकसित करते हैं, और इसके समर्थन में Cassidy (2006) का उद्धरण देते हैं, तो हो सकता है कि आपके पाठकों में से कुछ इसे स्वीकार करने के लिए अनिच्छुक हों और पता लगाना चाहते हों कि वह शोधकर्ता इस निष्कर्ष पर कैसे पहुँचा था। उसी प्रकार, ऊपरी उद्धरण 2 में, लेखक दावा करता है कि भारतीय महिलाओं की कार्य और परिवार दुविधाएँ पश्चिम की महिलाओं की कार्य और परिवारिक दुविधाओं से अक्सर अलग होती हैं, और Sekaran (1992) से समर्थन का उद्धरण देता है। हो सकता है कि कुछ पाठक पता लगाना चाहें कि ये समानताएँ और अंतर क्या हैं। उचित उद्धरण उन्हें ऐसा करने में मदद करेगा।

साहित्यिक चोरी: विचार चोरी

हम में से ज्यादातर लोग चोरी नहीं करते हैं, चाहे हम उससे आसानी से बच निकल सकते हैं। हमने बचपन से सीखा है कि अन्य लोगों की चीज़ों को उनकी अनुमति के बिना लेना गलत है। यदि हम कुछ चोरी करते हुए पकड़े जाते हैं तो हम शर्मिंदा होंगे, चाहे वह पड़ोसी के घर से चुराया गया पैन जैसी छोटी चीज ही क्यों न हो। यह शर्मिंदगी और बुरी होगी अगर अन्य व्यक्तियों को ऐसा कुछ पता लग जाता है कि जो कुछ हमने दिखाया था वह हमारा खुद का नहीं था, बल्कि चोरी किया हुआ था।

फिर भी हम में से कुछ यह बुनियादी सिद्धांत भूल जाते हैं या नजरअंदाज करते हैं जब हम आसानी से सुलभ बौद्धिक संपदा से कार्य करते हैं, जो हमें पुस्तकों, जर्नल्स, पत्रिकाओं और इंटरनेट में मिलती हैं। अथवा हम गलती से यह मान लेते हैं कि संपत्ति के अधिकार बौद्धिक या कलात्मक प्रयासों के परिणामों पर लागू नहीं होते हैं। हमें यह समझना चाहिए कि जब हम स्वीकरण नहीं करते हैं, तब हम अन्य व्यक्तियों को यह मान लेने देते हैं कि यह उत्पाद हमारे ही हैं, हालांकि हम स्पष्ट रूप से ऐसा दावा नहीं करते हैं। हम उनकी रचना करने के लिए असली मालिकों को श्रेय देने से इनकार करते हैं। यह और कुछ नहीं बल्कि बौद्धिक संपत्ति को चुराना है और उसे हमारे अपने ही होने के रूप में दिखाना है। यह गलत है। यह सरासर धोखाधड़ी है। इसे साहित्यिक चोरी कहा जाता है।

अन्य लोगों के विचारों को उधार लेने में कुछ भी शर्मनाक नहीं है। वे ऐसे संसाधन हैं जो सामग्री चीजों से विपरित, उधार लेने से घटते नहीं हैं। हम विचारों को विविध स्रोतों से उधार ले सकते हैं और संश्लेषण कर सकते हैं तथा नई जानकारी उत्पन्न कर सकते हैं। विज्ञान ऐसे ही विकसित होता है। इसलिए आइजैक न्यूटन ने 1676 में रॉबर्ट हुक को लिखे अपने के पत्र में कहा था: "शायद मैंने उसे दिग्गजों के कंधों पर खड़े होकर आगे देखा है" (Shapiro & Epstein, 2006; पृ. 550)। लेकिन हमें उन विचारों का स्वीकार करना ही चाहिए जो हम उधार लेते हैं। स्रोत दस्तावेजों की संपूर्ण और ईमानदार स्वीकृति हमें विद्वतापूर्ण लेखन के नैतिक सिद्धांतों का पालन करने में मदद करती है, जिसमें हम शामिल हो रहें हैं, American Psychological Association (2001, पृ. 348) के शब्दों में, "वैज्ञानिक और विद्वानों के ज्ञान की सटीकता सुनिश्चित करने के लिए" और "बौद्धिक संपत्ति के अधिकारों की सुरक्षा करने के लिए।"

बेशक, हमें हास्यास्पद चरम सीमाओं तक स्रोतों की स्वीकृति नहीं लेनी चाहिए। यहाँ आम ज्ञान की एक समृद्ध निधि मौजूद है, जो हमें विरासत में मिली है, जिसमें हम योगदान देते हैं और अगली पीढ़ी को हस्तांतरित करते हैं। ज्यादातर मामलों में हम यह भी नहीं समझ सकते हैं कि किसने क्या खोजा था। उदाहरण के लिए, हम जानते हैं कि *नीम* (*Azadirachta indica*) में कीटनाशक गुण होते हैं; कि पूर्ण सूर्यग्रहण के दौरान सूर्य की ओर सीधा देखने से आँखों को नुकसान हो सकता है; और यह कि नियमित रूप से धूम्रपान करना या तम्बाकू चबाना व्यक्ति के स्वास्थ्य को हानि पहुँचा सकता है। हमें पता नहीं है कि मूल रूप से इनका पता किसने लगाया था। ठीक वैसे ही जैसे हमें ताज़ी हवा में साँस लेने के लिए अथवा एक सार्वजनिक सड़क पर चलने के लिए किसी की अनुमति की जरूरत नहीं है (जो किसी की निजी संपत्ति में से निकले एक निजी मार्ग के रूप में शुरू हुआ हो सकता था), हमें उस स्रोत का स्वीकार करने की जरूरत नहीं है अगर हम सामान्य शैक्षणिक उद्देश्यों के लिए आम बौद्धिक संपदा से विचार लेते हैं। हालाँकि अगर हम ऐसे किसी बात का उपयोग करते हैं जिसे आम बौद्धिक निधि में पारित नहीं किया गया है, तो हमें उसका स्वीकार अवश्य करना चाहिए। अन्यथा हम साहित्यिक चोरी करने के दोषी होंगे।

अक्सर आम बौद्धिक संपदा को, हमें जिनका स्वीकार करने की जरूरत है, वह उन विशिष्ट डेटा या अंतर्दृष्टि से अलग करने वाली एक पतली रेखा से थोड़ा अधिक होता है। उदाहरण के लिए, उस दावे को लीजिए कि नीम में कीटनाशक गुण होते हैं। वह आम बौद्धिक संपदा का हिस्सा है। हो सकता है कि आपने उसे किसी कृषि कार्यकर्ता, दुकानदार या आपकी दादी से सुना हो। आप कभी भी नहीं जान सकते कि उसकी खोज किसने की थी। ऐसे कई लोग हो सकते हैं जिन्होंने एक दूसरे से स्वतंत्र रूप से इसकी खोज की हुई होगी। इस प्रकार की जानकारी के स्रोत का स्वीकार करना लगभग असंभव है; यह अनावश्यक भी है।

लेकिन मान लीजिए कि हम वनस्पति कीटनाशकों पर एक शोधपत्र लिख रहे हैं। यह भी मान लीजिए कि हम निम्न कथन के साथ पत्र को शुरू करते हैं: *20 वीं शताब्दी में किसी अन्य वनस्पति उत्पाद की तुलना में नीम से प्राप्त वनस्पति कीटनाशकों ने अधिक दिलचस्पी, जाँच और वाणिज्यिक विकास उत्पन्न किया* है। पाठकों को इस कथन में दावे के बारे में क्या लगता है? किसी उद्धरण

की अनुपस्थिति होने से वे सोचेंगे कि यह हमारे शब्दों में ढले हमारे ही विचार हैं। लेकिन न तो वह हमारे विचार हैं और न ही हमारे शब्द। हमने इस पूरे वाक्य को शब्दश: ओ. कौल और एस. वहाब द्वारा सम्पादित और 2004 में नीदरलैंड्स में क्लुवर शैक्षणिक प्रकाशक द्वारा प्रकाशित एक पुस्तक, *Neem: Today and in the new millennium* में एम. बी. इस्मन द्वारा लिखित एक अध्याय "फैक्टर्स लिमिटिंग कमर्शियल सक्सेस ऑफ नीम इंसेक्टिसाइड्स इन नॉर्थ अमेरिका एंड वेस्टर्न यूरोप" के पृष्ठ 33 से लिया है।

लेकिन इस स्रोत और संबंधित पृष्ठ क्रमांक का उल्लेख न करके, हम पाठकों को यह मान लेने देते हैं कि यह दावा हमारा है। इस्मन के शब्दों को उद्धरणों में न रखकर, हम पाठकों को यह सोचने देते हैं कि हमने जो शब्द इस्तेमाल किए हैं वह हमारे ही हैं। दोनों बातें बेईमानी हैं। हम साहित्यिक चोरी के दोषी हैं।

कल्पना कीजिए कि हमने निम्न कथन के साथ वनस्पति कीटनाशकों पर हमारे पत्र की शुरुआत की थी: *पिछले सौ सालों में कई वनस्पति उत्पादों का वाणिज्यिक रूप से अध्ययन और विकास किया गया है, लेकिन इनमें से कोई भी नीम-आधारित वनस्पति कीटनाशकों की जांच की गहराई या वाणिज्यिक शोषण की सीमा में नहीं है*। तो हमने इस्मन के शब्दों की नक़ल नहीं की है; यह शब्द हमारे खुद के हैं। क्या हम अभी भी साहित्यिक चोरी के दोषी हैं? निश्चित रूप से। हमने इस्मन के शब्दों का बयान किया है, लेकिन हमने संबंधित डेटा के अध्ययन के लिए और उस निष्कर्ष पर आने के लिए इस्मन को श्रेय नहीं दिया है, जिसका हमने उपयोग किया है। यह स्वयं-प्रमाणित दावा नहीं है। न वह ज्ञान की आम संपदा का हिस्सा है। हम इस कथन के दूसरे हिस्से में इस्मन का परिचय देकर साहित्यिक चोरी से बच सकते हैं: *पिछले सौ सालों में कई वनस्पति उत्पादों का वाणिज्यिक रूप से अध्ययन और विकास किया गया है, लेकिन जैसे इस्मन (2004) कहता है, इनमें से कोई भी नीम-आधारित वनस्पति कीटनाशकों की जांच की गहराई या वाणिज्यिक शोषण की सीमा में नहीं है*। अब यह एक ईमानदार कथन है; इसमें कोई संकेत नहीं है कि यह हमारी खोज है।

ऐसा कई बार होता है जब आप सुनिश्चित नहीं हैं कि उस जानकारी का एक हिस्सा आम बौद्धिक फंड से संबंधित है या नहीं। यदि आपको संदेह है, तो उस स्रोत का स्वीकरण उस समय कीजिए जब उसका पता लगाया जा सकता है। यदि आप उसका पता नहीं लगा सकते हैं, तो उस कथन को ऐसे शब्दों में प्रस्तुत कीजिए जो स्पष्ट रूप से पाठक को कहते हैं कि वह किसी समर्थित स्रोत के बिना आम मान्यता पर आधारित है। उदाहरण के लिए, आप कथन की शुरुआत ऐसे कर सकते हैं,

बॉक्स 6.1 साहित्यिक चोरी पर अतिरिक्त संसाधन

साहित्यिक चोरी पर अतिरिक्त संसाधन

साहित्यिक चोरी के विभिन्न पहलुओं पर विस्तृत चर्चा के लिए www.plagiarism.org और http://www.web-miner.com/plagiarism पर जाएँ।

"यह आमतौर पर ज्ञात होता है या माना जाता है कि..." अथवा "सामान्य समझ यह है कि..." इस मामले में, ऐसे कथन के माध्यम से व्यक्त की गई मान्यता वास्तव में एक आम रूप से मानी जाने वाली मान्यता होनी चाहिए अथवा आम समझ को प्रस्तुत करती होनी चाहिए। लेकिन आपको इस बात का एहसास होना चाहिए कि इनमें इस प्रकार का अधिकार या भरोसा नहीं होगा जो उद्धरणों द्वारा समर्थित बयानों में होता है।

आइजैक न्यूटन के उस उद्धरण के बारे में क्या जिसे हमने थोड़ी परिच्छेदों से पहले पुन:उत्पादित किया था? मान लो कि हम उन शब्दों का प्रयोग यह बताए बिना करते हैं कि वह न्यूटन के हैं। यह उद्धरण इतना जाना पहचाना है कि पाठकों को यह गलतफहमी होने की कोई संभावना ही नहीं है कि हमने उसका निर्माण किया है। फिर भी, विद्वतापूर्ण नियमों के अनुसार, न्यूटन के नाम का उल्लेख नहीं करना गलत होगा। वह साहित्यिक चोरी होगी। अब, मान लो कि हम उस उद्धरण को पुनरुत्पादित करते हैं और कहते हैं कि वह आइजैक न्यूटन के रॉबर्ट हुक को 1676 में लिखे गए पत्र में से लिए गए हैं, लेकिन हमारे स्रोत के रूप में Shapiro and Epstein (2006) का उल्लेख करना टालते हैं। तब हम साहित्यिक चोरी के दोषी नहीं हैं, लेकिन हमने उस संस्करण के संपादकों को श्रेय देने के लिए पर्याप्त कार्य नहीं किया है, जिसमें से हमने उसे लिया है। ना ही हम उन पाठकों के लिए पर्याप्त मददगार हैं, जो उस स्रोत तक जाना चाहते हों।

उधार के तीन प्रकार

यदि आप अपनी बैंक से 500,000 रूपये उधार लेते हैं, तो वे उसे न केवल अपने खातों में रिकॉर्ड करेंगे बल्कि संपार्श्विक सुरक्षा जमा करने पर जोर भी देंगे। यदि आप अपनी बैंक से 5,000 रूपये उधार लेते हैं, तो वे अपने खातों में उसे रिकॉर्ड तो करेंगे लेकिन आपको किसी संपार्श्विक सुरक्षा जमा करने के लिए नहीं कहेंगे। यदि आप एक मित्र से 500 रूपये उधार लेते हैं, तो न आप न ही आपका मित्र कहीं भी उस बात का रिकॉर्ड रखेंगे; बल्कि आप उसे याद रखेंगे और उस समय पैसे वापस लौटाएँगे जब आप वैसा करने में सक्षम होंगे, अथवा एक पारस्परिक रूप से सहमत समय सीमा तक लौटा देंगे। इस तरह रखे जाते रिकॉर्ड का प्रकार उधार लेने के प्रकार पर निर्भर होता है। उसी प्रकार, शैक्षणिक विश्व में उधार के तीन विभिन्न स्तर होते हैं। आप अपने बौद्धिक ऋण को कैसे स्वीकार करते हैं, यह इस बात पर निर्भर करता है कि आपकी कर्जदारी कितनी गहरी है।

यहाँ शैक्षणिक लेखन के संदर्भ में उधार के तीन व्यापक स्तर दिए गए हैं:

अ. आप एक विचार और मूल लेखन उधार लेते हैं जिसमें वह विचार शामिल होकर आया था।
ब. आप एक विचार उधार लेते हैं लेकिन उसे अपने शब्दों में प्रस्तुत करते हैं।
स. आप विशेष रूप से कुछ भी उधार नहीं लेते हैं, लेकिन अपने किसी विचार के लिए आम तौर पर किसी का समर्थन लेते हैं।

जब हमने साहित्यिक चोरी की जाँच की थी तब हमने ऋण के इन विभिन्न स्तरों पर संकेत दिया था। अब हम इन तीन स्तरों में से प्रत्येक को विस्तार से देखेंगे।

मूल लेखन के साथ साथ विचारों को उधार लेना

जब हम न केवल विचार बल्कि लेखक का लेखन भी उधार लेते हैं जिसमें वे विचार मूल रूप से पैक किए गए थे, तब हम पर सबसे अधिक विद्वानपूर्ण कर्जदारी होती है। हमें उधार लिए हुए शब्दों को उद्धरण चिह्नों (उल्टे अल्पविराम) में रखकर उसे इंगित करना चाहिए, साथ ही उसका सटीक स्थान भी इंगित करना चाहिए, जहाँ से हमने उसे लिया है।

ऐसे विभिन्न तरीके हैं जिसमें दूसरे लेखक के शब्दों को अपने लेखन में प्रस्तुत किया जा सकता है। यहाँ तीन उदाहरण हैं: (*1*) Furnham (2002, पृ. 23) कहते हैं कि "कुछ ही कंपनियों में एक प्रमुख योग्यता के रूप में साहस है"; (*2*) "कुछ कंपनियों में एक प्रमुख योग्यता के रूप में साहस है" (Furnham, 2002, p. 23); और (*3*) (Furnham, 2002, p. 23) के अनुसार, "कुछ कंपनियों में एक प्रमुख योग्यता के रूप में साहस है।" उद्धरण चिह्नों में लेखन को 2002 में प्रकाशित फ़र्नहम के पत्र के पृष्ठ 23 पर से शब्दशः पुनः प्रस्तुत किया गया है।

अगर ऐसे पुनः प्रस्तुत लेखन में चार (40 से 50 शब्द) या अधिक पंक्तियाँ शामिल हैं, तो उसे उद्धरण चिह्नों के बिना इंडेंट करने की परंपरा है। इसलिए इस पुस्तक में हमने जो अधिक लंबे उद्धरण पुनः प्रस्तुत किए हैं वे उद्धरण चिह्नों के बिना दिखते हैं, जैसे इस अध्याय की शुरुआत में दो इंडेंट किए गए हैं। जब हम छोटे या लंबे प्रत्यक्ष उद्धरणों का उपयोग करते हैं, तब हमें उल्लेख करना चाहिए कि हमने उन शब्दों को स्रोत दस्तावेज के किस पृष्ठ(ठों) से लिया है।

जब हम अन्य व्यक्तियों के शब्दों का उद्धरण देते हैं तब हमें सावधान रहना होगा। वे पवित्र होते हैं! हमें उनमें किसी भी प्रकार का परिवर्तन करने का अधिकार नहीं है।

यदि हमें एक संक्षिप्त टिप्पणी या स्पष्टीकरण को हमारे पाठकों के लिए उसकी स्पष्टता को बढ़ाने के लिए उद्धरण चिह्नों के अंदर प्रस्तुत करना है, तो प्रविष्टि के आसपास चौकोर ब्रैकेट का उपयोग करें। यहाँ दो उदाहरण हैं: (*1*) "हमने केवल विज्ञापन पर ही 5 करोड़ [50 मिलियन] रूपये खर्च किए हैं।"; और (*2*) "तभी से [1997] हमने कभी भी भर्ती के लिए शीर्ष बिजनेस स्कूल का दौरा नहीं किया है।" इन दो उदाहरणों में, हमने शब्दों "50 मिलियन" और "1997" को पाठक को उस उद्धरण को बेहतर ढंग से समझने में मदद करने के लिए प्रस्तुत किए हैं।

हम एक प्रत्यक्ष उद्धरण में वर्तनी या व्याकरणिक त्रुटियों को भी सही नहीं कर सकते। कल्पना कीजिए कि निम्नलिखित एक उद्धरण है जिसका हम उपयोग करना चाहते हैं: "पीसीसी लि. को अक्टूम्बर 2009 में दिवालिया घोषित किया गया था।" आप अक्टूम्बर से अतिरिक्त 'म' को हटा नहीं सकते। लेकिन यदि आप उस 'म' को वैसे ही छोड़ देते हैं, तो आपके पाठक सोच सकते हैं कि आपने शायद मूल शब्दों की नक़ल करते समय वर्तनी की गलती की थी। ऐसे मामलों में, आप संदिग्ध शब्द के बाद [*Sic—सिक*] का उपयोग कर सकते हैं: "पीसीसी लि. को अक्टूम्बर [सिक]

बॉक्स 6.2 शैक्षणिक ऋण के तीन स्तर

> ***शैक्षणिक ऋण के तीन स्तर***
>
> *(i)* आप एक विचार और मूल लेखन उधार लेते हैं जिसमें वह विचार शामिल होकर आया था।
>
> *(ii)* आप एक विचार उधार लेते हैं लेकिन उसे अपने शब्दों में प्रस्तुत करते हैं।
>
> *(iii)* आप विशेष रूप से कुछ भी नहीं उधार लेते हैं, लेकिन अपने विचार के लिए आम तौर पर किसी का समर्थन लेते हैं।

2009 में दिवालिया घोषित किया गया था।" *सिक* (*Sic*) एक लेटिन शब्द है जिसका अर्थ है *इस प्रकार* या *इसलिए*। वह पाठक को कहता है कि आपने ईमानदारीपूर्वक उस शब्द को पुन: प्रस्तुत किया है जैसे आपने उसे मूल में पाया था, हालाँकि इसके बारे में कुछ अजीब या गलत है।

यदि आप उद्धरण में किसी शब्द या वाक्यांश को महत्व देने के लिए इटैलिक, रेखांकित या बोल्डफेस करते हैं, तो आपको अपने पाठकों को बताना चाहिए कि उसे आपने जोड़ा है। उदाहरण के लिए, कल्पना कीजिए कि मूल वाक्य कहता है, "यहाँ ज्ञान की एक विशाल निधि मौजूद है जो सभी के लिए है, बिलकुल सार्वजनिक सड़कों की तरह।" यदि आप '*सभी*' को इटैलिक करते हैं, तो आपको पाठकों को इस तरह से कहना चाहिए: "यहाँ ज्ञान की एक विशाल निधि मौजूद है जो सभी के लिए है [जोड़ा गया महत्व], बिलकुल सार्वजनिक सड़कों की तरह।" यदि मूल लेखन में इटैलिक या बोल्डफेस में कोई शब्द या वाक्यांश था और आपको चिन्ता है कि पाठक उसे आपका परिवर्धन समझ सकते हैं, तो आप चौकोर कोष्टक में उल्लेख कर सकते हैं, कि यहाँ महत्व मूल लेखक का था: [मूल में महत्व]।

उसी प्रकार, यदि आप किसी प्रत्यक्ष उद्धरण में से कोई शब्द छोड़ देते हैं, तो आपको उसे भी इंगित करना चाहिए। परंपरा यह है कि एक पंक्ति में तीन बिंदुओं का उपयोग किया जाये।

मान लीजिए कि आप इटैलिक्स में दर्शाए शब्दों को छोड़कर निम्नलिखित वाक्य का उद्धरण देना चाहते हैं: "यहाँ ज्ञान की एक विशाल निधि मौजूद है *जो सभी के लिए है* ... बिलकुल सार्वजनिक सड़कों की तरह।" यहाँ आपको यह करने की जरूरत होगी: यहाँ ज्ञान की एक विशाल निधि मौजूद है... बिलकुल सार्वजनिक सड़कों की तरह"। बेशक, आपको ऐसे तरीके से शब्दों को छोड़ना नहीं चाहिए जो मूल लेखन के अर्थ को विकृत बनाता हो। उदाहरण के लिए, "चीन मुश्किल से अमेरिकी डॉलर की सर्वोच्चता को चुनौती देने की स्थिति में है" में से "मुश्किल से" शब्द को हटाना और अपने लेखन में वाक्य को पुन: प्रस्तुत करते समय तीन बिंदुओं के साथ अंतर इंगित करना बेईमानी होगी।

प्रत्यक्ष उद्धरणों का प्रयोग बहुत ही कमतरता से करें। सटीक लेखन को पुन: प्रस्तुत करना, चाहे वह पर्याप्त स्वीकृति के साथ हो, केवल तभी यथोचित लगता है जब स्रोत लेखन में समाविष्ट अर्थ को बिना किसी लोप या विकृति के व्यक्त करना आवश्यक है। यदि आपका दस्तावेज उद्धरणों का कोलाज है तो आपके पाठक आपका आदर नहीं करेंगे। इसके अलावा, हो सकता है कि आपको

कॉपीराइट वाले काम से उद्धरण देने के लिए कॉपीराइट के स्वामी की अनुमति प्राप्त करनी पड़े। (उदाहरण के लिए, हमने इस पुस्तक में *विकल्प* में से कुछ उद्धरणों को पुन: प्रस्तुत करने के लिए उसकी अनुमति ली है।) कई जर्नल्स प्रकाशकों से व्यक्त अनुमति के बिना एक एकल लेख में से उद्धरण के रूप में दर्शाने के लिए केवल 250 शब्दों की ही अनुमति देते हैं। आप 250 शब्दों को एक एकल स्रोत में से प्रत्यक्ष उद्धरणों की सीमाओं के लिए एक उचित नियम के रूप में देख सकते हैं। अगर आपको अधिक शब्द उधार लेने हैं, तो संबंधित प्रकाशकों से जाँच कीजिए कि उनके पास उच्चतर सीमाएँ हैं या नहीं।

हो सकता है कि आपने देखा हो कि इस अध्याय की शुरुआत में पुन: प्रस्तुत किए गए दृष्टांतों में वहाँ 10 उद्धरण हैं लेकिन एक भी प्रत्यक्ष उद्धरण नहीं है। यदि आप पूरे 8,000–शब्द पत्र को देखना चाहते हैं जिसमें से इन दृष्टांतों को लिया गया है, तो आप प्रकाशित स्रोत के लिए 53 संदर्भ पाएँगे, लेकिन वहाँ एक भी एकल प्रत्यक्ष उद्धरण नहीं है। लेखक ने उधार लिए हुए विचारों को संक्षेप में व्यक्त किया है अथवा केवल अन्य स्रोतों में समर्थित प्रमाण की जानकारी को इंगित किया है। अपने लेखन में अन्य व्यक्तियों के खोजों का उपयोग करने का यह एक बेहतर तरीका है। यह हमें ऋण के अगले स्तर पर ले जाता है, अर्थात, अन्य व्यक्तियों के विचारों को कथन करना।

अन्य व्यक्तियों के विचारों को कथन करना

अन्य व्यक्तियों के विचारों का वर्णन करना, उन्हें उस लेखन के बिना उधार लेना है, जिसमें वे विचार शामिल हैं। जैसे कि हमने पहले ही देखा है, चाहे हम अपने खुद के शब्दों का उपयोग करते हैं, फिर भी वे विचार हमारे नहीं हैं और इसलिए हमें उनका स्वीकार करना जरूरी है।

कल्पना कीजिए कि आप चेंज मैनेजमेंट पर एक पत्र में निम्न बात देखते हैं:

> Furnham (2002) साहस चुनते हैं—जोखिम लेने का साहस, सहकारियों की भावनाओं से निपटने का साहस, और अपने मूल्यों तथा मान्यताओं के समर्थन में खड़े होने का साहस—अपने संगठन में परिवर्तन के प्रारंभ तथा प्रबंधन में दिलचस्पी लेनेवाले एक मैनेजर के लिए अत्यंत महत्वपूर्ण आवश्यकता के रूप में।

यह कि इस कथन की सामग्री Furnham के 2002 के पत्र में से उधार ली गई है, वह इस उद्धरण से स्पष्ट है। अगर आप मूल पत्र की जाँच करेंगे, तो आप महसूस करेंगे कि यह लघु परिच्छेद उसके पहले हिस्से का संक्षिप्तिकरण करता है। लेकिन इसमें प्रत्यक्ष उद्धरण नहीं है। चेंज मैनेजमेंट पर के पत्र के लेखक ने फ़र्नहम से विचार लिए हैं और उन्हें अपने खुद के शब्दों में रखे हैं। एक प्रत्यक्ष उद्धरण के विपरित, जब आप स्रोत का स्वीकार करते हैं तब पृष्ठ क्रमांक देना आवश्यक नहीं हैं।

वहाँ समस्या उत्पन्न होती है जब हम अन्य व्यक्तियों के विचारों को प्रस्तुत करने के लिए अपने खुद के शब्दों का इस्तेमाल करते हैं। हमने जो उधार लिया है उसे इंगित करने वाले उद्धरण चिह्नों की अनुपस्थिति में हम कभी-कभी पाठक को यह पता लगा देने में विफल होते हैं कि क्या उधार

लिया गया है और क्या हमारा अपना है। उदाहरण के लिए, एक छात्र रिपोर्ट से लिया गया निम्न परिच्छेद लीजिए:

> एक विशिष्ट पीपीपी परियोजना निम्न चरणों से गुजरती है। सार्वजनिक क्षेत्र एजेंसी इस परियोजना की संभावना और आवश्यक मानदंडों की व्याख्या करती है। फिर निजी खिलाड़ियों द्वारा प्रस्तुत की गई बोलियों में से तकनीकी व्यवहार्यता का मूल्यांकन किया जाता है। इसके बाद सबसे बड़ी बोली लगाने वाले प्रतिस्पर्धि को प्रस्ताव दिया जाता है और परियोजना की शर्तों को चित्रित करता और जोखिमों और पुरस्कारों को साझा करता एक दीर्घकालिक अनुबंध तैयार किया जाता है। अनुबंध के कार्यकाल में दोनों पक्षों से यह सुनिश्चित करने की अपेक्षा की जाती है कि इस अनुबंध को बनाए रखा गया है और आवश्यक सेवाएँ वितरित की गई हैं (Krishnaswamy, 2006)।
>
> *(छात्र असाइनमेंट "Public-private partnership for bridging the infrastructure gap in India: Lessons from transportation sector," 2008 में से लिया गया)*

लेखक 2006 में प्रकाशित कृष्णस्वामी के लेख के लिए अपने ऋण का स्वीकार करता है। लेकिन उसने क्या उधार लिया है? जिस तरीके से उनसे स्रोत का उद्धरण दिया है उससे यह स्पष्ट नहीं है कि उसने समग्र परिच्छेद में विचारों को उधार लिया है या केवल अंतिम वाक्य में दिए गये विचारों को। अगर समग्र परिच्छेद में सभी मुख्य विचारों को उधार लिया गया है, तो यहाँ कथन का स्वीकार करने का श्रेष्ठ तरीका है:

> जैसा कि Krishnaswamy (2006) निरीक्षण करते हैं, एक विशिष्ट पीपीपी परियोजना निम्न चरणों से होकर गुजरती है। सार्वजनिक क्षेत्र एजेंसी इस परियोजना की संभावना और आवश्यक मापदंडों (क्षमता इ.) की व्याख्या करती है। फिर निजी खिलाड़ियों द्वारा प्रस्तुत की गई बोलियों में से, तकनीकी व्यवहार्यता का मूल्यांकन किया जाता है। इसके बाद सबसे अधिक बोली लगाने वाले प्रतिस्पर्धि को प्रस्ताव दिया जाता है और परियोजना की शर्तों को चित्रित करता और जोखिमों और पुरस्कारों को साझा करता एक दीर्घकालिक अनुबंध तैयार किया गया है। अनुबंध के कार्यकाल में, Krishnaswamy (2006) कहते हैं, दोनों पक्षों से यह सुनिश्चित करने की अपेक्षा की जाती है कि अनुबंध को बनाए रखा गया है और आवश्यक सेवाएँ वितरित की गई हैं।

"Krishnaswamy (2006)" के परिच्छेद के अंतिम वाक्य में पुनरावर्तन किया गया है, क्योंकि अन्यथा यह पाठक के लिए स्पष्ट नहीं होगा कि उस वाक्य में स्थित विचार भी कृष्णस्वामी का है या लेखक का।

यदि लेखक ने केवल अंतिम वाक्य में दिए गए विचारों को ही उधार लिया है, तो अंतिम वाक्य के अलावा मूल परिच्छेद को वैसे ही छोड़ दिया जा सकता है, जिसे निम्न अनुसार संशोधित किया जा सकता है:

> Krishnaswamy (2006) के अनुसार, अनुबंध के कार्यकाल में, दोनों पक्षों से यह सुनिश्चित करने की अपेक्षा रखी जाती है कि अनुबंध को बनाए रखा गया है और आवश्यक सेवाएँ वितरित की गई हैं।

हमारा उद्देश्य स्रोत का स्वीकरण ऐसे ढंग से करना होना चाहिए कि पाठक आसानी से समझ सके कि हमारा खुद का क्या है और हमने क्या उधार लिया है। दूसरे शब्दों में, परिच्छेद के अंत में कोई उद्धरण देना पर्याप्त नहीं है, यदि पाठक आसानी से नहीं समझ सकते कि समग्र परिच्छेद उधार लिया गया है या केवल अंतिम वाक्य। यदि हम कथनों के साथ अपने स्वयं के वाक्य को प्रतिभूत करते हैं, तो हमें उस प्रत्येक वाक्य में स्रोत का अवश्य स्वीकार करना चाहिए जहाँ हम उधार लिए शब्दों का इस्तेमाल करते हैं, अथवा कथन को इस तरीके से प्रस्तुत करते हैं कि पाठक जानता है कहाँ वह शुरू होता है और कहाँ वह समाप्त होता है।

आईए इस अध्याय की शुरुआत में पुन: प्रस्तुत किए गए Buddhapriya (2009) से लिए गए दूसरे दृष्टांत के दूसरे परिच्छेद पर वापस जाते हैं। वह हमें कथित-कथन के तीन अच्छे उदाहरण देती है। पहले वाक्य में विचारों को निर्विवाद रूप से Rout, Lewis और Kagan (1999) को श्रेय दिया गया है, और दूसरे वाक्य में स्थित विचारों के लिए Komarraju (1997) को, क्योंकि उस उद्धरण को या तो वाक्य की शुरुआत में या मध्य में दिया गया है। तीसरे वाक्य में, यह उद्धरण "(Bharat, 2001)" अंत में आता है; हालाँकि, वहाँ उलझन का कोई स्थान नहीं है, क्योंकि इस परिच्छेद में पहले के सभी वाक्यों में उचित उद्धरण मौजूद हैं। परिच्छेद का सबसे अंतिम वाक्य स्पष्ट रूप से लेखक का है और इसलिए उसमें कोई उद्धरण नहीं है।

आम तौर पर उद्धरण के लिए एक दिलचस्प कथन को अधिक पसंद किया जाता है, क्योंकि एक अच्छा कथन प्रदर्शित करता है कि आपने उन विचारों को समझा है जो आपने उधार लिए हैं और आप उनके साथ अपने विश्लेषण को मजबूत बनाने में सक्षम हैं। जब आप एक लंबे वाक्य या एक परिच्छेद का उद्धरण देते हैं, तब पाठक सुनिश्चित नहीं होते कि आपने उसे समझा है या नही।

ध्यान रखिए कि कुछ जर्नल्स शब्दों की संख्या पर सीमाएँ निर्दिष्ट करते समय कथन किए लेखन के साथ पुन: प्रस्तुत किए गए लेखन के जैसा व्यवहार कर सकते हैं, जिन्हें किसी एकल लेख से मुक्त रूप से उधार लिया जा सकता है। अभिप्राय स्पष्ट है: किसी एक स्रोत पर अत्यधिक निर्भर न हो।

किसी विचार के लिए किसी का सहयोग लेना

उधार लेने के इस स्तर पर, लेखक पाठकों का ध्यान उस समर्थन की ओर ले जाता है जो उसके विश्लेषण में विभिन्न स्रोतों से लिए गए हैं। लेखक पाठकों के लिए इस क्षेत्र में संबंधित कार्य की अपनी जानकारी का भी प्रदर्शन करता है। वह ऐसा उन स्रोत को इंगित करने के लिए कर सकता है जो ऐसा स्थान लेते हैं कि उससे उसके विधान का विरोध या समर्थन होता है।

आप इस प्रकार के उद्धरण इस अध्याय की शुरुआत में दृष्टांत 1 में देखेंगे।

> महिलाएँ बच्चों को जन्म देती हैं और अभी भी उनके पालनपोषण के अधिकांश कार्य वे ही करती हैं। एक बहुत ही लगन भरा काम करना और परिवार तथा सामाजिक जीवन का एक साथ प्रबंधन करना बेहद कठिन होता है। वह आम तौर पर महिलाएँ ही होती हैं जो बाल-देखभाल के लिए प्राथमिक जिम्मेदारी लेती हैं, और जो संघर्ष की स्थितियों में, परिवार के दबाव के अनुकूल बनने के

> लिए अपने कामकाजी जीवन को समायोजित करती हैं (Wajcman, 1981; Falkenberg और Monachello, 1990)। डेटा दर्शाते हैं कि महिला व्यवसायिक अभी भी घर और बाल-बच्चों की देखभाल की प्राथमिक जिम्मेदारी ग्रहण करती हैं (Googins और Burden, 1987; Jick और Mitz, 1985; Zappert और Weinstein, 1985)।

लेखक कहते हैं कि बालदेखभाल अनिवार्य रूप से महिलाओं की जिम्मेदारी है और यह कि यदि वह काम के रास्ते में आता है, तो उन्हें अपने कार्य जीवन को समायोजित करना होता है। फिर वह इस विचार के समर्थन में दो स्रोतों का उद्धरण देती हैं। वह अपने दावे के समर्थन में तीन स्रोतों का उद्धरण देना जारी रखती हैं कि महिला व्यावसायिकों को अभी भी अपने घर की और अपने बच्चों की देखभाल करनी होती है।

यहाँ दधीच और भाल (2008, पृ. 16) से लिया गया एक दृष्टांत प्रस्तुत है। (मूल में से दृष्टांत के अंदर उद्धरणों की संपूर्ण ग्रंथ सूची यहाँ पुन: प्रस्तुत नहीं की गई है।)

> हालाँकि, कुछ लोगों ने सुझाव दिया है कि परिवर्तनकारी और करिश्माई नेता अनैतिक हो सकते हैं (Bass, 1985) यदि वह परोपकारिता की बजाय स्वार्थ से प्रेरित होते हैं (Bass, 1998; Howell, 1998; Howell और Avolio, 1992), और अगर वह सत्ता का अनुचित उपयोग करते हैं (House और Aditya, 1997; McClelland, 1975)।

अनुभा दधीच और कनिका टी. भाल छह विभिन्न स्रोतों से एक दावे का संश्लेषण करती हैं: परिवर्तनकारी और करिश्माई नेता जो स्वार्थ द्वारा प्रेरित हैं और जो अनुचित रूप से सत्ता का उपयोग करते हैं वे अनैतिक कार्य कर सकते हैं। लेखक किसी प्रत्यक्ष उद्धरणों का उपयोग नहीं करते और न ही वह अन्य व्यक्तियों के विचारों का कथन करते हैं। इसके बजाय, वे अन्य लेखकों द्वारा विकसित किए गए विचारों की अपनी जानकारी दर्शाते हैं और अपने दावे के समर्थन में उनका उद्धरण देते हैं। एक प्रकार से, यह समग्र पत्रों के या समग्र विभागों के एक-वाक्यांश सारांश होते हैं। जहाँ इस दृष्टिकोण की शैक्षणिक लेखन में अत्यधिक सिफारिश की जाती है, वहीं हमें सुनिश्चित करना चाहिए कि ऐसे एक-वाक्यांश सारांश निष्पक्ष और पर्याप्त हों।

बॉक्स 6.3 अन्य व्यक्तियों के विचारों के कथन पर अतिरिक्त संसाधन

अतिरिक्त संसाधन

अन्य व्यक्तियों के विचारों का कैसे कथन करना है और अन्य व्यक्तियों के विचारों के साथ अपने विचारों का समर्थन कैसे करना है उसके अधिक विस्तृत व्यवहार के लिए साऊथ ऑस्ट्रेलिया विश्वविद्यालय की वेबसाइट पर रिसर्च राइटिंग स्किल्स के तहत "अन्य लेखकों के कार्य के बारे में लिखना," और "अपने खुद के विचारों के बारे में लिखना" पढ़ें।

http://www.unisanet.unisa.edu.au

यहाँ अपने योगदान की पृष्ठभूमि बनाने के लिए अन्य विद्वानों के विचारों का संक्षिप्त संदर्भ देने के तरीके का एक और उदाहरण है। यह Quinn से लिया गया है (2009, पृ. 254)। (यहाँ, पुनः मूल में से दृष्टांत के अंदर उद्धरणों की संपूर्ण ग्रंथ सूची पुन:उत्पादित नहीं की गई है।)

> यह स्पष्ट है कि पारिभाषिक शब्द "जीवनशैली" का लंबे समय से विपणन साहित्य में अस्पष्ट रूप से इस्तेमाल किया गया है (Wells 1975), अक्सर पारिभाषिक शब्द "मनोचिकित्सा" के साथ एकांतर रूप से (Demby 1974; Koponen 1960)।

क्विन उद्धरणों में किसी भी पृष्ठ क्रमांकों का उल्लेख नहीं करते हैं क्योंकि वह कोई वाक्यांशो का उद्धरण नहीं दे रहे हैं बल्कि पहले के तीन स्रोतों पर से विचारों का समर्थन ले रहे हैं।

इन विचारों और अतिरिक्त दृष्टांतो के अधिक विस्तृत व्यवहार के लिए, साऊथ ऑस्ट्रेलिया विश्वविद्यालय की वेबसाइट पर *रिसर्च राइटिंग स्किल्स* के तहत "अन्य लेखकों के कार्य के बारे में लिखना," और "अपने खुद के विचारों के बारे में लिखना" पढ़ें (http://www.unisanet.unisa.edu.au)।

एक उद्धरण की संरचना

प्रिन्ट दुनिया में एक मान्य उद्धरण के मूलभूत तत्व हैं- उस विचार के लेखक का नाम, वह स्रोत जिसमें से हमने वह तथ्य अथवा विचार उठाया है (उदाहरण के लिए, एक जर्नल में अथवा इंटरनेट पर एक लेख, एक पुस्तक में कोई अध्याय, रेडियो अथवा टेलिविज़न पर एक साक्षात्कार), प्रकाशक का नाम (और स्थान) और प्रकाशन का वर्ष। आईए इन सभी तत्वों को देखते हैं।

लेखक का नाम

विचार के लेखक का नाम देने की आवश्यकता स्वयं-स्पष्ट है। हमें उस व्यक्ति को अवश्य श्रेय देना चाहिए जिसने वह विचार उत्पन्न किया है अथवा वे तथ्य इकट्ठा किए हैं जिनका हमने उधार लेकर उपयोग किया है।

विचार का स्रोत

सटीक स्थान का उल्लेख (अर्थात, लेख का शीर्षक और जर्नल अथवा प्रकाशन का नाम जिसमें वह विचार दिखाई देता है) करना आवश्यक है जो आपके पाठक को उस पर जाने में मदद करता है। स्थान के उल्लेख के लिए दूसरा कारण यह है कि उस विचार की विश्वसनीयता कुछ हद तक उस पर निर्भर होती है। यह हमारे घर के पते जैसा है। दुनिया जिस तरीके से हमें देखती है वह तरीका बदल सकता

है अगर हमारे घर का पता शहर के किसी झुग्गी बस्ती या किसी विशिष्ट और महंगे क्षेत्र को इंगित करता है। एक अत्यंत प्रसिद्ध अंतर्राष्ट्रीय जर्नल (उदाहरण के लिए, *Academy of Management Journal*, or *Harvard Business Review*) और एक अखबार (अथवा यादृच्छिक वेबसाइट) की विश्वनीयता स्पेक्ट्रम के विरोधी छोर पर होते हैं। इस प्रकार यह स्थान पाठकों को जानकारी की गुणवत्ता के बारे में निर्णय लेने में मदद करता है जहाँ से वह जानकारी उधार ली गई है।

प्रकाशक का नाम (और प्रकाशन का स्थान)

जानकारी के स्रोत का प्रकाशक उसे बाकी दुनिया के लिए उपलब्ध बनाने के लिए श्रेय पाने के लायक बनाता है। जानकारी की विश्वसनीयता कुछ हद तक प्रकाशक पर भी निर्भर होती है। कुछ प्रकाशकों की प्रतिष्ठा और गुणवत्ता नियंत्रण ऐसे होते हैं कि पाठक को प्रामाणिक और विश्वसनीय जानकारी का यकीन होता है। यह इंटरनेट पर कहीं भी अधिक स्पष्ट नहीं होता है। हमें विश्वविद्यालयों और शोध संगठनों जैसे प्रतिष्ठित संगठनों द्वारा बनाई गई उच्च सम्मानित और भरोसेमंद साइट्स के साथ-साथ लाखों बेकार और अविश्वसनीय वेबसाइट्स प्राप्त होती हैं। अपना विचार कितना विश्वसनीय है इसका निर्णय लेने के लिए, अथवा नक़ल करने के लिए, पाठक को उस प्रकाशक के बारे में जानकारी की आवश्यकता हो सकती है।

प्रकाशन का वर्ष

प्रकाशन का वर्ष जानकारी के कई क्षेत्रों में महत्वपूर्ण होता है। उदाहरण के लिए, इन्फर्मेशन टेक्नोलॉजी अथवा बायोटेक्नोलॉजी जैसे तेजी से उभरते क्षेत्रों में कुछ महीनों में ही मामले में काफी बदलाव हो सकते हैं। 2009 में विघटनकारी नवाचार कुछ दावे को बेकार साबित कर सकते हैं जिसे 2008 में अच्छी तरह से स्थापित और व्यापक रूप से स्वीकार किए गये थे। ऐसे क्षेत्र में भी जहाँ परिवर्तन तेज नहीं है, प्रकाशन का वर्ष हमें उधार लिए हुए विचार के मूल्य का स्वीकार करने अथवा उस पर सवाल खड़ा करने में मदद कर सकता है। उदाहरण के लिए, दृष्टांत 1 में से निम्न वाक्य और उद्धरण को लीजिए जिसका हमने पहले से ही अध्ययन किया है: "डेटा दर्शाते हैं कि महिला व्यावसायिक अभी भी [महत्व जोड़ा गया है] घर और बाल-देखभाल गतिविधियों की प्राथमिक जिम्मेदारी ग्रहण करती हैं (Googins और Burden, 1987; Jick और Mitz,

1985; Zappert और Weinstein, 1985)। लेखक 1980 के दशक के मध्य में किये गये शोध के निष्कर्षों के आधार पर 2009 में महिला व्यवसायिक जिस तरीके से व्यवहार करती हैं उस तरीके के बारे में एक दावा कर रहा है। शायद जिस तरीके से वह घर और बच्चों की देखभाल करती हैं वह तरीका पिछले 25 सालों में काफी बदल गया है। शायद वह बदला नहीं है। हाल के शोध निष्कर्षों की अनुपस्थिति में, जो 1980 के दशक के डेटा की पुष्टि करते हैं, इस दावे को बहुत गंभीरता से न लेने के लिए पाठकों को उचित ठहराया जाएगा।

विस्फोटक रूप से बढ़ रही इलेक्ट्रॉनिक दुनिया प्रिंट दुनिया से कई मामलों में अलग है, और वह कुछ चुनौतियों का सामना करती है। वर्ल्ड वाइड वेब पर प्रकाशित करना इतना आसान होता

बॉक्स 6.4 एक मानक उद्धरण के हिस्से

एक मानक उद्धरण दो हिस्सों से बना है:
(i) लेखन में उद्धरण (पत्र के प्रधान भाग में)
(ii) संदर्भ (पत्र के अंत में)

है कि संदिग्ध वैधता होने वाली जानकारी भी अत्यधिक प्रसिद्ध विद्वानों और शोध संस्थानों के उत्पादों के साथ स्थित रहती है। दूसरी समस्या यह है कि हो सकता है कि मेजबान अपने द्वारा पहले से ही अपलोड की गई और अन्य लोगों द्वारा इस्तेमाल की गई जानकारी की सामग्री में इच्छा के अनुसार परिवर्तन किया हुआ हो सकता है। अक्सर हमें लेखक, प्रकाशन के स्थान अथवा प्रकाशन की दिनांक के बारे में कोई जानकारी नहीं होती है। सकारात्मक पक्ष पर, हम डेटाबेसेस के माध्यम से उपयोग कर सकते हैं, अर्थात, विभिन्न विषयों की एक बड़ी संख्या में अंतरराष्ट्रीय जर्नल्स के वर्तमान और पिछले मुद्दों के इलेक्ट्रॉनिक संस्करण। वृद्धिंगत रूप से वहाँ बिना किसी प्रिंट संस्करण के ऑनलाइन जर्नल्स भी मौजूद होते हैं। हम इसे अध्याय में बाद में ("लेखन में उद्धरण और संदर्भ (इलेक्ट्रॉनिक स्रोत)) देखेंगे कि विविध प्रकार के इलेक्ट्रॉनिक स्रोत का उद्धरण कैसे दिया जाता है।

स्रोतों को स्वीकार करने में विविध ग्रंथ सूची विषयक तत्वों के संयोजन का उपयोग क्यों किया जाता है यहाँ उसका एक अच्छा कारण है: अद्वितीय पहचान की आवश्यकता। यदि हम कहते हैं, "पायल ने खेतों में उपयोग के लिए एक नये सेंट्रीफ्यूगल पंप का डिज़ाइन तैयार किया था," तो सवाल उठेगा: "कौन पायल?" यहाँ हजारों पायल हैं। हम किसका संदर्भ ले रहे हैं? जब हम कहते हैं, "डॉ पायल गुप्ता, असोसिएट प्रोफेसर, एवीएस इंस्टीट्यूट ऑफ इंजिनियरिंग, पटना...," तब हम हजारों पायलों में से और संभवतः सैकड़ों पायल गुप्ता में से लगभग एक व्यक्ति को निश्चित करते हैं। इसी प्रकार, जब हम तीन अथवा चार ग्रंथ सूची विषयक तत्वों के संयोजन का उपयोग करते हैं, तब हम विशिष्ट रूप से उस स्रोत की पहचान करने में सक्षम होते हैं।

हम इस बात पर जोर देते आए हैं कि जब हम शैक्षणिक उद्देश्यों के लिए लिखते हैं तब हमें सावधानीपूर्वक अपने स्रोतों का स्वीकार करना चाहिए। लेकिन इस सलाह से एक समस्या खड़ी होती है। अगर हम उस प्रत्येक विचार के स्रोत का स्वीकार करते हैं जो हम उधार लेते हैं और इस्तेमाल करते हैं, तब हम हमारे पाठकों की पढ़ने की गति को धीमा कर देते हैं और उन्हें परेशान भी करते हैं। तब वे पेड़ों में लकड़ी की कमी का अनुभव कर सकते हैं! कुछ पाठक केवल प्रस्तुत किए गए तथ्यों और विचारों में दिलचस्पी रख सकते हैं, न कि उनके स्रोतों के विवरण के प्रति। इसलिए हमें पाठकों के रास्ते में बाधा उत्पन्न किए बिना हमारे स्रोतों के स्वीकरण का कोई तरीका ढूँढना होगा। जिस समाधान पर विद्वान लोग पहुँचे हैं वह है लेखन (लेखन में उद्धरण) में ठीक वहीं न्यूनतम, स्वाभाविक स्वीकृति का होना, जहाँ आप उधार लिए हुए विचारों का उपयोग करते हैं, और संपूर्ण ग्रंथ सूची विषयक विवरण (संदर्भ) कहीं ओर दिया जाना। इस प्रकार, एक उद्धरण को

दो हिस्सों में विभाजित किया जा सकता है, अर्थात, लेखन में उद्धरण और संदर्भ। हम इस खंड में इन दोनों को गहराई से देखेंगे।

लिखित पाठ के बीच में उद्धरण

इस अध्याय की शुरुआत में दिए गए दृष्टांत में से लेखन में उद्धरण का एक नमूना लेते हैं: (Sekaran, 1992)। हम जैसे-जैसे पढ़ते जाते हैं, वैसे-वैसे हम देखते हैं कि लेखक बुद्धप्रिया ने इस विचार (भारत में और पश्चिम में कैरियर महिलाओं की कार्य और परिवार दुविधाएँ अलग-अलग हैं) को सेकरान द्वारा लिखे गए और 1992 में प्रकाशित किये गये कुछ लेखन में से उधार लिया है। अगर हमें अतिरिक्त विवरणों की जरूरत नहीं है तो हम उस पत्र को पढ़ना जारी कर सकते हैं। अगर हम जानना चाहते हैं वह किस प्रकार की जानकारी है, तो हम पढ़ना रोक सकते हैं और पत्र के अंत में 'संदर्भ' पर जा सकते हैं, जहाँ हम निम्न विवरण पाते हैं: Sekaran, U. (1992). "Middle-class Dualearner Families and their Support Systems in Urban India," in S. Lewis, D. N. Izraeli, and H. Hootsmans (Eds.), *Dual-earner families: International perspectives*, Newbury Park, CA: Sage, 46–61. अब हम जानते हैं कि वह एक जर्नल लेख नहीं है बल्कि तीन विद्वानों द्वारा संपादित और यूएसए में Sage द्वारा प्रकाशित एक पुस्तक का एक अध्याय है।

इस उप-खंड में हम लेखन में उद्धरण पर ध्यान केन्द्रित करेंगे। एक दृष्टांत के लिए आकृति 6.1 देखिए।

इस उद्धरण को दो घटकों में विभाजित करना—लेखन में उद्धरण और संदर्भ—और पत्र के प्रधान भाग में उस विचार के लेखक तथा प्रकाशन के वर्ष के बारे में न्यूनतम जानकारी देने के लिए केवल पहले हिस्से का उपयोग करना एक अच्छा समाधान है। हालाँकि, उद्धरण के इन घटकों के उपयोग से एक स्रोत को पहचानना हमेशा आसान नहीं होता है। उदाहरण के लिए, व्यक्ति(यों) के नाम(मों) को लीजिए जिन्होंने वह विचार उत्पन्न किया है, जिसे हम उधार लेना चाहते हैं। कुछ मामलों में, हम नहीं जान सकते हैं कि उस दस्तावेज़ का लेखक कौन है। अधिकांश अखबार के संपादकीय लेख इस वर्ग में आते हैं। हो सकता है कि एक शब्दकोश या विश्वकोष के लिए कोई पहचान योग्य लेखक न हो। उसी प्रकार, वे सटीक स्थान जिसमें से हमने इंटरनेट से कुछ जानकारी ली है उन्हें निर्दिष्ट करना मुश्किल हो सकता है। अगर हमारा स्रोत एक पुस्तक अथवा एक परंपरागत प्रिन्ट जर्नल में एक लेख है, तब हम पृष्ठ क्रमांक का उद्धरण दे सकते हैं। लेकिन यदि वह एक इंटरनेट स्रोत है, तब वहाँ पृष्ठ क्रमांको या दस्तावेज कब अपलोड किया गया था उसके बारे में संकेत नहीं हो सकते। व्यक्तिगत

आकृति 6.1 लिखित पाठ के बीच में उद्धरण के उदाहरण

लेखक का अंतिम नाम	प्रकाशन का वर्ष	स्थान (पृष्ठ क्रमांक)
सेकरान	1992	(लागू नहीं होता)
बुद्धप्रिया	2009	पृ. 37

संचार के माध्यम से इकट्ठा होने वाली किसी भी जानकारी के लिए स्पष्ट रूप से कोई प्रकाशक नहीं होता है। हम ऐसे मामलों में उद्धरण तत्व प्रदान करके स्रोत को कैसे पहचानें? हम इसे अध्याय में बाद में दर्शाएँगे ("उद्धरण और संदर्भों के दृष्टांत") कि इन समस्याओं के मामलों में से कुछ के साथ कैसे निपटा जाता है और आपको उन प्रकाशित स्रोत तक ले जाएँगे, जो आपको उद्धरण संदर्भों की एक व्यापक श्रेणी पर दिशानिर्देश देते हैं।

दूसरा प्रश्न जिसे हमें ध्यान में रखने की जरूरत है, वह है, लेखन में उद्धरण को प्रारूपित कैसे किया जाना चाहिए। उदाहरण के लिए, अगर हम बुद्धप्रिया के 2009 पत्र के पृष्ठ 37 पर से कुछ शब्द उधार लेते हैं, तो उस उद्धरण को हमें लेखन में कैसे प्रारूपित करना चाहिए? यहाँ चार संभावनाएँ हैं:

Buddhapriya (2009, p. 37)
Buddhapriya (2009: 37)
(Buddhapriya, 2009, 37)
Buddhapriya[14]

हम इस पहलू के बारे में विभिन्न उद्धरण शैलियों को समर्पित अगले खंड ("आम उद्धरण शैलियाँ") में चर्चा करेंगे।

संदर्भों की सूची

जैसा कि हमने इस अध्याय में पहले उल्लेख किया था, अपने दस्तावेज के प्रधान भाग में आपने जिन स्रोतों का उद्धरण दिया है उन सभी स्रोतों का संपूर्ण ग्रंथ सूची विषयक विवरण "संदर्भ" अथवा "उद्धृत काम" नामक खंड में दिया जाना चाहिए, जो दस्तावेज के प्रधान भाग के अंत में आता है। इस प्रकार, लेखन में उद्धृत प्रत्येक दस्तावेज के लिए, उस दस्तावेज के संदर्भ खंड में ग्रंथ सूची विषयक विवरण प्रदान करती एक प्रविष्टि होगी। संदर्भ खंड में प्रविष्टियों को लेखकों के उपनामों के अनुसार वर्णानुक्रमिक रूप से क्रम में रखा जाना चाहिए। आप जिन स्रोतों का उपयोग करते हैं उनके प्रकार के आधार पर, आपको विभिन्न विवरण प्रदान करने की जरूरत होती है। संदर्भों की सूची में तीन नमूना प्रविष्टियों की संरचना के लिए आकृतियाँ 6.2 और 6.3 देखें। यह आसान हैं क्योंकि तीनों स्रोतों में पहचानने वाली मानक विशेषताएं हैं। (हम कुछ मुश्किल विशेषताओं को "लेखन में उद्धरण और संदर्भ (प्रिन्ट स्रोत)" और "लेखन में उद्धरण और संदर्भ (इलेक्ट्रॉनिक स्रोत)" वाले विभागों में देखेंगे)।

a. Buddhapriya, S. (2009). Work-family challenges and their impact on career decisions: A study of Indian women professionals. *Vikalpa*, *34*(1), 31–45.
b. Eagleton, T. (2005). *The English Novel: An Introduction*, Oxford: Blackwell.

आकृति 6.2 संदर्भ (एक प्रिन्ट जर्नल में एक पत्र के लिए और एक पुस्तक के लिए)

लेखक का अंतिम नाम + अद्याक्षर	प्रकाशन का वर्ष	स्रोत 1 (पत्र का शीर्षक)	स्रोत 2 (पुस्तक अथवा जर्नल का शीर्षक)	स्रोत 3 (जर्नल का संस्करण, अंक क्रमांक और पृष्ठ क्रमांक, अथवा पुस्तक के प्रकाशन का स्थान और प्रकाशक)
Buddhapriya, S..	2009	Work-Family Challenges and… Professionals	*Vikalpa*	Volume 34, number 1, pages 31–45
Eagleton, T.	2005	(लागू नहीं होता)	*The English Novel: An Introduction*	Oxford, Blackwell

आकृति 6.3 संदर्भ (एक प्रिन्ट जर्नल में एक पत्र के लिए और एक पुस्तक के लिए)

लेखक का अंतिम नाम + अद्याक्षर	प्रकाशन का वर्ष	स्रोत 1 (पत्र का शीर्षक)	स्रोत 2 (पुस्तक का शीर्षक)	स्रोत 3 (पृष्ठ क्रमांको)	प्रकाशक का नाम, प्रकाशन का स्थान
Sekaran, U.	1992	Middle-class Dual-earner Families and their Support Systems in Urban India	*Dual-earner families: International perspectives* edited by S. Lewis, D.N. Izraeli, and H. Hootsmans.	Pages: 46–61	Sage, Newbury Park, CA.

c. Sekaran, U. (1992). Middle-class dual-earner families and their support systems in urban India. In S. Lewis, D.N. Izraeli, and H. Hootsmans (Eds.), *Dual-earner families: International perspective* (pages 46–61). Newbury Park, CA: Sage.

हम जिस तरीके से संदर्भ को सूचीबद्ध करते हैं उसमें प्रारूपण की समस्याएँ होती हैं। यहाँ कुछ समस्याएँ दी गई हैं। क्या पुस्तक का शीर्षक इटैलिक्स में होना चाहिए? क्या शीर्षक में सभी शब्द

एक कैपिटल अक्षर से शुरू होने चाहिए, अर्थात, क्या शीर्षक टाइटल केस में होना चाहिए? या क्या शीर्षक का केवल पहला शब्द कैपिटल अक्षर में होना पर्याप्त है, अर्थात, क्या शीर्षक सेन्टेन्स केस में होना चाहिए? जर्नल पत्रों के शीर्षक कैसे दिखाई देने चाहिए? एकल उद्धरण चिह्न में? दोहरे उद्धरण चिह्नों में? उद्धरण चिह्न के बिना? टाइटल केस में? सेन्टेन्स केस में? एक संदर्भ प्रविष्टि के विभिन्न तत्व किस क्रम मे दिखाई देने चाहिए? उदाहरण के लिए, प्रकाशन का वर्ष कहाँ दिखाई देना चाहिए? लेखक के नाम के बाद तुरंत? संदर्भ तत्वों के सबसे बाद में? हम एक तत्व को उसके नजदीकी तत्व से अलग कैसे कर सकते हैं? एक अल्पविराम के साथ? पूर्णविराम के साथ?

यह विरामचिह्न और प्रारूपण पर इन सवालों का व्यापक रूप से उत्तर है जो एक उद्धरण शैली का दूसरी से और एक जर्नल की उद्धरण शैली का अन्य व्यक्तियों की उद्धरण शैलियों से भेद बताते हैं। हम अमेरिकन सायकोलॉजिकल एसोसिएशन (एपीए) शैली ("उद्धरण और संदर्भ के दृष्टांत") का वर्णन करने से पहले अगले खंड ("आम उद्धरण शैलियाँ") में फोर्मेटिंग अंतरो के साथ चर्चा करेंगे, जिसकी हम मैनेजमेंट और व्यवहार संबंधी विज्ञानों में रिपोर्टों तथा शोधपत्रों में सिफारिश करते हैं।

सामान्य उद्धरण शैलियाँ

जहाँ ऊपर पहचाने गए तत्व ऐसे हैं जो स्रोत निर्दिष्ट करने के लिए व्यापक रूप से शैक्षणिक सर्किल्स में इस्तेमाल किये जाते हैं, वहीं आप देखेंगे कि विभिन्न विषयों में जर्नल्स और व्यावसायिक संगठनों ने विभिन्न शैलियाँ अपनाई हुई हैं। यह थोड़ा बहुत विभिन्न देशों के यातायात नियमों जैसा है; जहाँ उनके उद्देश्य और बुनियादी घटक (उदाहरण के लिए, रुकना, सीमित गति, रास्ता देना, पार्किंग) सामान हैं, वहीं उन तरीकों में अंतर होता है जिस तरीके से नियमों का गठन किया जाता है और स्थानिक परिस्थितियों की प्रतिक्रिया में निष्पादित किये जाते हैं। उद्धरण शैलियों में स्थित कुछ अंतर विविध विषयों में आवश्यकताओं में स्थित अंतर को प्रतिबिंबित करते हैं। उदाहरण के लिए, भौतिक और सामाजिक विज्ञानों में स्रोत दस्तावेजों के प्रकाशन का वर्ष इतना महत्वपूर्ण होता है कि पाठक उस जानकारी को वहीं प्रधान लेखन में पाना चाहता है। प्रकाशन का वर्ष अक्सर मानवविज्ञान में इतना महत्वपूर्ण नहीं होता है, विशेष रूप से भाषा और साहित्य में; इसलिए, पाठक पर पत्र के प्रधान भाग में उस जानकारी का बोझा डालना आवश्यक नहीं है। यह अंतर मानवविज्ञान जर्नल्स और विज्ञान के जर्नल्स द्वारा अपनाई गई लेखन में उद्धरण शैली में प्रतिबिंबित होता है।

हालाँकि, प्रारूपण में अधिकांश अंतर विरामचिह्न में होते हैं, विषय सामग्री में नहीं, अगर आप एपीए शैली, हार्वर्ड शैली, मॉडर्न लैंग्वेज (एमएलए) शैली, शिकागो शैली और इंस्टीट्यूट ऑफ इलेक्ट्रिकल एंड इलेक्ट्रॉनिक इंजीनियरिंग (आईईईई) शैली जैसी व्यापक रूप से अपनाई जाने वाली कुछ शैलियों की तुलना करते हैं तो इस बात को जान जाएंगे। आप इन शैलियों पर विस्तृत रूपरेखा '*A Research Guide for Students* (2008), *Citation Style for*

Research Papers (n.d.)[1] और *Citation Explained* (2005)' में प्राप्त कर सकते हैं। नीचे जो प्रस्तुत किया गया है इसका इरादा केवल आपको विभिन्न उद्धरण शैलियों को दर्शाना है। हम उद्धरण शैलियों के बीच के अंतरों के दृष्टांत को वह तरीका दर्शाकर प्रस्तुत करेंगे, जिस तरीके से इन उद्धरण शैलियों में से प्रत्येक में एक प्रिन्ट जर्नल लेख से एक आसान प्रत्यक्ष उद्धरण को हैंडल किया जाता है।

बॉक्स 6.5 विभिन्न उद्धरण शैलियों के लिए अतिरिक्त संसाधन

अतिरिक्त संसाधन

विभिन्न उद्धरण शैलियों के विस्तृत परिचय के लिए, देखिए:

A research guide for students (2008). Research, writing, and style guides (MLA, APA, Chicago/Turabian, Harvard, CGOS, CBE). Available from http://www.aresearchguide.com/styleguides.html

Citation explained. (2005). University of Maryland University College site. Available from http://www.umuc.edu/library/tutorials/citation/html/M1_whichStyle.html

Citation Style for Research Papers. (n.d.). Long Island University's B. Davis Schwartz Memorial Library site. Available from http://www.liu.edu/cwis/cwp/library/workshop/citation.htm

Purdue University Online Writing Lab (OWL) (2009). The Purdue Online Writing Lab. Available from http://owl.english.purdue.edu/

हम दृष्टांतो की ओर जाएँ उससे पहले एक सावधानी ध्यान में रखना जरूरी है। इन शैलियों को पत्थर की लकीर या पवित्र नियम के रूप में न मानें। उद्धरण शैलियाँ समय के साथ विकसित होती हैं। जर्नल्स और अन्य विद्वतापूर्ण संस्थाएँ भी इन शैलियों को अपनाने का रुझान रखती हैं, और इसलिए, एक *समान* उद्धरण शैली का उपयोग करने वाले विभिन्न जर्नल्स के बीच में भी अंतर हो सकते हैं। उदाहरण के लिए, नीचे दिए गये दो नमूना सन्दर्भों का उदाहरण लीजिए। पहला लंदन स्कूल ऑफ इकोनॉमिक्स और युनिवर्सिटी ऑफ बाथ, यूके द्वारा प्रकाशित '*Journal of Transport Economics & Policy* ((Vol. 43, Part 2, 2009) के पृष्ठ 209 से है, और दूसरा, एकेडेमी ऑफ मार्केटिंग, यूके द्वारा प्रकाशित '*Journal of Marketing Management*' (Vol. 25, No. 3–4) के पृष्ठ 250 से लिया गया है। योगदानकर्ताओं के लिए उनके दिशानिर्देशों में दोनों जर्नल्स दावा करते हैं कि वे उद्धरण की हार्वर्ड शैली का पालन करते हैं।

Goh, M. and J. Yong (2006): 'Impacts of Code-Share Alliances on Airline Cost Structure: A Truncated Third-order Translog Estimation', *International*

[1] (n.d.) का अर्थ है no date, अर्थात कोई दिनांक नहीं।

Journal of Industrial Organization, 24, 835–66. Yankelovich, D. and Meer, D. (2006), "Rediscovering Market Segmentation", *Harvard Business Review*, Vol. 84, No. 2, pp. 122–131.

जहाँ इन दोनों सन्दर्भों में विषय सामग्री और उनके क्रम एक समान हैं, वहीं उनके विराम चिन्हों में स्पष्ट अंतर हैं। उसी प्रकार, अगर आप इस अध्याय की शुरुआत में जाते हैं और वहाँ प्रस्तुत किए गए दो दृष्टांतों के बाद दी गई सन्दर्भों की सूची की जाँच करते हैं, तो आप देखेंगे कि जहाँ वह आंतरिक रूप से सुसंगत हैं वहीं वह उन छह उद्धरण शैलियों में से किसी में भी सफाई के साथ फिट नही बैठती, जो हमने नीचे दर्शाई हैं। निष्कर्ष यह है कि जब आप अपने लेखन में उद्धरण और सन्दर्भों को प्रारूपित करते हैं, तब आप उसे जिस जर्नल में प्रकाशित करना चाहते हैं उसके वर्तमान अभ्यास का दृढ़ता से पालन करें। अगर आप अपने प्रशिक्षकों को लिखित असाइनमेंट्स प्रस्तुत कर रहे हैं, तो आपको उनके उद्धरण शैली के विनिर्देशों या प्राथमिकताओं का पालन करना चाहिए। दोहरे उद्धरण चिह्नों और एकल उद्धरण चिह्न के बीच चयन करने से कोई फर्क नही पड़ सकता, लेकिन अगर आप आपके जर्नल अथवा आपके प्रशिक्षक के शैली के चयन को नजरअंदाज करते हैं, तो आपको मुश्किल का सामना करना पड़ सकता है।

एपीए शैली

संक्षिप्त विवरण:

लेखन में उद्धरण: लेखक और प्रकाशन की तिथि; दस्तावेज के अंत में सन्दर्भों की सूची; वर्णानुक्रम के अनुसार क्रमबद्ध किये गये लेखकों के उपनाम। एपीए शैली अमेरिकन सायकोलॉजिकल एसोसिएशन द्वारा विकसित की गई है। एक आधिकारिक और विस्तृत मार्गदर्शक के लिए अमेरिकन साइकोलॉजिकल एसोसिएशन के *Publication Manual of the American Psychological Association* (2001) और एपीए *Style Guide to Electronic References* (पीडीएफ) (2007) से परामर्श लें। *Publication Manual* का अद्यतन संस्करण, हाल ही में प्रकाशित छठवां संस्करण है (2009)।

लिखित पाठ के बीच में उद्धरण:

Buddhapriya (2009, p. 42) निष्कर्ष निकालती हैं कि पिछले दो दशकों के दौरान "इस सामाजिक धारणा में शायद ही कोई बदलाव आया है कि महिलाओं को परिवार की अधिकतम जिम्मेदारियों का दायित्व लेना अनिवार्य है"।

अथवा,

पिछले दो दशकों के दौरान "इस सामाजिक धारणा में शायद ही कोई बदलाव आया है कि महिलाओं को परिवार की अधिकतम जिम्मेदारियों का दायित्व लेना आवश्यक है" (Buddhapriya, 2009, p. 42)।

संदर्भ सूची में:

Buddhapriya, S. (2009). Work-family challenges and their impact on career decisions: A study of Indian women professionals. *Vikalpa, 34*(1), 31–45.

हार्वर्ड शैली

संक्षिप्त विवरण:

लेखन में उद्धरण: लेखक और प्रकाशन की तिथि; दस्तावेज के अंत में सन्दर्भों की सूची; वर्णानुक्रम के अनुसार क्रमबद्ध किये गये लेखकों के उपनाम; कई मायनों में एपीए शैली के समान। हालाँकि वह हार्वर्ड विश्वविद्यालय में उत्पन्न हुई थी और उद्धरण की हार्वर्ड शैली के रूप में जानी जाती है, फिर भी हार्वर्ड विश्वविद्यालय कोई उद्धरण शैली मैन्युअल्स प्रकाशित नहीं करता है। हार्वर्ड उद्धरण शैली के दृष्टांतो के लिए, आप कुछ विश्वविद्यालयों की वेबसाइट्स से परामर्श ले सकते हैं (उदाहरण के लिए, बोर्नमाउथ विश्वविद्यालय (http://www.bournemouth.ac.uk/library/citing_references/docs/Citing_Refs.pdf))।

लिखित पाठ के बीच में उद्धरण:

Buddhapriya (2009, p. 42) के अनुसार, "इस सामाजिक धारणा में शायद ही कोई बदलाव आया कि महिलाओं को..."

संदर्भ सूची में:

Buddhapriya, S., 2009. Work-family challenges and their impact on career decisions: A study of Indian women professionals, *Vikalpa,* 34(1), 31–45.

हालाँकि, कुछ अन्य विश्वविद्यालयों की वेबसाइट्स के अनुसार सन्दर्भों को अलग तरीके से प्रारूपित किया गया है, जैसे मेलबोर्न विश्वविद्यालय (http://www.lib.unimelb.edu.au/cite/harvard_dis/journal_dist.html), मोनाश विश्वविद्यालय (http://www.lib.monash.edu.au/tutorials/citing/harvard.html) और कैंटरबरी विश्वविद्यालय (http://canterbury.libguides.com/content.php?pid=23624&sid=199475),:

> Buddhapriya, S 2009, 'Work-family challenges and their impact on career decisions: A study of Indian women professionals', *Vikalpa,* vol. 34, no. 1, pp. 31–45.

यह आपके लिए उस उद्धरण शैली का अध्ययन करने की आवश्यकता पर प्रकाश डालता है जिस शैली का उस जर्नल द्वारा पालन किया जाता है, जिसमें आप अपना लेख प्रकाशित करना चाहते हैं।

शिकागो शैली

संक्षिप्त विवरण:

शिकागो विश्वविद्यालय द्वारा विकसित; अद्यतन किया गया उपलब्ध मार्गदर्शक है, 2003 में प्रकाशित '*The Chicago Manual of Style*', 15वाँ संस्करण। अधिक नया (2007) ऑनलाइन संस्करण http://www.chicagomanualofstyle.org/tools_citationguide.html पर उपलब्ध है। इस शिकागो शैली के दो संस्करण हैं, एक मानववाद के लिए और दूसरा विज्ञानों के लिए। मानववाद संस्करण में, लेखन में उद्धरण को एक क्रमांक (सुपरस्क्रिप्ट) द्वारा इंगित किया जाता है; पृष्ठ के निचले भाग में एक अनुक्रमित संख्या संपूर्ण ग्रंथ सूची विषयक विवरण प्रदान करती है। इसका वैज्ञानिक संस्करण एपीए और हार्वर्ड शैलियों जैसा ही है, क्योंकि लेखन में उद्धरण लेखक और प्रकाशन की तिथि का उल्लेख किया जाता है; संदर्भ दस्तावेज के अंत में दिए जाते हैं और प्रविष्टियाँ लेखकों के उपनाम के अनुसार वर्णानुक्रम में क्रमबद्ध की जाती हैं।

मानववाद (ह्यूमैनिटीज़) संस्करण

लिखित पाठ के बीच में उद्धरण:

बुद्धप्रिया[23] निष्कर्ष निकालती हैं कि यहाँ "सामाजिक धारणा में शायद ही बदलाव हुआ है कि महिलाओं को..."

पृष्ठ के निचले भाग में:

23. Sanghamitra Buddhapriya, "Work-Family Challenges and Their Impact on Career Decisions: A Study of Indian Women Professionals," *Vikalpa* 34–1(2009), 42.

शिकागो शैली के मानववाद संस्करण में, पत्र के अंत में "सन्दर्भ" अथवा "ग्रंथ सूची" नामक किसी खंड की आवश्यकता नहीं है, क्योंकि संपूर्ण ग्रंथ सूची विषयक विवरण समग्र पत्र में फूटनोट्स में प्रदान किए जाते हैं। हालाँकि, अगर एक पुस्तक अथवा लंबे शोधपत्र का लेखक "ग्रंथ सूची" नाम का ऐसा खंड प्रदान करता है, तो प्रविष्टियाँ लेखक के उपनामों के अनुसार वर्णानुक्रम में क्रमबद्ध की जाती हैं।

संदर्भ सूची में:

Buddhapriya, Sanghamitra. "Work-family Challenges and Their Impact on Career Decisions: A Study of Indian Women Professionals." *Vikalpa* 34(1) (2009): 31–45.

वैज्ञानिक संस्करण

लेखन में उद्धरण:

बुद्धप्रिया (2009, 42) का निष्कर्ष है कि "सामाजिक धारणा में शायद ही बदलाव हुआ है कि महिलाओं को..."

संदर्भ सूची में:

Buddhapriya, Sanghamitra. 2009. Work-family challenges and their impact on career decisions: A study of Indian women professionals. *Vikalpa* 34(1): 31–45.

एमएलए शैली

संक्षिप्त विवरण:

लेखन में उद्धरण: लेखक और पृष्ठ; दस्तावेज के अंत में "उद्धृत कार्य" शीर्षक वाले खंड में संदर्भों की सूची; इस सूची में प्रविष्टियाँ लेखक के उपनाम द्वारा वर्णानुक्रम में क्रमबद्ध की जाती हैं; यूएसए के मॉडर्न लैंग्वेज एसोसिएशन द्वारा विकसित की गई है। वह दो गाइड्स प्रकाशित करता है: 'The MLA Handbook for Writers of Research Papers (7वाँ संस्करण सबसे नया है) और 'The *MLA Style Manual and Guide to Scholarly Publishing* (3 रा संस्करण सबसे नया है)। विस्तृत जानकारी http://www.mla.org पर उपलब्ध है। एमएलए शैली को व्यापक रूप से मानववाद के जर्नल्स द्वारा अपनाया जाता है, विशेष रूप से भाषा और साहित्य में।

लिखित पाठ के बीच में उद्धरण:

यह राय कि "सामाजिक धारणा में शायद ही बदलाव हुआ है कि महिलाओं को..." (Buddhapriya 42)।

अथवा,

बुद्धप्रिया (42) का निष्कर्ष कि "सामाजिक धारणा में शायद ही बदलाव हुआ है कि महिलाओं को..."

दोनों उदाहरणों में, 42 पृष्ठ क्रमांक है। प्रकाशन के वर्ष के लिए व्यक्ति को पत्र के अंत में "उद्धृत कार्य" पर जाना होगा। लेखन में उद्धरण में प्रकाशन के वर्ष को छोड़ देने का कारण हो सकता है कि अक्सर वह मानववाद में महत्वपूर्ण नहीं होता है, विशेष रूप से भाषा और साहित्य, भौतिक और सामाजिक विज्ञानों से विपरित।

संदर्भ सूची (उद्धृत कार्य) में:

Buddhapriya, Sanghamitra. "Work-family Challenges and Their Impact on Career Decisions: A Study of Indian Women Professionals." *Vikalpa* 34.1 (2009): 31–45.

आईईईई शैली

संक्षिप्त विवरण:

इंस्टिट्यूट ऑफ इलेक्ट्रिकल एंड इलेक्ट्रॉनिक इंजीनियर्स, यूएसए द्वारा विकसित; आम तौर पर इंजीनियरिंग और टेक्नोलॉजिकल जर्नल्स में पाई जाती है। वह विशेषता जो उसे अन्य शैलियों से अलग बनाती है, वह यह है कि इस्तेमाल किए गए प्रत्येक स्रोत को एक क्रमांक दिया जाता है, और लेखन में उद्धरण में लेखक के अंतिम नाम के बदले वह क्रमांक दिखाई देता है और दस्तावेज के अंत में आने वाले संदर्भों की सूची में अनुक्रमण का आधार बनता है। उद्धृत स्रोतों को उसी क्रम में क्रमांकित किया जाता है जिस क्रम में वे दस्तावेज के प्रधान भाग में पहले दिखाई देते हैं। विस्तृत दृष्टांतों के लिए http://www.ieee.org/portal/cms_docs_iportals/iportalspublications/authors/transjnl/stylemanual.pdf अथवा http://www.ecftoronto.edu/~writing/handbook-docum1b.html अथवा http://www.lib.murdoch. edu.au/find/citation/ieee.html पर जाएँ।

लिखित पाठ के बीच में उद्धरण:

Buddhapriya [27] समाज की धारणा में कोई महत्वपूर्ण बदलाव नहीं पाती हैं कि महिलाएँ...

अथवा,

समाज की धारणा में कोई महत्वपूर्ण बदलाव नहीं हुआ है कि महिलाएँ... [27]।

संदर्भ सूची में:

[27] S. Buddhapriya, "Work-family challenges and their impact on career decisions: A study of Indian women professionals." Vikalpa, vol. 34, no.1, pp 31–45, Jan-March 2009.

आकृति 6.4 दर्शाती है कि छह विभिन्न उद्धरण शैलियों में लेखन में कैसे उद्धरण दिए गए हैं।

आकृति 6.5 छह उद्धरण शैलियों में "संदर्भों" अथवा "उद्धृत कार्य" की प्रमुख प्रारूपण विशेषताओं का सारांश देती है। संक्षिप्तता के खातिर पत्र के शीर्षक, "कार्य-परिवार की चुनौतियाँ

और कैरियर निर्णयों पर उनका प्रभाव: भारतीय महिला व्यावसायिकों का एक अध्ययन," में से कुछ शब्द छोड़ दिए गए हैं (तीन बिंदुओं द्वारा इंगित)।

आकृति 6.4 विभिन्न शैलियों में लेखन में उद्धरण

उद्धरण शैली	लेखक का नाम/नंबर	प्रकाशन का वर्ष	पृष्ठ क्रमांक
APA	Buddhapriya	(2009,)	p. 42
Harvard	Buddhapriya	(2009,)	p42
Chicago – Humanities	Buddhapriya[23]	[Not given in text]	[Not Given in text]
Chicago – Sciences	Buddhapriya	(2009,)	42
MLA	Buddhapriya	[Not given in text]	42
IEEE	27	[Not given in text]	

आकृति 6.5 ग्रंथ सूची विषयक विवरण (एक प्रिन्ट जर्नल में एक शोधपत्र): शैलियों के बीच तुलना

उद्धरण शैली	लेखक	प्रकाशन का वर्ष	स्रोत 1 (पत्र)	स्रोत 2 (जर्नल)	स्रोत 3 (जर्नल का संस्क., अंक क्रमांक, पृष्ठ क्रमांक)
APA	Buddhapriya, S.	(2009).	Work-family challenges and their impact on career decisions: A study of Indian women professionals,	*Vikalpa*,	*34*(1), 31–45. (Volume 34 number 1 pages 31–45)
Harvard	Buddhapriya, S.	2009.	Work-family challenges … professionals,	*Vikalpa*,	*34*(1), 31–45.
Chicago A (humanities)	23. Buddhapriya, Sanghamitra,	[2009, but it comes after volume and number.]	"Work-Family Challenges… Women Professionals,"	*Vikalpa*	*34–1*(2009), 42.
Chicago B (scientific)	Buddhapriya, Sanghamitra.	2009.	Work-family challenges… women professionals.	*Vikalpa*	*34*(1): 31–45.

(आकृति 6.5 जारी)

(आकृति 6.5 जारी)

उद्धरण शैली	लेखक	प्रकाशन का वर्ष	स्रोत 1 (पत्र)	स्रोत 2 (जर्नल)	स्रोत 3 (जर्नल का संस्क., अंक क्रमांक, पृष्ठ क्रमांक)
MLA	Buddhapriya, Sanghamitra.	[2009, but it comes after volume and number.]	"Work-family Challenges… Women Professionals."	*Vikalpa*	*34*.1 (2009): 31–45.
IEEE	[27] S. Buddhapriya,	[2009, but it comes at the end of the reference.]	"Work-family challenges… women professionals."	*Vikalpa*	vol. 34 no.1, pp. 31–45, January-March 2009.

उद्धरण और संदर्भों के दृष्टांत

इन स्रोत दस्तावेजों के प्रकारों में काफी विविधता होती हैं जिनमें से आप उधार ले सकते हैं। इसमें पुस्तकों, संपादित पुस्तकों, जर्नल के लेखों, "प्रेस" में स्थित पत्रों, पत्रिका के लेखों, अखबारों, कॉर्पोरेट रिपोर्ट्स, सरकारी रिपोर्ट्स, वर्किंग पेपर्स, सम्मलेन की प्रस्तुतियाँ, सम्मलेन की कार्यवाहियाँ, निबंधों, शब्दकोशों, विश्वकोशों, अनुवादों और व्यक्तिगत संचारों का समावेश होता है। इनमें से कुछ प्रिन्ट में, कुछ ऑनलाइन और कुछ प्रिन्ट और ऑनलाइन दोनों रूपों में उपलब्ध हो सकते हैं। ऑनलाइन संसाधनों की श्रेणी, गहराई और पहुँच तेजी से बदलती रहती हैं। इसलिए, यहाँ व्यापक दिशानिर्देश प्रदान करना व्यावहारिक नहीं है। हम कुछ अक्सर लिए जाने वाले उद्धरण कार्यों को वर्णन करेंगे और आपको विस्तृत मार्गदर्शन के लिए आधिकारिक मैन्युअल पर निर्देशित करेंगे।

पिछले खंड ("सामान्य उद्धरण शैलियाँ") में, हमने विभिन्न उद्धरण शैलियाँ दर्शाने के लिए एक प्रिन्ट जर्नल के एक लेख में से एक छोटा उद्धरण चुना था। जो एकल लेखक पुस्तकों के साथ-साथ, उद्धरण देने के सरलतम और सबसे आम स्रोतों में से एक है। ऐसे अन्य स्रोत हैं जो कठिनाइयाँ उत्पन्न करते हैं। उदाहरण के लिए, हमें उस समय क्या करना चाहिए जब लेखक का नाम उपलब्ध नहीं है, अथवा अगर स्रोत में कई लेखक हैं? हम इलेक्ट्रॉनिक स्रोत का स्वीकरण कैसे करें जो प्रकाशन का वर्ष अथवा पृष्ठ क्रमांक भी इंगित नहीं करते हैं? अब हम उन अधिक कठिन उद्धरण कार्यों की ओर मुड़ेंगे और उन्हें स्पष्ट करेंगे।

उद्धरण प्रारूपण से संबंधित निम्न हमारी सारी सिफारिशें (उसके अलावा जो बिना पृष्ठ क्रमांक वाले इंटरनेट दस्तावेजों का उद्धरण देती है) वर्तमान अभ्यास पर से प्राप्त होती हैं, जो हम कई शैक्षणिक जर्नल्स (जैसे, *Journal of Organizational Behavior*, *Journal of Applied Behavioral*

Science, *Business Communication Quarterly* and *Journal of Management Education*) में देखते हैं, जो एपीए उद्धरण शैली का पालन करते हैं। हमने इस पुस्तक में हमारे ऋणों के स्वीकरण के लिए उसे ही अपनाया है। हम उसकी सिफारिश मैनेजमेंट छात्रों और शोधकर्ताओं के लिए करते हैं क्योंकि Harvey (2003) के अनुसार वह सामाजिक विज्ञानों, बिजनेस और मैनेजमेंट में अकादमीक लेखन के लिए सबसे व्यापक रूप से अपनाई जाती उद्धरण शैली है।

हालाँकि, इसमें एक समस्या है। एपीए शैली उन सभी जर्नल्स में सभी विषयों के लिए एक समान नहीं है, जिन्होंने उसे अपनाया है। जैसा हमने पिछले खंड में देखा था, एक जर्नल लेखन में उद्धरण अथवा संदर्भ, अथवा दोनों के प्रारूप में मामूली विविधताएँ (आम तौर पर विरामचिह्न में) प्रस्तुत की जा सकती है, और, इसलिए, हमारी कुछ सिफारिशें एपीए शैली का पालन करने वाले कुछ जर्नल्स के अभ्यास से थोड़ी सी अलग हो सकती हैं। इसलिए, अगर आप किसी जर्नल में प्रकाशित करना चाहते हैं, तो उसके उद्धरण शैली दिशानिर्देशो को ध्यान से देखें (जो उस जर्नल के कुछ अंकों में "लेखकों/योगदाताओं के लिए निर्देश/दिशानिर्देश" शीर्षक वाली नोट में और/अथवा जर्नल की वेबसाइट पर देखे जा सकते हैं); दृष्टांतो के लिए कुछ वर्तमान अंकों में पत्रों की जाँच कीजिए; फिर सावधानीपूर्वक उस प्रारूप का पालन कीजिए। अगर आपको अतिरिक्त सहायता की जरूरत है, तो हम सिफारिश करते हैं कि आप प्रिन्ट और ऑनलाइन दोनों प्रकार के संसाधनों को शामिल करने वाले उद्धरण कार्यों के लगभग सभी प्रकारों को कवर करने वाले आधिकारिक दिशानिर्देशों के लिए अमेरिकन सायकोलॉजिकल एसोसिएशन (2001, 2007 और 2009a) से परामर्श करें। अन्य उत्कृष्ट संसाधन है पर्ड्यू विश्वविद्यालय ऑनलाइन राइटिंग लैब (OWL) (2009)।

निम्न दृष्टांतों में, आप देखेंगे कि पत्र के प्रधान भाग में विभिन्न स्रोतों का संक्षेप में कैसे उद्धरण दिया जाता है और उनके संपूर्ण ग्रंथ सूची विषयक विवरणों को पत्र के अंत में संदर्भों की सूची में कैसे प्रस्तुत किया जाता है।

बॉक्स 6.6 एपीए शैली पर दिशानिर्देशों के लिए अतिरिक्त संसाधन

अतिरिक्त संसाधन

एपीए शैली पर विस्तृत और आधिकारिक दिशानिर्देशों के लिए, निम्नलिखित से परामर्श लें:

American Psychological Association. (2001). *Publication manual of the American Psychological Association* (5th ed.). Washington, DC: Author.

American Psychological Association. (2007). *APA style guide to electronic references* (PDF). Washington, DC: Author. Available from www.apa.org/books/

American Psychological Association. (2009a). *Publication manual of the American Psychological Association* (6th ed.). Washington, DC: Author.

American Psychological Association. (2009b). *APA journals manuscript submission instructions for all authors.* Retrieved June 26, 2009, from http://www.apa.org/journals/authors/all-instructions.html

लिखित पाठ के बीच में उद्धरण और संदर्भ (प्रिन्ट स्रोत)

एक लेखक

लेखन में उद्धरण:

लेखक के अंतिम नाम और उसके बाद प्रकाशन के वर्ष, और प्रत्यक्ष उद्धरणों के मामले में, सटीक पृष्ठ क्रमांक का उपयोग कीजिए। उदाहरण:

- Hughes (2009) finds that meanings of the value clusters of Chinese…
- Although China has always valued education, traditionally women in China received no formal education (Hughes, 2009)…
- Traditionally, education in China was "neither universal nor scientific" (Hughes, 2009, p. 214).
- Kellogg's' Cereal Mates, launched with great hopes, became "a major flop" (Haig, 2003, p. 37) and had to be withdrawn.

टिप्पणी:

जब वहाँ एक ही लेखक होता है, तब लेखन में उद्धरण का प्रारूप वैसा ही होता है चाहे स्रोत एक पुस्तक है या किसी जर्नल में लिखा एक लेख।

संदर्भ सूची में:

Hughes, N. (2009). Changing faces: Adaptation of highly skilled Chinese workers to a high-tech multinational corporation. *The Journal of Applied Behavioral Science, 45*(2), 212–238. doi: 10.1177/0021886309334031.

Haig, M. (2003). *Brand failures: The truth about the 100 biggest branding mistakes of all time*. London: Kogan Page.

टिप्पणी:

- लेखक का पहला नाम अद्याक्षरों तक कम किया गया है; अद्याक्षरों के बाद एक पूर्णविराम है।
- प्रकाशन का वर्ष कोष्ठक में दिया है; उसके बाद एक पूर्णविराम है।
- जर्नल लेख का शीर्षक सेन्टेन्स केस में है (केवल पहला शब्द और व्यक्तिवाचक संज्ञाएँ कैपिटल अक्षर के साथ हैं); शीर्षक के लिए उद्धरण चिह्न नहीं हैं।
- जर्नल का शीर्षक टाइटल केस में है (सभी मुख्य शब्द कैपिटल अक्षर से शुरू होते हैं); वह इटैलिक्स में है।

- जर्नल का संस्करण क्रमांक (*45*) इटैलिक्स में है; अंक क्रमांक (2) कोष्ठक में है। सच पूछिये तो, इस विशेष मामले में अंक क्र. आवश्यक नहीं है क्योंकि '*The Journal of Applied Behavioral Science*' एक संस्करण में सभी चार अंकों में अपने पृष्ठों को निरंतर क्रमांक देता है। अगर किसी संस्करण में सभी अंक पृष्ठ 1 से शुरू होते हैं तो आपको केवल अंक नंबर का उल्लेख करने की जरूरत है। उदाहरण के लिए, *Vikalpa* ऐसा करता है।
- लेखों के पृष्ठ क्रमांक अपने आगे "पृष्ठ" शब्द के बिना संदर्भ के अंत में आते हैं।
- यहाँ संक्षिप्ताक्षर DOI के आगे एक लंबा क्रमांक है। वह इस इलेक्ट्रॉनिक दस्तावेज का 'डिजिटल ऑब्जेक्ट आइडेंटीफायर' है, जो प्रकाशक द्वारा जारी किया गया विशिष्ट क्रमांक होता है। ("लेखन में उद्धरण और संदर्भों के इलेक्ट्रॉनिक स्रोत" की शुरुआत में DOI के बारे में अधिक।)
- पुस्तक के मामले में, शीर्षक सेन्टेन्स केस (शीर्षक में केवल पहला अक्षर और उपशीर्षक में पहला शब्द कैपिटल अक्षर के साथ शुरू होता है) और इटैलिक्स में होता है।
- पुस्तक के प्रकाशन का स्थान प्रकाशक के नाम से पहले आता है, दोनों को एक अपूर्ण विराम (:) अलग करता है।

दो या अधिक लेखक

लिखित पाठ के बीच में उद्धरण:

एकल लेखक के जैसे ही उसी तरीके से उद्धरण दीजिए, सिवाय इसके कि सभी उपनाम दिखाई दें। उदाहरण:

- जब एक व्यक्ति निगम में शामिल होता है, तब उसे कुछ को छोड़कर और कुछ नया अपनाकर अपनेआप को उसके साथ अनुकूलित करना पड़ता है (Boerner & Jopp, 2007)।
- Boerner and Jopp (2007) तर्क करते हैं कि...
- यह मुद्दा कई विद्वानों द्वारा उठाया गया है (उदाहरणार्थ, Miller, Fitzgerald, Murreli, Preston, & Ambaker, 2005)।
- Miller, Fitzgerald, Murreli, Preston, & Ambaker, 2005 समर्थन करते हैं...

टिप्पणी:

- निरंतर लेखन में अंतिम उपनाम से पहले "और" आता है तथा उद्धरण में एम्परसेंड (&) आता है। जबकि यह सबसे सामान्य पद्धति है कि कुछ जर्नल्स दोनों में से किसी भी स्थान में "&" लिखने की अनुमति नहीं देते हैं।
- अगर वहाँ तीन से छह लेखक हैं, तो पहले उद्धरण में सभी नामों का उल्लेख कीजिए। यदि आप फिर से स्रोत का उद्धरण देते हैं, तो पहले लेखक के नाम और फिर, "और अन्य" के

लिए लेटिन अभिव्यक्ति, 'et al.,' का उपयोग करना पर्याप्त होता है। ऊपर बहु-लेखक उद्धरण बनेगा: Miller et al. (2006) आगे सूचित करते हैं कि...

- अगर वहाँ छह से अधिक लेखक हैं, तो पहले नाम और फिर, 'et al.' का उपयोग करना पर्याप्त है, यहां तक कि जब उस स्रोत का पहली बार उद्धरण दिया जा रहा है। उद्धरण में et al. का पहली बार से ही का उपयोग करना है अथवा आगे केवल दूसरी बार से करना है, यह उस विशिष्ट जर्नल द्वारा अपनाई गई शैली पर निर्भर करेगा।
- पुस्तकों और लेखों के बहुविध लेखकों के लिए यह उद्धरण प्रारूप वर्किंग पेपर्स, निबंधों, सम्मलेन की कार्यवाहियों के कागज़ात और सम्मेलनों में प्रस्तुत किए जाते पत्रों को भी लागू होता है।

संदर्भ सूची में:

Boerner, K., & Jopp, D. (2007). Improvement/maintenance and reorientation as central features of coping with major life change and loss: Contributions of three life-span theories. *Human Development*, *50*, 171–195.

Miller, M.G., Fitzgerald, S.P., Murreli, K.L., Preston, J., & Ambaker, R. (2005). Appreciative inquiry in building a transcultural strategic alliance. *Journal of Applied Behavioral Science, 41*, 91–110.

टिप्पणी:

- एम्परसेंड (&) का उपयोग पहले संदर्भ में दो लेखकों और दूसरे संदर्भ में अंतिम लेखक के साथ पहले चार लेखकों को जोड़ने के लिए किया जाता है। एम्परसेंड से पहले अल्प विराम (,) को देखें।
- इस बार अंक क्रमांक संस्करण क्रमांक के तुरंत बाद कोष्ठक में नहीं दिया गया है (पहले संदर्भ में *50* और दूसरे में *41*), क्योंकि ये दोनों जर्नल्स एक संस्करण के सभी अंकों में अपने पृष्ठों को निरंतर रूप से क्रमांक देते हैं।

लेखक के रूप में एक समूह, समिति या एक संगठन

लेखन में उद्धरण:

लेखक के नाम के स्थान पर समूह/संगठन के नाम का उपयोग कीजिए। उदाहरण:

- American Psychological Association (2001) recommends that…
- An abstract can be defined as "a brief comprehensive summary of the contents of the article" American Psychological Association (2001, p. 12).

संदर्भ सूची में:

American Psychological Association. (2001). *Publication manual of the American Psychological Association* (5th ed.). Washington, DC: Author.

टिप्पणी:

- संदर्भों की सूची में, लेखक के नाम के स्लॉट में संगठन के नाम का उल्लेख किया जाता है।
- अमेरिकन सायकोलॉजिकल एसोसिएशन न केवल वह लेखक है बल्कि इस पुस्तक का प्रकाशक भी है; इसलिए प्रकाशक के स्लॉट में "लेखक" शब्द दिया गया है। इस तरह आप लेखक को जानकारी देते हैं कि उसका लेखक और प्रकाशक एक ही हैं। यह व्यक्तिगत लेखकों को भी लागू होता है जो अपने खुद के पुस्तक प्रकाशित करते हैं।

बिना लेखक के नाम वाले दस्तावेज

लिखित पाठ के बीच में उद्धरण:

लेखक के नाम के स्थान पर दस्तावेज के शीर्षक के कुछ शब्दों का उपयोग कीजिए। उदाहरण:

- अंतर्राष्ट्रीय वित्त के विश्व में चीन का निश्चित रूप से महत्व है, क्योंकि उसके पास विदेशी मुद्रा भंडार में करीब 2 खरब डॉलर हैं ("Taking the Summit,"2009, अप्रैल 11)।

टिप्पणी:

- यह उदाहरण उस लेख का संदर्भ देता है जिसका शीर्षक "टेकिंग द समिट बाय स्ट्रेटेजी" था, और वह द इकोनोमिस्ट में अप्रैल 11, 2009 को प्रकाशित हुआ था। लेखक का नाम अज्ञात है। उसके स्लॉट में, दस्तावेज का शीर्षक दिया गया है। लेखन में इस उद्धरण को संक्षिप्त बनाने के लिए, शीर्षक के सभी शब्दों के बजाय पहले कुछ शब्दों का प्रयोग किया गया है।
- जब एक कार्य किसी भी लेखक के नामों का उल्लेख नहीं करता है, तो *The Economist.* जैसी सुविख्यात ज्ञात संदर्भ किताबें या स्रोतों के मामले में छोड़कर विश्वसनीयता का स्तर नीचा हो सकता है, जिसमें से उपरी उद्धृत विचार को लिया गया है।

संदर्भ सूची में:

Taking the Summit by Strategy. (2009, April 11). *The Economist*, *391*(8626), 28.

टिप्पणी:

द इकोनॉमिस्ट संस्करण क्रमांक (*391*) और अंक नंबर (8626) का उल्लेख करता है। इसलिए, ये दोनों संदर्भ में दिए गए हैं।

एक ही मुद्दे को समर्थित करते कई कार्य

लिखित पाठ के बीच में उद्धरण:

एक अर्धविराम एक उद्धरण को उसके बाद आने वाले उद्धरण से अलग करता है। इन उद्धरणों की पहले लेखकों के अंतिम नाम से वर्णानुक्रमिक रूप से सूची बनाएं, न कि कालानुक्रमिक रूप से। उदाहरण:

- छात्र परंपरागत पाठ्यक्रमों के बदले ऑनलाइन पाठ्यक्रमों को क्यों चुनते हैं इसका मुख्य कारण उनका सुविधाजनक होना प्रतीत होता है (Bocchi, Eastman, और Swift, 2004; Hiltz और Shea, 2005; McEwen, 2001; Moskal और Dziuban, 2001)।

संदर्भ सूची में:

स्रोतों से संबंधित संदर्भों को प्रत्येक उद्धरण में प्रथम उपनाम के अनुसार वर्णानुक्रम में व्यवस्थित किया जाएगा। इस प्रकार, संदर्भों की सूची में, Bocchi, Eastman, & Swift, 2004 Hiltz & Shea, 2005 से पहले आते हैं, और वे McEwen, 2001 से पहले आते हैं।

एक ही वर्ष में एक ही लेखक द्वारा प्रकाशित दो या अधिक कार्य

लेखन में उद्धरण:

यदि, आपके दस्तावेज में, आपको एक ही वर्ष में प्रकाशित एक ही लेखक के दो या अधिक दस्तावेजों का संदर्भ लेना है, तो एक प्रकाशन को अन्य से अलग करने के लिए वर्णमाला के लोअरकेस अक्षरों का उपयोग करें।
उदाहरण:

- वेब-आधारित पाठ्यक्रमों के पाठ्यक्रम परिणामों पर अनुशासनात्मक और पाठ्यक्रम-विशिष्ट प्रभावों की जाँच में, Arbaugh (2005 a) ने पाया कि...
- जहाँ छात्रों को ऑनलाइन पाठ्यक्रमों को उपयोगी और उपयोग करने में आसान होने के लिए सॉफ्टवेयर प्लेटफॉर्म का अनुभव होना महत्वपूर्ण है (Arbaugh, 2005 b)...

संदर्भ सूची में:

Arbaugh, J.B. (2005a). How much does "subject matter" matter? A study of disciplinary effects in online MBA courses. *Academy of Management Learning & Education, 4,* 57–73.

Arbaugh, J.B. (2005b). Is the re an optimal design for online MBA courses? *Academy of Management Learning & Education, 4,* 135–149.

अप्रत्यक्ष रूप से इस्तेमाल किए गए स्रोत

लिखित पाठ के बीच में उद्धरण:

कई बार आप मूल काम (जिसे प्राथमिक स्रोत कहा जाता है) तक पहुंचने में असमर्थ होते हैं। उदाहरण के लिए, 1989 में डी.एम. टीकेल द्वारा प्रस्तुत मास्टर का प्रबंध लीजिए। आप उस तक पहुँचने में असमर्थ हैं। लेकिन आप देखते हैं कि कीथ टॉपिंग द्वारा अपने 1998 पत्र में वर्णित अथवा संदर्भित के रूप में उसमें से प्राप्त एक महत्वपूर्ण विचार का उद्धरण दिया गया है, जिस तक आप पहुँच सकते हैं। Teekell (1989) प्राथमिक स्रोत है और Topping (1998) द्वितीयक स्रोत। ऐसे मामले में, आपको अपने लेखन के उद्धरण में प्राथमिक और सेकंडरी दोनों स्रोत को इंगित करना जरूरी है। उदाहरण:

- Teekell (1989, as cited by Topping, 1998, p. 255), कहता है कि "जहाँ प्रशिक्षक प्रतिक्रिया कम कौशल के स्तर पर छात्रों के लिए फायदेमंद होती है, वहीं यह कौशल के उच्च स्तर के छात्रों के लिए हानिकारक हो सकता है।"

संदर्भ सूची में:

Topping, K. J. (1998). Peer assessment between students in colleges and universities. *Review of Educational Research, 68*(3), 249–276.

संदर्भों की सूची में, टीकेल के 1989 के दस्तावेज का विवरण नहीं दिया गया है क्योंकि आपने इससे परामर्श नहीं किया था। "संदर्भ" खंड में, आपको केवल द्वितीयक स्रोत—टॉपिंग, 1998—का पूर्ण ग्रंथ सूची विषयक विवरण देने की जरूरत है, जिससे आपने वास्तव में परामर्श किया था।

व्यक्तिगत संचार

लिखित पाठ के बीच में उद्धरण:

आप एक व्यक्तिगत स्रोत का उद्धरण दे सकते हैं, जैसे, ई-मेल अथवा टेलीफोन की बातचीत। ऐसे मामलों में अपने लेखन में इसका पूरा विवरण दीजिए। उदाहरण:

- अनिल बेदी (व्यक्तिगत संचार, जुलाई 18, 2009) ने बातचीत को टूटने के लिए .... जिम्मेदार ठहराया था
- अनिल बेदी (टेलीफोन पर की गई बातचीत, जुलाई 18, 2009) ने बातचीत टूटने के लिए ....जिम्मेदार ठहराया था
- बातचीत टूटने के लिए "ओवरपेड प्रवासी मैनेजरों के सरासर जिद्दीपन को जिम्मेदार ठहराया गया है (अनिल बेदी, ई-मेल, जुलाई 18, 2009), और...

संदर्भ सूची में:

संदर्भ खंड में व्यक्तिगत संचार को सूचीबद्ध करने की कोई आवश्यकता नहीं होती, क्योंकि वह आपके सिवा अन्य किसी के लिए उपलब्ध नहीं होगा।

लिखित पाठ के बीच में उद्धरण और संदर्भ (इलेक्ट्रॉनिक स्रोत)

प्रिन्ट स्रोतों का उद्धरण देने के लिए उपयोगी व्यापक दिशानिर्देश इलेक्ट्रॉनिक स्रोतों को भी लागू होता है। एक इलेक्ट्रॉनिक स्रोत का उद्धरण देना आसान है, जब उसमें सभी मानक पहचाने जाने वाली विशेषताएँ मौजूद हैं, जैसे लेखक, शीर्षक, प्रकाशन का वर्ष और प्रकाशक, लेकिन इलेक्ट्रॉनिक रूप से उपयोग किया गया है। उन मामलों में, लेखन में उद्धरण प्रिन्ट स्वरूप के उसके समकक्ष के समान ही होगा। "संदर्भ" में, आप दस्तावेज का डिजिटल ऑब्जेक्ट आईडेंटिफायर (DOI) अथवा PII (पब्लिकेशन आइटम आईडेंटिफायर) जोड़ सकते हैं, यदि वे उपलब्ध होते हैं। DOI और PII वे अनन्य क्रमांक हैं जो प्रकाशकों ने उनके द्वारा प्रकाशित प्रत्येक इलेक्ट्रॉनिक दस्तावेजों को प्रदान करना शुरू किया है। एक DOI अथवा PII आपको सीधे उस विशेष इलेक्ट्रॉनिक दस्तावेज पर ले जाएँगे, जिसे वह प्रस्तुत करता है।

इलेक्ट्रॉनिक स्रोतों से व्यवहार करते समय हमें जिस प्रमुख सिद्धांत का पालन करना आवश्यक है वह यह है कि हमें पाठक को जल्दी और विश्वसनीय रूप से यथासंभव संभावित रूप से स्रोत तक पहुँचने में मदद करनी चाहिए। हमें पाठक को यथासंभव पहचानने वाले कई मानक विवरण (लेखक का नाम, दस्तावेज का शीर्षक, प्रकाशन का वर्ष) और युनिफॉर्म रिसोर्स लोकेटर (URL) प्रदान करने चाहिए, अर्थात, उन मामलों में उस स्रोत का एड्रेस अथवा उस तक पहुँचने का रास्ता, जहाँ एक DOI अथवा PII उपलब्ध नहीं है। यदि किसी दस्तावेज में DOI/PII है, तो URL देने की कोई जरूरत नहीं है।

हम लेखन में उद्धरण और संदर्भों के कुछ उदाहरणों को स्पष्ट करेंगे, जब स्रोतों का इलेक्ट्रॉनिक रूप से उपयोग किया जाता है।

एक प्रिंट पत्रिका से लेख, जिसका एक इलेक्ट्रॉनिक डेटाबेस के माध्यम से उपयोग किया गया है

लेखन में उद्धरण:

तुलनात्मक प्रिंट स्रोतों के लिए लेखन में उद्धरण के मानदंड इन पर लागू होते हैं।

संदर्भ सूची में:

उदाहरण:

Terry, N.G., & White, P.J. (1997). The role of pension schemes inrecruitment and motivation: Some survey evidence. *Employee Relations*, *19*(2), 160–175. doi: 10.1108/01425459710171049.

Mahoney, J. T. (2001). A resource-based theory of sustainable rents. *Journal of Management*, *27*(6), 651–660. pii: S0149-2063(01)00116-7.

इन संदर्भों में से प्रत्येक को एक प्रिन्ट जर्नल में प्रकाशित किया गया है, लेकिन एक इलेक्ट्रॉनिक डेटाबेस के द्वारा इस्तेमाल किये गये हैं। पहला उदाहरण दस्तावेज के DOI का उल्लेख करता है और दूसरा उदाहरण PII का उल्लेख करता है। इन पहचानने वाले क्रमांकों के संयोजन के अलावा, ये संदर्भ उन के समान हैं जो आप उनके प्रिन्ट जर्नल समकक्षों के लिए करते हैं। अगर उपयोग की गई नक़ल एक पीडीएफ फाइल है, तो मूल पृष्ठ क्रमांक बनाए रखे जाएँगे। हालाँकि, यदि उपयोग की गई नकल एक एचटीएमएल फाइल है, तो हो सकता है कि उसमें कोई पृष्ठ क्रमांक न हो।

इन उदाहरणों में, DOI/PII के बिना भी, यह संदर्भ पर्याप्त होता है, क्योंकि मूल स्रोत प्रिन्ट जर्नल्स हैं; यह DOI/PII क्रमांक केवल यह पुष्टि करता है कि पत्र तक इलेक्ट्रॉनिक रूप से पहुँचा गया है और, इसलिए, पाठक को जानने दीजिए कि वह इलेक्ट्रॉनिक स्वरूप में उपलब्ध है।

इलेक्ट्रॉनिक डेटाबेसों के द्वारा दस्तावेजों तक पहुँचते समय, विद्वानों के पास उनके द्वारा उपयोग किए गए डेटाबेस को पहचानने की अपेक्षा की जाती थी। अब यह यूनिट आईडेंटिफायर नंबर्स के कारण आंशिक रूप से आवश्यक नहीं है और आंशिक रूप से इसलिए कि यही दस्तावेज एक से अधिक डेटाबेस में उपलब्ध हो सकता है। मोहोनी (2001), ऊपर उद्धृत, का उपयोग किया जा सकता है, उदाहरण के लिए, http://www.sciencedirect.com और http://web.ebscohost.com दोनों के द्वारा।

नीचे, ऊपर उद्धृत मोहोनी (2001) के लिए इलेक्ट्रॉनिक मार्ग दिया गया है:

http://www.sciencedirect.com/science?_ob=MImg&_imagekey=B6W59-44NM46T-31&_cdi=6565&_user=1009876&_orig=search&_coverDate=12%2F31%2F2001&_sk=999729993&view=c&wchp=dGLzVzz-zSkWA&_valck=1&md5=2193ad90e7dade6e2bc2ecc1808e 923c&ie=/sdarticle.pdf

स्वाभाविक रूप से यह बोझिल है। वह इंटरनेट पर शक्तिशाली सर्च सुविधाओं के कारण अब अनावश्यक भी है। अगर दस्तावेज के पास DOI/PII नहीं है फिर भी, पाठक के लिए यह जानना पर्याप्त है कि वह http://www.sciencedirect.com के द्वारा सुगम है और, इसलिए, इस URL को इस दस्तावेज के लिए संदर्भ प्रविष्टि के अंत में अंतिम तत्व के रूप में दिया जा सकता है: http://www.sciencedirect.com से उपलब्ध।

अगर ऐसी संभावना है कि हमने इलेक्ट्रॉनिक रूप से जिस दस्तावेज का परामर्श लिया है उसे संशोधित किया जा सकता है (इंटरनेट दस्तावेजों के लिए असामान्य बात नहीं है), तो हमें इंगित करना होगा कि हमने उसका किस दिनांक पर उपयोग किया था। हालाँकि, ऊपर उल्लिखित दो प्रिन्ट जर्नल्स के मामले में कोई संशोधन अपेक्षित नहीं है और, इसलिए, यह इंगित करने की जरूरत नहीं है कि हमने किस दिनांक पर उस साइट का उपयोग किया था।

एक प्रिन्ट स्रोत से लेख का इलेक्ट्रॉनिक संस्करण

लिखित पाठ के बीच में उद्धरण:

उदाहरण:

- Guinier and Sturm (2009, July 10) लिखते हैं कि कई अमेरिकी अग्निशमन विभाग भर्ती के लिए लिखित परीक्षाओं को खारिज कर रहे हैं और उन परीक्षणों को चुन रहे हैं जो व्यावहारिक समस्या सुलझाने पर ध्यान देते हैं।

लेखन में उद्धरण एक तुलनीय मुद्रित दस्तावेज़ के लेखन में दिए उद्धरण जैसा है, यहाँ एक अखबार का लेख।

संदर्भ सूची में:

उदाहरण:

Guinier, L., & Sturm, S. (2009, July 10). Trial by firefighters. *The New York Times.* Available from http://www.nytimes.com/2009/07/11/opinion/11guinier.html?_r=1.

चूँकि मूल एक विशिष्ट दिनांक के अखबार में प्रकाशित एक प्रिन्ट स्रोत है, इसलिए हमारे पास उस स्रोत को पहचानने के लिए आवश्यक सभी विवरण मौजूद हैं। चूँकि इस दस्तावेज के पास उसे असाइन किए गए कोई DOI/PII नहीं है, अतः हमें URL देना होगा, जो हमें सीधे ही न्यूयार्क टाइम्स में लेख के इलेक्ट्रॉनिक संस्करण पर ले जाएगा। यदि वह स्रोत गैर-उपभोक्ताओं के लिए सुलभ नहीं है, तो स्रोत के होमपेज का URL देना पर्याप्त है, यहाँ http://www.nytimes.com।

हमने इसके उपयोग के दिनांक का उल्लेख नहीं किया है, क्योंकि यहाँ पुनः हम अखबार के लेख में कोई संशोधन करने की आशा नहीं रखते हैं जिसका हमने परामर्श लिया था।

पृष्ठ क्रमांक के बिना दस्तावेज

लिखित पाठ के बीच में उद्धरण:

कई इलेक्ट्रॉनिक स्रोतों में पृष्ठ क्रमांक नहीं होते। ऐसे मामलों में, अमेरिकन सायकोलॉजिकल एसोसिएशन (2001, पृ. 120) पाठक को सटीक स्थान के लिए मार्गदर्शन देने के लिए आगे ¶ निशान वाले परिच्छेद क्रमांक अथवा संक्षिप्ताक्षर "पैरा" और संबंधित संख्या का उपयोग करने की सिफारिश करता है। अगर दस्तावेज में परिच्छेद क्रमांक नहीं दिया गया है, लेकिन हेडिंग्स हैं, तो सिफारिश की जाती है कि उचित हेडिंग का उद्धरण दिया जाये और इंगित किया जाये कि आप उस हेडिंग के तहत किस परिच्छेद का संदर्भ ले रहे हैं। उदाहरण:

- केंद्र सरकार के कर्मचारियों के लिए नई पेंशन प्रणाली (एनपीएस) सहित भारतीय सरकार के पेंशन सुधार की "निजी क्षेत्र में फैलने" की संभावना है (Kakar, 2008, Pension reforms in India, para. 2).

यहाँ, "Pension reforms in India" एक उप-शीर्षक है, और प्रत्यक्ष उद्धरण उस उप-शीर्षक वाले खंड के परिच्छेद 2 से आता है। हालाँकि, वर्तमान में इंटरनेट पर और डेटाबेसेस में उपलब्ध शक्तिशाली सर्च सुविधाएँ ऐसे विस्तृत उद्धरण को अनावश्यक बना सकती हैं। उदाहरण के लिए, यदि आप "निजी क्षेत्र में फैलने" + काकर के लिए सर्च करते हैं, तो जिस लेख में से यह वाक्यांश लिया गया था वह वाक्यांश दिखाई देगा। इसलिए, हम शायद ही लेखन में उद्धरणों में इंटरनेट दस्तावेजों के परिच्छेद क्रमांक देखते हैं। कार्रवाई का श्रेष्ठ तरीका है उस जर्नल द्वारा जारी दिशानिर्देशों का पालन करना, जिस जर्नल में आप उसे प्रकाशित करना चाहते हैं, अथवा वह सुपरवाइजर है जिसे आपको अपने असाइनमेंट्स प्रस्तुत करने हैं।

संदर्भ सूची में:

Kakar, G. (2008, May). Retirement in India: Pension benefits and beyond. Retrieved July 11, 2009, from http://www.mercer.com/referencecontent.htm?idContent=1303935.

टिप्पणी:

- प्रकाशन के वर्ष के साथ-साथ, महीना (मई) भी दिया गया है, क्योंकि दर्शाया गया संस्करण वह है जिसका मई 2008 में अद्यतन किया गया था। यह संभव है कि लेखक उसे बाद में उस वर्ष में उसे संशोधित करें।
- वह दिनांक, जिस दिन जानकारी को वेबसाइट पर से पुन:प्राप्त किया गया था (जुलाई 11, 2009) का उल्लेख किया गया है, क्योंकि यहाँ दस्तावेज संशोधित किए जाने की संभावना है।

बिना प्रकाशन दिनांक के दस्तावेज

लिखित पाठ के बीच में उद्धरण:

उदाहरण:

एक जाँच रिपोर्ट (Siedle, n.d.) के मुताबिक, कई कर्मचारियों, जिन्होंने परिभाषित योगदान सेवानिवृत्ति योजनाओं में भाग लिया है, उन्होंने इन सेवानिवृत्ति योजनाओं के लिए सेवाओं के प्रदाताओं द्वारा अपनाई गई स्वार्थी प्रथाओं के कारण पैसे खोए हैं।

टिप्पणी:

इस वाक्यांश "एन.डी." (n.d) का उपयोग किया गया है क्योंकि इस लेख का प्रकाशन दिनांक उपलब्ध नहीं है।

संदर्भ सूची में:

Siedle, E. (n.d.). *Secrets of the 401k industry: How employers and mutual fund advisers prospered as workers' dreams of retirement security evaporated.* Retrieved July 11, 2009, from http://www.benchmarkalert.com/alert.html.

टिप्पणी:

चूँकि हम नहीं जानते हैं कि इस दस्तावेज को कब विकसित अथवा अपलोड किया गया था, अतः वह दिनांक देना उपयोगी है जिस दिन उस जानकारी को वेबसाइट से प्राप्त किया गया था।

लेखक के नाम के बिना दस्तावेज

लेखन में उद्धरण:

उदाहरण:

- द इकोनोमिस्ट के अनुसार, युआन द्वारा "सालों से आरक्षित मुद्रा के रूप में डॉलर को चुनौती देने की संभावना नहीं है" (China and the dollar, 2009, July 9)।

टिप्पणी:

द इकोनोमिस्ट, एक उच्च सम्मानित अंतरराष्ट्रीय समाचार पत्रिका है, जो आमतौर पर अपने किसी भी विश्लेषणात्मक रिपोर्टों में लेखक का नाम दर्शाती नहीं है। इसलिए, यहाँ हमने लेखक के नाम के लिए स्लॉट्स में लेख के शीर्षक के पहले चार शब्दों का इस्तेमाल किया है।

संदर्भ सूची में:

उदाहरण:

China and the dollar: Yuan small step. (2009, July 9). *The Economist*. Retrieved from http://www.economist.com/businessfinance/displayStory.cfm?story_id =13988512&source=hptextfeature

टिप्पणी:

- यहाँ हमें प्राप्ति का दिनांक देने की जरूरत नहीं है, क्योंकि इस लेखन में परिवर्तन किये जाने की संभावना नहीं है। इसके अलावा, संदर्भ में प्रकाशन का दिनांक उपलब्ध है।
- अगर सामग्री सामान्य पाठक के लिए सुलभ नहीं है, तो *Economist's* website: http://www.economist.com. देना पर्याप्त है।

केवल इंटरनेट पर उपलब्ध जर्नल में दस्तावेज

लिखित पाठ के बीच में उद्धरण:

उदाहरण:

- Sobrero (2004) के अनुसार, वायदा करना आयोजन नहीं है, बल्कि कार्यक्रम विकास में पहला कदम है।

टिप्पणी:

यह उद्धरण अन्य प्रिंट जर्नल लेखों के जैसे पैटर्न का ही अनुसरण करता है, सिवाय इसके कि हो सकता है कि इसमें कोई पृष्ठ संख्या न हो।

संदर्भ सूची में:
उदाहरण:

Sobrero, P. M. (2004, April). Futuring: The implementation of anticipatory-excellence. *Journal of Extension, 42*(2). Retrieved June 29, 2009, from http://www.joe.org/joe/2004april/comm1.php

यहाँ, "42" संस्करण क्रमांक है और "2"अंक क है। चूँकि प्रकाशन का महीना और वर्ष उपलब्ध है, इसलिए उन्हें संदर्भ प्रविष्टि में शामिल किया गया है।

एक पूरी वेबसाइट

लेखन में उद्धरण:

उदाहरण:

- इंटरनेट सर्च सेवा, गूगल, ने भारतीयों के लिए एक साइट (http://www.google.co.in/) बनाकर भारत पर और भारत से जानकारी प्राप्त करना आसान बना दिया है, जहाँ हम सीधे ही भारत के वेब पृष्ठों पर जा सकते हैं।

- वॉल्ट डिजनी फिल्म, "रिमेम्बर द टाइटन्स" के स्क्रिपराइटर की वेबसाइट (http://www.gregoryallenhoward.com) में कक्षा के उपयोग के लिए कई उपयोगी संसाधन मौजूद हैं।

टिप्पणी:

यहाँ, आपको एक वेबसाइट में शामिल किसी विशिष्ट दस्तावेज के बजाय उस समग्र वेबसाइट का उद्धरण देने की आवश्यकता है। इस वेबसाइट का URL पत्र के अंत में संदर्भ सूची में देने के बजाय पत्र के लेखन के भीतर ही दिया गया है।

संदर्भ सूची में:

संदर्भों की सूची में वेबसाइट का उल्लेख करना आवश्यक नहीं है, क्योंकि आप यहाँ लेखन में उद्धरण में दी गई जानकारी के परे कोई जानकारी प्रदान नहीं कर रहे हैं।

अध्याय का सारांश

इस अध्याय का प्रमुख ध्यान स्रोतों का उचित उद्धरण देने पर केंद्रित है, जिसमें से हम वह तथ्य अथवा विचार उधार लेते हैं और हमारे लेखन में रखते हैं। हम स्पष्ट करते हैं कि हमारे स्रोतों का स्वीकरण करने का क्या अर्थ है, हमें ऐसा क्यों करना चाहिए और हम हमारे स्रोतों के ईमानदार स्वीकरण से कौन से लाभ प्राप्त करते हैं। हम ऋण के तीन विभिन्न प्रकार दर्शाते हैं: प्रत्यक्ष उद्धरण, कथन और सामान्य समर्थन, और दर्शाते हैं कि कौनसी बात साहित्यिक चोरी की ओर ले जाती है।

उद्धरण देने की प्रक्रिया का विश्लेषण करने और विविध जर्नल्स तथा व्यावसायिक संस्थाओं की उद्धरण शैलियों के बीच के अंतर दर्शाने के बाद हम एपीए शैली के अनुसार संक्षेप में लेखन में उद्धरण और संदर्भों के (प्रिन्ट स्रोत और इलेक्ट्रॉनिक स्रोत दोनों में) दृष्टांत देते हैं, जो प्रबंधन और व्यवहारजन्य विज्ञानों के जर्नल्स में सर्वाधिक व्यापक रूप से अपनाई जाने वाली शैली है।

हमारे दृष्टांत केवल सबसे आम उद्धरण कार्यों को समाहित करते हैं, जो जर्नल्स में आसानी से देखने को मिलते हैं। विस्तृत और आधिकारिक मार्गदर्शन के लिए, हम अमेरिकन सायकोलॉजिकल एसोसिएशन (2001, 2007, 2009a और 2009b) की सिफारिश करते हैं। लेकिन अगर आप किसी जर्नल में प्रकाशित कर रहे हैं, तो उसका वर्तमान अभ्यास अन्य सभी स्रोतों के सभी दिशानिर्देशों को अधिभारित करता है।

परिशिष्ट 1

अध्याय 2 में प्रयुक्त कुछ शोध पारिभाषिक शब्दों का संक्षिप्त विवरण

शोध प्रक्रिया से जुड़े विविध तकनीकी पारिभाषित शब्दों को अध्याय 1 में विविध शोध प्रक्रिया के चरणों के वर्णन के एक हिस्से के रूप में वर्णित किया गया है। हालाँकि, कुछ अन्य विशिष्ट पारिभाषित शब्दों का अध्याय 2 में उपयोग किया गया है। अध्याय 2 में इस्तेमाल किए गए इन अतिरिक्त शोध-संबंधित पारिभाषित शब्दों का एक संक्षेप विवरण नीचे दर्शाया गया है।

स्केल/मापन की विश्वसनीयता

यह उस सुसंगति का संदर्भ देता है जिसके साथ एक स्केल अथवा मापन मापे जा रहे पहलू का एक माप प्रदान करता है। इसका कई तरीकों से मूल्यांकन किया गया है। उदाहरण के लिए, एक तरीका "परीक्षण-पुनःपरिक्षण विश्वनीयता" के रूप में जाना जाता है जिसमें उसी स्केल को समय के दो भिन्न बिंदुओ पर दो समूहों को लागू किया जाता है। दो भिन्न समयों पर प्राप्त स्कोर्स/मापों के बीच के सहसंबंध को परीक्षण-पुनःपरिक्षण विश्वनीयता के एक सूचक के रूप में लिया जाता है और वह स्केल/माप की स्थिरता को प्रतिबिंबित करता है। विश्वसनीयता के सबसे सामान्य सूचक को क्रॉनोबैक अल्फा स्तर अथवा क्रॉनोबैक अल्फा गुणांक के रूप में संदर्भित किया जाता है। इस सूचक का मूल्य 0 से 1 तक प्रसारित है और Hinkin (1995, पृ. 979) द्वारा उद्धरण दिए गए अनुसार Nunnally (1978) के आधार पर, शोध में एक दिशानिर्देश है कि एक स्केल के लिए, कम से कम 0.7 का मूल्य होना आवश्यक है। अध्ययन चरों के वर्णनात्मक आंकड़े प्रस्तुत करने के लिए लगभग सभी अनुभवजन्य पत्रों में इस सूचक की नियमित रूप से गणना की जाती है और रिपोर्ट किया जाता है। इसे परिकल्पना परीक्षण के लिए मुख्य डेटा विश्लेषण के परिणामों की रिपोर्ट करने से पहले परिणाम विभाग में प्रस्तुत किया जाता है।

स्केल/मापन की वैधता

यह उस सीमा को मापता है, जिसमें एक स्केल/माप वास्तव में उस अवधारणा को मापता है जिसे मापने के लिए इसे डिज़ाइन किया गया है। दूसरे शब्दों में, यह वह सीमा दर्शाता है जिस सीमा तक

यह मापन अवधारणा के सही अर्थ को पकड़ता है जिसे मापने के लिए उसे डिज़ाइन किया गया है। वैधता के विभिन्न रूप होते हैं, जैसे विषय सामग्री की वैधता, मानदंड संबंधी वैधता और निर्माण वैधता (अभिसरण योग्यता और भेदभाव वैधता)। वैधता के इन विभिन्न रूपों का मूल्यांकन करने के लिए कई तरीके उपलब्ध हैं।

स्केल आइटम्स

प्रबंधन के व्यवहार क्षेत्रों में, एक अवधारणा को आमतौर पर एक स्केल के माध्यम से मापा जाता है जिसमें कई कथन शामिल होते हैं। एक प्रतिवादी को प्रत्येक कथन को पढ़ना और उस का जवाब देना आवश्यक है। स्केल में सभी कथनों के लिए किसी व्यक्ति की प्रतिक्रियाओं के योग को उस स्केल पर उस व्यक्ति के कुल स्कोर के रूप में लिया जाता है। स्केल में इन सभी कथनों को स्केल 'आइटम' के रूप में संदर्भित किया जाता है।

प्रतिक्रिया प्रारूप

स्केल में प्रत्येक आइटम के लिए प्रतिवादी को एक प्रतिक्रिया प्रदान करना आवश्यक है। आमतौर पर, इन प्रतिक्रियाओं को एक प्रारूप में दर्ज किया जाता है जिसमें प्रतिक्रिया विकल्पों का एक सेट होता है और प्रतिवादी को एक प्रतिक्रिया विकल्प चुनने की आवश्यकता होती है। ये प्रतिक्रिया विकल्प एक निरंतरता पर विभिन्न बिंदुओं का संकेत देते हैं और उन्हें एंकर पॉइंट्स के रूप में भी संदर्भित किया जा सकता है। यहाँ एक एंकर डिस्क्रिप्टर (उदाहरण के लिए, दृढ़ता से सहमत, *हमेशा, कभी कभी*) और प्रत्येक एंकर पॉइंट के साथ जुड़ा एक स्केल मूल्य होता है जो प्रतिक्रिया विकल्पों में से एक का गठन करता है। एंकर पॉइंट स्कोर्स के बढ़ते या घटते मूल्य के क्रम में रखे गये एंकर डिस्क्रिप्टर्स और संलग्न एंकर पॉइंट स्कोर्स के इस संग्रह को प्रतिक्रिया प्रारूप के रूप में संदर्भित किया जाता है। जहाँ यह सबसे आम प्रतिक्रिया स्वरूप का विवरण है, वहीं कभी-कभी एक शोध अध्ययन में एक अलग प्रतिक्रिया प्रारूप (उदाहरण के लिए, रैंकिंग) का उपयोग किया जा सकता है और ऐसे प्रतिक्रिया प्रारूप के लिए प्रतिक्रिया प्रारूप का उपरोक्त वर्णन समग्र रूप से लागू नहीं होगा।

सह-संबंध

एक शोध अध्ययन के लिए डेटा विश्लेषण में, कभी कभी दो चरों (उदाहरण के लिए, कर्मचारियों की गणनात्मक प्रतिबद्धता और कर्मचारियों का मददगार व्यवहार) के बीच की संगति की ताकत का आकलन करना जरूरी होता है। संगति की ताकत अथवा दो चरों के बीच के रिश्ते का सूचक सहसंबंध गुणांक होता है। उसका मूल्य -1 से 1 के बीच में प्रसारित होता है, -1 एक संपूर्ण नकारात्मक रिश्ते को इंगित करते, और 1 संपूर्ण सकारात्मक रिश्ते को इंगित करते सहसंबंध गुणांक और 0 दो चरों के बीच कोई भी रिश्ता न होने को दर्शाता है।

प्रतिगमन गुणांक

एक शोध अध्ययन के लिए डेटा विश्लेषण में, कभी कभी एक अध्ययन चर को आश्रित चर के रूप में माना जाता है और दूसरे अध्ययन चर को एक स्वतंत्र चर के रूप में माना जाता है। आश्रित चर की भविष्यवाणी करने में स्वतंत्र चर की अनुमानित शक्ति का आकलन करने के लिए, निर्भर चर को स्वतंत्र चर पर प्रतिगामित किया जाता है। परिणामी प्रतिगमन समीकरण में स्वतंत्र चर के गुणांक को *प्रतिगमन गुणांक* के रूप में जाना जाता है। जब एक एकल निर्भर चर का एक से अधिक स्वतंत्र चरों पर प्रतिगमन किया जाता है, तो एक प्रतिगमन गुणांक प्रत्येक स्वतंत्र चर के साथ जुड़ा हुआ होता है।

परीक्षण सांख्यिकी

सांख्यिकीय विश्लेषण से उत्पन्न सहसंबंध गुणांक और प्रतिगमन गुणांक जैसे संकेतकों को 'परीक्षण आँकड़ों' के रूप में संदर्भित किया जाता है। परीक्षण के आंकड़ों के परिमाण का उपयोग यह परीक्षण करने के लिए किया जाता है कि विचाराधीन अवधारणा समर्थित है या नहीं।

महत्व स्तर

सांख्यिकीय विश्लेषण या सांख्यिकीय परीक्षण (उदाहरण के लिए, सहसंबंध गुणांक, बीटा गुणांक) से प्राप्त विभिन्न संकेतकों के लिए, यह आकलन करना आवश्यक है कि सूचक का परिमाण पर्याप्त बड़ा है या नहीं। सांख्यिक महत्व का स्तर, जिसे p मूल्य भी कहा जाता है, का उपयोग अनुमान लगाने के लिए किया जाता है कि एक संकेतक का परिमाण कितना बड़ा है। उदाहरण के लिए, आमतौर पर, शोध में 0.001, 0.005, 0.01 और 0.05 के महत्व स्तर का उपयोग किया जाता है। इन स्तरों में से प्रत्येक के लिए, सूचक के कुछ बड़े परिमाण को उस p मूल्य या महत्व स्तर पर सांख्यिकीय रूप से महत्वपूर्ण माना जाएगा (उदाहरण के लिए, 0.001, 0.005)।

परिशिष्ट 2

प्रखर शैक्षणिक लेखन के लिए संसाधन

यदि आप शैक्षणिक लेखन के विविध पहलुओं पर अधिक विस्तृत मार्गदर्शन पाना चाहते हैं तो यहाँ कुछ संसाधन दिए जा रहें हैं जिसका शायद आप परामर्श लेना चाह सकते हैं। इनमें से कुछ बहुत उपयोगी हैं यदि आप एक प्रबंध लिखना चाहते हैं अथवा अंतर्राष्ट्रीय जर्नल्स में शोधपत्रों को प्रकाशित करना चाहते हैं। भाग 1 उन पुस्तकों की सूची देता है जो आपको शोध करने और उसे लिखने में मदद करती हैं। भाग 2 उद्धरण शैलियों पर ऑनलाइन पर मुफ्त उपलब्ध संसाधनों से बना है। भाग 3 में प्रिन्ट और ऑनलाइन दोनों संसाधन हैं जो आपको अपने दस्तावेजों को भाषा (अंग्रेजी) और शैली की त्रुटियों से मुक्त बनाने में मदद करते हैं।

भाग 1 : प्रिन्टेड पुस्तकें—शोध कैसे करना है और उसे कैसे लिखना है

American Psychological Association. (2001). *Publication manual of the American Psychological Association* (5th ed.). Washington, DC: Author.

आपके शोध को लिखने और प्रकाशित करने के सभी पहलुओं पर एक अनमोल, विस्तृत संदर्भ मार्गदर्शिका। जहाँ दिए गए फोर्मेटिंग दिशानिर्देश अमेरिकन सायकोलॉजिकल एसोसिएशन (एपीए) शैली के लिए विशिष्ट होते हैं, जिसे मैनेजमेंट और व्यव्हारजन्य विज्ञानों में बड़ी संख्या में जर्नल्स द्वारा अपनाया गया है, वहीँ वे आपको शोध को डिजाइन और रिपोर्ट करने तथा भाषा में पूर्वाग्रह को कम करने में सहायता भी करेंगे। (इसमें 2007 में ऑनलाइन परिपूरक पेश किया गया है: एपीए स्टाइल गाइड टु इलेक्ट्रॉनिक रेफरेंसिस [पीडीएफ]। वाशिंग्टन, डीसी: लेखक। यह परिपूरक जो इस बात पर एक अपडेट देता है, कि इलेक्ट्रॉनिक स्रोतों का उद्धरण कैसे दिया जाता है, उसे www.apa.org/books/ पर खरीदा जा सकता है।) अब *Publication Manual of the American Psychological Association* (2009) का छठवाँ संस्करण भी उपलब्ध है।

Gibaldi, J. (2004). *MLA handbook for writers of research papers*| न्यू दिल्ली: संबद्ध ईस्ट-वेस्ट प्रेस।

मॉडर्न लैंग्वेज एसोसिएशन (एमएलए) उद्धरण शैली के व्यापक वर्णन और दृष्टांतो के अलावा, यह पुस्तक शोध लेखन के विविध पहलुओं पर विस्तृत दिशानिर्देश प्रदान करती है।

Golden-Biddle, K., & Locke, K.D. (1997). *Composing qualitative research*. Thousand Oaks, CA: Sage Publications.|

यह पुस्तक आपको अपने शोध को लिखने की प्रक्रिया से ले जाता है। इस पुस्तक का सर्वाधिक दिलचस्प पहलू है व्यावसायिक लेखन की प्रक्रिया का वर्णन करने के लिए कहानी के रूपक का उपयोग करना। अध्यायों को तदनुसार शीर्षक दिए गए हैं: "कहानी की रूपरेखा बनाना," "कहानी का विकास करना," "कथाकार का चरित्र बनाना" और "कहानी को फिर से लिखना"।

Kerlinger, F. N. (1988). *Foundations of behavioral research*. New York: Hold, Rinehart, and Winston, Inc

जहाँ यह पुस्तक शोध विधि पर है, वहीं इसके प्रारंभिक पृष्ठ ज्ञान, शोध, विज्ञान और सिद्धांत से संबंधित पहलुओं पर चर्चा करते हैं। अत्यंत उपयोगी!

Lunenburg, F. C., & Irby, B. J. (2008). *Writing a successful thesis or dissertation*. Thousand Oaks, CA: Sage Publications.

यह पुस्तक सामाजिक और व्यव्हारजन्य विज्ञानों में छात्रों को सुझाव और रणनीतियाँ देती है। यह उस संपूर्ण प्रक्रिया को कवर करती है जो शोध की योजना बनाना, उसे लिखना और उसे प्रकाशन के लिए तैयार करने से शुरू होती।

Rubens, P. (Ed.). (2004) *Science & technical writing: A manual of style* (2nd ed.) New York: Routledge

यह विज्ञान और टेक्नोलॉजी पर लिखने के लिए एक व्यापक पुस्तक है। उसके अध्याय व्याकरण, विरामचिह्न, संख्याएं और प्रतीकों, चित्रण और प्रदर्शन पर विशेष रूप से उपयोगी हैं। यह अध्याय उद्धरण और संदर्भों का उपयोग करने पर मूल्यवान उदाहरण प्रदान करता है।

Rudestam, K. E., & Newton, R. R. (2001). *Surviving your dissertation* (2nd ed.). Thousand Oaks, CA: Sage.

ये लेखक आपको शोध प्रक्रिया और लेखन प्रक्रिया में ले जाते हैं। यह शैली दिखने में आसान है। यह अध्याय लेखन पर बहुत उपयोगी है। "ट्वेल्व ट्रिक्स टु कीप यु गोइंगव्हेन यु राइट" (पृष्ठों 218–221) यह खंड विशेष रूप से ध्यान देने योग्य है।

भाग 2: उद्धरण की शैलियों पर मुफ्त उपलब्ध ऑनलाइन संसाधन

Academy of Management Journal. (2008). Style guide for authors. *51*(1), 197–200. Available from http://aom.pace.edu/amjnew/style_guide.html.

American Psychological Association. (2009). APA journals manuscript submission instructions for all authors. Available from http://www.apa.org/journals/authors/all-instructions.html.

APA Formatting and Style Guide. (2009). Purdue University Online Writing Lab (OWL), Purdue University, USA. Available from http://owl.english.purdue.edu/owl/resource/560/01.

Coates Library, Trinity University (n.d.). Available from http://lib.trinity.edu/research/citing/APAelectronicsources.pdf.

Harvey, G. (2008). *Writing with sources: A guide for Harvard students* (2nd edition). Indianapolis/Cambridge: Hackett Publishing Company, Inc. Available from http://isites.harvard.edu/fs/docs/icb.topic273248.files/WritingSourcesHarvard.pdf.

Journal of Organizational Behavior. (2009). Instructions to authors. Available from http://www3.interscience.wiley.com/journal/4691/home/ForAuthors.html.

Journal of Organizational Change Management. (n.d.). Author guidelines. Available from http://info.emeraldinsight.com/products/journals/author_guidelines.htm?id=jocm.

MLA Formatting and Style Guide. (2009). Purdue University Online Writing Lab (OWL), Purdue University, USA. Available from http://owl.english.purdue.edu/owl/resource/557/01.

University of Maryland University College (2005). APA Citation Explained. Available from http://www.umuc.edu/library/tutorials/citation/html.

भाग 3: अंग्रेजी सुधारने के लिए प्रिन्ट और ऑनलाइन संसाधन

Eastwood, J. (2005). *Oxford learner's grammar: Grammar builder.* Oxford: OUP.

यह पुस्तक इंटरमीडिएट और एड्वान्स्ड छात्रों के लिए संदर्भ और अभ्यास सामग्री का एक अंग्रेजी व्याकरण संसाधन पैक है। *The Grammar Builder* में ***ग्रामर फाइंडर*** (जिसमें संयोग से एक ***ग्रामर चेकर*** सीडी-रॉम है) में समझाए गए और ओयुपी द्वारा प्रकाशित व्याकरण के क्षेत्रों पर सार्थक अभ्यास की एक विस्तृत श्रृंखला है। *The Grammar Builder* स्व-अध्ययन के लिए योग्य है और उसे ***फाइंडर*** से स्वतंत्र रूप से भी इस्तेमाल किया जा सकता है।

Purdue University (2009). The Online Writing Lab (OWL). Available from http://owl.english.purdue.edu/owl.

पर्ड्यू विश्वविद्यालय का ऑनलाइन राइटिंग लैब (OWL) मुफ्त लेखन संसाधनों का एक उत्कृष्ट स्रोत है, जिसमें शिक्षकों और छात्रों को समान रूप से दिलचस्पी होगी। वह उन छात्रों के लिए भी उपयोगी है जिन्हें अपनी अंग्रेजी व्याकरण और शैली को परिष्कृत करने की आवश्यकता है। इस वेबसाइट को नियमित रूप से अपडेट किया जाता है।

Raimes, A. (2004). *Grammar troublespots: A guide for student editors* (3rd ed.). Cambridge: CUP|

इस पुस्तक में शब्द क्रम, व्याकरण और विराम चिह्न के महत्वपूर्ण क्षेत्रों को शामिल किया गया है। इसमें वे रोचक अभ्यास शामिल हैं जो विशेष रूप से व्याकरणिक सटीकता में समस्या वाले क्षेत्रों में कार्य करते हैं।

Strunk, W. Jr., & White, E. B. (1959). *The elements of style.* New York: Macmillan.

जो लोग सरल, स्पष्ट और सही अंग्रेजी लिखना चाहते हैं, उनके लिए बहुत छोटी और बहुत लोकप्रिय मार्गदर्शिका। मूल रूप से 1918 में प्रकाशित, इसकी लोकप्रियता के कारण इसे कई बार संशोधित और पुनः प्रकाशित किया गया है। इसका अद्यतन संस्करण (2005) पेंग्विन बुक्स द्वारा

प्रकाशित *The elements of style illustrated* है। 1999 संस्करण का वर्तमान ऑनलाइन प्रकाशक है Bartleby.com। आप http://www.bartleby.com/141/ पर समग्र पुस्तक के ऑनलाइन संस्करण का मुक्त रूप से उपयोग कर सकते हैं।

Wehmeier, S. (Ed.). (2008). *Oxford advanced learner's dictionary* (7th ed.). Oxford: OUP|

इसकी अत्यधिक सिफारिश की जाती है, क्योंकि शब्दों के अर्थ देने के अलावा, वह यह भी दिखाती है कि उन शब्दों का प्रयोग कैसे किया जाता है। इस पुस्तक में व्याकरण और विराम चिह्न पर एक संक्षिप्त लेकिन अत्यंत उपयोगी संदर्भ खंड है।

Yule, G. (2006). *Oxford practice grammar (advanced).* Oxford: OUP.

प्रत्येक इकाई संबंधित व्याकरण क्षेत्र के विस्तृत विवरण के साथ शुरू होती है। इसके बाद जागरूकता बढ़ाने के अभ्यास का एक सेट दिया जाता है। इन इकाइयों के अंत में अत्यंत उपयोगी स्व-मूल्यांकन परीक्षण दिए गये हैं। इस पुस्तक के साथ एक प्रैक्टिस बूस्ट सीडी-रॉम भी आती है।

संदर्भ सूची

American Psychological Association. (2001). *Publication manual of the American Psychological Association* (5th ed.). Washington, DC: Author.

American Psychological Association. (2007). *APA style guide to electronic references* (PDF). Available from http://books.apa.org/books.cfm?id=4210509

American Psychological Association. (2009a). *Publication manual of the American Psychological Association* (6th ed.). Washington, DC: Author.

——— (2009b). *APA journals manuscript submission instructions for all authors.* Retrieved June 26, 2009, from http://www.apa.org/journals/authors/all-instructions.html

Bacharach, S. B. (1989). Organizational theories: Some criteria for evaluation. *Academy of Management Review, 14*, 496–515.

Baronov, D. (2004). *Conceptual foundations of social research methods.* London: Paradigm.

Barrass, R. (2002). *Scientists must write: A guide to better writing for scientists, engineers and students.* London: Routledge.

Bhal, K. T., & Gulati, N. (2007). Pay satisfaction of software professionals in India. *Vikalpa, 32*(3), 9–21.

Buddhapriya, S. (2009). Work-family challenges and their impact on career decisions: A study of Indian women professionals. *Vikalpa, 34*(1), 31–45.

Cassidy, S. (2006). Developing employability skills: Peer assessment in higher education. *Education + Training, 48*(7), 508–517.

Cho, K., & Schunn, C. D. (2007). Scaffolded writing and rewriting in the discipline: A web-based reciprocal peer review system. *Computers & Education, 48*(3), 409–426.

Cho, K., Schunn, C. D., & Charney, D. (2006). Commenting on writing: Typology and perceived helpfulness of comments from novice peer reviewers and subject matter experts. *Written Communication, 23*(3), 260–294.

Citation explained. (2005). University of Maryland University College site. Retrieved June 17, 2009, from http://www.umuc.edu/library/tutorials/citation/html/M1_whichStyle.html

Citation style for research papers. (n.d.). Long Island University's B. Davis Schwartz Memorial Library site. Retrieved June 17, 2009, from http://www.liu.edu/cwis/cwp/library/workshop/citation.htm

Cooper, D. R., & Schindler, P. S. (2003). *Business research methods.* New Delhi: Tata McGraw-Hill.

Daft, R. L. (1983). Learning the craft of organizational research. *Academy of Management Review, 8*, 539–546.

Dadhich, A., & Bhal, K. T. (2008). Ethical leader behaviour and Leader-Member Exchange as predictors of subordinate behaviours, *Vikalpa, 33*(4), 15–25.

Dubin, R. (1969). *Theory building*. New York: Free Press.

Feynman, R. P. (2003). *Don't you have any time to think?* London: Penguin Books.

Furnham, A. (2002). Managers as change agents. *Journal of Change Management*, *3*(1), 21–29.

Golden-Biddle, K., & Locke, K. D. (1997). *Composing qualitative research*. Thousand Oaks, CA: Sage.

Gopen, G. D., & Swan, J. A. (1990). The science of scientific writing. *American Scientist, 78*, 550–558. Retrieved from http://www.americanscientist.org/issues/feature/the-science-of-scientific-writing/1

Gupta, M. P., Kanungo, S., Kumar, R., & Sahu, G. P. (2007). A study of information technology effectiveness in and government organisations in India. *Vikalpa*, *32*(2), 7–21.

Harvey, M. (2003). *The nuts and bolts of college writing*. Retrieved June 17, 2009, from http://nutsandbolts.washcoll.edu/apa.html

Hessler, R. M. (1992). *Social research methods*. St Paul: West Publishing Company.

Hinkin, T. R. (1995). A review of scale development practices in the study of organizations. *Journal of Management, 21*, 967–988.

Isman, M. B. (2004). Factors limiting commercial success of neem insecticides in North America and Western Europe. In O. Koul and S. Wahab (Eds.), *Neem: Today and in the new millennium* (pp 33–41). The Netherlands: Kluwer Academic Publishers.

Jauch, L. R., & Wall, J. L. (1989). What they do when they get your manuscript: A survey of Academy of Management reviewer practices. *Academy of Management Journal, 32*, 157–173.

Kerlinger, F. N. (1988). *Foundations of behavioral research*. New York: Hold, Rinehart, and Winston.

Khandwalla, P.N., & Mehta, K. (2004). Design of corporate creativity. *Vikalpa*, *29*(1), 13–28.

Klein, L. R. (1965). Writing problems in the social sciences. *Journal of Business Communication, 2*, 1–9.

Lee, A. S. (1991). Integrating positivist and interpretive approaches to organizational research. *Organization Science, 4*, 342–365.

vanLeunen, M-C. (1978). *A handbook for scholars*. New York: Alfred A. Knoph.

Lewin, T. (2003, April 26). Writing in schools is found both dismal and neglected. *The New York Times*. Available from http://www.nytimes.com

Mitchell, T. R. (1985). An evaluation of the validity of correlational research conducted in organizations. *Academy of Management Review, 10*, 192–205.

Murdick, R. G., & Cooper, D. R. (1982). *Business research: Concepts and guides*. Columbus, OH: Grid.

Needleman, M. H. (1968). *Handbook for practical composition*. New York: McGraw-Hill.

Ogburn, W. (1947). On scientific writing. *The American Journal of Sociology, 52*(5), 383–388.

Paul, R., & Elder, L. (2007). *How to write a paragraph: The art of substantive writing*. Retrieved July 21, 2009 from www.criticalthinking.org

Purdue University Online Writing Lab (OWL) (2009). *APA formatting and style guide*. Available from http://owl.english.purdue.edu/owl/resource/560/01/

Quinn, L. (2009). Market segmentation in managerial practice: A qualitative examination. *Journal of Marketing Management, 25*(3–4), 253–272.

A research guide for students (2008). Research, writing, and style guides (MLA, APA, Chicago/Turabian, Harvard, CGOS, CBE). Retrieved June 17, 2009, from http://www.aresearchguide.com/styleguides.html

Rahul, N. (2009, January 25). Two Price Waterhouse auditors held. *The Hindu*, Retrieved January 25, 2009, from www.hindu.com/2009/01/25/stories/2009012557960100.htm

Ritchie, J., & Lewis, J. (2004). *Qualitative research practice: Guide for social science students and researchers.* London: Sage Publications.

Rogers, P. S., & Rymer, J. (1995). What is the relevance of the GMAT analytical writing assessment for management education? A critical analysis, Part 1. *Management Communication Quarterly, 8*(3), 347–367.

Shapiro, F. R., & Epstein, J. (2006). *The Yale book of quotations*. Yale: Yale University Press.

Stone, E. F. (1978). *Research methods in organizational behavior.* Glenview, IL: Scott, Foresman.

Subramaniam, K. (2007). *Mahabharata* (14th ed.). Mumbai: Bhartiya Vidya Bhavan.

Topping, K. (1998). Peer assessment between students in colleges and universities. *Review of Educational Research, 68*(3), 249–276.

Tripathi, S. N., & Siddiqui, M. H. (2008). Effectiveness of mobile advertising: The Indian scenario. *Vikalpa. 33*(4), 48–59.

Turk, C., & Kirkman, J. (1989). *Effective writing: Improving scientific, technical and business communication* (2nd ed.). London: Spon Press.

UNESCO (1999). *Guidelines on gender-neutral language.* Available from http://unesdoc.unesco.org/images/0011/001149/114950Mo.pdf

Whetten, D. A. (1989). What constitutes a theoretical contribution? *Academy of Management Review, 14*, 490–495.

Williams, J. M. (1990). *Style: Toward clarity and grace.* Chicago: The University of Chicago Press.

Zelazny, G. (2007). *The say it with charts complete toolkit.* New Delhi: Tata McGraw-Hill.

लेखकों के बारे में

माथुकुट्टि एम. मोनिप्पल्लि

माथुकुट्टि एम. मोनिप्पल्लि भारतीय प्रबंधन संस्थान, अहमदाबाद, भारत में संचार विषय के प्रोफ़ेसर रहे हैं। इससे पहले, वे सेंट्रल इंस्टीट्यूट ऑफ इंग्लिश एंड फॉरेन लैंग्वेजेस (अब द इंग्लिश एंड फॉरेन लैंग्वेजेस यूनिवर्सिटी), हैदराबाद से जुड़े हुए थे। उन्होंने 1983 में ब्रिटेन के मैनचेस्टर विश्वविद्यालय से पीएचडी प्राप्त की।

प्रबंधकों के लिए उनकी पुस्तकों में *द क्राफ्ट ऑफ बिज़नेस लैटर राइटिंग, बिज़नेस कम्युनिकेशन स्ट्रैटिज़ीस, बिज़नेस कम्युनिकेशन: फ्रॉम प्रिंसिपल्स टू प्रैक्टिस* और *द पर्सुएसिव मैनेजर* जैसी पुस्तकें शामिल हैं।

आईआईएम अहमदाबाद में 'रिटन एनालिसिस एन्ड कम्युनिकेशन', 'स्पोकन बिज़नेस कम्युनिकेशन', 'मैनेजमेंट कम्युनिकेशन' और 'परस्युएसिव कम्युनिकेशन' जैसे पाठ्यक्रमों के शिक्षण के अलावा, वे मध्य और वरिष्ठ प्रबंधकों के लिए संचार के विभिन्न पहलुओं पर कार्यशालाएं भी आयोजित करते हैं। उनकी शोध रुचियाँ खबरों का बुरा वितरण, नेतृत्व संचार और प्रेरक संचार में हैं। उन्होंने कई राष्ट्रीय और अंतर्राष्ट्रीय जर्नल्स में पत्रों और प्रबंधन संबंधी अध्ययनों को प्रकाशित किया है।

बद्रीनारायण शंकर पवार

बद्रीनारायण शंकर पवार ने 1996 में ओकलाहोमा स्टेट यूनिवर्सिटी से अपनी पीएचडी की डिग्री प्राप्त की। उन्हें पीएचडी कार्यक्रम में अच्छे शैक्षणिक प्रदर्शन के लिए 'फी कप्पा फी' की सदस्यता भी प्रदान की गई। वर्तमान में वे राष्ट्रीय बैंक प्रबंध संस्थान की इंडियन इंस्टीट्यूट ऑफ बैंकिंग एंड फाइनेंस (आईआईबीएफ) चेयर के प्रोफ़ेसर हैं।

उनके बतौर सहलेखक/लेखक किए गए शैक्षणिक कार्यों में *एकेडमी ऑफ मैनेजमेंट रिव्यू, जर्नल ऑफ बिजनेस एथिक्स, लॉन्ग रेंज प्लानिंग, लीडरशिप* एंड *ऑर्गनाइज़ेशन डेवलपमेंट जर्नल, बेस्ट पेपर्स प्रोसीडिंग्स ऑफ द एकेडमी ऑफ मैनेजमेंट* में प्रकाशित पेपर्स, *हैंडबुक ऑफ़ ऑर्गनाइज़ेशनल*

सिटीज़नशिप बिहेवियर (2005) में अध्याय और एकेडमी ऑफ मैनेजमेंट में प्रस्तुत किए गए पेपर्स शामिल हैं। उन्होंने परिवर्तनकारी नेतृत्व पर जर्नल ऑफ ऑर्गनाइजेशनल चेंज मैनेजमेंट के विशेष अंक (2004, संस्करण 17[2]) के लिए बतौर अतिथि संपादक भी सेवा दी। वर्ष 2008 के बाद से कार्यस्थल आध्यात्मिकता पर अनेक लेख प्रकाशित होते रहे हैं। वर्ष 2009 में उनकी पुस्तक *थ्योरी बिल्डिंग फॉर हाइपोथीसिस स्पेसिफिकेशन इन ऑर्गनाइज़ेशनल स्टडीज़* शीर्षक की पुस्तक प्रकाशित हुई।

श्री पवार को विभिन्न संस्थाओं में अध्यापन का 15 वर्षों का अनुभव है, जिसमें दस वर्षों तक विभिन्न भारतीय प्रबंध संस्थानों में शिक्षण शामिल है। उनके अध्यापन के विषयों में मानव संसाधन प्रबंधन (स्नातकपूर्व छात्रों को), संगठनात्मक व्यवहार संबंधी विषयों (स्नातकोत्तर और सहयोगी कार्यक्रम के छात्रों को), व्यवसाय शोध विधियां (स्नातकोत्तर छात्रों को), शोध विधियां (एम. फिल., डॉक्टरेट कार्यक्रम के छात्रों, फेलो प्रोग्राम छात्रों और फैकल्टी डेवलपमेंट कार्यक्रम के प्रतिभागियों को), और उन्नत शोध विधियां (साथी कार्यक्रम के छात्रों को) जैसे विविध विषय शामिल हैं।

उनकी शोध रुचियों के क्षेत्रों में संगठनात्मक नागरिकता व्यवहार, परिवर्तनकारी नेतृत्व और कार्यस्थल आध्यात्मिकता शामिल हैं।